올바른 인터넷 생활을 위한 지침서

인터넷 윤리

최희식, 김상균 지음

한빛아카데미
Hanbit Academy, Inc.

지은이 **최희식** dali3054@gmail.com

숭실대학교 컴퓨터공학과에서 공학석사, 컴퓨터학과에서 공학박사 학위를 취득했다. 2007년부터 숭실대학교, 가천대학교, 삼육대학교, 경민대학교, 강원대학교에서 강의를 하고 있다. 저서로는 『새내기를 위한 컴퓨터 활용』(생능, 2009), 『ITQ 인터넷 기본서』(영진닷컴, 2010), 『우리 친구해요! facebook』(크라운출판사, 2011), 『윈도우7과 인터넷 활용』(지역정보개발원, 2013), 『IT CookBook, 워드 2013 for Beginner』(한빛아카데미, 2013), 『IT CookBook, 파워포인트 2013 for Beginner』(한빛아카데미, 2013) 등이 있다.

지은이 **김상균** saviour@kangwon.ac.kr

중앙대학교에서 제어계측공학을 공부하고 연세대학교 대학원에서 산업공학으로 석사학위를, 인지과학(세부 전공 : 컴퓨터 · 산업공학)으로 박사학위를 받았으며, 현재 강원대학교 교수로 재직 중이다. 강원대학교 최우수 수업상, 신소프트웨어상품대상, 장영실상, 컴퓨터정보학회 공로상, 한국산업기술평가관리원 원장상, 한국 문학예술 단편소설 신인상 등을 수상했다. 다양한 학문의 융합에 많은 관심을 갖고 있으며, 주요 연구 분야는 창의적 혁신과 게이미피케이션이다. 저서로는 『공학과 경영』(한빛아카데미, 2016), 『메이커 혁명, 교육을 통합하다』(홍릉과학출판사, 2015), 『교육, 게임처럼 즐겨라』(홍릉과학출판사, 2014), 『게이미피케이션 세상을 플레이하다』(홍릉과학출판사, 2014), 『Computational Intelligence in Information Assurance and Security』(Springer, 2007) 등이 있다.

인터넷 윤리 : 올바른 인터넷 생활을 위한 지침서

초판발행 2016년 8월 26일
3쇄 발행 2023년 8월 3일

지은이 최희식, 김상균 / **펴낸이** 전태호
펴낸곳 한빛아카데미(주) / **주소** 서울시 서대문구 연희로2길 62 한빛아카데미(주) 2층
전화 02-336-7112 / **팩스** 02-336-7199
등록 2013년 1월 14일 제2017-000063호 / **ISBN** 979-11-5664-250-3 93000

총괄 박현진 / **책임편집** 유경희 / **기획** 김지선 / **편집** 김미정, 박민정 / **진행** 정지윤
디자인 표지 더그라프, 내지 여동일 / **전산편집** 김정미 / **제작** 박성우, 김정우
영업 김태진, 김성삼, 이정훈, 임현기, 이성훈, 김주성 / **마케팅** 길진철, 김호철, 심지연

이 책에 대한 의견이나 오탈자 및 잘못된 내용에 대한 수정 정보는 아래 이메일로 알려주십시오.
잘못된 책은 구입하신 서점에서 교환해 드립니다. 책값은 뒤표지에 표시되어 있습니다.

홈페이지 www.hanbit.co.kr / 이메일 question@hanbit.co.kr

✔ 원리를 알면 IT가 맛있다
IT COOKBOOK

1시간 강의를 위해 3시간을 준비하는 마음!

군더더기 없는 핵심 원리 + 말랑말랑 쉬운 콘텐츠

핵심 원리 하나만 제대로 알면 열 가지 상황도 해결할 수 있습니다.
친절한 설명과 명확한 기승전결식 내용 전개로 학습 의욕을 배가시켜줍니다.

핵심 원리 → 풍부한 예제와 연습문제 → 프로젝트로 이어지는 계단 학습법

기본 원리를 다져주는 예제, 본문에서 배운 내용을 촘촘하게 점검해볼 수 있는 연습문제,
현장에서 바로 응용할 수 있는 프로젝트를 단계별로 구성해 학습의 완성도를 높였습니다.

학습욕구를 높여주는 현장 이야기가 담긴 IT 교과서

필드 어드바이저의 인터뷰와 주옥 같은 현업 이야기를 담았습니다.
강의실 밖 현장의 요구를 접하는 기회를 제공하고,
학생들 스스로 필요한 공부를 할 수 있도록 방향을 제시합니다.

건전한 인터넷 세상을 위한 필수 지침서이자 활용서!

오늘날 인터넷은 없어서는 안 될 필수품과도 같은 존재가 되었습니다. 사람들은 인터넷으로 필요한 정보를 얻고, 쇼핑을 하고, 금융 거래를 하며, 각종 엔터테인먼트로 즐거움을 찾고 있습니다. 인터넷을 사용하는 시대적 배경도 많이 변했는데요. 모뎀을 사용하던 인터넷 초창기 시대부터 초고속 광랜을 사용하는 지금에 이르기까지 그 범주도 많이 바뀌었습니다. 뿐만 아니라 과거에는 집에서만 인터넷을 사용했지만 지금은 스마트폰이 보급되면서 이동식 모바일 환경이 되었습니다. 이제 인터넷은 정보를 얻는 차원을 넘어 사람들과 이야기를 주고받는 소통의 도구이기도 하며 사업, 인간관계, 교육 등의 측면에서도 활용 가치가 매우 큽니다.

필자가 '인터넷 윤리'라는 용어를 처음 접한 것은 인터넷이 만들어내는 여러 가지 사회적 이슈를 뉴스로 접하면서부터입니다. 인터넷 윤리는 인터넷이라는 도구를 제대로 이해하여 사이버상에서 유용한 도구로 사용하지 못하기 때문에 필요한 것입니다. 인터넷 윤리가 없다면 사람들과의 소통이 깨지고, 사생활 침해로 인격에 깊은 상처를 주며, 익명성을 무기로 한 사이버 폭력이 난무할 것입니다. 또한 윤리 의식을 망각한 채 퍼뜨린 불법 유해 정보로 각종 사회 문제가 발생하고, 여러 매체의 게시판을 점령한 악성 댓글과 루머에 의한 무형의 공격으로 심각한 정신적 피해를 줄 수 있습니다.

이 책은 문제 상황을 정확하게 인지할 수 있도록 사례를 시작으로 각각의 주제를 풀어나갑니다. 최근 늘어나고 있는 사이버 범죄, 금융 사기, 개인 정보 유출, 금융 해킹 사고 등의 사회 문제에 대해 현황, 예방 및 대응 방안을 자세히 설명하여 내용을 이해하기 쉬울뿐더러 실질적인 도움을 얻을 수 있습니다. 또한 인터넷 윤리를 공부하는 데 필요한 다양한 인터넷 용어를 알기 쉽게 소개하고 가장 최신의 인터넷 환경을 다루고자 노력했습니다.

이제 인터넷은 초등학생을 비롯한 장년층에 이르기까지 전 국민이 이용하는 생활 도구로 자리잡았습니다. 부디 이 책을 통해 독자들이 인터넷 윤리를 제대로 배우고 활용하기를 바랍니다. 나아가 올바르고 건전한 사이버 문화 공간을 만들기 위한 지침서 역할을 하기를 바랍니다.

이 책이 나오기까지 도움을 주신 모든 분께 감사의 말씀을 전하고 싶습니다. 우선 한빛아카데미(주)의 김태헌 사장님, 배용석 이사님을 비롯해 기획1팀 김현용 팀장님 등 모든 분에게 감사드립니다. 특별히 책의 구성, 편집 및 교정, 마무리까지 완성도를 높이느라 애써준 김미정 과장님, 박민정 실장님, 김정미 실장님에게도 고마움을 전합니다.

학교 일정으로 바쁘신데도 불구하고 공동 집필을 위해 열심히 노력해주신 김상균 교수님과 함께 책 출간의 기쁨을 나누고 싶습니다. 그리고 집필하느라 고생하는 남편을 위해 밤늦도록 응원해준 고마운 아내 정현옥과 든든한 버팀목이 되어준 자랑스러운 두 아들 용준, 용환과도 기쁨을 함께 하고 싶습니다.

저자 **최희식**

누구를 위한 책인가

인터넷 중독, 사이버 범죄, 개인 정보 침해, 금융 해킹 사고 등과 같은 부작용으로부터 자신을 보호하고 안전하게 사이버 문화를 누리려는 사람들을 위한 책입니다. 안전한 인터넷 생활을 위한 인터넷 윤리를 '인터넷 윤리와 예절', '인터넷 윤리와 정보화 사회', '인터넷 윤리와 개인 정보', '인터넷 윤리와 보안'의 측면에서 소개합니다. 독자의 이해를 돕기 위해 다음과 같이 책을 구성했습니다.

사례 → 본문 → 요약 → 연습문제 → 토론과제

개념 이해 / 정리 / 확인 / 활용

강의 보조 자료

▶ 한빛아카데미 홈페이지에서 '교수회원'으로 가입하신 분은 인증 후 교수용 강의 보조 자료를 제공받으실 수 있습니다. 한빛아카데미 홈페이지 상단의 [교수전용공간] 메뉴를 클릭하세요.

http://www.hanbit.co.kr/academy

이 책의 구성 요소

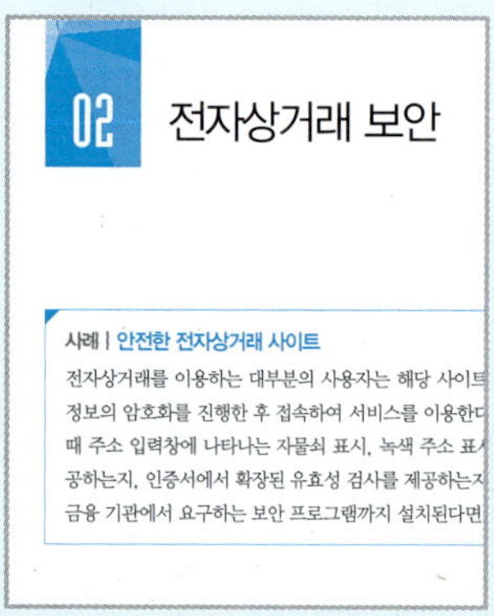
02 전자상거래 보안

사례 | 안전한 전자상거래 사이트

전자상거래를 이용하는 대부분의 사용자는 해당 사이트
정보의 암호화를 진행한 후 접속하여 서비스를 이용한다
때 주소 입력창에 나타나는 자물쇠 표시, 녹색 주소 표
공하는지, 인증서에서 확장된 유효성 검사를 제공하는지
금융 기관에서 요구하는 보안 프로그램까지 설치된다면

사례

본문에서 배울 내용이 무엇인지 구체적인 사례를 통해 미리 알 수 있습니다.

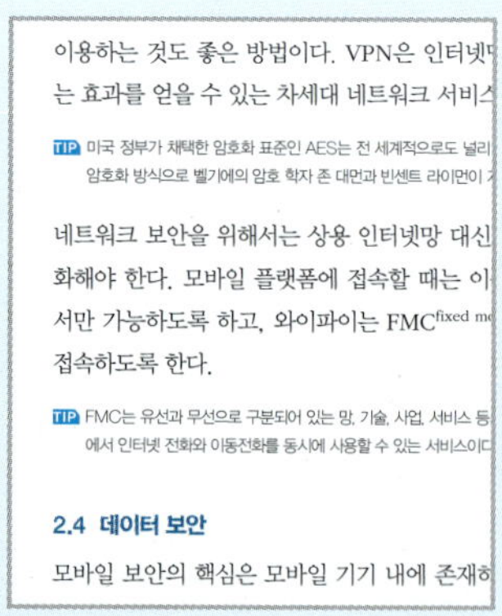
이용하는 것도 좋은 방법이다. VPN은 인터넷
는 효과를 얻을 수 있는 차세대 네트워크 서비스

TIP 미국 정부가 채택한 암호화 표준인 AES는 전 세계적으로도 널리
암호화 방식으로 벨기에의 암호 학자 존 대먼과 빈센트 라이먼이

네트워크 보안을 위해서는 상용 인터넷망 대신
화해야 한다. 모바일 플랫폼에 접속할 때는 이
서만 가능하도록 하고, 와이파이는 FMC[fixed m
접속하도록 한다.

TIP FMC는 유선과 무선으로 구분되어 있는 망, 기술, 사업, 서비스 등
에서 인터넷 전화와 이동전화를 동시에 사용할 수 있는 서비스이다

2.4 데이터 보안

모바일 보안의 핵심은 모바일 기기 내에 존재하

팁

본문 내용을 이해하는 데 필요한 개념과 용어를 곧바로 이해할 수 있도록 소개했습니다.

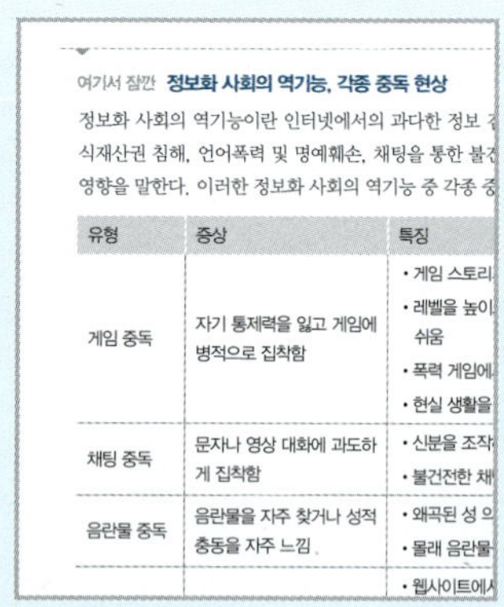
여기서 잠깐 정보화 사회의 역기능, 각종 중독 현상

정보화 사회의 역기능이란 인터넷에서의 과다한 정보
식재산권 침해, 언어폭력 및 명예훼손, 채팅을 통한 불건
영향을 말한다. 이러한 정보화 사회의 역기능 중 각종 중

유형	증상	특징
게임 중독	자기 통제력을 잃고 게임에 병적으로 집착함	• 게임 스토리 • 레벨을 높이 쉬움 • 폭력 게임에 • 현실 생활을
채팅 중독	문자나 영상 대화에 과도하게 집착함	• 신분을 조작 • 불건전한 채
음란물 중독	음란물을 자주 찾거나 성적 충동을 자주 느낌	• 왜곡된 성 의 • 몰래 음란물 • 웹사이트에서

여기서 잠깐

본문 내용과 함께 알아두면 좋을 부가적인 정보를 담았습니다.

무엇을 다루는가

1장~2장 : 인터넷 윤리와 예절

정보화 사회에서 지켜야 할 인터넷 윤리의 필요성과 지향점에 대해 살펴봅니다. 깨끗한 인터넷 세상을 만들기 위한 네티켓 지침을 비롯해 이메일 · 게시판 · 채팅 · 모바일 · 소셜미디어를 이용할 때 반드시 지켜야 할 네티켓을 알아봅니다.

3장~8장 : 인터넷 윤리와 정보화 사회

인터넷 윤리가 필요한 정보화 사회의 각 요소를 다룹니다. 정보화 사회에서의 차별을 없애는 정보격차 해소 방안 및 웹 접근성 구현, 청소년 유해 정보 차단 및 신고 방법, 콘텐츠 보호를 위한 저작권 관리 방안, 인터넷 · 게임 · 스마트폰 중독 및 자가진단 프로그램, 안전한 거래를 위한 전자상거래 보안과 인터넷 · 모바일 뱅킹 보안을 알아봅니다.

9장~10장 : 인터넷 윤리와 개인 정보

인터넷의 부작용 중에서 가장 빈번하게 사회 문제로 등장하고 있는 개인 정보에 대해 살펴봅니다. 개인 정보의 수집 및 이용 현황, PC · 모바일 · 인터넷에서의 개인 정보 관리 방안과 개인 (영상) 정보 침해 사례 및 보호 조치 등을 알아봅니다.

11장~13장 : 인터넷 윤리와 보안

인터넷 윤리를 위한 적극적인 대응 방안으로 웹 보안 및 금융 정보 보안에 대해 살펴봅니다. 사이버 범죄의 유형, 해킹과 악성 코드를 파악하고 PC · 모바일 · 클라우드 보안 솔루션, 금융 해킹 사고 예방 및 대응 방안을 알아봅니다.

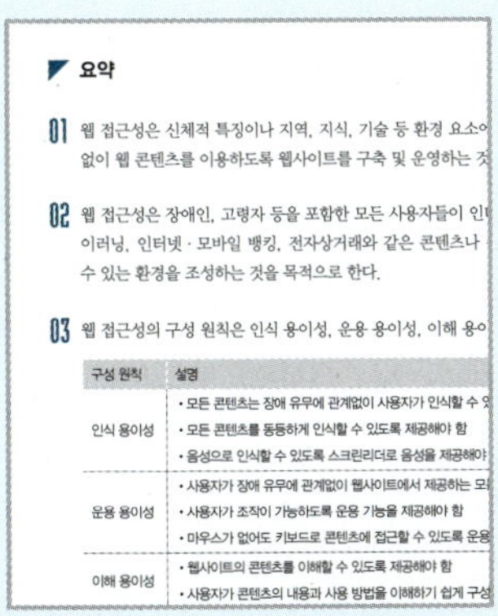

요약

본문에서 익힌 세부적인 지식을 토대로 큰 그림을 그릴 수 있도록 핵심 내용을 정리했습니다.

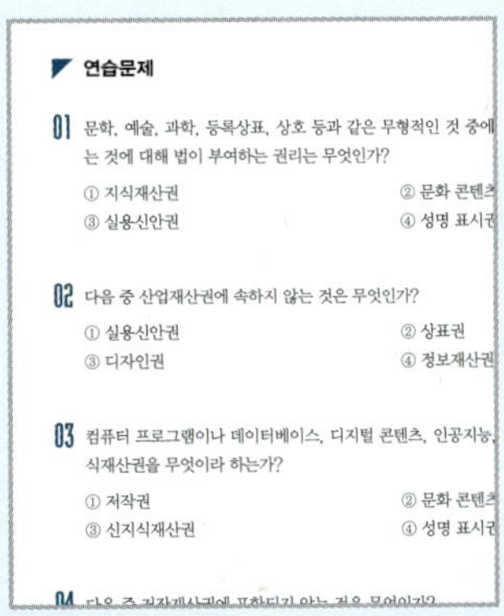

연습문제

본문에서 배운 내용을 다양한 문제를 풀면서 재검토하여 완전한 지식으로 확립할 수 있습니다.

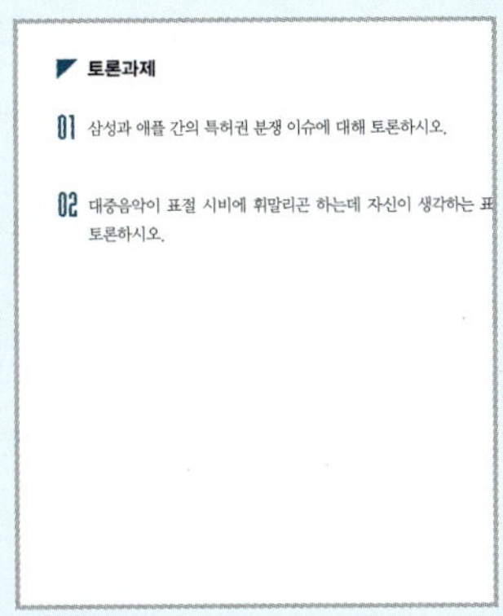

토론과제

다양한 토론과제를 통해 실질적인 활용 방안을 생각해보는 기회를 마련했습니다.

지은이 머리말 • 004
이 책의 사용 설명서 • 006

Part 01 인터넷 윤리와 예절

Chapter 01 인터넷 윤리의 개념 • 019

01 전통 윤리 • 020

1 윤리의 개념 • 020
2 윤리의 목적 • 022
3 윤리와 정보화 사회 • 023

02 인터넷 윤리 • 025

1 인터넷 윤리의 필요성 • 025
2 인터넷 윤리의 지향점 • 027
3 인터넷 윤리학 • 029

요약 • 031
연습문제 / 토론과제 • 032

Chapter 02 인터넷 예절, 네티켓 • 033

01 네티켓의 개념 • 034

1 네티켓이란? • 034

02 네티켓의 분류 • 037

1 이메일 네티켓 • 037
2 게시판 네티켓 • 038
3 채팅 네티켓 • 039

4 모바일 네티켓 • 040
5 소셜미디어 네티켓 • 041

요약 • 048
연습문제 / 토론과제 • 049

Part 02 인터넷 윤리와 정보화 사회

Chapter 03 정보격차 • 053

01 정보격차의 개념 • 054
1 정보격차란? • 054
2 정보격차의 원인 • 055
3 정보격차의 분류 • 056
4 정보격차의 문제점 • 058
5 정보격차 해소를 위한 법적 장치 • 062

02 PC 기반의 정보격차 • 064
1 PC 기반의 정보격차란? • 064
2 정보격차 지수 • 065
3 정보 활용 능력 • 066

03 모바일 기반의 정보격차 • 073
1 모바일 기반의 정보격차란? • 073
2 정보격차 지수 • 074
3 정보 활용 능력 • 075
4 소외 계층의 모바일 정보격차 • 077

요약 • 079
연습문제 / 토론과제 • 081

Chapter 04 웹 접근성 • 083

01 웹 접근성의 개념 • 084

1 웹 접근성이란? • 084

2 웹 접근성 구성 요소 • 087

3 웹 접근성 준수 사항 • 089

4 웹 접근성 구현 요소와 다양한 효과 • 091

02 PC 기반의 웹 접근성 구현 • 094

1 PC 기반의 웹 접근성 구현이란? • 094

03 모바일 기반의 웹 접근성 구현 • 102

1 모바일 기반의 웹 접근성 구현이란? • 102

04 웹 접근성 차별 • 106

1 웹 접근성 차별이란? • 106

2 웹 접근성 차별의 유형 • 108

3 장애인과 노년층에 대한 웹 접근성 차별 • 109

4 웹 접근성 차별 해결 방안 • 111

5 웹 접근성 차별 관련 법률 • 112

요약 • 115

연습문제 / 토론과제 • 117

Chapter 05 유해 정보 • 119

01 유해 정보의 개념 • 120

1 유해 정보란? • 120

2 청소년 유해 정보의 종류 • 123

02 유해 정보의 유통 • 127

1 유해 정보의 유통 경로 • 127

2 청소년 유해 정보의 유통 실태 • 130

03 유해 정보 대응 방안 • 132

1 유해 정보 차단 • 132

2 유해 정보 신고 • 136

3 유해 정보 규제 협력 모델 • 138

요약 • 140

연습문제 / 토론과제 • 141

Chapter 06 저작권 • 143

01 저작권의 개념 • 144

1 저작권이란? • 144

2 저작권의 종류 • 147

3 저작권의 관리 • 151

4 저작권자와 저작물 • 154

02 저작권 침해와 구제 • 159

1 저작권 침해란? • 159

2 저작권 침해 사례 • 160

3 프로그램 저작권 침해 • 162

4 저작권 침해의 구제 방안 • 163

03 웹 콘텐츠 저작권 • 165

1 웹 콘텐츠 저작권이란? • 165

2 웹 콘텐츠 저작권 보호 • 165

요약 • 168

연습문제 / 토론과제 • 170

Chapter 07 사이버 중독 • 173

01 사이버 중독 • 174

1 사이버 중독이란? • 174

2 사이버 중독의 예방 및 대응 방안 • 174

02 인터넷 중독 • 177

1 인터넷 중독이란? • 177

2 인터넷 중독의 원인 • 178

3 인터넷 중독 과정 • 178

4 인터넷 중독의 유형 • 179

5 인터넷 중독의 증상 및 진단 • 180

6 인터넷 중독 현황 • 190

7 인터넷 중독의 예방 및 대응 • 192

03 게임 중독 • 194

1 게임 중독이란? • 194

2 게임 중독의 원인 • 194

3 게임 중독의 증상 • 196

4 게임 중독 상태 • 197

5 게임 중독의 예방 • 197

04 스마트폰 중독 • 199

1 스마트폰 중독이란? • 199

2 스마트폰 중독의 원인 • 200

3 스마트폰 중독의 유형 • 200

4 스마트폰 중독의 증상 및 진단 • 201

5 스마트폰 중독 현황 • 204

6 스마트폰 중독의 예방 및 대응 • 205

요약 • 208

연습문제 / 토론과제 • 209

Chapter 08 전자상거래와 전자정부 • 211

01 전자상거래 • 212

1 전자상거래란? • 212

2 전자상거래의 유형 • 213

3 전자상거래의 장단점 • 214

02 전자상거래 보안 • 218

1 전자상거래 보안이란? • 218

2 전자상거래 보안 기술 • 220

03 전자 지불 시스템 • 226

1 전자 지불 시스템의 종류 • 226

2 전자 청구 및 결제 시스템 • 229

04 인터넷 오픈 뱅킹 • 231

1 인터넷 오픈 뱅킹의 종류 • 231

2 인터넷 뱅킹 보안 • 234

05 전자정부 • 238

1 전자정부 서비스란? • 238

2 전자정부 서비스의 종류 • 241

3 전자정부 서비스의 개선 • 245

요약 • 246

연습문제 / 토론과제 • 248

Part 03 인터넷 윤리와 개인 정보

Chapter 09 개인 정보 관리 • 253

01 개인 정보의 개념 • 254

1 개인 정보란? • 254

2 개인 정보의 중요성 • 258

02 개인 정보의 수집 및 이용 현황 • 259

1 개인 정보 수집 현황 • 259

2 개인 정보 이용 현황 • 262

3 개인 정보 대체 수단 • 264

03 개인 정보 관리 방안 • 270

1 PC 환경에서의 개인 정보 관리 • 270

2 모바일 환경에서의 개인 정보 관리 • 273

3 인터넷에서의 개인 정보 관리 • 281

요약 • 286

연습문제 / 토론과제 • 288

Chapter 10 개인 정보 침해와 보호 조치 • 291

01 개인 정보 침해 및 대응 • 292

1 개인 정보 침해 • 292

2 개인 정보 침해 예방 • 300

3 개인 정보 침해 대응 • 302

4 개인 영상 정보 침해 • 304

5 개인 영상 정보의 관리 • 307

02 개인 정보 보호 조치 • 312

1 법 제도적 보호 조치 • 312

2 관리적 보호 조치 • 316

3 기술적 보호 조치 • 320

4 물리적 보호 조치 • 323

요약 • 326

연습문제 / 토론과제 • 327

Part 04 인터넷 윤리와 보안

Chapter 11 보안 및 보안 솔루션 • 331

01 정보 보안과 웹 보안 • 332

1 정보 보안 • 332

2 웹 보안 • 336

02 웹 보안 솔루션 • 338

1 PC 보안 솔루션 • 338

2 모바일 보안 솔루션 • 341

3 클라우드 보안 솔루션 • 346

요약 • 350

연습문제 / 토론과제 • 352

Chapter 12 사이버 범죄 • 355

01 사이버 범죄 • 356

1 사이버 범죄란? • 356

2 사이버 폭력 • 361

3 사이버 사기 • 364

4 악성 코드 사기 • 368

02 사이버 범죄의 예방 • 373

1 사이버 범죄 예방 방안 • 373

요약 • 376

연습문제 / 토론과제 • 377

Chapter 13 금융 보안 • 379

01 안전한 금융 거래 • 380

1 금융 보안이란? • 380

2 안전한 금융 거래를 위한 정보 • 381

3 금융 애플리케이션 • 383

4 금융 정보를 노리는 악성 코드 • 385

02 금융 사고 예방 대책 • 389

1 금융 보안 체계 점검 • 389

2 금융 취약성 분석 • 391

3 금융 거래 주체별 실천 방안 • 392

요약 • 394

연습문제 / 토론과제 • 396

찾아보기 • 398

Part 01

인터넷 윤리와 예절

Chapter 01 인터넷 윤리의 개념

Chapter 02 인터넷 예절, 네티켓

Chapter 01
인터넷 윤리의 개념

01 전통 윤리
02 인터넷 윤리
요약
연습문제

학습목표

▸ 전통 윤리의 개념을 이해하고 윤리가 필요한 정보화 사회의 특징을 알아본다.

▸ 인터넷 윤리의 개념과 지향점을 이해하고 인터넷 윤리학에 대해 살펴본다.

01 전통 윤리

전통 윤리는 예부터 전해지는 전통적 주체성을 바탕으로 오랜 시간 동안 공동 사회를 유지 · 번영 · 발전시켜온 규범적 정신이라 할 수 있다.

1 윤리의 개념

윤리ethics의 개념을 이해하려면 윤리와 도덕moral의 차이부터 살펴봐야 한다. 윤리와 도덕은 인간이 세상을 살아가는 데 필수 불가결한 것으로, 둘의 의미가 같다고 이해할 수 있지만 사실 서로 조금 다른 의미를 지니고 있다.

1.1 윤리와 도덕

'윤리(倫理)'라는 말을 풀어보면 '윤(倫)'에는 '무리(類), 또래(輩), 질서' 등의 뜻이 담겨 있고 '이(理)'에는 '이치, 이법(理法), 또는 도리'라는 뜻이 담겨 있다. 따라서 윤리는 인간이 살아가는 데 필요한 바른 행동으로, 옳고 그른 것을 판단하여 인간답게 사는 것을 의미한다. 즉 인간관계의 이법이라고 할 수 있다.

한편 인간이 지켜야 할 도리 또는 바람직한 행동 기준의 의미로 동양에서 쓰이는 도덕(道德)이란 말은 유교적인 어감이 강하다. 실상 도덕은 유교의 이상을 나타내기도 하며, 근대에 이르러서는 흔히 윤리라는 말을 사용하고 있다.

유럽 철학에서 도덕은 그리스어로는 ethos, 라틴어로는 mores, 독일어로는 Sitte이며 모두 습속(習俗, 습관이 된 풍속)을 의미한다. 본디 도덕이란 인간이 자연환경의 특성에 순응하여 집단의 한 구성원으로서 살아온 방식과 습속에서 생긴 것이다. 즉 생활 양식이나 관습의 경험을 정리하여 공존을 위한 집단 질서나 규범을 정하고, 그것을 엄격하게 지켜나간 데에서 도덕이 생겨난 것이다. 이런 점에서 도덕과 법은 근원이 같다고 볼 수 있다.

다만 사회가 복잡해짐에 따라 법은 사회적인 외적 규제로, 도덕은 개인적인 내적 규제로 자연스럽게 분화되었다. 계급 사회가 성립되면서 법과 도덕은 정치 지배의 유력한 수단이 되기도

했다. 법은 국가 권력을 지배하고, 도덕은 보편적 원리를 지배하는 영역이 되었다.

1.2 사회 규범과 사회적 윤리

사람이 세상을 살아가는 데에는 반드시 지켜야 할 기본적인 규범이 있다. 또한 사회 질서를 유지하기 위해서는 법률과 제도, 사회 규범의 기준을 따라야 한다. 다음 표에서 보듯이 기본적인 사회 규범과 그에 따른 사회적 윤리는 네 가지 항목으로 구분할 수 있다.

표 1-1 사회 규범과 사회적 윤리

사회 규범	사회적 윤리	제재
윤리	양심과 이성으로 옳고 그름을 판단	칭찬 또는 비난
예절	문화적 특성에 따라 적절과 부적절을 판단	사회적 수용 또는 거부
법	법을 기준으로 합법과 불법을 판단	법에 의한 처벌
종교	종교적 기준으로 거룩함과 죄를 판단	상 또는 벌

1.3 우리나라의 윤리와 서양의 윤리

우리나라는 동방예의지국이라 하여 공동체 속에서 온정과 의리의 도덕적 측면을 강조한 도리를 중요시했다. 반면에 서양에서는 공동체보다 개인을 중심으로 한 이지적 사고와 합리적인 인간관계를 중시한 준법과 법적 제재로 좀 더 개방적인 사회 질서를 유지했다. 또한 윤리의 판단 기준이 되는 가치관도 동서양 간에 차이가 있다.

표 1-2 동서양의 가치관 비교

구분	동양의 가치관	서양의 가치관
주체	• 공동체 또는 집단	• 개인
인간관계	• 정의적(情誼的) 관계	• 합리적(合理的) 관계
사고방식	• 권위에 대한 존중과 복종 • 위계질서 • 협동과 공동체 의식	• 자유로운 사고와 생활 • 평등한 권리 • 경쟁의식
윤리적 지배	• 정(情)과 직관이 지배	• 지(知)와 윤리가 지배
문화	• 도리의 문화 • 인간다운 생활을 중요시 • 포용적이고 마음이 넉넉함	• 법의 문화 • 준법과 법적 제재로 사회 질서 유지 • 개인주의적 가치관과 행동 방식
공통점	• 인간 존엄을 향한 가치관	

1.4 동양의 자연관과 서양의 자연관

동양의 자연관과 서양의 자연관 역시 차이가 있다. 동양의 자연관에서는 인간과 자연이 균형과 조화를 이룬다고 보지만, 서양의 자연관은 자연과 이성을 구분하는 이원론적인 시각이다.

❶ 동양의 자연관

동양의 자연관은 상의(相依)와 화해(和諧)라는 두 단어로 기본 정신을 요약할 수 있다. 상의는 개개의 사물이 서로 의존해서 존재한다는 의미이고, 화해는 개개의 존재가 균형과 협동을 통해 서로 큰 조화를 이룬다는 의미이다.

❷ 서양의 자연관

17세기 계몽주의 시대에 들어서면서 도구적 이성이 발달하자 인간은 이제까지 안식처로 여기던 자연의 품에서 나와 지배자 혹은 정복자로 군림하게 되었다. 인간에게는 이성이 있으므로 수동적으로 방치되어 있는 자연을 지배할 수 있다고 생각하는 이원론적 사상이 주류를 이루었다. 플라톤은 세계를 이데아와 현상 세계로 나누었고, 플라톤 이후 그리스도교에서도 천국과 지옥, 내세와 현세, 영혼과 육체의 이원론으로 구분했다.

2 윤리의 목적

정의로운 사회를 구현하기 위한 질서 유지 규칙과 같은 윤리는 때로 우리의 자유를 제한한다. 윤리의 목적은 자유와 행복을 더욱 증진하고 혼잡함에서 벗어나 질서를 유지하며 정의로운 사회를 유지하는 데 있다. 윤리의 다섯 가지 목적은 다음과 같다.

- 사회의 분열 방지
- 인간의 고통 완화
- 인간의 행복 증진
- 이익 갈등을 정의롭고 질서 있게 해결
- 칭찬과 비난, 보상과 처벌 부과

윤리는 '인간관계에서 합당하게 행동'해야 한다는 의미를 지니고 있다. 미국의 토머스 리코나 Thomas Lickona 교수는 이러한 윤리의 의미에 맞게 윤리적 인간이 갖춰야 할 세 가지 요소를 다음과 같이 제시했다.

- **도덕적 지식** : 도덕적으로 아는 것
- **도덕적 감정** : 도덕적으로 느끼는 것
- **도덕적 행동** : 도덕적으로 행동하는 것

3 윤리와 정보화 사회

정보통신의 발달로 컴퓨터와 인터넷 사용자가 늘어나고, ICT[information and communication technology](정보통신 기술) 관련 기업의 성장으로 하드웨어와 소프트웨어 기술을 활용한 각종 애플리케이션도 눈부신 발전을 거듭하고 있다. 정보화 사회에서는 ICT를 토대로 한 정보의 수집 · 가공 · 처리 · 공유가 사회적 관계 및 참여에 중요한 역할을 한다. 하지만 공유 자료가 범람하면서 부정적인 요소가 발생하기 시작했으며, 그 결과 윤리가 필요하게 되었다. 이처럼 윤리를 필요로 하는 정보화 사회의 특징을 다음 표에 정리했다.

표 1-3 정보화 사회의 특징

구분	특징	활용 매체
자동화 사회	정부, 기관, 회사, 가정, 빌딩, 상점 등 산업의 중심이 ICT 기반인 사회	통신(인터넷)
가정 중심 사회	재택근무나 이러닝과 같이 시공간을 초월한 근무 · 교육 환경의 가정 중심 사회	이러닝(가상 교육)
기업 혁신	ICT 융합을 기반으로, IT 정보화 사회를 기준으로 한 글로벌 경영 방식으로 급속히 전환하거나 추진 중임	ICT 융합
정보 매체 증가	무선통신과 콘텐츠를 중심으로 정보 전달 매체가 다양하게 변하고, 생활 속에서도 사용자를 중심으로 다양한 정보 매체를 활용하는 패턴으로 급변함	모바일 인터넷, 스마트폰, 웹진, VOD, 인스턴트 메시징, SNS
정보 공해 현상	인터넷과 스마트폰의 활성화로 정보 검색이 쉬워지자 방대한 정보가 오히려 창의력과 사고력, 감수성을 떨어뜨리고, 인간성 상실과 IT 신기술에 의한 테크노스트레스(technostress)도 생기게 됨	SNS, IT 신기술
개인 정보 침해	공개 카페나 블로그 또는 SNS(페이스북, 트위터 등)에서 개인 정보가 무분별하게 침해될 수 있으며, 금융 기관이나 정부 기관의 부주의로 개인 정보가 공개되거나 유출되기도 함	카페, 블로그, SNS를 통한 개인 정보 침해
컴퓨터 범죄	관리 소홀로 유출된 개인 정보(전화번호, 이메일 주소, 주민등록번호)로 금융 이득을 노리는 각종 범죄(파밍, 스미싱, 보이스 피싱 등)가 사회 혼란을 초래함	개인 정보 관련 서류(개인 정보 유출)
정보의 홍수	포털 업체에서 제공하는 무료 대용량 저장장치 서비스, 인스턴트 메시징 서비스, 무료 전화 서비스 등을 잘못 사용하여 소중한 정보와 자원이 남발됨	클라우드, 메일, 인스턴트 메시징, 인터넷 전화

여기서 잠깐 **테크노스트레스**

테크노스트레스(technostress)는 컴퓨터와 관련된 질환으로서 최근 큰 관심을 모으고 있다. 처음에는 단순히 컴퓨터 관련 산업에 종사하는 사람들이 받는 스트레스를 나타냈지만 최근에는 여러 유형의 환자가 발생하고 있다.

- **IT 부적응** : 새로운 IT 기술에 대응하지 못한 정신적 부담으로 나타나는 스트레스이다.
- **테크노 의존** : 최신 IT 기기에 지나치게 동화되어 스마트폰, 태블릿 PC, 인터넷 등에 과도하게 집중 또는 몰입하여 나타나는 스트레스이다.
- **소셜미디어 부적응** : 스마트폰을 이용하는 경우, 업무나 개인 용무 중에도 SNS(페이스북, 트위터, 카카오톡 등)에 응대해야 한다는 부담감과 압박에서 오는 스트레스, 또는 소셜미디어의 새롭고 어려운 기능에 적응하지 못해 나타나는 스트레스이다.

02 인터넷 윤리

정보통신의 발전, 인터넷 사용의 보편화, 다양한 소셜미디어 서비스의 활성화로 인터넷 윤리는 21세기에 가장 필요한 규범이 되었다.

1 인터넷 윤리의 필요성

소셜미디어 서비스의 특성상 상대방의 입장을 무시한 채 자기 입장에서 글을 게시하거나 답글을 달아 비윤리적인 문제가 발생하곤 한다. 그리고 이러한 문제를 방지하는 데 필요한 예절 행동이 바로 인터넷 윤리라고 할 수 있다. 즉 인터넷 윤리는 사이버 공간을 이용할 때 반드시 지켜야 할 인간의 기본적인 예절과 규범이다.

1.1 정보화 사회의 특징

우리나라는 초고속 통신망의 발전으로 세계에서 손꼽히는 인터넷 강국이다. 2014년을 기준으로 OECD 회원국 가운데 100명당 유선 초고속 인터넷 가입자 수는 6위, 무선 초고속 인터넷 가입자 수는 7위, 인터넷 이용률은 27위를 기록했다(출처 : 한국인터넷진흥원 인터넷 통계정보 검색 시스템).

인터넷은 새로운 커뮤니티 세계를 탄생시켰다. 오늘날 우리는 채팅, 이메일, 미니 홈페이지, 블로그, 소셜 네트워킹 서비스social networking service, SNS와 같은 매체를 이용하여 타인과 교류하고, 카카오톡이나 각종 포털 업체에서 제공하는 실시간 메신저를 통해 지인들과 소통하고 있다. 이처럼 다양한 사이버 공간에 참여하면서 친밀감과 소속감을 느끼고 자기 존중감과 타인으로부터의 존중감을 경험하며 자아실현의 욕구를 충족해나간다.

그러나 사이버 공간은 현실 세계와 달리 상호 의존과 책임의 관계가 불분명하고 일상에서 가능한 도덕적 규제와 통제가 사실상 어렵다. 따라서 사이버 공간의 특성에 부합하는 윤리 규범과 그에 따른 질서의 실천이 절실히 요구되고 있다. 오늘날 인터넷 윤리는 정보화 사회를 살아가는 누구나 지켜야 할 행위의 규범인 것이다.

TIP 인터넷 윤리 심의 기관

- 미래창조과학부(http://www.msip.go.kr)
- 방송통신심의위원회(http://www.kocsc.or.kr)
- 한국인터넷진흥원(https://www.kisa.or.kr)
- 한국정보화진흥원(https://www.nia.or.kr)

1.2 정보화 사회의 부작용

사람들은 실제 삶 속에서는 할 수 없는 다양한 의식과 행위를 인터넷 커뮤니티와 같은 가상 공동체에서 표출하곤 한다. 이러한 행위는 기존 사회의 질서와 가치관에 비춰봤을 때 긍정적인 면도 있지만 부정적인 면도 있다.

예를 들어 성인을 비롯한 많은 청소년이 멀티미디어를 활용한 화려한 게임을 즐기는데, 상당수의 게임 콘텐츠가 일반적인 정서에 반하는 폭력, 전쟁, 테러, 살생 등의 내용을 포함하고 있다. 특히 아직 인격이 완전히 형성되지 않은 청소년은 영향을 쉽게 받아 난폭한 언어를 사용하거나 남을 비방, 공격하는 행동을 보일 수도 있다. 음란물에 무방비하게 노출되는 것도 문제이다. 이는 성적 충동을 일으킬 수도 있고, 음란물에서 본 성행위를 모방하거나 심한 경우에는 성폭행이나 강간 등의 성범죄를 일으킬 수도 있다.

표 1-4 정보화 사회의 부작용

구분	행동적 특징
게임	• 일상생활에서도 표준어보다 게임 속 은어와 속어를 사용함 • 폭력적인 온라인 게임의 영향으로 난폭하고 공격적이며 남을 비방하는 행동으로 사회 문제를 일으킴 • 사이버 아이템에 대한 집착이 강해 이를 획득하려고 타인을 폭행, 갈취하는 등 사회 문제를 일으킴
음란물	• 인터넷에서 음란물을 쉽게 검색할 수 있어 미성숙한 청소년에게 강한 성적 충동을 일으킴 • 과도한 설정의 인터넷 음란물에서 본 성행위를 모방하거나 성폭행, 강간 등의 성범죄를 일으킴
비행 행동	• 인터넷에서 악성 댓글로 타인을 비방함 • 타인의 신상 정보로 인터넷 사이트에 회원 가입을 하고 성별이나 나이 등을 숨긴 채 활동함 • 타인의 자료를 무단으로 가져다 출처 표기 없이 블로그나 홈페이지에 올림

이러한 부작용을 없애기 위해서는 청소년에게 사회 구성원으로서의 올바른 가치관과 행동 양식을 심어줘야 한다. 또한 청소년뿐만 아니라 인터넷을 이용하는 사람들 모두가 확고한 인터넷 윤리 의식을 갖춰야 한다.

여기서 잠깐 정보화 사회의 역기능, 각종 중독 현상

정보화 사회의 역기능이란 인터넷에서의 과다한 정보 검색, 허위 정보 유포, 사생활 침해, 사이버 성폭력, 지식재산권 침해, 언어폭력 및 명예훼손, 채팅을 통한 불건전한 교제, 게임 중독, 채팅 중독 등과 같은 부정적인 영향을 말한다. 이러한 정보화 사회의 역기능 중 각종 중독 현상의 유형과 증상, 특징을 다음 표에 정리했다.

유형	증상	특징
게임 중독	자기 통제력을 잃고 게임에 병적으로 집착함	• 게임 스토리가 쉽게 헤어나오지 못하게 전개되어 중독에 빠지기 쉬움 • 레벨을 높이고 사이버머니나 아이템을 얻으려는 과도한 경쟁에 빠지기 쉬움 • 폭력 게임에서 영향을 받은 공격성과 폭력성이 현실에서도 나타남 • 현실 생활을 등한시하고 사이버 세상에서 대리 만족을 얻음
채팅 중독	문자나 영상 대화에 과도하게 집착함	• 신분을 조작하거나 은폐하는 과정 속에서 자신의 정체성을 상실함 • 불건전한 채팅으로 인신매매나 성폭력 등의 범죄에 노출될 위험이 있음
음란물 중독	음란물을 자주 찾거나 성적 충동을 자주 느낌	• 왜곡된 성 의식으로 성범죄를 일으킬 가능성이 높음 • 몰래 음란물을 탐닉하는 자신에 대해 죄책감과 수치심을 느낌
검색 중독	필요한 정보가 없는데도 습관적으로 검색함	• 웹사이트에서 이것저것 클릭하면서 시간을 허비함 • 목적 없이 정보를 검색하여 시간 통제가 안 됨 • 일상의 지루함을 정보 검색으로 달래려는 경향이 큼

1.3 인터넷 윤리의 목적

인터넷 윤리의 목적은 열린 사이버 공간을 누구나 쉽게 접하고 편하게 이용할 수 있는 유용한 공간으로 만드는 데 있다. 특히 IT 디바이스로 소셜미디어 서비스를 이용할 때는 상대방을 배려하여 기분 언짢은 일이 발생하지 않도록 서로 노력해야 한다. 각종 정보통신 기기 및 서비스를 올바르게 활용하고 공유하면서 서로 아끼고 존중하는 기본예절과 태도를 갖춰야 한다.

2 인터넷 윤리의 지향점

정보화 사회를 살아가는 사람들이 가장 지향해야 할 자세는 무엇일까? 사람마다 입장과 사고방식이 달라 견해 차이가 있겠지만, 가장 중요한 점은 인터넷 윤리 의식을 가지고 정보화 사회에 접근해야 한다는 것이다. 인터넷 윤리가 지향하는 세 가지 자세를 자세히 살펴보자.

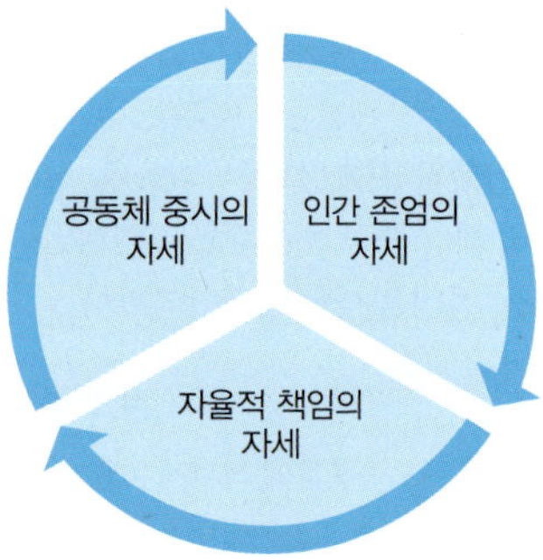

그림 1-1 인터넷 윤리가 지향하는 세 가지 자세

❶ 인간 존엄의 자세

인간을 존엄하게 여겨야 한다. 정보화 사회에서 정보의 이용 가치나 효율성에만 매달리다 보면 인간의 존엄성을 무시하기 쉽다. 게시판, 블로그, 채팅창과 같이 서로 얼굴을 마주 보지 않는 인터넷 공간에서도 내가 상대방을 존중해야 상대방도 나를 존중한다는 기본 원칙을 잊지 않고 서로 존중하는 자세가 필요하다.

❷ 자율적 책임의 자세

스스로 책임감을 지녀야 한다. 정보화 사회에서 우리는 인터넷을 이용하여 다양하고 유익한 정보를 많이 얻는다. 자기가 운영하는 블로그나 카페에서 정보를 공유하기도 하고 타인이 운영하는 블로그에서 정보를 얻기도 한다. 하지만 나누고 공유하려는 좋은 뜻에서 제공한 자료를 무단으로 복제 또는 유출하여 남용하는 사례가 많다. 심지어 허락도 받지 않은 채 타인의 이미지 자료를 SNS에 올려 소중한 초상권을 침해하는 경우도 있다. 인터넷 공간에서 행해지는 일의 결과를 깊이 생각하여 자기가 한 일에 대해 절대적인 책임을 갖는 자세가 필요하다.

❸ 공동체 중시의 자세

사이버 공간에서는 공동체를 중요하게 여겨야 한다. 정보화 사회에서 사이버 공간은 지구촌의 모든 사람들이 시간과 공간을 초월하여 만나는 가상의 공간이다. 그러므로 그곳에서는 개인의 이익보다 공간을 이용하는 모든 공용체를 중시해야 한다. 자신의 물질적 이익을 위해 타인의 주민등록번호로 아이디를 만들어 악용하거나, 타인의 아이디와 비밀번호를 해킹하여 개인 정보를 침해하거나, 광고성 스팸 메일을 무작위로 보내거나, 상업적 과장 · 허위 광고를 하는 것 등은 모두 공동체를 의식하지 않는 행위이다. 한편 특정 연예인을 모함하거나 험담하는 글을 올려 인터넷 세상을 시끄럽게 하는 경우도 있다. 이 또한 사이버 공간의 공동체 의식을 해치는 것으로, 많은 사람이 이용하는 사이버 공간에서는 타인을 위하는 마음으로 행동해야 한다.

3 인터넷 윤리학

인터넷 윤리학이라는 용어를 공식적으로 처음 사용한 학자 덩컨 랭포드Duncan Langford는 인터넷 윤리를 인터넷 공간에서 활동하는 네티즌이 지켜야 할 도덕적 책임과 의무라고 정의했다.

3.1 인터넷 윤리학의 역사

인터넷 윤리에 대한 사회적 관심은 정보화 사회의 역기능으로 컴퓨터 자체가 새로운 도덕적 문제를 야기한 데에서 비롯되었다. 특히 컴퓨터 범죄, 해킹과 바이러스, 음란물 유포, 불법 복제와 같은 컴퓨터 기술의 윤리 문제를 다루기 위해 인터넷 윤리학이 필요하게 되었다. 정보화 사회의 빠른 변화로 인터넷 윤리학도 시대에 따라 변화를 겪었는데 그 특징을 다음 표에 정리했다.

표 1-5 시대에 따른 인터넷 윤리학의 특징

연대	특징
컴퓨터 윤리학 (1970~1980년대)	• 월터 매너가 컴퓨터 윤리학이라는 용어를 처음 사용함 • 컴퓨터 및 컴퓨터 기술로 발생하는 문제를 식별하고 해결하기 위해 윤리학의 필요성을 역설함 • 대표적인 윤리학자 : 매너, 무어, 존슨
정보 윤리학 (1990년대)	• 정보통신 기술을 적용할 때 예측하지 못한 일의 발생 가능성을 감소시키기 위해서는 정보 윤리가 세계적이고 보편적인 윤리가 되어야 한다고 주장함 • 대표적인 윤리학자 : 바이넘, 로저슨, 고니액
인터넷 윤리학 (2000년대)	• 미국의 랭포드가 인터넷 윤리학이라는 용어를 처음 사용함 • 대표적인 윤리학자 : 랭포드, 스피넬로, 헤임링크

3.2 인터넷 윤리학의 기능

올바른 인터넷 문화를 만들기 위해서는 인터넷 윤리가 매우 중요하다. 일반적으로 윤리학은 일어날 일을 예방하기보다는 이미 일어난 일을 평가하는 데 초점이 맞춰져 있어, 그 결과 윤리학이 시대의 변화를 제대로 따라가지 못하는 경우가 많았다. 그러므로 인터넷 환경에 윤리학을 제대로 적용하려면 다음과 같은 기능을 가져야만 한다.

- **처방 윤리**prescriptive ethics : 인터넷을 사용할 때 해야 할 것과 해서는 안 될 것을 명확하게 규정해야 한다.
- **예방 윤리**preventive ethics : 정보통신 기술이 더욱 발전하면 나타날 윤리 문제를 사전에 숙고하여 예방해야 한다.
- **변혁 윤리**transformative ethics : 사이버 공간의 무질서와 혼돈에 대한 반응으로부터 정보화 사회의 부작용이 나타나는 것이므로 사람들에게 경험이나 제도, 정책 등의 변혁이 필요함을 강조해야 한다.
- **세계 윤리**global ethics : 인터넷은 전 세계가 이용하는 통신망이므로 전 세계 사람들이 지켜야 할 보편적인 규범 체제를 제시해야 한다.
- **책임 윤리**responsibility ethics : 사이버 공간을 이용하는 사람들이 지녀야 할 책임을 강조해야 한다.

요약

01 우리나라는 공동체 속에서 온정과 의리의 도덕적 측면을 강조한 도리를 중요시했다.

02 서양에서는 공동체보다 개인을 중심으로 한 이지적 사고와 합리적인 인간관계를 중시한 준법과 법적 제재로 좀 더 개방적인 사회 질서를 유지했다.

03 토머스 리코나 교수는 윤리적 인간이 갖춰야 할 세 가지 요소를 다음과 같이 제시했다.

- **도덕적 지식** : 도덕적으로 아는 것
- **도덕적 감정** : 도덕적으로 느끼는 것
- **도덕적 행동** : 도덕적으로 행동하는 것

04 인터넷 윤리는 사이버 공간을 이용할 때 반드시 지켜야 할 인간의 기본적인 예절과 규범이다.

05 정보화 사회의 역기능 중에는 다음과 같은 중독 현상이 있다.

- **게임 중독** : 자기 통제력을 잃고 게임에 병적으로 집착함
- **채팅 중독** : 문자나 영상 대화에 과도하게 집착함
- **음란물 중독** : 음란물을 자주 찾거나 성적 충동을 자주 느낌
- **검색 중독** : 필요한 정보가 없는데도 습관적으로 검색함

06 인터넷 윤리는 인간 존엄의 자세, 자율적 책임의 자세, 공동체 중시의 자세를 지향한다.

연습문제

01 토머스 리코나 교수가 제시한, 윤리적 인간이 갖춰야 할 세 가지 요소에 포함되지 않는 것은 무엇인가?

① 도덕적 지식 ② 도덕적 감정 ③ 도덕적 이론 ④ 도덕적 행동

02 컴퓨터와 관련된 산업에 종사하는 사람들이 받는 스트레스를 무엇이라 하는가?

① IT 스트레스 ② ENT 스트레스 ③ VDT 스트레스 ④ 테크노스트레스

03 필요한 정보가 없는데도 습관적으로 인터넷 검색을 하는 중독 현상을 무엇이라 하는가?

① 검색 중독 ② 채팅 중독 ③ 음란물 중독 ④ 게임 중독

04 인터넷 윤리가 지향하는 세 가지 자세 중에서 상대방을 존중해야 자신도 존중받을 수 있기 때문에 지녀야 하는 자세는 무엇인가?

① 인간 존엄의 자세 ② 자율적 책임의 자세
③ 공동체 중시의 자세 ④ 인격 존중의 자세

05 인터넷 윤리를 '인터넷 공간에서 활동하는 네티즌이 지켜야 할 도덕적 책임과 의무'라고 정의한 학자는 누구인가?

① 거스탐슨 ② 스피넬로 ③ 헤임링크 ④ 랭포드

06 정보화 사회의 특징 중에서 인터넷과 스마트폰의 활성화로 정보 검색이 쉬워지자 방대한 정보가 오히려 창의력과 사고력, 감수성을 떨어뜨리게 된 현상을 무엇이라 하는가?

토론과제

01 21세기 정보화 시대를 살아가는 데 인터넷 윤리가 필요한 이유에 대해 토론하시오.

Chapter 02

인터넷 예절, 네티켓

01 네티켓의 개념

02 네티켓의 분류

요약

연습문제

학습목표

- 네티켓의 개념을 이해하고 네티켓의 원칙과 지침을 알아본다.
- 다양한 인터넷 서비스에 맞는 네티켓 지침을 알아본다.

01 네티켓의 개념

사례 | 네티켓 때문에 피해자가 가해자가 된 경우

중학생 A 군은 자신을 괴롭히던 친구 B 군을 혼내주기 위해 같은 괴롭힘을 당한 친구 5명과 단체 대화방을 만들어 B 군을 초대했다. 대화방에서 자신들이 당한 피해에 대해 호소하던 친구들은 감정이 격해지자 B 군에게 심한 욕설을 했고, 다음 날 사이버 폭력으로 학교 자치위원회에 회부되었다. A 군과 친구들은 자신들이 먼저 괴롭힘을 당한 피해자라며 억울함을 호소했지만 학교 측의 징계 처분을 면할 수는 없었다.

1 네티켓이란?

네티켓netiquette은 'network(네트워크)'와 'etiquette(에티켓)'의 합성어로, 얼굴을 마주하지 않는 가상 공간에서 지켜야 할 예절을 의미한다. 우리나라는 2000년 6월 15일 정보통신윤리위원회가 '네티즌 윤리 강령'을 선포하고, 2001년 초 교육부에서 '정보통신 윤리 교육 지침'을 마련했다. 인터넷 윤리 교육의 중요성을 강조한 정부의 방침에 따라 일부 학교에서는 네티켓에 대한 교육을 실시하고 있다.

1.1 네티켓의 핵심 원칙

정보통신의 발달과 함께 인터넷 윤리의 중요성이 커지면서 나라마다 이에 대한 기준 마련이 시급하다. 1994년 미국 플로리다대학교의 버지니아 셰어Virginia Shea 교수는 다음과 같은 '네티켓의 핵심 원칙The Core Rules of Netiquette'을 제시했다.

❶ 상대가 인간임을 기억하라

사이버 공간에서는 얼굴을 마주 보지 않고 익명으로 게임이나 대화를 하므로 상대가 인격을 가진 인간이라는 사실을 잊어버리는 경우가 많다. 네티켓의 가장 기본적인 원칙은 상대도 나와 같은 인간이라는 사실을 기억하는 것이다.

❷ 실생활에 적용되는 기준과 행동을 지켜라

실생활에서는 주변의 시선과 처벌이 두려워 법을 지키는데 사이버 공간에서는 윤리 기준이나 행동 규범의 적용을 덜 받는다고 생각하기 쉽다. 그러나 사이버 공간에서도 실생활과 똑같이 예의를 지켜야 한다.

❸ 자신이 접속한 곳을 알고, 그 문화에 어울리게 행동하라

문화 영역에 따라 네티켓이 다르게 받아들여진다는 것을 알아야 한다. 어떤 문화 영역에서는 허용되는 것이 다른 곳에서는 몹시 무례한 일로 여겨질 수 있다. 따라서 이전에 게시된 글을 읽어보고 자신이 접속한 곳을 제대로 이해하고 행동하는 것이 좋다.

❹ 타인의 시간을 존중하라

메일을 보내거나 게시판에 글을 올릴 때는 다른 사람들의 시간을 낭비하지 않도록 배려해야 한다. 다른 사람들에게 꼭 필요한 정보인지 먼저 생각해보고, 불필요하다고 판단되는 정보는 올리지 않는 것이 좋다.

❺ 온라인에서 자신을 근사하게 만들라

사이버 공간에서는 익명이라는 특성으로 인해 외양이나 행동보다는 써놓은 글의 수준으로 그 사람을 평가하게 된다. 따라서 공격적인 언어는 자제하고 정중한 표현을 사용하여 명확하고 논리적으로 글을 써야 한다.

❻ 전문 지식을 공유하라

인터넷은 나눔과 공유의 공간이다. 자기가 가진 정보나 지식을 다른 사람들에게 제공하고, 다른 사람들이 제공한 정보를 통해 많은 지식을 얻을 수 있다.

❼ 논쟁은 절제된 감정 아래 행하라

사이버 공간은 다양한 네티즌들이 만나서 활동하는 곳이므로 흔히 논쟁이 일어날 수 있다. 이때 서로 얼굴을 마주 보지 않기 때문에 자신의 감정을 앞세우거나 억지를 부릴 수도 있다. 논쟁을 할 때는 이 같은 점에 주의하여 이성적이고 논리적인 자세로 풀어가야 한다.

❽ 타인의 사생활을 존중하라

가상 공간이라고 해도 다른 사람들의 사생활을 존중하는 자세가 필요하다. 이메일과 같은 개인 자료를 훔쳐보거나 허락 없이 복사해서 배포하는 등 다른 사람들의 사적인 영역을 침범하는 행위는 하지 말아야 한다.

❾ 자신의 권력을 남용하지 말라

사이트 운영자나 동호회 대표에게는 일반 네티즌보다 더 많은 권한이 주어진다. 그러나 그 권한은 공익을 위한 것이므로 회원 정보를 개인 용도로 이용하거나 회원의 권리와 이익을 해치는 방향으로 악용해서는 안 된다.

❿ 타인의 실수를 용서하라

인터넷을 처음 이용하는 사람은 누구나 초보자일 수밖에 없다. 따라서 다른 사람이 실수를 했더라도 이해하는 마음으로 아량을 베풀 줄 알아야 한다. 실수를 지적할 때도 공개적인 글보다는 이메일을 이용하는 것이 좋다.

1.2 청소년을 위한 네티켓 지침

청소년의 인터넷 사용이 급증하면서 관련 피해 또한 증가하고 있다. 청소년기의 올바른 인터넷 사용은 학습과 취미 생활에 도움이 되지만 잘못된 사용은 도리어 일상생활에 악영향을 미친다. 다음은 청소년의 건전한 인터넷 사용을 위한 네티켓 지침이다(출처 : 네티켓 교실).

- 하루에 컴퓨터를 이용하는 시간에 제한을 둔다.
- 여가 시간에 컴퓨터에만 몰입하지 않는다.
- 또래의 잘못된 컴퓨터 이용 습관을 따라 하지 않는다.
- 친구가 권하더라도 불건전 사이트는 당당하게 거부한다.
- 채팅(게임) 중에는 항상 예의를 지킨다.
- 채팅(게임) 중에는 욕설을 하지 않는다.
- 채팅(게임) 중 상대방이 자신을 모욕하면 채팅(게임)을 즉시 중지한다.
- 자신이 가해자이자 동시에 피해자가 될 수 있음을 알고 조심한다.
- 건전하고 유익한 정보를 서로 나누고 공유한다.

02 네티켓의 분류

> **사례 | 공공장소에서 네티켓은 필수**
>
> 회사원 A 씨는 업무차 서울에서 부산까지 KTX를 타고 출장을 가게 되었다. 그런데 옆자리 승객이 주변을 배려하지 않고 스마트폰으로 민망한 동영상을 보고 있었다. 이어폰도 사용하지 않아 주변을 불편하게 하여 A 씨가 참다못해 소리를 좀 줄이거나 아니면 시청을 자제해줄 것을 요구했지만 막무가내였다. 오히려 그 승객은 남의 일에 참견한다고 큰소리로 면박을 주었다.

네티즌이 이용하는 인터넷 서비스가 다양한 만큼 지켜야 할 네티켓도 다양하다. 인터넷 서비스별로 지켜야 할 네티켓에 대해 살펴보자.

1 이메일 네티켓

사이버 공간에서 주고받는 편지인 이메일은 웹 검색과 함께 가장 널리 쓰이는 인터넷 서비스이다. 이메일은 전 세계 어디서나 실시간으로 편지를 주고받을 수 있고 여러 사람에게 동시에 편지를 전송할 수도 있다는 것이 장점이다. 전 세계의 많은 사람이 웹에 접속하여 네트워크를 통해 비즈니스 및 사적인 용도로 이메일을 이용하고 있다. 이메일은 사용 빈도와 정보 전달량 측면에서 많은 부분을 차지하는 만큼 올바르게 사용하여 타인에게 피해를 주지 않도록 해야 한다. 다음은 이메일을 사용할 때 지켜야 할 네티켓이다(출처 : 방송통신심의위원회).

- 이메일을 자주 확인하고 중요하지 않은 것은 즉시 지운다.
- 자신의 이메일 비밀번호를 타인에게 절대 공개하지 않는다.
- 이메일을 보낼 때는 자신이 누군지를 먼저 밝히고 메시지는 되도록 짧게 작성한다.
- 이메일 제목은 내용을 알 수 있는 함축된 것으로 한다.
- 이메일을 보내기 전에 주소가 올바른지 확인하고 수신자와 참조자를 구분한다.
- 흥분한 상태에서는 이메일을 보내지 않는다.
- 내용을 보기 좋게 편집하는 것은 괜찮지만 줄 간격을 너무 넓게 하여 불필요하게 공간을 늘리지 않는다.

- 한 행의 길이가 너무 길지 않게 작성한다.
- 내용 끝에 사인, 직위, 단체명, 전화번호 등을 포함하되 네 줄을 초과하지 않는다.
- 타인에게 피해를 주는 비방이나 욕설 등은 보내지 않는다.
- 행운의 편지나 메일 폭탄 등에 절대 현혹되지 않는다.
- 이메일을 받으면 회신을 할 것인지, 새 이메일로 보낼 것인지 판단하여 답장을 한다.
- 회신을 할 때는 상대방이 보낸 내용을 본문에 직접 넣는 것을 삼가고 간단하게 답장을 쓴다.

2 게시판 네티켓

게시판은 인터넷에서 여러 사용자들끼리 정보를 주고받는 곳이다. 네티즌이 유익한 정보를 공유하는 공간인 만큼 게시판 예절은 매우 중요하다. 다음은 게시판을 사용할 때 지켜야 할 네티켓이다(출처 : 네티켓 교실).

- 게시글의 제목 맨 앞에 [부탁], [공지] 등을 넣어서 읽는 사람을 배려한다.
- 게시글은 주제를 먼저 드러내는 두괄식으로 쓰는 것이 좋다.
- 게시판에 글을 쓸 때는 존댓말을 사용하는 것이 기본이다.
- 게시글에는 작성자의 이름과 아이디, 이메일 주소 등을 남긴다.
- 게시글은 보기 좋게 편집해서 올린다.
- 게시글은 명확하고 간결하게 쓴다.
- 문법과 맞춤법에 맞는 표현을 사용하여 글을 쓴다.
- 사실과 다르거나 진위가 확인되지 않은 내용은 올리지 않는다.
- 다른 사람을 욕하거나 비난하는 글은 올리지 않는다.
- 다른 사람이 올린 글에 대해 지나치게 반박하지 않는다.
- 같은 글을 여러 번 반복해서 올리지 않는다.
- 내용을 잘 나타낼 수 있는 알맞은 제목을 붙인다.
- 자신의 생각만을 고집하여 타인에게 불쾌감을 주지 않도록 주의한다.

3 채팅 네티켓

채팅은 온라인 대화라고도 하며, 사이버 공간에서 다양한 사람들과 시간, 공간의 제약 없이 대화를 나누고 인간관계를 넓힐 수 있다는 것이 장점이다. 하지만 익명성을 악용하여 욕설과 음란한 대화가 오가기도 하고, 불건전한 정보를 교환하기도 하며, 불건전한 만남을 위한 수단으로 이용되기도 한다. 최근에는 많은 커뮤니티 사이트에서 채팅 기능을 제공하고 있는데, 채팅 네티켓은 사이버 공간에서의 인간관계를 오랫동안 유지시켜줄 수 있는 필수적이고 매우 중요한 예절이다. 다음은 건전한 채팅 문화를 위해 지켜야 할 네티켓이다(출처 : 네티켓 교실).

- 마주 보고 이야기한다는 마음가짐으로 채팅을 한다.
- 채팅창에서도 만나고 헤어질 때는 인사를 한다.
- 중간에 대화방에 들어갔다면 지금까지 진행된 대화 내용과 분위기를 파악하기 위해 어느 정도 경청하는 것이 좋다.
- 엔터 키를 누르기 전에 한 번 더 생각한다.
- 동시에 여러 사람과 이야기할 때는 상대방을 혼동하지 않도록 조심하고, 지극히 개인적인 논조의 대화는 피한다.
- 채팅을 광고나 홍보 등의 목적으로만 이용하지 않는다.
- 유언비어, 속어, 욕설 등을 사용하지 말고, 타인을 비방하거나 명예를 훼손할 우려가 있는 내용은 언급하지 않는다.
- 이모티콘이나 기호 등을 적절히 사용하여 즐거운 대화를 유도한다.
- 상대방에게 불쾌감을 주는 대화를 하지 않는다.
- 불건전한 대화를 하지 않는다.
- 바른 말, 좋은 말을 사용한다.
- 채팅을 하다 알게 된 사람을 함부로 만나지 않는다.
- 사이버 공간이라도 진실만을 이야기한다.

TIP 최근 들어 채팅으로 인한 사회 문제가 급증하자, 채팅 시 안전을 보장하고 무절제한 대화를 금하기 위해 아이디를 실명화하고 나이를 조회할 수 있는 기능을 부여하자는 주장이 일고 있다.

여기서 잠깐 **이모티콘**

다음은 채팅을 할 때 많이 사용하는 이모티콘이다. 이모티콘을 과하지 않게 적절히 사용하면서 채팅을 하자.

기호	의미	기호	의미
:) 또는 :-)	미소	:/ 또는 :-/	당황함
;) 또는 ;-)	윙크	:D 또는 :-D	활짝 웃음
:(또는 :-(	슬픔	:@ 또는 :-@	화남
(re)	눈 굴리기	(6)	음흉한 웃음
B) 또는 B-)	좋음(선글라스)	:* 또는 :-*	키스(입술)
:P 또는 :-P	메롱(혀 내밀기)	〈3	마음
:O 또는 :-O	놀람	〈/3	상처받은 마음
:'(	울음		

4 모바일 네티켓

모바일 네티켓은 모바일에서 지켜야 할 예절을 말한다. 하지만 이는 모바일뿐만 아니라 온·오프라인 네트워크를 사용할 때 서로 지켜야 할 기본예절이라고도 할 수 있다. 오늘날 모바일은 언제 어디서나 필요한 정보를 얻을 수 있는 수단으로서 우리 삶과 떼려야 뗄 수 없는 만큼 가장 중요하게 다뤄야 할 것이다. 다음은 전화와 인터넷을 비롯한 모바일 환경에서 지켜야 할 네티켓이다.

- 타인에게 불편을 줄 수 있는 장소(도서관, 강의실, 병원, 극장 등)와 시간(수업, 회의, 업무 등)에는 사용을 자제한다.
- 대중교통이나 공공장소에서 모바일 기기를 사용할 때는 소음으로 주위 사람들에게 피해를 주지 않도록 주의한다.
- 인터넷 중독에 빠질 수 있으니 무선 인터넷을 지나치게 사용하지 않는다.
- 정보를 올릴 때는 건전한 자료를 제공한다.
- 자신의 정보와 사생활은 물론이고 타인의 인격과 사생활도 존중하고 보호해야 한다.
- 모바일로 통화를 할 때는 마주 보고 이야기한다는 느낌을 가지고 한다.
- 타인의 통화 실수를 너그럽게 넘어간다.

- 전화를 잘못 건 경우에는 반드시 사과를 하고 끊는다.
- 벨 소리나 캐릭터 등 모바일 기기를 꾸미는 데 너무 치중하지 않는다.
- 무분별한 모바일 이벤트 참여를 자제하고 유료 정보 서비스 등을 지나치게 이용하지 않는다.
- 청소년의 경우 부모님에게 고가의 모바일 기기를 사달라고 조르지 말고, 유행에 따라 모바일 기기를 자주 바꾸지 않는다.
- 모바일 기기의 디자인이나 기능으로 사람을 평가하지 않는다.
- 실내에서 타인과 함께 있을 때 전화가 온 경우에는 가급적 밖으로 나가서 통화를 한다.

5 소셜미디어 네티켓

초고속 통신망의 발달로 인터넷을 모바일 기기에 연동하여 활용하는 사람이 늘고 있다. 이들은 다양한 소셜미디어에서 새로운 사람을 만나 대화를 나누고, 블로그나 카페에서 자신의 전문 지식이나 취미 생활로 얻은 유용한 정보를 공유하기도 한다. 우리나라 사람들 중 40% 이상이 소셜미디어 서비스를 이용하고 있어 소셜미디어 네티켓 역시 매우 중요하게 되었다.

5.1 소셜미디어의 개념

이제 인터넷은 단순히 정보를 습득하는 장소를 넘어서 사람과 사람이 교류하는 소통의 장이 되었다. 그중 소셜미디어는 트위터, 페이스북과 같은 SNS에 가입한 이용자들이 서로 정보와 의견을 공유하면서 대인 관계망을 넓힐 수 있는 플랫폼이라 할 수 있다. 1인 미디어, 1인 커뮤니티의 개념을 지닌 소셜미디어는 정보화 시대에 다음과 같은 역할을 하고 있다.

- 인맥 구축, 사회 연결망, 지인과의 글로벌 네트워크
- 개인의 관심사가 담긴 글, 사진, 동영상 공유
- 친구와 동료 및 새로운 사람들과의 소통
- 메일, 채팅, 인스턴트 메시징을 이용한 정보 전달

하지만 소셜미디어에서 많은 정보를 주고받다 보면 가벼운 농담을 넘어서 심한 욕설이 오가기도 하고 지나치게 개인사를 공개하여 공격의 표적이 되기도 한다. 또한 비슷한 내용의 글과 이미지가 중복적으로 업로드되기도 하는데, 이는 자원의 낭비일 뿐만 아니라 정보를 잘못 이해하고 활용하는 예라 할 수 있다.

소셜미디어 서비스를 잘 이용하려면 자신이 올린 정보가 타인에게 불편을 초래하지는 않는지, 잘못 해석되어 오해를 불러일으킬 소지는 없는지 각별히 신경을 써야 한다. 그리고 최소한의 도덕적 기준을 정하여 사이버상의 친구인 팔로어와의 관계에서 기본 예의를 지켜야 한다. 이렇게 해야 감정이나 의리가 상하지 않고 오랫동안 팔로어 관계를 유지할 수 있을 것이다.

5.2 소셜미디어 서비스의 종류

소셜미디어 서비스는 개방형, 폐쇄형, 휘발형으로 나눌 수 있으며 각각의 예는 다음과 같다.

표 2-1 소셜미디어 서비스의 종류

종류	예
개방형	페이스북, 트위터
폐쇄형	카카오톡, 밴드, 인스타그램, 비트윈
휘발형	스냅챗, 텔레그램

❶ 개방형 소셜미디어 서비스

페이스북이나 트위터와 같은 초창기 소셜미디어 서비스의 대부분은 인맥 형성을 중심으로 한 개방형 서비스로 불특정 사용자도 개인의 특정 콘텐츠에 참여할 수 있다. 하지만 시간이 지남에 따라 사생활 노출에 대한 불안감이 조성되고 신뢰 문제가 사회적인 이슈가 되면서 다수의 불특정 사용자에게 자신을 드러내는 방식의 서비스에 불편함을 느끼는 사람이 많아졌다. 사람들과의 관계 또한 복잡해짐에 따라 최근에는 개방형에서 폐쇄형으로 옮겨가는 추세이다.

❷ 폐쇄형 소셜미디어 서비스

개방형과 달리 회원으로 가입한 사람만이 콘텐츠를 이용할 수 있는 제한된 서비스이다. 폐쇄형 소셜미디어 서비스는 사생활을 보호하고 자신과 관계된 지인들과 사이버 인간관계를 맺을 수 있도록 서비스를 제공한다. 따라서 자신이 만든 공간에 지인을 초대하여 메시지, 사진, 동영상 등을 공유하는 형태로 서비스가 이뤄진다.

❸ 휘발형 소셜미디어 서비스

휘발형 소셜미디어 서비스는 서버에 기록이 남지 않고 시간이 지나면 자동으로 삭제되는 서비스이다. SNS를 통해 불필요한 정보에 무분별하게 노출되거나 자신의 사생활이 드러나는 것을 염려하는 사람들을 위해 등장하게 되었다.

여기서 잠깐 **대표적인 소셜미디어 서비스**

- **페이스북**(Facebook) : 하버드대학교 학생이었던 마크 저커버그(Mark Zuckerberg)가 2004년 2월 4일 개설한 SNS로, 처음에는 하버드대학교 학생만 이용할 수 있었으나 점차 범위가 확대되어 이제는 13세 이상이면 누구나 이용할 수 있다. 사용자들끼리 글과 메시지, 동영상 등을 교류하는 글로벌 네트워크 서비스이다.
- **트위터**(Twitter) : 140자 이내로 의사소통을 하는 SNS로 2006년 7월 서비스를 시작했다. 관심 있는 사람의 활동을 알 수 있는 '팔로(follow)' 기능을 중심으로 소통하는데, 이는 상대방이 허락하지 않아도 일방적으로 '팔로어(follower)'로 등록할 수 있다는 것이 다른 SNS와의 차이점이다.
- **카카오톡**(KakaoTalk) : 2010년 3월 출시된 모바일 메신저 애플리케이션으로 단순한 대화 기능 외에 사진 · 동영상 · 음성 · 연락처 전송, 무료 통화 등 다양한 기능을 갖추고 있다. 또한 카카오 계정으로 카카오스토리, 게임, 내비게이션, 택시 호출, 모바일 송금, 간편 결제 서비스 등을 이용할 수 있다.
- **밴드**(Band) : 네이버에서 2012년 8월 출시한 SNS로, 대학생들의 조 모임용으로 기획되었는데 동창 찾기 등의 서비스가 추가되면서 급속도로 퍼져나갔다. 처음에는 폐쇄형 SNS로 가족, 친구, 동창 모임 등이 주를 이뤘으나 지금은 공개형도 지원하고 있다.
- **인스타그램**(Instagram) : 무료로 사진과 동영상을 공유할 수 있는 애플리케이션으로 2010년 케빈 시스트롬(Kevin Systrom)과 마이크 크리거(Mike Krieger)가 개발했다. 업로드한 사진과 동영상을 팔로어나 친구들과 공유하고 의견을 주고받을 수 있는 SNS이다.
- **비트윈**(Between) : 세계 최초의 커플 전용 SNS로 한국 · 미국 · 일본의 벤처캐피탈로부터 투자 유치에 성공했다. 둘만의 공간에서 추억을 기록하고 싶은 커플에게 앨범, 메모, 기념일 알림, 채팅, 쪽지 기능 등을 제공한다.
- **스냅챗**(Snapchat) : 스탠퍼드대학교 학생이었던 에번 스피걸(Evan Spiegel), 보비 머피(Bobby Murphy), 레지 브라운(Reggie Brown)이 개발하여 2011년 9월 서비스를 시작한 사진, 동영상 공유 SNS이다. 사용자의 설정에 따라 사진을 볼 수 있는 시간이 제한되는 것이 특징이다.
- **텔레그램**(Telegram) : 러시아 최대의 SNS인 VK(VKontakte)의 창시자 니콜라이 두로프(Nikolai Durov)와 파벨 두로프(Pavel Durov) 형제가 2013년 개발한 모바일 메신저이다. 텔레그램의 장점은 모든 데이터가 암호화되어 제삼자가 데이터에 접근할 수 없으므로 보안성이 뛰어나고 사생활이 보호된다는 것이다.

5.3 소셜미디어 서비스의 이용 유형

소셜미디어 서비스의 이용자와 이용 빈도가 늘어나고 그로 인한 사회적 참여의 기회가 많아짐에 따라 소셜미디어 서비스에서도 네티켓을 잘 지켜야 한다. 인터넷 윤리의 중요성을 인식하고, 건전하고 책임감 있는 태도로 게시글이나 댓글을 써야 하는데, 특히 댓글은 사이버 언어의 지침에 따라 올바른 언어로 작성한다. 또한 제도적인 측면에서는 회원제 운영 및 IP 주소의 투명화를 통해 익명성으로 인해 발생하는 문제에 대응해야 한다. 올바른 사이버 문화를 정착하기 위해서는 SNS에 참여하는 네티즌의 꾸준한 개선 노력이 필요하다.

❶ SNS에 참여하는 이유

- 자랑하고 싶은 것을 외부에 드러내기 위해
- 궁금한 것을 다른 사람들에게 물어보고 정보를 얻기 위해
- 다양한 소식과 정보를 주고받고 공유하기 위해

❷ SNS 참여를 꺼리는 이유

- SNS를 통한 사생활 노출이 두려워서
- 개인 정보 유출로 인한 금융 피해가 염려되어서
- SNS 참여와 관리에 시간을 투자하는 것이 낭비라고 여겨져서

5.4 소셜미디어 서비스 이용 시 주의 사항

소셜미디어 문화를 올바르게 이용하려면 아무 서비스에나 회원으로 가입하여 의심 없이 정보를 제공하기보다는 개인 정보의 중요성을 인식하고 신중하게 서비스에 가입해야 한다. 또한 자신의 트위터나 페이스북이라 하더라도 게시글을 작성할 때는 되도록 거친 언어를 사용하지 않는다. SNS와 관련하여 최근 기업에서 실제로 있었던 두 가지 사례를 살펴보자.

기업 임원인 배 모 이사는 SNS를 기업 마케팅에 활용하면서 알게 된 몇몇 직원의 SNS 계정에 들어가보게 되었다. 그런데 한 직원의 SNS 계정에서 타인에 대한 심한 험담이 담긴 게시글과 욕설로 도배된 댓글을 발견하고 깜짝 놀랐다. 배 이사는 이런 품성의 소유자라면 회사 조직에 부정적인 영향을 줄 수 있다는 생각이 들었고, 그 이후 그 직원에 대한 신뢰감이 생기지 않았다.

기업의 채용 담당자인 이 모 팀장은 지원자들의 사회성을 파악하기 위해 입사 지원서에 현재 운영 중인 SNS 계정을 적어달라고 했다. 가벼운 마음으로 지원자들의 SNS 활동 상황을 파악하던 이 팀장은 한 지원자의 SNS를 보고 할 말을 잃었다. 폭언으로 상대방을 비방하고, 근거도 없이 사회에 대한 부정적 의견을 욕설로 표출한 글을 올린 것이다. 이 팀장은 이런 사람이 회사에 들어온다면 부정과 분노로 가득 찬 조직 내 합류와 적응이 불가능할 것으로 판단하여 서류 심사에서 감점 처리했다.

위의 사례에서 보듯이 SNS에서 생각 없이 함부로 했던 행동이 자기 자신에게 화살로 돌아와 큰 화를 당하는 경우도 있다. 그러므로 SNS를 이용할 때는 실생활과 마찬가지로 신중하게 처신하고 다음 사항을 주의하기 바란다.

- **친구 신청, 수락, 거절은 신중하게** : 낯선 사람으로부터 친구 신청을 받았을 때는 반드시 정체를 확인하고 난 후 수락 여부를 결정한다. 친구 숫자를 늘려 광고에 이용하려는 경우도 많기 때문에 신중하게 수락해야 한다. 한편 냉정하게 거절하기 어려운 경우에는 SNS의 다양한 공개 설정 기능을 이용하여 공개하고 싶은 글만 보여준다.
- **게시글 매너** : 수업 시간이나 업무 시간에는 SNS 사용을 자제하고, 기업 보안 차원에서 회사 업무와 관련된 내용은 SNS에 올리지 않는다. 그리고 다른 사람이 올린 사진이나 동영상 등을 사용하여 게시글을 올릴 때는 그 사람에게 사전 동의를 구하고 피해가 가지 않도록 주의한다.
- **사진 사용은 신중하게** : 논란의 소지가 있는 사진은 함부로 올리지 않는다. 예를 들면 성형외과 고객의 수술 전후 사진이나 위화감을 불러일으키는 화려한 생일 파티 사진 등은 신중하게 판단하여 올린다. 그리고 다른 사람과 함께 찍힌 사진이나 직장에서 찍은 단체 사진 등은 타인의 사생활이 노출될 수 있으므로 주의해서 올린다.
- **타인의 사생활 보호** : 타인의 결혼, 부고 등 지극히 개인적인 내용은 당사자의 동의하에 올린다. 또한 지인의 가족과 관련된 이야기나 지인이 알리고 싶어 하지 않는 내용도 함부로 올리지 않는다. 자신의 신분을 노출할 때도 정보를 정확하게 기재하여 타인이 피해를 입지 않도록 주의해야 한다.
- **정보의 검증** : 사실과 다르게 조작되거나 왜곡된 정보는 절대로 올리지 않는다.

5.5 소셜미디어 네티켓 체크리스트

소셜미디어 서비스를 이용한다는 것은 사람들과 관계를 맺는다는 것을 의미하며, 따라서 사회적 압력이나 규범으로부터 자유로울 수 없다. 그런데도 사이버 공간에서 남들이 나를 알아보지 못한다는 익명성을 과신한 나머지 다른 사람의 감정을 상하게 하거나 인격을 모독하는 일이 흔하다. 다음은 소셜미디어 서비스를 이용할 때 지켜야 할 네티켓 체크리스트로, 자신이 어떻게 서비스를 이용하고 있는지 점검해보고 잘못된 점은 고쳐나가기 바란다.

소셜미디어 네티켓 체크리스트

① 상대방과 마주 보고 이야기한다는 마음가짐으로 이용하고 있는가?	☐
② 진행 중인 대화 중간에 참여하는 경우 대화의 내용과 분위기를 파악하기 위해 경청하는가?	☐
③ 전송 버튼을 누르기 전에 자신이 입력한 글에 유언비어, 속어, 욕설, 비방, 타인의 명예를 훼손할 수 있는 내용이 있는지 확인하는가?	☐
④ 개인에게 보내는 메시지인지 전체에게 보내는 메시지인지 확인하고 전송하는가?	☐
⑤ 말머리를 활용하여 전체 내용을 미리 알 수 있도록 배려하는가?	☐
⑥ 다양한 지역의 이용자들을 고려하여 지역적이거나 자극적인 표현은 피하는가?	☐
⑦ 메시지의 어조가 과격하지는 않은가?	☐
⑧ 메시지를 보낼 때 특정 조직을 암시하는 닉네임이나 표기를 피하고 실명을 사용하는가?	☐
⑨ 타인의 글을 전파할 경우 출처를 밝히고, 원래 글 작성자에게 전파 사실을 알리는가?	☐
⑩ 팔로잉을 할 경우 당사자에게 인사 메시지를 보내어 팔로잉 사실을 알리는가?	☐
⑪ 인사글이나 가입 추천 등 원치 않는 요구에 거절 의사를 담은 메시지를 보내는가?	☐
⑫ 타인의 정보나 리스트를 광고나 홍보에 이용할 때는 미리 동의를 얻는가?	☐
⑬ 여러 사람이 볼 수 있는 대화에 특정인의 사생활 침해가 우려되는 내용이 있는지 확인하는가?	☐
⑭ 여러 사람의 시간을 낭비하지 않도록 필요한 내용만 전송하는가?	☐
⑮ 소셜미디어에서 많은 수의 회원이나 친구를 확보한 경우 우상화 심리가 생기지 않도록 회원을 배려하는가?	☐

여기서 잠깐 **소셜미디어의 역기능**

소셜미디어는 누구나 참여하여 생각이나 의견, 경험, 정보 등을 서로 공유하고 타인과의 소통 관계를 생성하여 넓혀나가는 개념이다. 소셜미디어는 그 자체가 마치 유기체처럼 성장하기 때문에 이용자들이 자발적으로 참여하고 정보를 공유하며 콘텐츠를 만들어나가는 온라인 플랫폼을 의미하기도 한다.

한편 소셜미디어 이용자가 폭발적으로 증가하면서 개인 정보가 지나치게 공유되는 경우도 있다. 이러한 개인 정보의 노출로 피해를 입은 수많은 네티즌이 새로운 소통 공간인 폐쇄형 SNS로 이동하고, 기존 SNS 계정의 정보 삭제를 돕는 사이트와 앱도 증가하고 있다. 또한 쾌적한 SNS 환경을 만들기 위해 험한 말이나 자극적인 내용 대신 모두가 공감할 수 있는 따뜻한 글과 음악, 사진 등을 SNS에 올리자는 캠페인 활동도 펼쳐지고 있다.

요약

01 네티켓netiquette은 'network(네트워크)'와 'etiquette(에티켓)'의 합성어로, 가상 공간에서 지켜야 할 예절을 의미한다.

02 이메일은 사용 빈도와 정보 전달량 측면에서 많은 부분을 차지하는 만큼 이메일 네티켓을 지키며 올바르게 사용하여 타인에게 피해를 주지 않도록 해야 한다.

03 게시판은 인터넷에서 여러 사용자들끼리 정보를 주고받는 곳으로, 유익한 정보를 공유하는 공간인 만큼 게시판 네티켓을 지키는 것이 중요하다.

04 채팅을 통해 사이버 공간에서 다양한 사람들과 시간, 공간의 제약 없이 대화를 나누고 인간관계를 넓힐 수 있다. 채팅 네티켓은 사이버 공간에서의 인간관계를 오랫동안 유지시켜줄 수 있는 필수적이고 매우 중요한 예절이다.

05 소셜미디어는 트위터, 페이스북과 같은 SNS에 가입한 이용자들이 서로 정보와 의견을 공유하면서 대인 관계망을 넓힐 수 있는 플랫폼을 말하며, 1인 미디어, 1인 커뮤니티의 개념을 지니고 있다.

06 개방형 소셜미디어 서비스는 페이스북이나 트위터와 같이 인맥 형성을 중심으로 하는 서비스로, 초창기 소셜미디어 서비스의 대부분이 개방형에 속한다. 불특정 사용자에게 자신을 드러냄으로써 사생활 노출에 대한 불안감이 나타나게 되었다.

07 폐쇄형 소셜미디어 서비스는 개방형과 달리 회원으로 가입한 사람만이 콘텐츠를 이용할 수 있는 제한된 서비스이다. 개방형의 단점을 보완하여 사생활을 보호하고 자신과 관계된 지인들과 사이버 인간관계를 맺을 수 있도록 서비스를 제공한다.

08 휘발형 소셜미디어 서비스는 서버에 기록이 남지 않고 시간이 지나면 자동으로 삭제되는 서비스이다. SNS를 통해 불필요한 정보에 무분별하게 노출되거나 자신의 사생활이 드러나는 것을 염려하는 사람들을 위해 등장하게 되었다.

09 소셜미디어의 역기능이란 소셜미디어 이용자가 폭발적으로 증가하면서 사생활의 노출로 피해를 입은 수많은 네티즌이 SNS를 그만두거나 새로운 소통 수단을 찾아가는 것을 말한다. 쾌적한 SNS 환경을 만들기 위해 험한 말이나 자극적인 내용 대신 모두가 공감할 수 있는 따뜻한 글과 음악, 사진 등을 SNS에 올리자는 캠페인 활동도 펼쳐지고 있다.

연습문제

01 다음 중 이메일 네티켓에 대한 설명으로 적절하지 않은 것은 무엇인가?

① 이메일을 자주 확인하고 중요하지 않은 것은 즉시 지운다.
② 타인에게 피해를 주는 비방이나 욕설 등은 보내지 않는다.
③ 메시지는 되도록 짧게 작성하고 제목은 생략해도 좋다.
④ 행운의 편지나 메일 폭탄 등에 절대 현혹되지 않는다.

02 다음 중 채팅 네티켓으로 옳지 않은 것은 무엇인가?

① 마주 보고 이야기한다는 마음가짐으로 채팅을 한다.
② 채팅창에서 만나고 헤어질 때는 인사를 생략해도 된다.
③ 사이버 공간이라도 진실만을 이야기한다.
④ 불건전한 대화를 하지 않는다.

03 다음은 어떤 네티켓에 대한 설명인가?

> 타인에게 불편을 줄 수 있는 장소(도서관, 강의실, 병원, 극장 등)와 시간(수업, 회의, 업무 등)에는 사용을 자제한다.

① 모바일 네티켓
② 게시판 네티켓
③ 이메일 네티켓
④ 자료실 네티켓

04 가입자들이 서로 정보와 의견을 공유하면서 대인 관계망을 넓힐 수 있는 플랫폼에서 지켜야 할 네티켓은 무엇인가?

① 모바일 네티켓
② 게시판 네티켓
③ 메신저 네티켓
④ 소셜미디어 네티켓

05 다음 중 폐쇄형 소셜미디어 서비스에 해당하지 않는 것은 무엇인가?

① 밴드
② 인스타그램
③ 비트윈
④ 페이스북

06 무료로 사진과 동영상을 공유할 수 있는 애플리케이션으로, 업로드한 사진과 동영상을 팔로어나 친구들과 공유하고 의견을 주고받을 수 있는 소셜미디어 서비스는 무엇인가?

① 인스타그램　　② 페이스북
③ 스냅챗　　④ 밴드

토론과제

01 소셜미디어 네티켓과 관련하여 사회 문제로까지 확대된 사례를 조사해보고, 이를 예방하기 위한 아이디어를 제시하고 토론하시오.

02 인터넷을 사용할 때 상대방이 네티켓을 지키지 않아 불쾌했던 경험과 그때 느낀 감정에 대해 토론하시오.

Part 02

인터넷 윤리와 정보화 사회

Chapter 03 정보격차

Chapter 04 웹 접근성

Chapter 05 유해 정보

Chapter 06 저작권

Chapter 07 사이버 중독

Chapter 08 전자상거래와 전자정부

Chapter 03

정보격차

01 정보격차의 개념

02 PC 기반의 정보격차

03 모바일 기반의 정보격차

요약

연습문제

학습목표

▸ 정보격차의 개념을 이해하고 해소 방안을 알아본다.

▸ PC 기반 정보격차와 모바일 기반 정보격차에 대해 살펴본다.

01 정보격차의 개념

사례 | 학업 성취도와 연관된 인터넷 접근

요즘은 초등학생도 인터넷을 활용해야 학교 과제를 해결할 수 있는 경우가 많다. 중학생 A 군은 어머니가 식당 보조로 일하여 가족을 부양하는 어려운 형편이라 집에 컴퓨터를 갖추고 인터넷을 할 수 없었다. 그래서 인터넷 활용 숙제의 대부분을 학교나 도서관에서 해결했는데, 인터넷 속도가 느리고 사용 시간의 제약도 있어서 과제를 제대로 완수하지 못했다. 그 결과 A 군은 정보 학습의 학업 성취도가 또래에 비해 현저하게 떨어졌다.

1 정보격차란?

우리가 살고 있는 시대를 지식 사회, 정보화 시대라고 한다. 미국의 미래학자 앨빈 토플러Alvin Toffler는 1980년에 펴낸 《제3의 물결》에서 제1의 물결은 농기구에 의한 농경 사회의 농업 혁명, 제2의 물결은 증기 기관에 의한 공업 사회의 산업 혁명, 제3의 물결은 컴퓨터 기반 지식 정보화 사회의 정보화 혁명이라고 언급했다. 30여 년이 지난 지금, 그의 말이 과연 틀린 이야기가 아님을 실감할 수 있다. 앨빈 토플러의 말을 증명이라도 하듯 오늘날에는 개인을 비롯해 수많은 기관에서 엄청난 양의 디지털 정보를 생산하고, 이 정보를 전 세계가 인터넷을 통해 빠르게 공유하여 활용하고 있다.

지금은 생성 속도가 빠르고 양이 방대한 빅데이터를 분석하여 곳곳에 활용하는 시대가 되었다. 하지만 오래전에는 말과 문자, 그림 등으로 정보를 저장하고 이를 인간이 암기하거나 이해하여 활용하는 아날로그 형태였다. 이후 말과 문자, 그림 등으로 저장하던 정보를 컴퓨터로 처리하면서 인류는 새로운 변화를 맞이하게 되었고 급기야 정보화 혁명이 일어났다. 인터넷의 등장과 정보통신 기술의 발달로 정보의 공유 및 활용이 가속화되었으며, 정보에 접근하여 이용하는 능력에 따라 경제적 · 사회적 격차가 나타나게 되었다.

이처럼 경제력, 교육 수준, 사회적 지위, 지역 등에 따라 정보 접근성이 달라서 얻을 수 있는 정보와 사용 능력에 차이가 나타나는 것을 정보격차digital divide라고 한다. 여러 가지 이유로 디지털 정보를 얻을 기회, 즉 정보 접근성이 떨어지는 소외 계층은 당연히 정보격차가 더욱 클 수밖에 없다.

2 정보격차의 원인

정보격차는 정보에 접속하기 위한 정보 매체, 즉 정보 기기의 소유 여부와 정보 이용자의 정보 활용 방법, 정보의 유익성과 유해성을 스스로 인지하고 판별할 수 있는 능력, 바르게 활용하려는 의지 등에 좌우된다. 이러한 정보격차의 원인은 크게 정보 접근성과 정보 활용 능력을 꼽을 수 있다.

2.1 정보 접근성의 차이

정보에 접근하려면 우선 매체(기기)가 있어야 한다. 디지털 정보에 접속하려면 컴퓨터나 스마트 기기를 소유하고 있어야 하며, 이를 활용하려면 인터넷을 사용할 수 있는 네트워크 환경이 갖춰져야 한다. 따라서 경제적인 이유로 디지털 기기를 구입할 수 없거나 지역적인 이유로 인터넷을 사용할 수 없다면 정보 접근성이 떨어져서 정보격차가 생기게 된다.

2.2 정보 활용 능력의 차이

정보 활용 능력(정보 리터러시)information literacy은 정보에 대한 관심, 지식과 정보를 인식 · 검색 · 평가 · 조직하는 능력, 그리고 이슈를 검토하고 당면한 문제를 해결하기 위해 정보를 창조 · 활용 · 소통하는 능력을 말한다(프라하 선언, UNESCO, 2003). 이는 정보 접근성 문제가 해결되더라도 정보 활용 능력에 따른 정보격차가 존재한다는 의미이다(출처 : 정보 활용 교육 운영 실태 및 개선 방안 연구).

정보 활용 능력에 따른 정보격차는 다양한 디지털 매체를 이용하는 능력의 차이에서 발생한다. 컴퓨터와 이동통신의 발전으로 정보를 제공하는 공간이 확대되면서 발달된 새로운 기술도 끊임없이 적용되는데, 이 새로운 기술을 습득하여 익숙하게 활용할 수 있기까지는 시간과 노력이 필요하다. 그러므로 이러한 능력이 부족하면 결국 정보격차가 발생하게 된다. 이와 같이 정보격차의 원인이 되는 정보 활용 능력의 종류는 [표 3-1]과 같다.

표 3-1 정보 활용 능력의 종류

종류	설명
컴퓨터 활용 능력	컴퓨터에 대한 이해와 지식으로 컴퓨터를 활용하는 능력
멀티미디어 활용 능력	정보, 커뮤니케이션, 멀티미디어 기술을 통합하여 멀티미디어를 활용하는 능력
정보통신 활용 능력	디지털 기술, 커뮤니케이션 도구, 네트워크를 이용한 정보의 접근 · 관리 · 통합 · 평가를 통해 지식 사회에 필요한 정보를 창출하는 능력
미디어 활용 능력	매체나 기술 자체보다는 담고 있는 메시지를 다양한 유형으로 접근 · 분석 · 평가하고 커뮤니케이션할 수 있는 능력
디지털 활용 능력	디지털 정보를 평가 · 판단하고 자신에게 필요한 정보를 취사선택 · 편집 · 가공하여 새로운 지식을 창출하는 능력

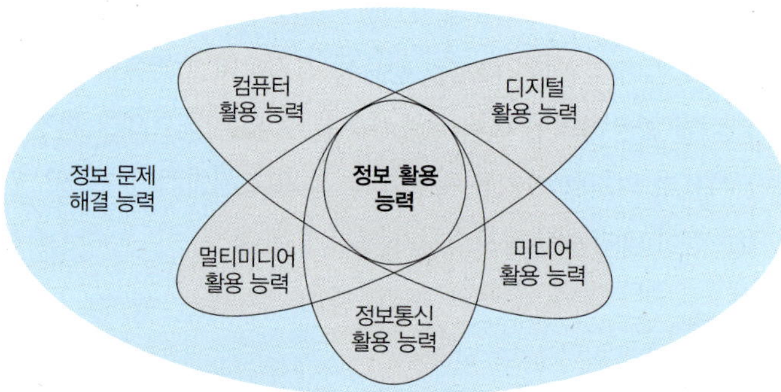

그림 3-1 정보 활용 능력의 관계

3 정보격차의 분류

정보격차는 정보를 바라보는 측면, 정보통신 기술의 확산 단계, 생활 방식 등에 따라 다양한 유형으로 분류할 수 있다.

3.1 정보를 바라보는 측면에 따른 분류

정보를 바라보는 측면에 따라 정보격차는 다음과 같이 분류할 수 있다.

- **정보격차의 주체** : 성별, 계층별, 세대별, 지역별, 민간 대 공공, 장애인 대 비장애인, 국가 대 국가
- **정보격차의 대상 정보** : 아날로그 대 디지털, 일상생활 대 업무 자료

- **정보격차의 심화 정도** : 정보 취약, 정보 단절, 정보 계층화, 정보 계급화
- **정보격차의 메커니즘** : 정보 접근 격차, 정보 활용 격차, 정보 생산 격차

3.2 정보통신 기술의 확산 단계에 따른 분류

한국정보화진흥원이나 한국인터넷진흥원과 같은 국가 기관에서는 1990년대부터 현재에 이르기까지 기기 보급, 정보화 교육, 다문화 참여 정보화 대회 등과 같은 정보 접근성 향상 사업과 정보 역량 강화 사업을 꾸준히 진행하고 있다. 그 과정에서 정보통신 기술도 확산 단계를 거치고 그에 따라 정보격차의 수준도 달라지게 된다. 정보통신 기술의 확산 단계에 따른 정보격차의 종류는 다음과 같이 분류할 수 있다.

❶ 1단계(도입기) : 접근 격차

접근 격차access divide는 디지털 정보에 접근하는 경우와 접근하지 못하는 경우 사이에 생기는 격차이다. 기기가 처음 도입되었을 때 그것에 접속할 수 있는 사람과 그렇지 않은 사람 간의 차이로 볼 수 있으며, 이는 수입, 주거 형태, 교육, 연령 등의 영향을 받는다.

❷ 2단계(도약기) : 이용 격차

이용 격차usage divide는 정보통신 기술을 이용할 수 있는 경우와 그렇지 못한 경우 사이에 생기는 격차이다. 즉 기기가 점차 보급되는 도약 단계에 기기를 이용할 수 있는 사람과 그렇지 못한 사람 간의 차이로 볼 수 있다.

❸ 3단계(포화기) : 품질 격차

정보의 품질 격차quality of use는 기기가 보급되는 포화기에 사용자의 이용 형태에 따라 발생하는 격차이다. 이 단계에는 대부분의 사람들이 ICT(정보통신 기술)를 이용하지만 정보 능력에 따른 품질 차이가 생길 수 있는데, 주로 온라인 검색 기술과 문제 해결 능력 등에 격차가 나타난다. 또한 ICT 이용자의 교육 수준과 수입, 성별, 연령, 이용 시기 등의 영향도 받는다(출처 : 2014년 정보격차 실태 조사, 한국정보화진흥원).

3.3 생활 방식에 따른 분류

정보격차는 경제적 요인이나 정보 활용 능력, 정보를 사용하는 의식 수준에 따라 다음과 같이 분류할 수도 있다.

❶ 기회 격차

경제적 요인에 의한 매체 접근성의 차이로 인해 발생하는 격차이다. 정보 접근에 필요한 기기는 비교적 고가이고 제품 주기도 짧아 경제적 비용이 크다. 따라서 매체 접근성은 경제적 능력의 영향을 받으며, 경제적 소외 계층은 불평등한 기회 격차 상태에 처할 수밖에 없다.

❷ 활용 격차

경제적 능력이 있어 정보 접속이 가능하지만 정보를 수집 · 활용하는 능력의 차이로 인해 발생하는 격차이다.

❸ 수용 격차

정보를 바르게 사용하고자 하는 의식의 차이로 인해 발생하는 격차이다. 정보의 유익성과 유해성을 스스로 인지하고 판별할 수 있는 능력과 바르게 활용하려는 의지에 따라 이러한 차이가 생긴다.

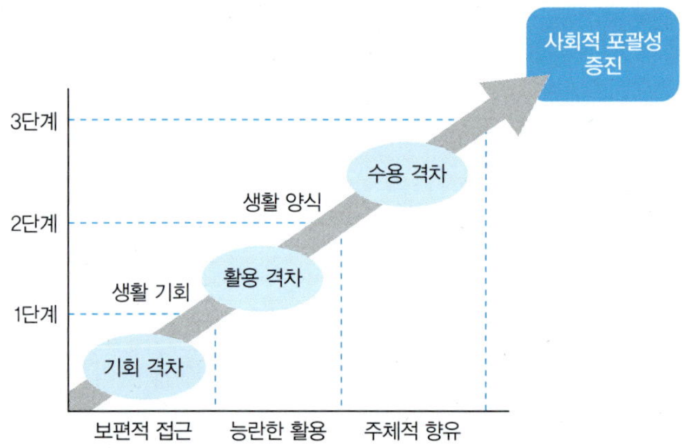

그림 3-2 정보격차의 유형

4 정보격차의 문제점

정보격차는 사회적, 경제적, 세대 · 계층 간 문제를 일으키므로 우리나라를 비롯한 세계 여러 나라에서는 정보격차 해결 방안을 정부 차원에서 모색하고 있다.

4.1 정보격차의 사회적 문제

정보통신은 디지털 기술을 활용하여 이뤄지므로 정보화에 뒤처진 사람들은 사회에서 고립되거나 소외될 수도 있다. 특히 정보통신 활용이 높은 젊은 층에 속하는 정보 소외 계층은 따돌림을 당할 가능성이 더욱 크다. 젊은 사람들은 기본적으로 인터넷과 SNS로 의견과 소식을 교환하고 새로운 정보를 습득하므로 그 무리에 속하지 못한다면 소외될 것이기 때문이다. 물론 사람이 아날로그로 일을 처리해도 사람들 간의 정보 전달과 습득은 디지털로 이뤄지는 경우가 많으므로 디지털 기기를 활용하지 못하면 사회에 적응하기도 어렵다. 게다가 정보격차의 사회적 문제는 경제적 문제와도 연관된다.

4.2 정보격차의 경제적 문제

정보화 사회에서는 정보 접근성이 좋지 않으면 경제생활을 하는 데 불리할 수 있다. 오늘날 주위를 둘러보면 디지털 기술이 쓰이지 않는 곳이 거의 없다. 중산층 이상의 생활 및 업무 영역에서는 컴퓨터와 인터넷의 사용이 필수로 여겨진다. 지식 정보에의 접근성과 이를 생활 및 업무에 얼마나 잘 활용하느냐에 따라 소득에도 차이가 나타난다.

수많은 기업에서 결제 업무는 전자 결제로, 일반 업무도 종이에서 컴퓨터로 바뀐 지 이미 오래되었다. 심지어 작은 식당을 운영하더라도 신용카드 결제를 위해 디지털 단말기를 갖춰야 하고, 은행이나 증권사 등 금융업 종사자들은 컴퓨터가 없으면 일을 할 수가 없다. 이처럼 컴퓨터로 업무를 처리하는 회사는 컴퓨터에 장애가 발생하지 않도록 이중, 삼중으로 백업 시스템을 갖추고 있다. 물론 컴퓨터가 필요 없는 업무나 회사도 있겠지만, 오늘날 수익 규모가 큰 회사나 높은 소득을 올리는 직업 중에서 컴퓨터를 활용하지 않는 것이 얼마나 되겠는가?

4.3 정보격차의 세대 · 계층 간 문제

교육과 소득 수준이 높을수록, 지역적으로 대도시일수록 새로운 기술을 습득해서 경제적 이익을 창출하기가 쉽다. 하지만 정보격차로 인한 소외 계층은 새로운 기술의 습득이 어려워 소득 불평등이 심화된다. 다음 표를 보면 학력과 소득이 높고 주거 지역이 대도시일수록 정보 접근성과 이용률이 높다는 것을 알 수 있다.

[표 3-2]와 [표 3-3]은 전체 국민의 정보 접근 수준을 100으로 보았을 때 전체 국민 대비 계층별 정보 접근 수준을 분석한 결과이다.

표 3-2 **전체 국민 대비 성별 · 연령 · 직업별 종합 정보화 수준(%)**(출처 : 한국정보화진흥원)

구분		전체 국민 대비 수준	전체 국민 대비 계층별 수준
전체 국민		100.0	
성별	남성	103.6	3.6 ↑
	여성	96.4	3.6 ↓
연령	19세 이하	120.6	20.6 ↑
	20대	128.3	28.3 ↑
	30대	123.0	23.0 ↑
	40대	108.9	8.9 ↑
	50대 이상	74.3	25.7 ↓
직업	농업 · 임업 · 어업	69.4	30.6 ↓
	서비스 · 판매직	99.5	0.5 ↓
	생산직	83.8	16.2 ↓
	전문 관리 · 사무직	126.1	26.1 ↑
	주부	77.0	23.0 ↓
	학생	122.9	22.9 ↑
	무직 · 기타	61.0	39.0 ↓

표 3-3 **학력 · 소득 · 지역별 정보 접근 수준(%)**(출처 : 한국정보화진흥원)

구분		전체 국민 대비 수준	전체 국민 대비 계층별 수준
전체 국민		100.0	
학력	중졸 이하	87.9	12.1 ↓
	고졸	103.4	3.4 ↑
	대졸 이상	108.8	8.8 ↑
월 가구 소득	기초생활 수급자	94.4	5.6 ↓
	200만~299만 원	102.4	2.4 ↑
	300만~399만 원	106.1	6.1 ↑
	400만 원 이상	107.5	7.5 ↑
지역 규모	도시 지역	101.0	1.0 ↑
	군 지역	92.6	7.4 ↓

남성, 전문 관리 · 사무직, 학생, 도시 지역 거주인, 고학력, 고소득일수록 상대적으로 정보 접근 수준이 높다. 전체 국민보다 정보 접근 수준이 높은 계층은 남성, 40대 이하 연령층, 전문 관리 · 사무직, 학생, 대졸 이상, 월 가구 소득 300만 원 이상, 도시 지역 거주인이다. 반면 전체 국민보다 정보 접근 수준이 낮은 계층은 여성, 50대 이상, 농어민, 주부, 생산직, 서비스 · 판매직, 무직, 고졸 이하, 월 가구 소득 300만 원 미만, 군 지역 거주인이다.

정보격차의 세대 · 계층 간 문제에서 가장 취약한 사람은 소외 계층의 자녀로, 이들은 복합적 정보격차의 대상이 된다. 정보화가 급속도로 진행되면서 기득 계층은 정보의 접근과 활용을 위해 좀 더 유리한 방법을 확보하고 이를 대물림하여 높은 사회 · 경제적 수준을 꾸준히 유지한다. 그러나 이들과의 정보격차가 큰 소외 계층은 정보의 접근과 활용에서 더욱 멀어져 사회 · 경제적으로 어려움을 겪고 이를 다음 세대에 대물림할 수밖에 없다. 결국 정보격차가 사회 문제로 이어지는 것이다.

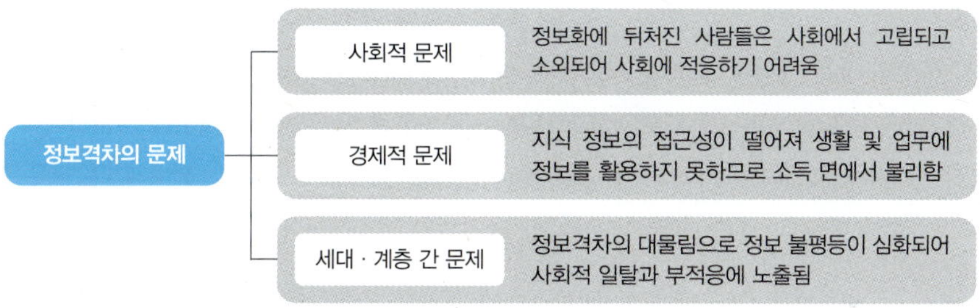

그림 3-3 **정보격차의 문제**

여기서 잠깐 **2014년 정보격차 지수 실태 조사**

미래창조과학부와 한국정보화진흥원이 조사한 '2014년 정보격차 실태 조사'에 따르면 소외 계층의 PC 기반 정보 접근 수준은 전체 국민 대비 94.3%인 반면 PC 기반 역량 및 활용 수준은 전체 국민 대비 63.5%로 나타나, 정보 접근 격차보다 사용자의 정보 활용 능력 수준에 따른 정보격차가 더 큰 것으로 분석되었다. 일반 국민과 장애인, 저소득층, 농어민, 장 · 노년층 등 소외 계층의 PC 기반(유선 인터넷) 정보격차는 점차 해소되고 있지만 모바일 정보격차는 여전히 심각한 수준이다. 스마트폰 이용자가 3,000만 명을 넘어 본격적인 스마트 시대가 도래하면서 새로운 정보격차 문제가 불거지고 있는 셈이다.

---

5 정보격차 해소를 위한 법적 장치

정보격차가 사회 · 경제적 문제를 초래하자 이를 해소하기 위해 정부가 개입해야 할 필요성이 생겼다. 정부는 정보 취약 계층이 정보통신망에 자유롭게 접근하고 정보 이용을 보장받도록 하는 법적 장치로 「정보격차 해소에 관한 법률」을 제정(2001년)하고, 정책 지원을 위해 '제1차 정보격차 해소 종합 계획(2001~2005)'과 '제2차 정보격차 해소 종합 계획(2006~2010)'을 수립했다.

5.1 제1차 정보격차 해소 종합 계획

'제1차 정보격차 해소 종합 계획(2001~2005)'은 '디지털 복지 사회'를 이루기 위해 모든 국민이 세계에서 컴퓨터를 가장 잘 쓰는 나라가 되고, 모든 국민이 경제적 · 신체적 · 지역적 여건에 구애받지 않고 정보를 활용할 수 있는 환경을 조성하는 데 목표를 두고 있다. 이 계획은 다음과 같은 4대 주요 정책 과제를 제시했다.

- 2005년까지 전국의 모든 지역에 초고속 정보통신 서비스를 제공한다.
- 2003년까지 전국의 모든 읍 · 면 · 동 단위당 최소 1개 이상의 무료 인터넷 이용 시설을 설치한다.
- 희망하는 모든 국민에게 인터넷 기초 교육 기회를 제공하고 실생활에 필요한 정보 활용 교육을 실시한다.
- 장애인, 노인, 농어민 등 정보 취약 계층별로 실생활에 필요한 콘텐츠를 개발 · 보급한다.

5.2 제2차 정보격차 해소 종합 계획

'제2차 정보격차 해소 종합 계획(2006~2010)'에서는 정보격차 해소 추진 체제를 상시적으로 운영하고 정보격차 해소 연구 센터를 설립하는 등 정보격차 발생을 사전에 대응할 수 있는 체계를 구축하기로 했다. 또한 지역적 · 신체적 · 경제적 차별이 없는 평등한 정보 접근 기회를 실현하기 위해 2010년까지 정보통신 제품 및 서비스별 접근성 가이드라인을 제작 · 보급하고 청각 · 언어 장애인을 위한 통신 중계 서비스telecommunication relay service, TRS를 운영하기로 했다. 아울러 정보통신 보조 기기 4만 개를 보급하고 취약 계층 가구의 PC 보유율을 80%로 향상하는 등 취약 계층의 정보 접근권을 강화하기로 했다.

표 3-4 **정보격차 해소를 위한 과제**(출처 : 한국지역정보화학회지, 2009)

영역	과제
정보화 기반 구축	• 농어촌 지역에 초고속 정보통신망 구축 • 장애인과 노인의 정보통신 접근성을 높이기 위한 기술 개발 및 서비스 제공
정보 접근 환경 조성	• 정보 이용 시설을 갖춘 지역 접근 센터 설치 및 운영 • 취약 계층을 위한 정보통신 기기 보급 • 정보통신 요금 지원
정보 활용 촉진	• 정보화 교육 강화 • 취약 계층을 위한 콘텐츠 확보 및 보급
국제 협력	• 국제 협력 기금 조성 • 개발도상국의 정보통신 인력 양성 지원
정보의 생활화	• 게시판 참여 및 활용 유도 • 메신저, 메일, 인터넷 검색 활용 유도

02 PC 기반의 정보격차

사례 | PC 기반 툴과 응용 프로그램을 잘 활용하지 못하는 대학생

대학에서 학생들을 가르치는 P 교수는 신입생들에게 웹진을 만드는 과제를 내주었다. 그런데 대부분의 학생들이 워드를 활용한 문서 편집 능력은 우수하나 멀티미디어를 다양하게 활용하는 기술이 부족하고 스프레드시트, 데이터베이스와 같은 응용 프로그램을 잘 활용하지 못했다. P 교수는 학생들이 PC를 잘 활용할 수 있도록 다양한 교양 강좌를 늘려야 한다고 말한다.

1 PC 기반의 정보격차란?

처음 PC가 보급될 때는 PC를 접할 수 있는 계층과 그렇지 못한 계층으로 나뉘어 PC 기반의 정보격차가 심하게 나타났다. 이는 경제적 수준과 연관된 것으로, 저렴한 PC가 보편화되기 전에는 PC 소유 여부가 정보격차에 크게 작용했다. 따라서 정보화 초기에는 디지털 정보에 접근할 수 있는 PC를 소유한 계층의 정보 접근성이 높았다.

정부는 PC 기반의 정보격차를 해소하기 위해 취약 계층의 PC 보급률을 높이는 정책을 꾸준히 펼쳐 2015년 소외 계층의 가구당 PC 보유율이 76.6%를 넘어섰다. 다음 그림을 보면 전체 국민 대비 정보화 수준, 소외 계층의 인터넷 이용률, 소외 계층 가구의 PC 보유율이 계속 증

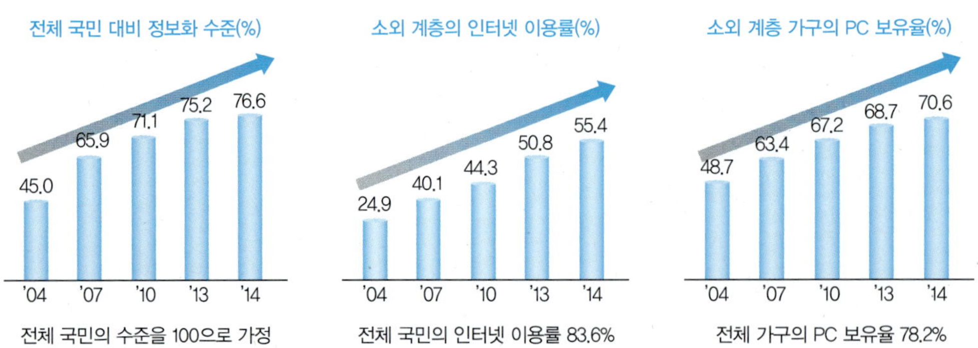

그림 3-4 PC 기반 정보격차의 개선 추이(출처 : 미래창조과학부)

가하고 있는데, 이를 통해 PC 기반 정보격차가 점차 개선됨을 알 수 있다.

2 정보격차 지수

정보화 수준을 평가하기 위한 정보격차 지수는 접근 격차, 역량 격차, 활용 격차로 구분할 수 있다.

❶ 접근 격차

필요할 때 PC 및 인터넷에 접근할 수 있는 정도를 말하며, 가구 내 PC 보유 및 인터넷 이용 여부 또는 정보 이용 시설 접근 용이성 등으로 나타낸다.

❷ 역량 격차

PC 기반의 인터넷 이용 능력을 말하며, PC 환경 설정 및 정보 검색, 문서 작성, 이메일, 전자 상거래 등의 이용 수준으로 나타낸다.

여기서 잠깐 **정보격차 지수 조사 항목**

정보격차 지수는 영역별로 다음과 같은 항목을 조사하여 나타낸다.

영역	항목	세부 항목	분석 단위
정보 지수	접근 지수	가구 및 가구 이외 장소에서의 PC 보유 여부	가구/개인
		무선 인터넷 접속 가능 기기 보유 여부	개인
		가구 내 인터넷 이용 여부	개인
		PC 및 인터넷 이용이 필요할 때 사용 가능 여부	개인
		PC 및 인터넷 이용이 가능할 때 이용까지의 소요 시간	개인
		주로 사용하는 PC 기종	개인
		주로 사용하는 인터넷 접속 방식	개인
	역량 지수	컴퓨터 활용 능력(8개 항목)	개인
		인터넷 활용 능력(7개 항목)	개인
	활용 지수	PC 이용 여부(PC 이용률)	개인
		인터넷 이용 여부(인터넷 이용률)	개인
		PC 및 인터넷 이용 시간(일일 평균)	개인

❸ 활용 격차

PC 기반의 인터넷 이용 시간, 이용 정도, 일상생활 활용 정도로 나타내는데, 앞에서 살펴본 정보격차의 원인 가운데 정보 활용 능력이 여기에 속한다. PC가 보급된 이후 이를 활용하는 능력에 따라서 정보격차가 발생했으며, 이로써 소득과 연관된 정보격차가 시작되었다고 해도 과언이 아니다. 예를 들어 동일한 문서를 PC로 작성할 때 잘 만든 문서와 그렇지 않은 문서의 가치는 차이가 있다. 더구나 PC로 문서를 작성할 수 없다면 정보격차는 더욱 커지게 된다.

표 3-5 부문별 전체 국민 대비 소외 계층의 정보화 수준(%)

구분	2004	2005	2006	2007	2008	2009	2010	2011	2012	2013	2014
접근	63.7	71.0	80.2	86.5	89.7	91.0	91.8	92.7	93.4	93.6	94.3
역량	27.5	35.2	42.9	44.5	45.7	48.9	50.8	52.8	56.1	60.0	64.1
활용	33.1	41.0	49.2	51.4	53.1	54.8	56.5	58.2	59.9	62.3	63.5
종합	45.0	53.3	62.0	65.9	68.0	69.7	71.1	72.4	74.0	75.2	76.6

3 정보 활용 능력

PC 기반의 정보 활용 능력은 컴퓨터 활용 능력과 인터넷 활용 능력으로 나눌 수 있다.

3.1 컴퓨터 활용 능력

각 분야에서 정보화가 진행되자 모든 업무가 PC 기반으로 재편되었다. 이에 따라 영업, 재무, 생산 등의 업무에 컴퓨터 활용 능력이 요구되고 그에 맞는 기준도 필요하게 되었다. [표 3-6]~[표 3-8]은 상공회의소의 컴퓨터 활용 능력 평가 기준을 참고로 한 컴퓨터 활용 능력 요구 기준으로, 이론과 실무에서 이러한 기준을 충족한다면 컴퓨터 활용 능력이 매우 뛰어나다고 평가할 수 있다.

❶ 컴퓨터의 개요

윈도와 같은 운영체제에서 파일을 관리 · 복사 · 이동 · 삭제할 수 있는지, 인터넷으로 필요한 자료를 검색하여 워드프로세서 등의 프로그램으로 문서를 작성하고, 작성한 문서를 메일에 첨부하여 담당자에게 보내거나 웹하드와 같은 클라우드 대용량 장치에 업로드하여 관리할 수 있는지 등을 측정한다.

표 3-6 컴퓨터의 개요

기능적 요구	평가 기준
컴퓨터 시스템의 개요	컴퓨터의 원리와 기능을 이해하고 데이터의 형태와 용도, 규모 등을 분류할 수 있으며, 컴퓨터 성능에 대한 기본 지식을 갖춘 수준
컴퓨터 하드웨어	컴퓨터의 구성 및 구조를 알고 하드웨어 관리를 위한 기초 지식, 응급처치, 업그레이드 지식을 갖춘 수준
컴퓨터 운영체제	한글 윈도의 기본 요소와 기능을 알고 마우스와 키보드 사용, 메뉴와 창 관리, 파일과 폴더 관리, 프로그램 추가 및 제거, 디스플레이 설정, 제어판의 환경 설정 기능 등을 사용하는 수준
컴퓨터 소프트웨어	소프트웨어의 개념과 종류를 알고 보조 프로그램과 유틸리티 프로그램을 사용하는 수준
정보통신과 인터넷	인터넷 웹 브라우저를 사용하고 인터넷의 환경 설정을 하는 수준
정보화 사회와 컴퓨터 보안	컴퓨터 시스템을 보호할 수 있도록 컴퓨터 바이러스의 종류와 치료, 보안 기능 등을 알고, 컴퓨터 범죄와 정보 윤리, 소프트웨어의 저작권 보호에 대해 이해하는 수준
멀티미디어	멀티미디어의 개요를 이해하고 멀티미디어 설정을 하는 수준

❷ 스프레드시트

사무자동화의 필수 프로그램인 엑셀 스프레드시트의 다양한 서식을 활용하는 능력을 평가하는 기준이다. 차트나 함수 등을 이용하여 데이터 분석 및 통계를 실무에 활용할 수 있는지를 평가한다.

표 3-7 스프레드시트

기능적 요구	평가 기준
스프레드시트의 개요	스프레드시트의 개념과 용어를 이해하고 파일과 시트를 관리하는 수준
데이터 입력 및 편집	각종 데이터를 입력하고 일러스트레이션 메뉴를 활용하여 데이터를 편집하는 수준
수식 활용	셀 참조 방식을 이해하고 기본 계산식과 사용자 정의 함수, 배열 수식 입력과 같은 고급 계산식을 활용하는 수준
데이터 관리 및 분석	데이터 정렬 및 텍스트 나누기와 같은 기본 데이터 관리, 외부 데이터베이스 이용, 데이터 통합, 시나리오 분석, 피벗 테이블 작성 등을 하는 수준
출력	프린터 설정, 페이지 설정, 창 제어를 통해 데이터를 인쇄하는 수준
차트 생성 및 수정	차트의 종류와 구성 요소를 이해하고 차트 작성, 차트의 종류 변경, 구성 요소 편집 등의 차트 편집 기능을 사용하는 수준
매크로 프로그래밍	매크로를 작성하고 사용자 정의 폼 작성 및 편집 기능과 엑셀 객체를 이용하는 수준

❸ 데이터베이스

사무자동화의 필수 프로그램인 액세스 데이터베이스를 이용하는 컴퓨터 활용 능력을 평가하는 기준이다. 테이블을 작성하여 질의 명령의 자료로 활용할 수 있는지, 다양한 보고서를 작성하여 실무에 활용할 수 있는지를 평가한다.

표 3-8 데이터베이스

기능적 요구	평가 기준
데이터베이스의 개요	데이터베이스의 개념 이해, 데이터베이스 관계도(ERD) 이해 및 작성, 관계형 모델과 정규화를 이용하여 데이터베이스를 설계하는 수준
테이블 작성 및 수정	데이터베이스 테이블 관리, 제약 요건 설정 및 데이터 입력과 찾기 · 삭제 · 변환 기능 등을 수행하는 수준
쿼리 작성 및 수정	SQL 명령문을 수행하고 업무에 필요한 다양한 쿼리를 생성 및 수정하는 수준
폼 작성 및 수정	폼 생성 · 수정 · 삭제, 컨트롤 생성 및 속성 설정 등을 하는 수준
보고서 작성 및 수정	컨트롤을 사용하여 속성을 설정하고 다양한 형태의 보고서를 작성하는 수준
데이터베이스 프로그래밍	데이터베이스 애플리케이션과 DBMS를 연결하는 표준 인터페이스를 제공하는 수준

3.2 인터넷 활용 능력

인터넷의 등장으로 정보 검색 및 공유를 통해 새로운 정보와 기술을 얻을 수 있게 되자 소득 수준별, 사용 계층별로 정보격차가 나타나게 되었다. 특히 소외 계층의 경우 인터넷 이용의 어려움으로 정보격차가 발생한다. 이를 좀 더 자세히 살펴보면 장 · 노년층과 농어민은 인터넷 활용 능력이 부족하고, 저소득층은 노후한 PC 기종을 보유한 것으로 나타났다.

표 3-9 소외 계층의 인터넷 이용 시 주된 불편 사항(%)(출처 : 2014년 정보격차 지수 실태 조사, 한국정보화진흥원)

구분	장애인	저소득층	장 · 노년층	농어민
인터넷 활용 능력 부족	25.6 ①	29.1 ①	39.6 ①	31.4 ①
노후한 PC 기종 보유	16.2 ③	18.6 ②	10.4 ④	13.6 ④
활용 용도 부족	18.5 ②	17.7 ③	18.8 ②	21.2 ②
이용료 부담	11.9 ⑤	13.7 ④	6.4 ⑤	9.3 ⑤
정보화 역기능 문제	7.7	11.3 ⑤	15.3 ③	15.2 ③
신체적 제약으로 인한 불편	14.9 ④	1.7	2.3	1.6

* 인터넷 이용자 기준이며, 주된 불편 사항을 하나만 선택하도록 한 응답률
* 상위 5순위 항목 기준이며 ①~⑤는 순위를 의미

한편 유선통신 시대에서 무선통신 시대로 변해가면서 인터넷 사용자의 성향도 모바일 기기 중심으로 바뀌고 있다. 이에 따라 인터넷을 생활에 유익한 수단으로 사용하는 능력을 다음과

같이 일곱 가지 항목으로 구분하여 평가한다.

❶ 정보 검색

인터넷 웹 브라우저(인터넷 익스플로러, 크롬 등)를 실행한 후 네이버, 다음, 구글 등과 같은 검색엔진에서 연산자를 사용하여 필요한 정보를 찾는 수준으로 인터넷 활용 능력을 평가할 수 있다.

- **초급** : 단순히 키워드만을 사용하여 필요한 정보(자료)를 50% 미만으로 찾을 수 있고 파일 다운로드가 가능한 수준
- **중급** : 기본 연산자를 사용하여 검색이 가능하며, 필요한 정보(자료)를 60~70% 정도 찾을 수 있고 파일의 다운로드와 업로드가 모두 가능한 수준
- **고급** : 검색 연산자를 사용하여 복잡한 검색이 가능하고 P2P 기능 등을 사용할 줄 알며, 필요한 정보(자료)를 80~90% 이상 찾을 수 있는 수준

TIP P2P : 'peer to peer'의 약자로, 인터넷에서 개인과 개인이 직접 연결되어 파일을 공유하는 것을 말한다. 대표적인 P2P 사이트로 소리바다, 당나귀, 프루나, 토토브라우저, 토렌트 등이 있으나 대부분 저작권 문제로 서비스를 중지했다.

표 3-10 정보 검색에 사용하는 검색 연산자

종류	설명	예
+	포함 문자열로 and와 같은 의미	서울+부산 : '서울'과 '부산'을 모두 포함하는 문자열 검색
*	와일드카드 연산자로, 검색어로 시작하는 모든 문자열 검색	서울* : '서울'로 시작하는 모든 문자열 검색
?	와일드카드 연산자로, 한 글자를 원하는 문자로 대응하여 검색	서?시 : '서'로 시작해서 '시'로 끝나는 세 글자 이내의 문자열 검색

❷ 채팅과 메신저

채팅은 온라인상에서 두 명 이상이 문자로 대화하는 것을 말한다. 본래 PC 통신 시절 대화방에서 사람들이 키보드로 메시지를 입력하여 이야기 나누던 것을 가리켰으나 기술의 발달로 최근에는 음성 채팅, 화상 채팅도 가능하다.

메신저는 인터넷에서 실시간으로 메시지와 데이터를 주고받을 수 있는 소프트웨어로, 온라인상에서 상대방의 상태를 확인하고 메시지를 보냄으로써 즉각적인 응답을 기대할 수 있다. 최근에는 두 명 이상의 그룹 채팅, 음성 채팅, 대용량 파일 전송 등도 가능하고 뉴스, 증권, 음악 정보 등의 서비스도 제공한다.

- **초급** : 단순히 한 사람과 일대일로 문자로 대화하는 수준
- **중급** : 저장된 문서나 이미지 파일을 대화창에서 주고받고 문자 외에 음성이나 화상으로 상대방과 자유롭게 의사소통을 할 수 있는 수준
- **고급** : 파일 송수신, 음성 채팅, 화상 채팅 등의 모든 기능을 어려움 없이 자유롭게 사용할 수 있는 수준

❸ 전자우편

전자우편(이메일)은 컴퓨터 통신망을 이용하여 편지나 정보를 주고받는 방식으로, 정보 검색에 이어 가장 많이 이용하는 서비스이다. 일반적으로 포털 사이트에 가입하면 부여되는 전자우편 계정으로 전 세계 사람들과 메일을 주고받을 수 있다.

- **초급** : 어떤 사람에게 간단한 메일을 보내거나 답장을 할 수 있는 기본적인 수준
- **중급** : 동보 전송, 예약, 참조, 전달(포워딩)과 같은 기능을 이용할 수 있고 파일을 첨부하여 메일을 보낼 수 있는 수준
- **고급** : 메일링 리스트 등을 큰 어려움 없이 사용할 수 있고 압축 프로그램을 이용하여 파일을 자유롭게 송수신할 수 있는 수준

TIP **동보 전송** : 같은 내용의 메일을 여러 사람에게 동시에 전송하는 편리한 기능으로, 여러 개의 이메일 주소를 세미콜론(;)으로 구분하여 적거나 받는 사람을 주소록에서 추가로 선택하면 된다.

❹ 인터넷 기반의 멀티미디어

인터넷에서 각종 멀티미디어 콘텐츠를 자유롭게 이용하고 유튜브, 방송국, 신문사 등의 사이트에서 자신이 원하는 콘텐츠를 찾아서 즐길 수 있다.

- **초급** : 인터넷으로 신문 · 잡지 읽기, 음악 듣기, 영화 · 동영상 보기, TV 시청 중에서 한두 가지를 어려움 없이 할 수 있는 수준
- **중급** : 인터넷으로 신문 · 잡지 읽기, 음악 듣기, 영화 · 동영상 보기, TV 시청 중에서 세 가지 이상을 어려움 없이 하고 다양한 멀티미디어 파일(MP3, MP4 등)을 구분할 수 있는 수준
- **고급** : 인터넷으로 신문 · 잡지 읽기, 음악 듣기, 영화 · 동영상 보기, TV 시청 등을 어려움 없이 하고, 필요에 따라서 유튜브에 있는 비상업용 멀티미디어 파일을 MP3나 MP4 파일로 변환하여 자기 컴퓨터에 저장하거나 자신이 찍은 동영상 파일을 유튜브에 업로드할 수 있는 수준

❺ 금융 서비스

인터넷을 이용하여 은행 일을 보거나 주식 거래 등을 할 수 있을 뿐만 아니라 공인인증서를 발급받아 금융 서비스에 활용할 수 있다.

- **초급** : 단순히 인터넷 뱅킹에 접속하여 공인인증서를 발급받고 타 계좌로 송금할 수 있는 수준
- **중급** : 초급 능력에 더하여 인터넷 뱅킹으로 각종 공과금을 처리하고 공인인증서를 PC나 모바일로 복사하거나 이동하여 자유롭게 이용할 수 있는 수준
- **고급** : 중급 능력에 더하여 각종 증권 포털 사이트에 접속하여 주식, 채권 관련 서비스를 충분히 이해한 뒤 이용할 수 있는 수준

여기서 잠깐 **공인인증서의 종류**

- **은행(일반)** : 개인이 은행, 신용카드, 보험과 관련된 일을 처리하는 데 사용할 수 있는 인증서로 무료이다.
- **범용** : 인터넷 뱅킹, 전자 입찰, 전자 세금계산서, 온라인 주식 거래 등 공인인증서가 필요한 모든 거래에서 사용할 수 있는 인증서로 유료이다. 범용 공인인증서를 발급받을 수 있는 공인인증 기관은 다음과 같다.
  - –한국정보인증(http://www.signgate.com)
  - –코스콤 공인인증센터(http://www.signkorea.com)
  - –금융결제원 전자인증센터(http://www.yessign.or.kr)
  - –한국전자인증(http://www.crosscert.com)
  - –한국무역정보통신 공인인증센터(http://www.tradesign.net)
- **용도 제한용** : NEIS 학부모용, 국세청 홈택스용, 원산지 증명용 등 특별한 용도에 사용하는 인증서로 대부분 유료이며 범용보다 저렴하다.

❻ 전자상거래

전자상거래는 컴퓨터 통신망을 이용하여 상품이나 서비스를 거래하는 방식을 말한다. 오늘날에는 수많은 인터넷 쇼핑몰에서 거의 모든 상품과 서비스를 구매할 수 있을 뿐만 아니라 영화표, 기차표, 항공권 등도 예매할 수 있다.

- **초급** : 필요한 물품을 인터넷 쇼핑으로 쉽게 구매하고 결재할 수 있는 수준
- **중급** : 초급 능력에 더하여 다양한 전자상거래 사이트에 쉽게 접속하여 원하는 서비스를 이용할 수 있는 수준
- **고급** : 전자상거래 사이트의 이용을 넘어서 자신이 직접 인터넷 쇼핑몰을 구축하거나 이베이, 인

터파크, G마켓, 11번가 등 이미 개설된 쇼핑몰에 판매자로 등록하여 상품이나 서비스를 판매할 수 있는 수준

❼ 행정 서비스

우리나라는 정보통신 기술을 활용하여 행정 업무를 효율적으로 수행하고, 국민이 인터넷으로 쉽고 빠르게 행정 서비스를 받을 수 있도록 전자정부를 운영하고 있다. 직접 방문하지 않고도 각종 정부 기관이 운영하는 사이트에서 민원서류를 신청하고 발급받을 수 있으며 여러 가지 행정적인 수속이나 처리도 가능하다.

- **초급** : 인터넷으로 생활 민원 서비스를 이용하여 공과금 납부 등을 어려움 없이 할 수 있는 수준
- **중급** : 인터넷으로 생활 민원 서비스를 이용하여 공과금을 납부하고 필요한 서류를 자유롭게 내려받을 수 있는 수준
- **고급** : 인터넷으로 생활 민원 서비스를 이용하여 공과금을 납부하고 각종 민원서류를 신청하여 발급받으며, 국세청 사이트에서 세금 신고 등을 자유롭게 할 수 있는 수준

03 모바일 기반의 정보격차

사례 | 스마트폰 사용이 어려운 농촌의 어르신

충남 영동에 사는 A 씨는 자녀에게 스마트폰을 선물받았지만 막상 전화를 잘 받지 못해 난감한 상황이다. 사실 A 씨는 스마트폰 사용법이 복잡하고 어려워서 잘 사용하지 못하는 것이다. 동네 이웃 중에도 스마트폰을 가지고 있는 사람이 많지만 대부분 제대로 사용하지 못해 급할 때 연락이 안 되는 경우도 있다.

1 모바일 기반의 정보격차란?

최근 들어 정보격차의 새로운 소외 계층을 형성하는 것은 바로 스마트 기기이다. 모바일 스마트 기기를 이용하기 시작한 초창기에는 인터넷이 보급되던 때와 마찬가지로 고가의 기기 및 이용 요금으로 정보격차가 컸다. 하지만 최근에는 통신 업체에서 보급형 스마트 기기를 제공하고 다양한 요금제를 내놓아 이용자가 크게 늘어났다. 농어촌에서도 스마트 기기를 쉽게 이용할 수 있고, 저소득층의 청소년도 보급형 스마트 기기와 저렴한 통신 요금으로 서비스 이용이 가능하다. 미래창조과학부도 앞으로 스마트 기기의 이용에 따른 정보격차가 줄어들 것으로 전망하고 있다.

그러므로 우리가 살펴볼 것은 스마트 기기의 이용에 따른 정보격차가 아니라, 무선 인터넷을 이용하여 일상생활에서 스마트 기기를 다양하게 활용하는 정보 능력의 차이로 인해 발생하는 정보격차이다. 다음과 같은 사항을 측정하여 이러한 격차를 확인할 수 있다.

- **정보 생산 활동** : 스마트 기기를 활용하여 자신이 만든 정보(지식, 동영상, 사진 등)를 온라인 공간에 게시하는가?
- **정보 공유 활동** : 타인이 만든 정보(지식, 동영상, 사진 등)를 온라인 공간에 게시하고 공유하는가?
- **SNS 이용** : 최근 1년 이내에 블로그나 미니홈피, 트위터, 페이스북, 카카오톡 등의 SNS를 이용했는가?
- **온라인 커뮤니티 활동** : 최근 6개월 동안 1회 이상 인터넷 카페나 동호회 등에 정기적으로 참여

했는가?

- **온라인 사회 참여** : 정부나 공공 기관의 사이트에 의견을 올리거나 정당 또는 선거 후보자 사이트 방문, 사회 문제와 관련된 투표나 여론 조사 참여, 사회 · 정치 문제 관련 게시글에 댓글 작성, 온라인 시위나 서명에 참여하는가?
- **온라인 네트워크 형성** : SNS를 통해 새로운 사람을 사귀고 정보를 주고받는가?

2 정보격차 지수

모바일 기반의 정보격차 지수는 모바일 격차 지수mobile divide index라고도 하며, 모바일 스마트 기기 보유 정도, 사용 능력, 활용 정도 등으로 모바일 정보의 접근, 역량, 활용 수준의 총체적인 차이를 측정한다.

모바일 격차 지수 = 모바일 접근 격차(0.2) + 모바일 역량 격차(0.4) + 모바일 활용 격차(0.4)

❶ 모바일 접근 격차

인터넷 접속이 가능한 모바일 스마트 기기의 보유에 따른 격차이다. 스마트 기기가 출시된 초기에는 가격이 높아 저소득층과 같은 소외 계층이 구입하는 데 장벽이 있었으나 최근에는 보급형 기기와 다양한 가격 정책으로 격차가 많이 줄어들었다.

❷ 모바일 역량 격차

스마트 기기로 인터넷 쇼핑, 인터넷 뱅킹, 전자정부 등을 이용하는 능력과 확장적 활용 능력에 따른 격차이다. 여기서 확장적 활용 능력이란 직면한 상황에 맞는 정보 탐색 능력, 검색한 정보의 진위를 판별하는 능력, 정보화 역기능에 대처하는 능력 등을 말한다.

❸ 모바일 활용 격차

모바일 스마트 기기 이용량 및 이용 다양성(SNS 이용, 네트워크 형성, 커뮤니티 활동, 온라인 경제 활동, 온라인 사회 참여, 정보 생산 활동)에 따른 격차를 말하며, 사회 · 경제 · 문화 등 각 부문의 가치 창출에 필요한 모바일 정보 활용 수준을 파악한다(출처 : 2014년 정보격차 지수 실태 조사, 한국정보화진흥원).

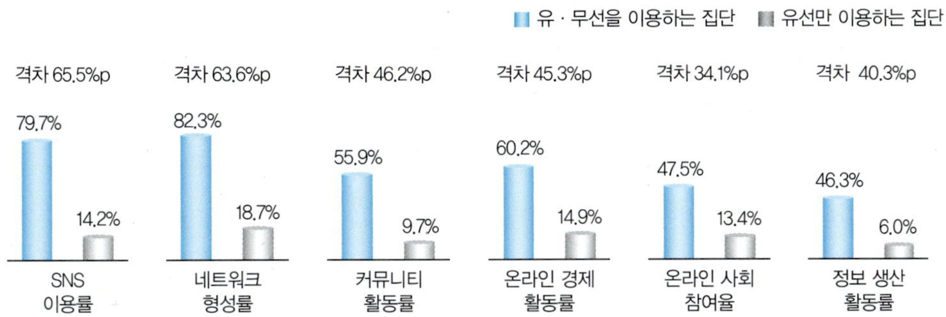

그림 3-5 모바일 활용 격차의 세부 항목

여기서 잠깐 **디지털 리터러시와 이용 다양성**

모바일 격차 지수를 측정할 때 디지털 리터러시와 이용 다양성의 개념을 알아야 한다. 디지털 리터러시는 정보 기기 이용 기술뿐만 아니라 콘텐츠 및 정보의 비판적 · 능동적 소비와 생산, 소셜미디어 기반의 사회관계 확장, 경제적 참여 등으로 다양한 가치를 창출할 수 있는 창의적 정보 역량을 의미한다.

- **디지털 리터러시** : 도구적 이용 능력(skill) + 확장적 활용 능력(competency)
- **도구적 이용 능력** : 모바일 스마트 기기의 용도별 이용 기술을 보유한 정도
- **확장적 활용 능력** : 모바일 스마트 기기를 통한 '정보 이용 및 창의 능력', '사회관계 및 참여 능력', '정보화 역기능 대처 능력'을 보유한 정도

이용 다양성은 모바일 스마트 기기를 기본 용도 또는 응용 용도별로 다양하게 이용하는 정도를 말한다.

- **기본 용도** : 문서 작성 및 관리, 콘텐츠(뉴스, 음악, 영화, 전자책) 이용, 정보 검색, 전자우편, 메신저, 전자정부, 인터넷 뱅킹, 제품 구매, SNS 및 블로그 운영 등
- **응용 용도** : 정보 생산 및 공유, 네트워크 형성(사회적 인간관계의 확장), 사회 참여(의견 개진, 공익 활동, 정책 제안 등)

3 정보 활용 능력

모바일 기반의 정보 활용 능력은 무선 인터넷 환경에서 각종 스마트 기기를 다양한 용도로 사용하는 능력과 필요한 기능을 가치 있게 활용하는 능력을 말한다.

- **환경 설정** : 기기의 특성과 무선 환경 설정을 이해하고 편리하게 사용하기 위해 필요한 부분을 원하는 대로 설정할 수 있는 수준이다. 무선 및 네트워크, 통화, 소리, 화면, 절전, 위치 및 보안, 애플리케이션, 개인 정보 보호, 저장소, 언어 및 키보드, 음성 입력 및 출력, 접근성, 날짜 및 시간 설정 등의 항목이 있다.

- **블루투스** : 휴대전화, 노트북, 이어폰(헤드폰) 등의 휴대 기기를 서로 연결하여 정보를 교환하는 근거리 무선 기술 표준인 블루투스bluetooth를 이해하고 활용하는 수준이다.
- **클라우드(클라우딩)** : 컴퓨터와 스마트 기기 사이에 파일을 연동시키고, 필요에 따라 웹 디스크나 클라우드 서비스를 이용하여 파일 및 폴더를 자유롭게 관리할 수 있는 수준이다.
- **애플리케이션** : 스마트 기기에 다양한 애플리케이션을 설치하거나 제거하고 이를 활용할 수 있는 수준이다.
- **금융 업무** : 스마트 기기에 금융 관련 애플리케이션을 설치하고 이체, 송금, 조회, 주식 거래 등의 서비스를 이용할 수 있는 수준이다.
- **악성 코드 검사 및 치료** : 블루투스 통신, PC 연결, 멀티미디어 메시지 파일, 애플리케이션 다운로드, 와이파이 연결 등으로 인해 악성 코드에 감염되는 것을 예방하기 위해 다양한 모바일 백신으로 관리할 수 있는 수준이다. 모바일 백신에는 안철수연구소의 V3 모바일, 하우리의 바이로봇 스미싱 디펜더, 이스트소프트의 알약 등이 있다.

TIP **악성 코드 예방 애플리케이션** : 한국인터넷진흥원(https://www.kisa.or.kr)에서 제공하는 '폰지킴이' 애플리케이션을 이용하면 스마트 기기를 각종 악성 코드로부터 보호할 수 있고 감염 여부도 확인할 수 있다.

여기서 잠깐 **모바일 격차에 대한 선제적 대응의 필요성**

스마트 사회는 정보 사회, 연결 사회, 참여 사회, 문화적 혁신 사회, 모바일 경제 사회라는 중층의 복합적인 사회 특성을 지니고 있다. 이러한 스마트 사회에 편입된 집단과 배제된 집단 간에는 지식 · 관계 · 참여 · 창의 · 소득 격차라는 다면적 격차가 발생한다. 스마트 사회에서 다면적 격차가 심화되면 궁극적으로는 국가 경쟁력 약화와 사회 통합 저해를 초래할 수 있다. 결국 모바일 기반의 정보격차는 생활 전반에 영향을 미치게 되므로 새로운 디지털 격차에 선제적으로 대응할 필요가 있다.

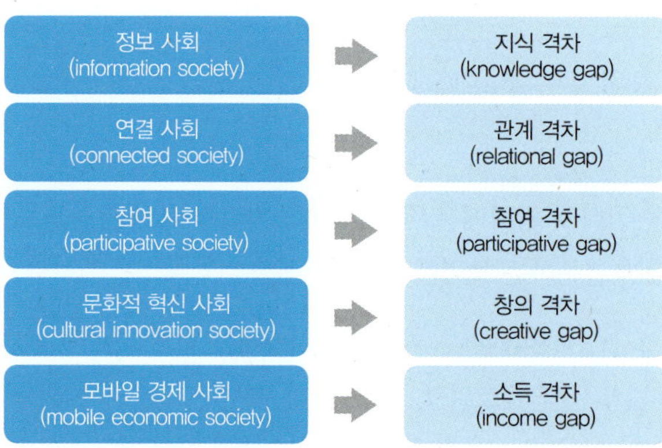

4 소외 계층의 모바일 정보격차

농어민이나 장애인, 저소득층, 북한 이탈 주민 등 소외 계층의 스마트폰 보유는 절반 수준인 52.2%에 불과하고 활용도 더딘 것으로 나타났다. 이는 우리나라 전체 국민의 78.3%가 스마트폰을 보유하고 있는 것과 차이를 보인다. 스마트폰 보유율과 스마트 기기 이용 능력이 낮은 소외 계층은 일상생활에서 유 · 무선 인터넷을 다양하게 이용하지 못한다. 소외 계층의 경우에는 PC에 비해 스마트 기기 기반의 정보격차 수준이 상대적으로 더 낮은 편이다.

정보격차의 소외 계층은 다음 표와 같이 장애인, 저소득층, 장 · 노년층, 농어민, 북한 이탈 주민, 결혼 이민자로 분류하여 정의하고 있다.

표 3-11 정보격차의 소외 계층 분류

분류	대상
장애인	전국의 등록된 만 7~69세 장애인(지체, 뇌병변, 청각 · 언어 · 시각 장애 유형 기준)
저소득층	전국의 만 7~74세 국민 기초생활 보장 수급자
장 · 노년층	전국의 만 50세 이상 인구
농어민	전국의 만 15세 이상 농 · 어업 종사자(경제 활동 인구 연령층 기준)
북한 이탈 주민	전국의 만 7세 이상 북한 이탈 주민
결혼 이민자	전국의 만 18세 이상 결혼 이민자 및 혼인 귀화자(혼인 적령 연령층 기준)

4.1 소외 계층의 스마트폰 보유율

미래창조과학부와 한국정보화진흥원이 공동으로 수행한 '2014년 정보격차 지수 실태 조사'에 따르면 스마트폰 보급 초기에는 소외 계층의 스마트폰 보유율이 저조했으나 계속해서 증가하고 있다. 저소득층의 보유율이 상대적으로 급격히 증가한 이유는 단말기 가격이 저렴해져서 보편화되었기 때문이다.

4.2 소외 계층의 스마트폰 정보화 수준

'2014년 정보격차 지수 실태 조사'에 따르면 전체 국민의 정보화 수준을 기준으로 하여 소외 계층의 정보화 수준을 보았을 때 접근성은 비슷해졌으나 스마트 역량과 스마트 활용이 조금 떨어진다. 즉 접근성은 좋아졌지만 일상생활에서 스마트 기기를 다양하게 활용하는 실제적인 정보 능력의 수준은 아직 낮은 상황이다.

표 3-12 소외 계층의 스마트폰 보유율(%)

구분		2010년	2011년	2012년	2013년	2014년
전체 국민		15.6	39.6	61.5	74.3	78.3
소외 계층	장애인	1.6	8.6	23.1	39.9	51.3
	장 · 노년층	1.0	6.2	18.8	41.5	51.4
	저소득층	1.9	17.0	31.8	55.1	61.6
	농어민	1.0	7.3	19.2	35.7	44.8
	평균	1.3	8.6	21.7	42.8	52.2

* 평균은 소외 계층별 인구 규모를 고려한 가중 평균 기준임

표 3-13 전체 국민 대비 소외 계층의 스마트 정보화 수준(%)

구분	스마트 접근	스마트 역량	스마트 활용	스마트 종합
장애인	79.9	45.0	59.7	60.2
장 · 노년층	79.2	35.5	53.0	54.3
저소득층	82.2	66.8	70.3	72.5
농어민	68.1	40.7	48.6	51.4
평균	78.4	42.0	55.9	57.4

* 전체 국민의 정보화 수준을 100으로 보았을 때 소외 계층의 정보화 수준을 의미
* 2013년 스마트 격차 지수 시범 산출 결과 기준

요약

01 정보격차는 경제력, 교육 수준, 사회적 지위, 지역 등에 따라 정보 접근성이 달라서 얻을 수 있는 정보와 사용 능력에 차이가 나타나는 것을 말한다.

02 정보격차의 원인이 되는 정보 활용 능력의 종류는 다음과 같다.

- **컴퓨터 활용 능력** : 컴퓨터에 대한 이해와 지식으로 컴퓨터를 활용하는 능력
- **멀티미디어 활용 능력** : 정보, 커뮤니케이션, 멀티미디어 기술을 통합하여 멀티미디어를 활용하는 능력
- **정보통신 활용 능력** : 디지털 기술, 커뮤니케이션 도구, 네트워크를 이용한 정보의 접근 · 관리 · 통합 · 평가를 통해 지식 사회에 필요한 정보를 창출하는 능력
- **미디어 활용 능력** : 매체나 기술 자체보다는 담고 있는 메시지를 다양한 유형으로 접근 · 분석 · 평가하고 커뮤니케이션할 수 있는 능력
- **디지털 활용 능력** : 디지털 정보를 평가 · 판단하고 자신에게 필요한 정보를 취사선택 · 편집 · 가공하여 새로운 지식을 창출하는 능력

03 정보통신 기술의 확산 단계에 따른 정보격차의 종류는 다음과 같다.

- **1단계(도입기)-접근 격차** : 디지털 정보에 접근하는 경우와 접근하지 못하는 경우 사이에 생기는 격차로 수입, 주거 형태, 교육, 연령 등의 영향을 받는다.
- **2단계(도약기)-이용 격차** : 정보통신 기술을 이용할 수 있는 경우와 그렇지 못한 경우 사이에 생기는 격차이다.
- **3단계(포화기)-품질 격차** : 기기가 보급되는 포화기에 사용자의 이용 형태에 따라 발생하는 격차이다. 주로 온라인 검색 기술과 문제 해결 능력 등에 격차가 나타나며, ICT 이용자의 교육 수준과 수입, 성별, 연령, 이용 시기 등의 영향도 받는다.

04 PC 기반의 정보격차는 처음 PC가 보급될 때 PC를 접할 수 있는 계층과 그렇지 못한 계층 사이에 발생한 격차이다. PC 보급 초창기에는 정보격차가 컸으나 저렴한 PC가 보편화되고 정부의 정책으로 소외 계층의 가구당 PC 보유율이 높아지면서 PC 기반의 정보격차도 줄어들었다.

05 인터넷의 등장으로 정보 검색 및 공유를 통해 새로운 정보와 기술을 얻을 수 있게 되자 소득 수준별, 사용 계층별로 정보격차가 나타나게 되었다.

06 모바일 기반 정보격차는 무선 인터넷을 이용하여 일상생활에서 스마트 기기를 다양하게 활용하는 정보 능력의 차이로 인해 발생하는 정보격차이다.

07 모바일 격차 지수는 모바일 스마트 기기 보유 정도, 사용 능력, 활용 정도 등으로 모바일 정보의 접근, 역량, 활용 수준의 총체적인 차이를 측정한다.

- **모바일 접근 격차** : 인터넷 접속이 가능한 모바일 스마트 기기의 보유에 따른 격차
- **모바일 역량 격차** : 스마트 기기로 인터넷 쇼핑, 인터넷 뱅킹, 전자정부 등을 이용하는 능력과 확장적 활용 능력에 따른 격차
- **모바일 활용 격차** : 모바일 스마트 기기 이용량 및 이용 다양성(SNS 이용, 네트워크 형성, 커뮤니티 활동, 온라인 경제 활동, 온라인 사회 참여, 정보 생산 활동)에 따른 격차

08 디지털 리터러시는 정보 기기 이용 기술뿐만 아니라 콘텐츠 및 정보의 비판적 · 능동적 소비와 생산, 소셜미디어 기반의 사회관계 확장, 경제적 참여 등으로 다양한 가치를 창출할 수 있는 창의적 정보 역량을 의미한다.

- **디지털 리터러시** : 도구적 이용 능력 + 확장적 활용 능력
- **도구적 이용 능력** : 모바일 스마트 기기의 용도별 이용 기술을 보유한 정도
- **확장적 활용 능력** : 모바일 스마트 기기를 통한 '정보 이용 및 창의 능력', '사회관계 및 참여 능력', '정보화 역기능 대처 능력'을 보유한 정도

09 스마트폰 보유율과 스마트 기기 이용 능력이 낮은 소외 계층이 일상생활에서 유 · 무선 인터넷을 다양하게 이용하지 못하는 것을 소외 계층의 정보격차라고 한다. 소외 계층의 경우에는 PC에 비해 스마트 기기 기반의 정보격차 수준이 상대적으로 더 낮은 편이다.

연습문제

01 정보에 대한 관심, 지식과 정보를 인식 · 검색 · 평가 · 조직하는 능력, 그리고 이슈를 검토하고 당면한 문제를 해결하기 위해 정보를 창조 · 활용 · 소통하는 능력을 무엇이라 하는가?

① 컴퓨터 활용 능력 ② 정보 활용 능력
③ 정보통신 활용 능력 ④ 미디어 활용 능력

02 정보 검색에서 기본 연산자를 사용하여 검색이 가능하며, 필요한 정보(자료)를 60~70% 정도 찾을 수 있고 파일의 다운로드와 업로드가 모두 가능한 수준은 무엇인가?

① 기초 ② 초급 ③ 중급 ④ 고급

03 다음 중 P2P 사이트에 속하지 않는 것은 무엇인가?

① 넷플릭스 ② 당나귀 ③ 소리바다 ④ 토렌트

04 같은 내용의 메일을 여러 사람에게 동시에 전송하는 편리한 기능은 무엇인가?

① 동보 전송 ② 참조 ③ 전달 ④ 예약

05 모바일 기반의 스마트 환경에서 요구하는 디지털 리터러시 수준을 파악하는 모바일 정보격차는 무엇인가?

① 모바일 접근 격차 ② 모바일 역량 격차
③ 모바일 활용 격차 ④ 모바일 보유 격차

06 휴대전화, 노트북, 이어폰(헤드폰) 등의 휴대 기기를 서로 연결하여 정보를 교환하는 근거리 무선 기술 표준은 무엇인가?

① 블루투스 ② 클라우드
③ 애플리케이션 ④ 멀티미디어

07 다음 중 정보격차의 소외 계층에 속하지 않는 대상은 누구인가?

① 북한 이탈 주민
② 장 · 노년층
③ 재외 국민
④ 장애인

08 디지털 리터러시에 대해 설명하시오.

09 모바일 격차 지수에 대해 설명하시오.

토론과제

01 인터넷을 제대로 활용하지 못해 정보력의 부재로 학습과 경제 활동에 악영향을 미칠 수 있다. 이러한 문제를 해결할 수 있는 방안에 대해 토론하시오.

02 스마트 기기 이용 능력이 낮은 소외 계층의 정보격차를 해결하기 위한 정보 기기 활용 및 다양한 정보 습득 방안에 대해 토론하시오.

Chapter 04

웹 접근성

01 웹 접근성의 개념

02 PC 기반의 웹 접근성 구현

03 모바일 기반의 웹 접근성 구현

04 웹 접근성 차별

요약

연습문제

학습목표

- 웹 접근성의 개념을 이해하고 준수 사항을 알아본다.
- PC와 모바일을 기반으로 한 웹 접근성 구현 방법을 알아본다.
- 웹 접근성 차별의 개념을 이해하고 해결 방안 및 관련 법률을 살펴본다.

01 웹 접근성의 개념

사례 | 웹 접근성을 준수한 웹사이트로 주민과 소통하는 군청

인구의 25%가 65세 이상인 고성군은 어르신을 대상으로 설문 조사를 한 결과, 웹사이트 접근에 어려움이 많다는 것을 알게 되었다. 군청은 이를 바탕으로 조건에 구애받지 않고 누구나 사용 가능한 웹사이트 구축 계획을 세워 웹 접근성을 준수한 웹사이트를 구축했다. 먼저 웹사이트 구축 업체 담당자가 필수적으로 웹 접근성 교육을 이수하게 했다. 간결한 페이지 구성, 큰 폰트 사용, 깔끔한 이미지 배치 등을 고려하여 웹사이트를 구축한 고성군은 웹 접근성 품질 마크 평가에서 준수율 97.2%의 평가를 받았다. 특히 스크린리더(화면 낭독 프로그램) 등의 보조 기기로 웹 콘텐츠에 접근할 수 있도록 제작하여 높은 평가를 받았다.

1 웹 접근성이란?

웹 콘텐츠를 제작할 때는 모든 사용자가 신체적 · 환경적 조건에 관계없이 웹에 접근하여 동등하게 정보를 공유할 수 있도록 해야 한다. 웹 접근성web content accessibility은 신체적 특징이나 지역, 지식, 기술 등 환경 요소에 제약을 받지 않고 누구나 불편함 없이 웹 콘텐츠를 이용하도록 웹사이트를 구축 및 운영하는 것을 의미한다. 웹 접근성의 범위는 다음과 같다.

- 전문 지식이 없어도 인터넷 정보에 용이하게 접근 가능
- 장애인, 비장애인, 고령자 모두 동등하게 정보에 접근 가능
- PC, 모바일, PDA 등 다양한 기기 사용자를 모두 배려
- 운영체제, 웹 브라우저 등 이질적 소프트웨어 사용자를 모두 배려

웹 접근성에서 고려해야 할 환경적 요인은 다양한 기기(PC, 스마트폰, 태블릿 PC 등), 운영체제, 웹 브라우저(인터넷 익스플로러, 사파리, 크롬, 오페라 등) 등을 꼽을 수 있다. 올바른 웹 접근성을 구현하기 위해서는 특정 운영체제나 입력 도구만 적용되는 환경을 배제하고 윈도상의 모든 웹 브라우저에서 서비스가 되도록 해야 한다. 이러한 웹 콘텐츠를 제작하는 데 필요한 웹 기술 규칙은 다음과 같다.

TIP **오페라(Opera)** : 인터넷 회선이 불안정한 곳에서 사용하기에 좋은 웹 브라우저로, PC 시장보다는 PDA나 스마트폰과 같은 모바일 시장에 최적화되어 높은 점유율을 보이고 있다. 무료 다운로드가 가능하며 윈도, 매킨토시, 리눅스 등 다른 운영체제와의 호환성이 좋다.

여기서 잠깐 **W3C 인터넷 표준 권고안**

웹 표준화 단체인 월드와이드웹 컨소시엄(World Wide Web Consortium, W3C)은 다양한 환경에서도 웹사이트를 제대로 볼 수 있도록 웹 표준안을 마련했다. 웹사이트 설계자는 웹 콘텐츠 접근성을 준수하여 웹에서 정보를 표현 · 연결 · 공유 · 교환하기 위해 누구나 쉽게 웹에 접근할 수 있도록 상호 배타적이지 않은 방식으로 설계해야 한다는 것이 바로 W3C 인터넷 표준 권고안이다(출처 : 웹 접근성 연구소).

웹 표준안을 준수하려면 HTML, CSS, 자바스크립트 등의 기술로 빠른 데이터 처리, 안정적인 브라우저 동작, 데이터 재사용성 촉진, 스마트폰이나 태블릿 등의 장치 호환성을 이뤄야 한다. 또한 별도의 페이지를 제작하지 않아도 모바일에서 웹 페이지의 형태 그대로 볼 수 있는 접근성과 시맨틱 HTML의 가이드라인을 충족해야 한다.

- 개방형 인터넷의 표준 권고안인 W3C 준수
- 사용자의 복잡하고 다양한 요구 사항을 수용하기 위한 웹 표준 적용
- 웹 접근성을 준수하고 유지 · 보수가 용이하게 제작

1.1 웹 접근성의 필요성

장애인, 고령자 등을 포함한 모든 사용자들이 인터넷이나 모바일로 민원서류 발급, 이러닝, 인터넷 · 모바일 뱅킹, 전자상거래와 같은 콘텐츠나 정보에 자유롭게 접근하여 이용할 수 있는 환경이 조성되어야 한다. 이를 위해 소프트웨어 개발자와 개발 회사는 운영체제와 브라우저를 개발 및 제공할 때 사용자가 효율적으로 이용할 수 있는 기능을 부여해야 한다. 특히 밖에서 자주 사용하는 이동성 모바일 기기의 경우, 소음이나 잡음이 많은 환경에서도 사용할 수 있도록 웹 접근성을 구현해야 한다.

그림 4-1 다양한 환경을 지원하여 웹 접근성을 높인 경우

여기서 잠깐 **웹 접근성의 개념**

웹(web)을 창시한 팀 버너스(Tim Berners)는 웹 접근성의 개념을 다음과 같이 정의했다.

"웹의 힘은 보편성에 있다. 장애에 구애받지 않고 모든 사람이 접근할 수 있는 것이 필수 요소이다."

한편 웹 접근성의 광의적 · 협의적 개념은 다음과 같다.

- **광의적 개념** : 신체적 특징이나 기술적 환경 등의 요소에 제한을 받지 않고 불편함 없이 콘텐츠를 이용하도록 웹사이트를 구축 및 운영하는 것
- **협의적 개념** : 웹사이트에서 제공하는 콘텐츠나 서비스를 장애인이 비장애인과 동등하게 접근하여 이용하도록 하는 것

우리나라는 2008년 4월 11일부터 시행된 개정 「장애인 차별 금지법」 제21조 및 2009년 5월 22일 개정된 「국가 정보화 기본법」 제32조에서 웹 접근성의 개념이 법적으로 정립되었다. 2013년 12월 18일에는 '한국형 웹 콘텐츠 접근성 지침(Korean Web Content Accessibility Guidelines, KWCAG) 2.0'의 주요 내용이 일부 변경된 한국형 웹 콘텐츠 지침 2.1이 발표되었다.

1.2 웹 접근성의 목표

웹 접근성의 가장 큰 목표는 사용자가 웹 콘텐츠를 편리하고 만족스럽게 사용하는 것이다. 웹 접근성의 목표는 평등성과 기술 요소로 구분할 수 있다.

- **평등성** : 장애인, 고령자 등 누구나 웹사이트에서 제공하는 정보에 평등하고 동등하게 접근하여 웹 콘텐츠를 이용할 수 있도록 웹 접근성을 보장해야 한다.
- **기술 요소** : 웹 브라우저나 운영체제와 같은 소프트웨어 및 하드웨어의 기술적인 환경에 관계없이 웹 콘텐츠를 쉽게 이용할 수 있도록 호환성을 보장해야 한다.

1.3 웹 접근성의 구성 원칙

웹 접근성의 구성 원칙은 다음과 같이 인식 용이성, 운용 용이성, 이해 용이성, 견고성으로 구분할 수 있다.

❶ 인식 용이성

- 모든 콘텐츠는 장애 유무에 관계없이 사용자가 인식할 수 있도록 제공해야 한다.
- 모든 콘텐츠를 동등하게 인식할 수 있도록 제공해야 한다.
- 음성으로 인식할 수 있도록 스크린리더Screen Reader로 음성을 제공해야 한다.

❷ 운용 용이성

- 사용자가 장애 유무에 관계없이 웹사이트에서 제공하는 모든 기능을 운용할 수 있도록 제공해야 한다.
- 사용자가 조작이 가능하도록 운용 기능을 제공해야 한다.
- 마우스가 없어도 키보드로 콘텐츠에 접근할 수 있도록 운용 기능을 제공해야 한다.

❸ 이해 용이성

- 웹사이트의 콘텐츠를 이해할 수 있도록 제공해야 한다.
- 사용자가 콘텐츠의 내용과 사용법을 이해하기 쉽게 구성해서 제공해야 한다.

❹ 견고성

- 미래의 기술로도 웹 콘텐츠에 접근할 수 있도록 견고하게 만들어서 제공해야 한다.
- 기술에 관계없이 웹사이트에서 제공하는 콘텐츠를 이용할 수 있도록 제공해야 한다.
- 보조 기술을 이용해도 접근할 수 있도록 대체 콘텐츠를 함께 제공해야 한다.

2 웹 접근성 구성 요소

웹 접근성의 구성 요소는 크게 기술적인 구성과 사람에 의한 구성으로 분류할 수 있다.

2.1 기술적인 구성

웹 접근성을 구현하는 데 필요한 기술적인 구성에는 다음과 같은 것이 있다.

- **웹 콘텐츠** : 일반적으로 웹 페이지에서 텍스트와 이미지를 포함한 정보로 제공하는 것으로, 소리와 영상, 구조나 표현을 위한 마크업 또는 코드와 같은 멀티미디어 콘텐츠를 말한다.
- **기술 사양** : 확장 하이퍼텍스트 마크업 언어extensible hypertext markup language, XHTML를 참조하는 스타일시트style sheet인 CSScascading style sheet로, 마크업 언어라고도 한다.
- **저작 도구** : 웹 콘텐츠를 개발하는 툴을 말한다. 나모 웹에디터, 드림위버Dreamweaver, 구글 웹 디자이너Google Web Designer 등 웹사이트를 제작할 수 있는 소프트웨어가 여기에 속한다. 멀티미디어 저작 도구로 콘텐츠를 제작하면 웹사이트로 직접 업로드할 수 있다.
- **평가 도구** : 웹 접근성 지침과 규정을 충족하는지 확인하기 위한 웹 평가 도구로 HTML 검사기HTML validator, CSS 검사기CSS validator 등이 포함된다.

여기서 잠깐 검사기

검사기(validator)는 웹 표준과 웹 접근성에 따른 CSS 유효성 검사 방법으로 W3C에서 제공한다. W3C의 CSS 검사 서비스 사이트(http://css-validator.kldp.org/)에 접속하면 다음과 같이 오류를 검사하는 세 가지 항목이 있는데 이 중에서 원하는 것을 선택하면 된다.

- URI 검사
- 파일 업로드를 통한 검사
- 직접 입력을 통한 검사

대부분의 오류는 CSS에 맞지 않거나 세미콜론(;)을 입력하지 않아서 발생한다. CSS 버전에 따른 오류는 [추가 설정] 메뉴에서 CSS 버전을 바꿔 검사하면 확인할 수 있다.

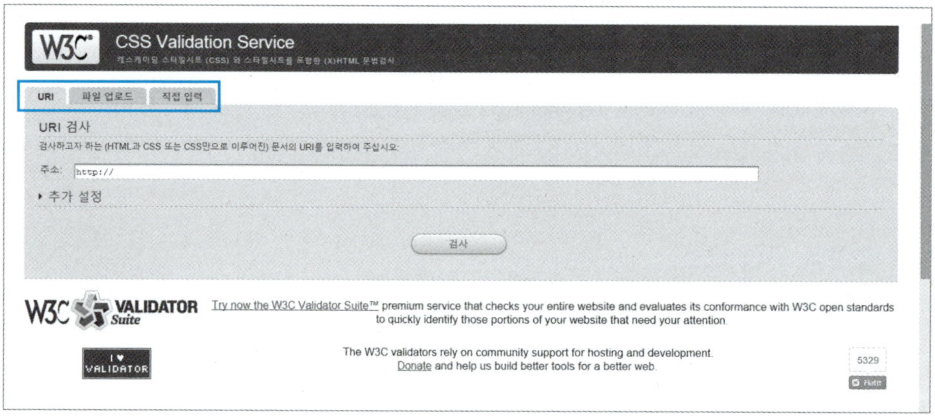

- **사용자 도구** : 사용자가 웹 콘텐츠를 이용하기 위한 도구로 웹 브라우저나 미디어플레이어 등이 포함된다.
- **보조 기술** : 장애인이 웹사이트를 이용하기 위해 사용하는 소프트웨어나 하드웨어 기술로 스크린리더, 스위치, 스캐닝, 대체 키보드 등이 포함된다.

TIP **스타일시트와 웹사이트** : 스타일시트와 표준 마크업으로 만든 프레젠테이션으로 정의된 웹사이트는 나중에 웹사이트를 변경할 때 작업 시간이 훨씬 단축된다. 프레젠테이션에는 페이지 레이아웃 디자인과 배경 색상, 글꼴의 크기와 형태 등이 포함되어 있으며, 웹사이트가 외부 스타일시트에 정의되어 있다면 스타일시트만 수정하여 웹사이트를 변경할 수 있다.

2.2 사람에 의한 구성

웹 접근성은 웹 콘텐츠를 만들거나 사용하는 사람 등으로 구성된다.

- **사용자** : 웹사이트를 방문하여 콘텐츠를 이용하는 모든 사람(장애인, 고령자 포함)
- **툴 개발자** : 저작 도구, 평가 도구, 보조 기술 개발에 참여한 모든 사람
- **콘텐츠 개발자** : 디자인, 코드 작성, 편집 업데이트 등의 작업으로 웹 콘텐츠를 개발한 사람들로, 웹 프로그래머, 그래픽 디자이너, 기술 작가, 프로젝트 관리자, 블로거, 위키 참여자 등을 모두 포함

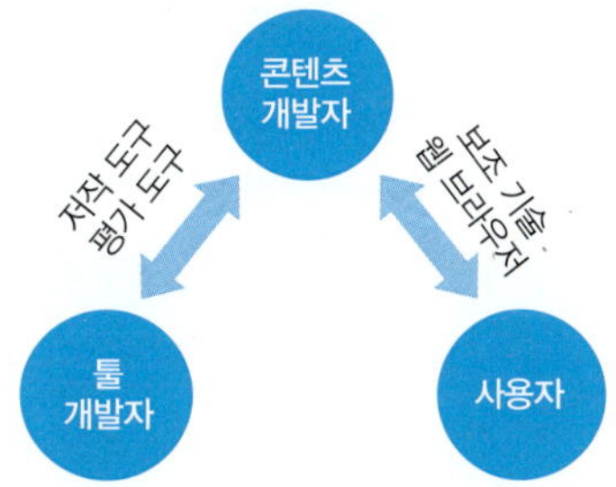

그림 4-2 사람에 의한 웹 접근성 구성

3 웹 접근성 준수 사항

모든 기관 및 조직의 고객 서비스 담당자는 「장애인 차별 금지법」 및 동법 시행령 등 관련 규정을 준수하여 장애인, 고령자, 우리말이 유창하지 않은 사람도 관심 있는 디지털 기기에 접근할 수 있도록 서비스를 제공해야 한다. 웹 접근성 준수 의무자 및 적용 시기는 「장애인 차별 금지법」 제21조 제1항 및 동법 시행령 제14조 규정을 참고한다. 여기서 웹 접근성 준수 의무자는 공공 기관, 교육 기관, 교육 책임자, 법인, 문화 · 예술 사업자, 의료인, 치료사, 의료 기관, 치료 기관, 약국, 체육 관련 행위자, 복지 시설 관련 행위자, 시설물 관련 행위자, 이동 및 교통 수단 관련 행위자, 사용자, 사업장의 노동조합 관계자 등을 말한다.

3.1 웹 접근성 구현 기기

웹 접근성을 구현하는 데 하드웨어나 소프트웨어 같은 정보통신 보조 기기를 적절히 활용할 수 있다.

- **스크린리더** : 시각 장애인이 컴퓨터를 사용할 때 화면에 나타나는 정보를 음성으로 출력해주는 화면 낭독 프로그램이다. 운영체제와 응용 프로그램의 메뉴를 키보드로 이동할 때 해당 내용을 음성으로 출력하거나 옵션 대화상자에서 이동하는 항목에 대한 정보를 음성으로 출력하여 화면을 읽을 수 없는 시각 장애인도 컴퓨터를 사용할 수 있도록 도와준다.
- **링스**Lynx : 텍스트 기반의 웹 브라우저로, 텍스트만을 보여주므로 속도가 빠르고 인터넷의 모든 자원에 접속할 수 있다는 것이 장점이다. 하지만 그래픽을 활용한 세련되거나 화려한 사용자 환경을 제공하지 못하고 폰트 크기, 라인, 특수문자 등을 처리할 수 없다.

- **웹 브라우저** : 현재 웹 브라우저는 PC, 모바일 기기 환경을 막론하고 대부분이 그래픽 기반이다. 1994년 넷스케이프의 내비게이터가 폭발적인 인기를 얻자 1995년 마이크로소프트는 윈도에 인터넷 익스플로러를 탑재하여 출시했다. 이후 인터넷 익스플로러의 독주로 전 세계 웹 브라우저 시장의 95% 이상을 점유했으나 모질라의 파이어폭스, 애플의 사파리, 구글의 크롬 등 다양한 웹 브라우저가 등장하면서 인터넷 익스플로러의 점유율이 낮아지고 있다. 웹 접근성을 위해서는 웹 브라우저가 달라도 동일한 화면을 구현해야 한다.

3.2 웹 접근성 구현 사례

웹 접근성을 준수하여 서비스를 구현한 사례를 살펴보자. 국내 사례로, 한국시각장애인연합회 사이트(http://www.kbuwel.or.kr/)는 시각 장애인을 위해 웹 접근성을 구현한 서비스를 제공하여 웹 접근성 우수 인증 기관으로 선정되었다. 한국시각장애인연합회 사이트는 다음과 같은 특징을 지니고 있다.

- 메뉴를 상단에, 내비게이션 메뉴를 오른쪽에 배치한 편리한 구성이다.
- 콘텐츠에 대한 점자 서비스를 제공한다.

그림 4-3 국내 웹 접근성 구현 사례(한국시각장애인연합회)

다른 나라에서도 시각 · 청각 · 지체 장애인을 비롯해 컴퓨터 사용에 익숙지 않은 사람을 위해 W3C에서 발행한 WAI[Website Accessibility Initiative] 가이드라인에 따라 모든 사용자들이 편리하게 사용할 수 있는 웹사이트를 제공하고 있다. 한 예로 영국의 Royal National Institute for the Blind(http://www.rnib.org.uk/)는 시각 장애인을 대상으로 정기적으로 웹사이트의 편리성을 테스트하고, PC와 모바일 환경 및 다양한 브라우저에서도 어려움 없이 접근할 수 있도록 지원하고 있다. 예를 들어 PC 환경에서 윈도 계열 브라우저(인터넷 익스플로러 8/9/10/11, 크롬 33, 파이어폭스 28, 오페라 20)와 OS X 계열 브라우저(크롬 33, 파이어폭스 28, 사파리 7, 오페라 20)를 지원하고, 모바일 환경에서 iOS 계열 브라우저(사파리 6/7)와 안드로이드 계열 브라우저(기본 웹 브라우저, 크롬 33)를 지원한다.

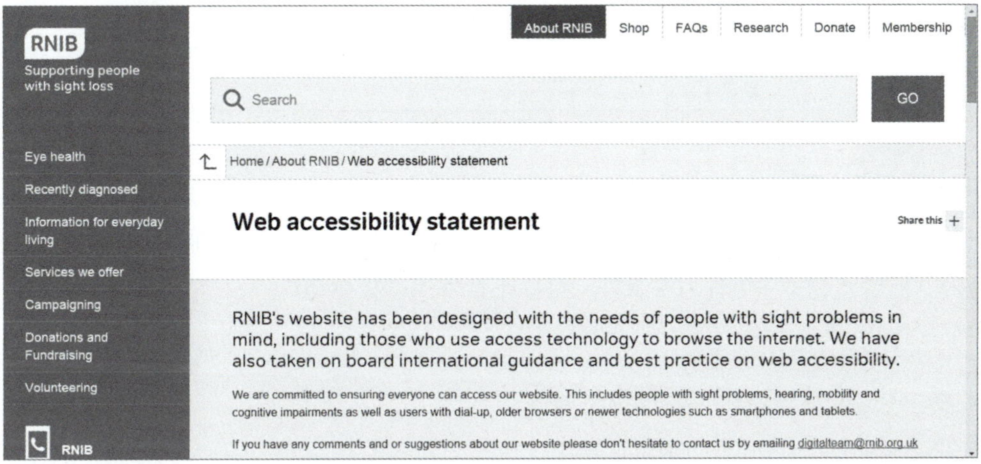

그림 4-4 **국외 웹 접근성 구현 사례**(Royal National Institute for the Blind)

4 웹 접근성 구현 요소와 다양한 효과

웹 접근성 구현 요소를 갖춰 웹사이트를 제작하면 일반적인 효과뿐만 아니라 다양한 경제적 효과를 얻을 수 있다.

4.1 웹 접근성 구현 요소

웹 접근성 구현 요소는 다음 표와 같이 사회적 요소, 기술적 요소, 경제적 요소, 법률 및 정책적 요소로 구분할 수 있다.

표 4-1 웹 접근성 구현 요소

구현 요소	설명
사회적 요소	• 장애를 가진 사람들에게 동등한 기회를 제공하는 역할 • 사회적 요소에서 고려해야 할 '사회적 장애'는 시각 · 청각 · 지체 장애와 같은 신체장애뿐 아니라 고령자, 언어 이해 능력이 떨어지는 사람, 또는 컴퓨터 사용 능력이 낮거나 열악한 인터넷 환경에 놓인 사람을 모두 포함함
기술적 요소	• 웹 서비스의 품질 향상,. 개발 및 유지 · 보수 비용 감소, 서버 부하 감소, 서비스 기기 간 상호 운용성 · 호환성 등과 같은 고급 웹 기술 준비 필요
경제적 요소	• 검색엔진에 최적화되면 트래픽을 증가시켜 재정적 이익을 얻을 수 있음 • 웹 접근성을 모바일에 함께 구현하여 개발 및 유지 · 보수에 드는 직접 비용 절약
법률 및 정책적 요소	• 정부나 다른 기관에서 요구하는 법률, 정책, 규제, 표준, 지침 등에서 설명하는 웹 접근성 요구 사항을 고려

4.2 웹 접근성 구현의 기대 효과

웹 접근성이 높아지면 웹의 이용 범위 확대, 소외 계층의 콘텐츠 이용 확대라는 효과를 얻을 수 있다. 웹 접근성 구현의 기대 효과는 다음과 같이 정리할 수 있다.

- 규정과 법적 요구 사항 준수
- 장애인, 노인 등 다양한 범위로 이용자 확대
- 새로 개발된 기기에 대한 이용 범위 확대
- 디자인 및 설계의 효율성 제고
- 유용성 확보와 비용 절감
- 홍보 효과 향상
- 균등한 기회 보장

4.3 웹 접근성 구현의 일반적인 효과

웹 접근성을 구현하여 얻을 수 있는 일반적인 효과는 다음과 같다.

- **잠재 시장 개척** : 장애 때문에 사이트를 이용하지 못하던 사용자들에게 다양한 콘텐츠를 제공하므로 잠재 시장을 개척할 수 있다.
- **기술적 이점** : 웹 접근성을 준수한 사이트는 다양한 IT 장치를 이용하면 웹 콘텐츠에 쉽게 접근할 수 있다. 또한 구조와 디자인의 분리 등과 같은 기술 고도화를 적용하면 유지 · 보수에 드는 비용과 자원을 절감할 수 있다.

- **사이트 개발 및 유지 · 보수 시간 감소** : 처음부터 웹 접근성을 반영하여 사이트를 개발하면 상당한 시간이 소요되지만, 장기적 관점에서 보면 효율적인 사이트이므로 유지 · 보수 시간을 줄일 수 있다.
- **서버 부하 감소** : 웹 접근성 지침을 고려하여 개발된 사이트는 추가 서버 구입비를 줄여줄 뿐만 아니라 콘텐츠 이용 시 다운로드 속도가 향상되고 서버 부하에 따른 부담도 줄일 수 있다.
- **상호 운용성 향상** : 웹 접근성이 높은 사이트는 다양한 장치, 브라우저, 운영체제에서 상호 호환이 가능하다.
- **고급 기술 대비** : 웹 접근성은 고급 웹 기술과 미래의 웹 기술을 대비할 수 있도록 도와준다. 스타일시트에서 적절한 마크업 구조를 사용하여 웹 콘텐츠를 정의할 수 있고, 최신 표준을 사용하여 콘텐츠를 재사용하거나 타 사이트와 공유하는 호환성을 제공할 수 있다.
- **비용 절감 효과** : 웹 접근성을 갖추면 사이트 이용이 증가하여 장기적으로는 투자 비용을 줄이는 효과가 있다. 또한 효율적인 사이트 운영이 가능하므로 직접적인 비용 절감 효과도 얻을 수 있다.
- **검색엔진에 최적화** : 웹 접근성을 갖춘 사이트는 검색엔진이 색인을 하는 데 많은 도움을 주므로 홍보를 위한 지출과 노력을 줄일 수 있다. 사이트 이용자가 많아지면 비즈니스에 큰 도움이 될 것이다.
- **접근성 증가** : 장애인과 노인을 위해 웹 접근성을 갖춰 구축한 사이트의 장점 중 하나는 이용자가 증가하면서 직간접적인 금융 이익을 얻는다는 것이다. 웹 접근성이 잘 구현된 사이트는 사람들이 쉽게 접근할 수 있어 그만큼 사용자 수도 증가하기 때문이다. 전 세계적으로 노령 인구가 증가하는 추세이므로 노년층을 위한 웹 접근성 콘텐츠 서비스의 비율을 높인다면 새로운 웹 사용자를 빠르게 흡수할 수 있다.

TIP **비즈니스 측면에서 바라본 웹 접근성** : 웹 접근성을 준수하여 빠른 페이지 로딩 속도, 편리한 UI 화면 디자인 등을 제공하면 장애인, 초보자, 노년층 등 누구나 쉽게 이용할 수 있는 웹사이트가 된다. 비즈니스 측면에서 보면 노년층과 장애인을 비롯한 많은 사람들이 웹사이트를 이용하므로 매출을 올릴 수 있다. 사교육 기관이라면 수강생을 더 많이 모을 수 있고, 비영리 단체라면 효율적인 홍보 효과를 거둘 수 있을 것이다.

02 PC 기반의 웹 접근성 구현

사례 | 저시력자에 대한 배려가 필요한 쇼핑몰 사이트

시력이 아주 낮은 K 씨는 웹 접근성이 떨어지는 쇼핑몰 사이트에 대한 불만을 호소했다. 일반 사용자에게는 전혀 문제가 되지 않는 사이트이지만 K 씨와 같은 저시력자에게는 많은 불편을 주는 환경이기 때문이다. 저시력자를 배려하지 않은 디자인과 카테고리 탭, 색상과 굵기 등으로 K 씨는 콘텐츠를 명확하게 구분하기가 어려웠다. 그 쇼핑몰 사이트는 고대비 모드의 경우에도 굵기와 색상의 차이가 없어서 개선 권고를 받게 되었다.

1 PC 기반의 웹 접근성 구현이란?

PC 환경에서 웹 접근성을 충족하려면 장애인과 고령자를 비롯한 모든 사람들이 PC로 웹에 접근할 때 적절한 텍스트 크기, 콘텐츠 인식, 반복 영역 건너뛰기 등의 옵션 기능을 제공해야 한다. 예를 들어 시각 장애인이 PC에서 웹 콘텐츠에 접근할 때 스크린리더의 음성 읽기 기능으로 콘텐츠 정보를 인식할 수 있도록 해야 한다.

1.1 웹 접근성 원칙과 검사 항목

웹 접근성을 제고하기 위해 '한국형 웹 콘텐츠 접근성 지침 2.1[KWCAG 2.1]'에 근거하여 네 가지 원칙을 준수해야 한다. '한국형 웹 콘텐츠 접근성 지침 2.1'에는 네 가지 원칙을 준수하기 위한 세부 검사 항목으로 13개의 지침이 있으며, 지침과 지침 준수 여부를 한눈에 파악할 수 있도록 22개 검사 항목을 별도로 제시했다.

❶ 원칙 1 : 인식의 용이성

모든 콘텐츠는 사용자가 인식할 수 있어야 한다. 인식의 용이성[perceivable]은 사용자의 장애 유무와 관계없이 웹사이트에서 제공하는 모든 콘텐츠를 동등하게 인식할 수 있도록 제공하는 것을 의미한다. 지침은 대체 텍스트, 멀티미디어 대체 콘텐츠, 명료성으로 구성되어 있다.

표 4-2 인식의 용이성 관련 지침 및 검사 항목

지침(3개)	검사 항목(6개)
1.1(대체 텍스트) : 텍스트가 아닌 콘텐츠에는 대체 텍스트를 제공해야 한다.	1.1.1(적절한 대체 텍스트 제공) : 텍스트가 아닌 콘텐츠는 그 의미나 용도를 이해할 수 있도록 대체 텍스트를 제공해야 한다.
1.2(멀티미디어 대체 콘텐츠) : 동영상, 음성 등 멀티미디어 콘텐츠를 이해할 수 있도록 대체 콘텐츠를 제공해야 한다.	1.2.1(자막 제공) : 멀티미디어 콘텐츠에는 자막, 대본, 또는 수화를 제공해야 한다.
1.3(명료성) : 콘텐츠는 명확하게 전달되어야 한다.	1.3.1(색에 무관한 콘텐츠 인식) : 콘텐츠는 색에 관계없이 인식할 수 있어야 한다. 1.3.2(명확한 지시 사항 제공) : 지시 사항은 모양, 크기, 위치, 방향, 색, 소리 등에 관계없이 인식할 수 있어야 한다. 1.3.3(텍스트 콘텐츠의 명도 대비) : 텍스트 콘텐츠와 배경 간의 명도 대비는 4.5 대 1 이상이어야 한다. 1.3.4(배경음 사용 금지) : 배경음이 자동으로 재생되지 않아야 한다.

❷ 원칙 2 : 운용의 용이성

사용자 인터페이스의 구성 요소는 조작이 가능하고 내비게이션을 할 수 있어야 한다. 운용의 용이성operable은 사용자의 장애 유무와 관계없이 웹사이트에서 제공하는 모든 기능을 운용할 수 있도록 제공하는 것을 의미한다. 지침은 입력장치 접근성, 충분한 시간 제공, 광과민성 발작 예방, 쉬운 내비게이션으로 구성되어 있다.

표 4-3 운용의 용이성 관련 지침 및 검사 항목

지침(4개)	검사 항목(8개)
2.1(입력장치 접근성) : 콘텐츠는 다양한 입력장치로 접근할 수 있어야 한다.	2.1.1(키보드 사용 보장) : 모든 기능은 키보드만으로도 사용할 수 있어야 한다. 2.1.2(초점 이동) : 키보드에 의한 초점은 논리적으로 이동해야 하며 시각적으로 구별할 수 있어야 한다.
2.2(충분한 시간 제공) : 콘텐츠를 읽고 사용하는 데 충분한 시간을 제공해야 한다.	2.2.1(응답 시간 조절) : 시간 제한이 있는 콘텐츠는 응답 시간을 조절할 수 있어야 한다. 2.2.2(정지 기능 제공) : 자동으로 변경되는 콘텐츠는 움직임을 제어할 수 있어야 한다.
2.3(광과민성 발작 예방) : 광과민성 발작을 일으킬 수 있는 콘텐츠는 제공하지 않아야 한다.	2.3.1(깜박임과 번쩍임 사용 제한) : 초당 3~50회 주기로 깜박이거나 번쩍이는 콘텐츠는 제공하지 않는다.

지침(4개)	검사 항목(8개)
2.4(쉬운 내비게이션) : 콘텐츠는 쉽게 내비게이션을 할 수 있어야 한다.	2.4.1(반복 영역 건너뛰기) : 콘텐츠가 반복되는 영역은 건너뛸 수 있어야 한다.
	2.4.2(제목 제공) : 페이지, 프레임, 콘텐츠 블록에는 적절한 제목을 제공해야 한다.
	2.4.3(적절한 링크 텍스트) : 링크 텍스트는 용도나 목적을 이해할 수 있게 제공해야 한다.

❸ 원칙 3 : 이해의 용이성

사용자가 콘텐츠를 이해할 수 있어야 한다. 이해의 용이성understandable은 사용자의 장애 유무와 관계없이 웹사이트에서 제공하는 콘텐츠를 이해할 수 있도록 제공하는 것을 의미한다. 지침은 가독성, 예측 가능성, 콘텐츠의 논리성, 입력 도움으로 구성되어 있다.

표 4-4 이해의 용이성 관련 지침 및 검사 항목

지침(4개)	검사 항목(6개)
3.1(가독성) : 콘텐츠는 읽고 이해하기 쉬워야 한다.	3.1.1(기본 언어 표시) : 주로 사용하는 언어를 명시해야 한다.
3.2(예측 가능성) : 콘텐츠의 기능과 실행 결과는 예측 가능해야 한다.	3.2.1(사용자 요구에 따른 실행) : 사용자가 의도하지 않은 기능(새 창, 초점 변화 등)은 실행되지 않아야 한다.
3.3(콘텐츠의 논리성) : 콘텐츠의 구성은 논리적이어야 한다.	3.3.1(콘텐츠의 선형 구조) : 콘텐츠는 논리적인 순서로 제공해야 한다.
	3.3.2(표의 구성) : 표는 이해하기 쉽게 구성해야 한다.
3.4(입력 도움) : 입력 오류를 방지하거나 정정할 수 있어야 한다.	3.4.1(레이블 제공) : 입력 서식에 대응하는 레이블을 제공해야 한다.
	3.4.2(오류 정정) : 입력 오류를 정정할 수 있는 방법을 제공해야 한다.

❹ 원칙 4 : 견고성

웹 콘텐츠는 미래의 기술로도 접근할 수 있도록 견고하게 만들어야 한다. 견고성robust은 사용자가 콘텐츠를 이용할 때 기술의 영향을 받지 않아야 함을 의미한다. 지침은 문법 준수, 웹 애플리케이션 접근성으로 구성되어 있다.

표 4-5 견고성 관련 지침 및 검사 항목

지침(2개)	검사 항목(2개)
4.1(문법 준수) : 웹 콘텐츠는 마크업 언어의 문법을 준수해야 한다.	4.1.1(마크업 오류 방지) : 마크업 언어의 요소는 열고 닫음, 중첩 관계 및 속성 선언에 오류가 없어야 한다.
4.2(웹 애플리케이션 접근성) : 웹 애플리케이션은 접근성이 있어야 한다.	4.2.1(웹 애플리케이션 접근성 준수) : 콘텐츠에 포함된 웹 애플리케이션은 접근성이 있어야 한다.

여기서 잠깐 **웹 접근성 지표**

웹 접근성의 품질을 평가하기 위해 정량 평가와 정성 평가로 품질 및 오류를 검사하여 점수를 산정한다. 정량 평가와 정성 평가는 다음과 같이 실시한다.

품질 평가 방법	설명
정량 평가	• 정량 평가표의 검사 항목별 평가 점수 산정 방식에 따라 준수한 콘텐츠의 수(준수 수), 해당 항목의 콘텐츠 수(발견 수), 오류 수를 검사하여 계산 • 검사 항목당 점수를 산정하고 전체 점수는 각 검사 항목의 배점 비율에 따라 재산정하여 전체 점수를 계산
정성 평가	• 정성 평가표의 웹 접근성 대상에 해당하는 장애 유형별 평가 점수 산정 방식에 따라 과업 테스트를 진행하여 통과 여부 확인

1.2 웹 접근성 준수 지침

웹 브라우저의 종류가 다양하여 웹 접근성 표준 준수 지침도 조금씩 차이가 있을 수 있는데, 특히 과거에 개발된 브라우저 사용자의 불편을 고려하여 같은 기능이라도 호환이 가능하도록 웹 페이지를 제작해야 한다. 즉 PC에서 웹 콘텐츠를 사용할 때 작은 불편이나 어려움도 없도록 다음과 같은 기능적인 서비스를 제공해야 한다.

❶ 적절한 대체 텍스트 제공

텍스트가 아닌 콘텐츠는 그 의미나 용도를 사용자가 이해할 수 있도록 대체 텍스트를 제공해야 한다. 시각 장애인의 경우 PC 기반의 웹 콘텐츠 정보를 스크린리더의 음성 읽기 기능으로 제공받을 수 있다. 대체 텍스트를 함께 제공하지 않으면 시각 장애인은 잘못된 정보를 얻거나 정보를 전혀 얻지 못할 것이다.

❷ 자막 제공

멀티미디어 콘텐츠는 자막, 원고, 또는 수화를 함께 제공해야 한다. 소리를 듣지 못하는 청각 장애인의 경우 동영상이나 음성으로 제공하는 콘텐츠를 인지하기 어려우므로 동등한 정보를 자막, 원고, 또는 수화와 함께 제공해야 한다. 이러한 서비스는 소리를 들을 수 없는 환경이거나 콘텐츠의 언어가 모국어가 아닌 사용자에게도 도움을 줄 수 있으며, 자막과 원고는 동영상을 검색하는 데에도 도움을 준다.

❸ 색에 무관한 콘텐츠 사용

색에 관계없이 콘텐츠를 인식할 수 있어야 한다. 특정한 색을 구분할 수 없는 사용자나 흑백 디스플레이 사용자가 색을 배제해도 콘텐츠를 인식할 수 있도록 제공해야 한다.

❹ 명확한 지시 사항 제공

지시 사항은 모양, 크기, 위치, 방향, 색, 소리 등에 관계없이 인식할 수 있는 형태의 콘텐츠로 제공해야 한다. 지시 사항을 시각이나 청각 등 특정한 감각에 의존하는 형태로 제공하는 경우, 그 감각에 장애가 있다면 콘텐츠를 인식할 수 없다. 그러므로 다른 감각을 통해서도 인식할 수 있도록 지시 사항을 제공해야 한다.

❺ 충분한 명도 대비 제공

텍스트 콘텐츠와 배경 간의 명도 대비는 4.5 대 1 이상이어야 한다. 저시력자, 색각 이상자, 고령자 등이 핵심 콘텐츠를 인식할 수 있도록 텍스트 콘텐츠와 배경 간의 명도 대비가 명확해야 한다.

❻ 배경음 사용 금지

청각에 의존하는 사용자를 위해 자동으로 재생되는 배경음은 사용하지 않는다. 스크린리더 사용자는 원치 않는 배경음이 재생되면 콘텐츠를 인식하는 데 방해를 받을 수 있다.

❼ 키보드 사용 보장

키보드만으로도 모든 기능을 이용할 수 있어야 한다. 마우스와 같이 특정 조작을 요구하는 입력장치로만 콘텐츠에 접근이 가능할 경우, 손이 불편하거나 자유롭지 않은 사용자는 콘텐츠에 접근할 수 없을 것이다.

❽ 논리적인 초점 이동

키보드에 의한 초점 이동은 논리적이어야 하고 그 흐름을 시각적으로도 구별할 수 있어야 한다. 초점이 시각적으로 보이지 않으면 콘텐츠를 파악할 수 없어 콘텐츠에 제대로 접근할 수도 없다.

❾ 응답 시간 조절

시간제한이 있는 콘텐츠는 응답 시간을 조절할 수 있어야 한다. 스크린리더를 사용하거나 인지 능력이 떨어지는 사용자의 경우, 시간제한이 있는 콘텐츠를 이용할 때 제약을 받을 수 있다.

⑩ 정지 기능 제공

자동으로 변경되거나 움직이는 콘텐츠는 사용자가 제어할 수 있어야 한다. 저시력자나 지적 장애인 등은 비장애인보다 문서를 읽고 이해하는 데 더 많은 시간이 필요하다. 이들은 자동으로 변경되는 콘텐츠를 인지하는 데 어려움을 느낄 수 있으므로 스스로 움직임을 제어할 수 있는 수단을 제공해야 한다.

그림 4-5 **자동으로 변경되는 콘텐츠에 실행(▶)과 정지(II) 기능을 제공한 사례**

⑪ 깜박임과 번쩍임 사용 제한

초당 3~50회 주기로 깜박이거나 번쩍이는 콘텐츠는 제공하지 말아야 한다. 사용자에 따라서 과도하게 깜박이거나 번쩍이는 콘텐츠에 광과민성 발작을 일으킬 수 있기 때문이다.

TIP **광과민성 발작** : 오랜 시간 불규칙적으로 깜박거리는 빛에 자극받거나 자극성이 강한 화면에 지나치게 몰입하여 생기는 발작 현상을 말한다. 대표적인 사례는 닌텐도 증후군으로, 일본 닌텐도사의 프로그램으로 전자오락을 하다 발작을 일으킨 경우가 많았다.

⑫ 반복 영역 건너뛰기 제공

콘텐츠가 반복되는 영역은 건너뛸 수 있어야 한다. 스크린리더는 본문 콘텐츠에 선형적으로 접근하므로 사용자는 페이지마다 공통적으로 반복되는 영역을 반복해서 듣는 불편을 겪게 된다. 또한 본문 영역에 스크롤이 필요한 경우 지체 장애인 등에게 불편을 줄 수 있다.

⑬ 제목 제공

페이지, 프레임, 콘텐츠 블록에는 적절한 제목을 제공해야 한다. 사용자는 적절한 제목을 통해 내용을 유추할 수 있다.

⑭ 적절한 링크 텍스트 제공

링크 텍스트는 용도나 목적을 이해할 수 있도록 제공해야 한다. '여기를 클릭하세요', '여기'와 같이 목적이 불분명한 텍스트를 사용하면 시각 장애인이나 인지 장애인은 물론이고 비장애인도 링크 텍스트의 용도나 목적을 예측할 수 없다. 링크를 클릭하면 어떤 반응이 나올지, 어느 페이지로 이동할지 예측할 수 있는 링크 텍스트를 제공해야 한다.

⑮ 기본 언어 표시

콘텐츠에서 주로 사용하는 언어를 명시해야 한다. 기본 언어를 명시하면 스크린리더가 이 언어를 인식하여 자동으로 음성을 변환하거나, 해당 언어에 적합한 발음을 제공할 수 있다.

⑯ 사용자 요구에 따른 실행

사용자가 의도하지 않은 기능은 실행되지 않아야 한다. 예를 들어 시각 · 지적 · 지체 장애가 있는 사람들은 갑자기 새 창이 뜨면 초점 및 문맥의 변화가 발생하여 콘텐츠를 인지하는 데 어려움을 느낀다. 사용자에게 알리지 않고 새 창이 뜨거나 창을 변경하는 것과 같이 현재의 작동을 방해할 수 있는 불필요한 기능이 실행되지 않도록 해야 한다.

⑰ 논리적인 순서로 콘텐츠 제공

논리적인 순서로 콘텐츠를 제공해야 한다. 보통 스크린리더와 같은 보조 기기는 전체 콘텐츠를 소스코드 순서로 풀어서 사용자에게 제공한다. 이때 논리적인 순서가 바뀌어 흐트러지면 보조 기기 사용자는 해당 콘텐츠를 달리 이해하게 된다.

⑱ 이해하기 쉬운 표 구성

표는 이해하기 쉽게 구성해야 한다. 복잡한 데이터를 표로 제공할 때는 시각 장애인 등도 콘텐츠에 접근할 수 있도록 표의 이해를 돕는 내용 및 구조에 대한 정보를 함께 제공해야 한다.

⑲ 레이블 제공

입력 서식에 대응하는 레이블을 제공해야 한다. 장애인에게는 서식에 자료를 입력하는 것이

그냥 주어진 내용을 읽는 것보다 훨씬 어렵고 많은 시간이 필요하다. 따라서 레이블을 제공하여 정확한 입력 값을 유도하고, 서식을 올바르게 작성할 수 있도록 해야 한다.

⑳ 오류 정정

입력 오류를 정정할 수 있는 방법을 제공해야 한다. 입력에 오류가 발생했는데도 안내해주지 않으면 보조 기기 사용자는 어떤 오류인지 파악하기 어렵다. 오류가 발생하면 그 내용을 알 수 있게 하고 관련 설명도 함께 제공해야 한다.

㉑ 마크업 오류 방지

마크업 언어의 요소는 열고 닫음, 중첩 관계 및 속성 선언에 오류가 없어야 한다. 콘텐츠의 소스코드에 오류가 있으면 브라우저마다 오류 처리 방식이 달라서 사용자에게 전달되는 콘텐츠에도 차이가 생길 수 있다.

㉒ 웹 애플리케이션 접근성 준수

콘텐츠에 포함된 웹 애플리케이션에 대한 접근성이 있어야 한다. 웹 애플리케이션을 지원하는 환경에서는 자체 접근성을 준수해야 하는데, 만약 웹 애플리케이션을 지원하지 않는다면 대체 콘텐츠를 제공해야 한다.

03 모바일 기반의 웹 접근성 구현

사례 | 시각 장애인을 위한 모바일 금융 서비스의 문제 해결

시각 장애인이나 지적 장애인 등이 모바일 금융 서비스를 이용하려면 모바일 기기의 모바일 스크린리더에서 제공하는 음성 읽기 기능인 보이스오버(VoiceOver)를 실행한다. 그런데 '공인인증서 로그인', '비밀번호 입력창', '로그인' 등에 초점이 가지 않아 애플리케이션 이용이 불가능한 실정이었다. 특히 비밀번호 입력이 불가능하여 로그인을 할 수 없기 때문에 서비스 이용 자체가 불가능했다. 이에 초점에 관한 시정 명령을 권고받아 모든 버튼 및 정보에 초점이 적용되는 서비스를 제공하게 되었다.

1 모바일 기반의 웹 접근성 구현이란?

모바일 기반의 웹 접근성이란 장애인, 고령자 등이 일반 사용자와 동등하게 스마트폰이나 태블릿 PC와 같은 휴대용 모바일 기기의 애플리케이션으로 웹에 접근할 수 있도록 보장하는 것을 말한다. 모바일 웹 애플리케이션 접근성이라고도 일컫는 모바일 기반의 웹 접근성은 다음과 같이 모바일 애플리케이션 개발에 필요한 7개 필수 사항과 8개 권고 사항으로 이뤄져 있다(출처 : 모바일 애플리케이션 접근성 지침, 한국웹접근성평가센터).

1.1 웹 접근성 준수 지침 – 필수 사항

급변하는 시대에 스마트폰과 같은 모바일 기기를 통한 지식 정보 이용이 급증하고 있지만, 시각 장애인을 비롯한 정보 취약 계층의 모바일 정보 접근은 어려운 것이 현실이다. 이에 '장애인, 고령자 등이 비장애인과 동등하게 모바일 기기를 사용하여 애플리케이션을 이용할 수 있도록 보장하는 것'이 모바일 웹 애플리케이션 접근성의 의미이다. 모바일 웹 애플리케이션 접근성은 미래창조과학부가 내놓은 7개 필수 사항을 준수하여 제공해야 한다.

❶ 대체 텍스트 제공

화면 낭독 기능이나 프로그램으로 콘텐츠의 정보와 의미를 동등하게 인식할 수 있도록 대체 텍스트를 제공해야 한다. iOS에서는 인터페이스빌더Interface Builder나 UI accessibility API를 사용하여 Label 속성의 대체 텍스트를 제공할 수 있고, 안드로이드에서는 XML을 활용하거나 자바 코드 등을 사용하여 제공할 수 있다.

❷ 초점 제공

스크린리더는 초점이 적용된 선택된 객체만 읽어줄 수 있으므로 중요하고 의미 있는 모든 객체에는 초점을 제공해야 하고 그 이동 순서가 순차적이어야 한다. iOS의 경우 accessibility 속성을, 안드로이드의 경우 focusable 속성을 활성화하면 초점을 제공할 수 있다.

❸ 운영체제에서 제공하는 접근성 기능 지원

모바일 보조 기기와의 호환을 위해 모바일 운영체제가 제공하는 접근성 기능과 속성을 활용해야 한다. 예를 들어 iOS에서 제공하는 UI accessibility 속성은 Label, Traits, Hint, Frame, Value이다.

❹ 누르기 동작 지원

모든 컨트롤은 누르기 동작으로 제어할 수 있도록 구현해야 한다. 다중 누르기, 슬라이드, 끌기와 놓기 등의 복잡한 누르기 동작을 단순한 누르기 동작으로 대체할 수 있는 방법을 제공해야 한다.

❺ 색에 무관한 인식

색각 이상자가 색상을 보지 못하더라도 일반 사용자와 동등하게 정보에 접근할 수 있도록 무늬나 패턴 등을 함께 제공해야 한다.

❻ 명도 대비

저시력자나 고령자 등을 위해 화면에 표시되는 모든 정보는 전경과 배경이 구분되도록 고대비로 제공해야 한다.

TIP **고대비** : 개체가 잘 보이게 가독성을 높여 저시력자도 쉽게 볼 수 있도록 하는 기능을 말한다.

❼ 자막 제공

청각 장애인의 정보 이용을 위해 음성 콘텐츠에는 동일한 내용의 자막, 원고, 또는 수화를 제공해야 한다. 유의미한 음성 정보 없이 영상 정보만 제공하거나 화면 내의 자막으로만 정보를 제공하는 경우에는 별도의 텍스트나 음성을 제공해야 한다.

1.2 웹 접근성 준수 지침 – 권고 사항

모바일 웹 애플리케이션 접근성은 미래창조과학부가 내놓은 8개 권고 사항을 준수하여 제공해야 한다.

❶ 기본 사용자 인터페이스 컴포넌트 이용

모바일 운영체제에서 제공하는 기본 사용자 인터페이스 컴포넌트native UI component를 최대한 이용하는 것이 중요하다.

TIP **기본 사용자 인터페이스 컴포넌트** : 운영체제에서 제공하는 표준 도구인 대화상자, 버튼, 체크박스, 타이틀 바 등을 말한다. 모바일 웹 애플리케이션 접근성 콘텐츠를 개발할 때 운영체제에서 제공하는 기본 사용자 인터페이스 컴포넌트를 잘 활용하면 보조 기기와의 호환성을 제공하기가 쉽다.

❷ 컨트롤 간 충분한 간격 제공

사용자가 의도하지 않은 컨트롤을 누르지 않도록 컨트롤 사이의 간격을 충분히 두어 배치해야 한다.

❸ 다양한 알림 기능 제공

알림이 필요한 경우에는 진동, 시각, 소리 등 최대한 다양한 방법을 제공하여 사용자가 자유롭게 선택할 수 있게 해야 한다.

❹ 범용 폰트 이용

사용자의 선호에 따라 폰트 크기를 조절할 수 있는 기능을 제공하거나 운영체제에서 제공하는 폰트 관련 기능을 이용할 수 있는 방법을 제공해야 한다.

❺ 일관된 사용자 인터페이스 제공

사용자가 인터페이스 요소를 다시 습득하지 않아도 되도록 일관성 있게 배치해야 한다.

❻ 깜박거림의 사용 제한

광과민성 발작을 일으킬 수 있는 콘텐츠는 제공하지 않는다.

❼ 배경음 사용 금지

소리에 의존하는 시각 장애인이 불편을 겪지 않도록 자동으로 재생되는 배경음을 사용하지 않는 것이 좋다.

❽ 사용자 평가 수행

애플리케이션을 개발할 때 다양한 모바일 기기에서 이용이 가능한지 점검해야 하며, 장애인을 대상으로 사용자 평가를 수행하는 것이 바람직하다.

04 웹 접근성 차별

사례 | 시각 장애인에 대한 웹 접근성 차별에 따른 손해배상 청구

시각 장애인 10명은 웹사이트의 이용에 차별을 받았다며 서울도시철도공사, 대한항공, 한전병원, 서울장애인종합복지관을 상대로 손해배상을 청구했다. 해당 업체의 웹사이트에서 시각 장애인용 프로그램을 구동하면 이미지의 의미를 이해할 수 있는 대체 텍스트를 제공하지 않고, 키보드만으로는 이용하기 어려운 콘텐츠를 제공하며, 동영상 재생기는 정지 기능을 지원하지 않는 등 웹 접근성 지침을 준수하지 않았다는 것이 손해배상을 청구한 이유이다.

1 웹 접근성 차별이란?

웹 접근성 차별은 모든 생활 영역에서 장애를 이유로 웹사이트의 접근이 힘들거나 아예 웹사이트를 이용하지 못하는 차별을 말한다. 이러한 차별을 방지하고, 차별받은 사람의 권익을 효과적으로 구제하기 위해 웹 접근성을 고려해야 한다. 예를 들어 정부 및 각 기관에서 소수의 장애인을 배려하지 않은 웹 서비스를 제공한다면 그들은 사회 참여를 보장받지 못할 수도 있기 때문이다.

웹 접근성 차별을 방지하여 소수 장애인의 인권과 사회 참여를 보장함과 동시에 장애인의 권리 구제 및 장애인에 대한 웹 접근성을 단계적으로 준수해야 한다. 법 제도적인 측면에서는 '한국형 웹 콘텐츠 접근성 지침 2.1[KWCAG 2.1]'을 통해 차별 행위에 대한 웹 접근성을 의무화하고 있다.

여기서 잠깐 **웹 접근성 미준수에 대한 판례**

시각 장애인들이 서울도시철도공사, 대한항공, 한전병원, 서울장애인종합복지관을 상대로 웹 접근성을 준수하지 않아 웹사이트를 이용할 수 없는 부분에 대해 손해배상 청구 소송을 제기했다. 재판부는 「장애인 차별 금지법」 제21조에 의해 2013년부터 웹 접근성 표준 지침인 '한국형 웹 콘텐츠 접근성 지침 2.1'에서 의무로 정한 웹 접근성 미준수에 대해 법적 책임을 물었다.

1.1 웹 접근성에서 고려할 장애 유형

웹 접근성에서 고려해야 할 장애 유형을 간략히 살펴보자.

- **시각 장애** : 실명, 색각 이상, 저시력 등
- **청각 장애** : 청각 장애 등
- **이동성 장애** : 근육 회복 속도 저하, 근육 제어 손상 등
- **인지 장애** : 난독증, 지적 장애, 발달 장애, 학습 장애 등
- **발작 장애** : 깜박임이나 시각적 효과로 발생하는 간질성 발작 등

1.2 웹 접근성 보장 방법

웹 접근성 보장이란 앞에서 언급한 여러 가지 장애 형태에 상관없이 웹에 접근하여 콘텐츠를 인식 및 이해할 수 있도록 조치하는 것을 의미한다. 웹 접근성을 인증하는 WA[Web Accessibility] 인증 마크는 장애인이나 고령자와 같은 정보 접근 취약 계층이 웹사이트를 이용할 때 불편함이 없도록 웹 접근성 표준 지침을 준수한 우수 사이트에 부여한다. 이는 웹사이트의 웹 접근성 수준을 인정한다는 의미로 국가가 공인한 웹 접근성 품질 인증 마크이다.

그림 4-6 웹 접근성 인증 마크

웹 접근성 원칙에 따라 국가 표준인 '한국형 웹 콘텐츠 접근성 지침 2.1[KWCAG 2.1]'의 22개 항목 준수 여부(웹 접근성 품질 인증 심사 가이드의 심사 기준)에 의거한 전문가 심사와 장애 유형별 사용자가 주어진 과업을 수행할 수 있는지를 평가하는 사용자 심사에서 각 준수 기준을 동시에 만족하는 경우 WA 인증 마크를 부여한다.

표 4-6 웹 접근성 인증 항목(22개 검사 항목)

원칙	인식의 용이성 : 모든 콘텐츠는 사용자가 인식할 수 있어야 한다.
인식의 용이성	1. (적절한 대체 텍스트 제공) 텍스트가 아닌 콘텐츠는 그 의미나 용도를 이해할 수 있도록 대체 텍스트를 제공해야 한다. 2. (자막 제공) 멀티미디어 콘텐츠에는 자막, 원고, 또는 수화를 제공해야 한다. 3. (색에 무관한 콘텐츠 인식) 콘텐츠는 색에 관계없이 인식할 수 있어야 한다. 4. (명확한 지시 사항 제공) 지시 사항은 모양, 크기, 위치, 방향, 색, 소리 등에 관계없이 인식될 수 있어야 한다. 5. (텍스트 콘텐츠의 명도 대비) 텍스트 콘텐츠와 배경 간의 명도 대비는 4.5 대 1 이상이어야 한다. 6. (배경음 사용 금지) 자동으로 배경음이 재생되지 않아야 한다.

원칙	운용의 용이성 : 사용자 인터페이스 구성 요소는 조작 가능하고 내비게이션을 할 수 있어야 한다.
운용의 용이성	7. (키보드 사용 보장) 모든 기능은 키보드만으로도 사용할 수 있어야 한다. 8. (초점 이동) 키보드에 의한 초점은 논리적으로 이동해야 하며 시각적으로 구별할 수 있어야 한다. 9. (응답 시간 조절) 시간제한이 있는 콘텐츠는 응답 시간을 조절할 수 있어야 한다. 10. (정지 기능 제공) 자동으로 변경되는 콘텐츠는 움직임을 제어할 수 있어야 한다. 11. (깜박임과 번쩍임 사용 제한) 초당 3~50회 주기로 깜박이거나 번쩍이는 콘텐츠는 제공하지 않아야 한다. 12. (반복 영역 건너뛰기) 콘텐츠의 반복되는 영역은 건너뛸 수 있어야 한다. 13. (제목 제공) 페이지, 프레임, 콘텐츠 블록에는 적절한 제목을 제공해야 한다. 14. (적절한 링크 텍스트) 링크 텍스트는 용도나 목적을 이해할 수 있도록 제공해야 한다.
원칙	이해의 용이성 : 콘텐츠는 이해할 수 있어야 한다.
이해의 용이성	15. (기본 언어 표시) 주로 사용하는 언어를 명시해야 한다. 16. (사용자 요구에 따른 실행) 사용자가 의도하지 않은 기능(새 창, 초점 변화 등)은 실행되지 않아야 한다. 17. (콘텐츠의 선형화) 콘텐츠는 논리적인 순서로 제공해야 한다. 18. (표의 구성) 표는 이해하기 쉽게 구성해야 한다. 19. (레이블 제공) 사용자 입력에 대응하는 레이블을 제공해야 한다. 20. (오류 정정) 입력 오류를 정정할 수 있는 방법을 제공해야 한다.
원칙	견고성 : 웹 콘텐츠는 미래의 기술로도 접근할 수 있도록 견고하게 만들어야 한다.
견고성	21. (마크업 오류 방지) 마크업 언어의 요소는 열고 닫음, 중첩 관계 및 속성 선언에 오류가 없어야 한다. 22. (웹 애플리케이션 접근성 준수) 콘텐츠에 포함된 웹 애플리케이션은 접근성이 있어야 한다.

2 웹 접근성 차별의 유형

웹 접근성 차별은 다음과 같은 유형으로 구분할 수 있다.

- **직접 차별** : 정당한 이유 없이 제한 · 배제 · 분리 · 거부하여 불리하게 대우하는 경우
- **간접 차별** : 형식상으로 공정한 기준을 적용하더라도 장애를 고려하지 않은 기준으로 장애인에게 불리한 결과가 발생하는 경우
- **거부에 의한 차별** : 장애인이 비장애인과 동등한 편의를 얻을 수 있는 편의 시설 및 서비스 제공을 거부한 경우
- **광고에 의한 차별** : 광고의 내용이 장애인에 대한 제한 · 배제 · 분리 · 거부 · 불리한 대우를 나타내는 경우

3 장애인과 노년층에 대한 웹 접근성 차별

접근성이 높은 웹 콘텐츠란 시각 장애, 약시, 청각 장애, 지체 장애, 학습 장애, 인지 장애, 뇌병변, 광과민성 장애, 또는 일부 중복 장애에도 불구하고 웹 콘텐츠에 대한 접근이 가능한 것을 말한다.

3.1 장애의 유형

웹 접근성이 필요한 장애의 유형을 좀 더 자세히 살펴보자. 장애는 다음과 같이 신체적 장애와 내부 기관 장애로 나눌 수 있다.

❶ 신체적 장애

- **절단 · 관절 · 지체 · 변형 등의 장애** : 팔, 다리 또는 몸의 일부 기능에 영구적인 장애가 있는 사람/손가락의 관절 이상 부위를 잃은 사람/발등 뼈와 발목을 이어주는 관절 부분 이상의 부위를 잃은 사람/두 발의 발가락을 모두 잃은 사람/엄지 및 손가락 2개 이상의 기능을 잃은 사람/왜소증 등으로 키가 심하게 작거나 척추에 변형 및 기형이 있는 사람
- **뇌병변 장애** : 뇌성마비, 외상성 뇌 손상, 뇌졸중 등 뇌와 관련된 질병으로 발생한 신체적 장애로 보행이나 일상생활의 동작에 상당한 제약을 받는 사람
- **시각 장애** : 나쁜 눈의 시력이 만국식 시력표 기준으로 0.02 이하인 사람/좋은 눈의 시력이 만국식 시력표 기준으로 0.2 이하인 사람/두 눈의 시야가 주시점으로부터 10도 이하인 사람
- **청각 장애** : 각 귀의 청력 손실이 60dB(데시벨) 이상인 사람/두 귀 중 한 귀의 청력 손실이 80dB 이상, 다른 귀의 청력 손실이 40dB 이상인 사람/두 귀에 들리는 일반적인 말소리의 명료도가 50% 이하인 사람/평형 기능에 상당한 장애를 지닌 사람
- **언어 장애** : 음성이나 언어 기능에 상당한 장애를 영구적으로 지닌 사람
- **안면 장애** : 안면 부위의 변형이나 기형으로 사회생활에 상당한 제약을 받는 사람

❷ 내부 기관 장애

- **신장 장애** : 신장 기능의 영구적인 장애로 일상생활에 상당한 제약을 받거나 신장의 기능 부전으로 혈액 투석이나 복막 투석을 지속적으로 받아야 하는 사람
- **심장 장애** : 심장의 기능 부전에 따른 호흡 곤란 등의 장애로 일상생활에 상당한 제약을 받는 사람

- **간 장애** : 간의 만성적 기능 부전과 합병증에 따른 간 기능의 장애로 일상생활에 상당한 제약을 받는 사람
- **호흡기 장애** : 폐나 기관지 등 호흡기관의 만성적 기능 부전에 따른 호흡 기능의 장애로 일상생활에 상당한 제약을 받는 사람
- **장루 · 요루 장애** : 배변 또는 배뇨 기능의 장애로 장루 또는 요루를 시술하여 일상생활에 상당한 제약을 받는 사람
- **간질 장애** : 간질에 의한 뇌 신경세포 장애로 일상생활 및 사회생활에 상당한 제약을 받고 다른 사람의 도움이 필요한 사람
- **정신적 장애** : 지능 지수와 사회 성숙 지수가 70 이하인 사람/정신 발육이 항구적으로 지체되어 지적 능력이 발달되지 않았거나 불완전한 사람
- **지적 장애** : 소아기 자폐증, 비전형적 자폐증에 따른 언어, 신체 표현, 자기 조절, 사회 적응 기능 및 능력의 장애로 일상생활이나 사회생활에 상당한 제약을 받고 다른 사람의 도움이 필요한 사람
- **정신 장애** : 지속적인 조현병, 분열형 정동 장애, 양극성 정동 장애 및 반복성 우울 장애에 따른 감정 조절, 행동, 사고 기능 및 능력의 장애로 일상생활이나 사회생활에 상당한 제약을 받고 다른 사람의 도움이 필요한 사람

3.2 장애 유형별 웹 접근성

장애 유형별로 제공해야 할 웹 접근성의 기능은 다음과 같다.

- **시각 장애인(전맹)** : 이미지 대체 텍스트, 키보드 접근성
- **시각 장애인(약시)** : 글자에 대한 음성 제공, 글자 확대, 고대비
- **청각 장애인** : 동영상과 음성 콘텐츠에 대한 자막과 수화
- **지체 장애인 상지** : 키보드 접근성
- **인지 장애인** : 쉬운 용어, 글자에 대한 음성 제공

3.3 노년층에 대한 웹 접근성 차별

고령화 사회인 오늘날 노년층의 웹사이트 이용이 증가하는 추세이다. 노년층이 경제적 · 정치적으로 매우 중요한 집단으로 부상하고 있는 만큼 노년층을 고려한 웹 접근성 또한 중요하다.

노년층의 웹 접근성을 구현하기 위해서는 먼저 노년층의 신체적 특성을 알아야 한다.

- **시각 기능 감소** : 나이가 들면 명도 · 색상 인식 능력, 근접 시력 등이 저하되므로 웹 페이지를 읽기가 힘들다.
- **신체 기능 감소** : 손 움직임, 미세 운동력 감소 및 손 떨림 등으로 웹 페이지의 메뉴 구성이나 버튼, 아이콘이 작으면 조작하거나 선택하기가 힘들다.
- **청각 기능 감소** : 청각과 소리를 구분하는 감각의 저하로 웹 페이지의 포스트캐스트, 오디오, 배경음을 듣기가 힘들다.
- **인지 기능 감소** : 기억력 감퇴, 집중력 저하 등으로 웹 페이지에서 수행해야 하는 복사, 인쇄, 검색 등의 목적을 완료하기가 힘들다.

4 웹 접근성 차별 해결 방안

4.1 신체 운동

❶ 문제

- 지체 장애를 가진 사람이 입력 제어 장치를 사용하기 힘든 경우
- 노화에 따른 신체 운동 기능의 저하로 장치를 사용할 수 없는 경우
- 키보드나 마우스 등의 장치가 없거나 사용할 수 없는 경우

❷ 해결 방안

- 키보드 초점의 시각적 구별 및 논리적 순서 이동 기능 제공(키보드 운용의 용이성)
- 충분한 선택 영역 제공(마우스 운용의 용이성)
- 음성 인식, 화상 키보드 등 대체 입력장치 제공

4.2 청각

❶ 문제

- 난청이거나 청력이 전혀 없는 경우
- 노화로 인해 청력이 저하된 경우
- 스피커 등의 장치가 없거나 사용할 수 없는 경우

❷ 해결 방안

- 자막이나 음량 조절 기능 제공
- 청각 정보를 시각 정보로 대체하여 제공

4.3 시각

❶ 문제

- 색을 구분할 수 없는 색맹이거나 시력이 전혀 없는 경우
- 저시력자 또는 노화로 인해 시력이 저하된 경우
- 프로젝터, 프린터, 모니터 등의 장치에 이상이 있는 경우

❷ 해결 방안

- 정보 및 콘텐츠를 음성 변환이 가능한 형태로 제공
- 텍스트를 크게 하여 제공하거나 텍스트 조절 기능을 함께 제공
- 명암이나 패턴만으로도 구별할 수 있는 콘텐츠 제공
- 낮은 해상도에서도 정보의 손실이 없는 콘텐츠 제공

4.4 인지

❶ 문제

- 콘텐츠를 처음 사용하거나 자주 사용하지 않는 경우
- 콘텐츠 습득력이 떨어져서 사용 능력이 저하된 경우
- 지능이 낮아 언어 및 사용 능력이 부족한 경우
- 언어 이해 능력이나 고급 어휘의 글을 판독하는 능력이 부족한 경우

❷ 해결 방안

- 콘텐츠 활용에 대한 충분한 안내 및 설명을 글과 음성으로 제공
- 그래프에 대한 해석 및 설명 제공
- 콘텐츠를 다양한 언어로 번역하여 제공

5 웹 접근성 차별 관련 법률

2008년 4월 11일부터 「장애인 차별 금지법」이 시행되어 전자 정보 및 비전자 정보의 접근성 준수가 의무화되었고, 2013년 4월 1일 이후 모든 공공 기관과 법인의 웹사이트는 웹 접근성

을 준수하도록 정해졌다. 이렇게 법으로 웹 접근성 준수를 의무화했는데도 장애인이 차별을 받거나 의무 이행이 되지 않는 경우에는 「장애인 차별 금지법」에 따라 권리 구제를 신청할 수 있다.

- **「국가 정보화 기본법」**

  제32조(장애인 · 고령자 등의 정보 접근 및 이용 보장)

  ① 국가 기관 등은 인터넷을 통하여 정보나 서비스를 제공할 때 장애인 · 고령자 등이 쉽게 웹사이트를 이용할 수 있도록 접근성을 보장하여야 한다.

- **「장애인 차별 금지법」**

  제21조(정보통신 · 의사소통 등에서의 정당한 편의 제공 의무)

  ① (전략) 당해 행위자 등이 생산 · 배포하는 전자 정보 및 비전자 정보에 대하여 장애인이 장애인 아닌 사람과 동등하게 접근 · 이용할 수 있도록 수화, 문자 등 필요한 수단을 제공하여야 한다.

  시행령 제14조(정보통신 · 의사소통에서의 정당한 편의 제공의 단계적 범위 및 편의의 내용)

  ② 법 제21조 제1항에 따라 제공하여야 하는 필요한 수단의 구체적인 내용은 다음 각 호와 같다.

  1. 누구든지 신체적 · 기술적 여건과 관계없이 웹사이트를 통하여 원하는 서비스를 이용할 수 있도록 접근성이 보장되는 웹사이트
  2. 수화 통역사, 음성 통역사, 점자 자료, 점자 정보 단말기, 큰 활자로 확대된 문서, 확대경, 녹음테이프, 표준 텍스트 파일, 개인형 보청 기기, 자막, 수화 통역, 인쇄물 음성 변환 출력기, 장애인용 복사기, 화상 전화기, 통신 중계용 전화기 또는 이에 상응하는 수단

  제49조(차별 행위)

  ① (전략) 차별 행위를 행하고 그 행위가 악의적인 것으로 인정되는 경우 법원은 차별을 한 자에 대하여 3년 이하의 징역 또는 3천만 원 이하의 벌금에 처할 수 있다.

  제50조(과태료)

  ① (전략) 시정 명령을 정당한 사유 없이 이행하지 아니한 자는 3천만 원 이하의 과태료에 처한다.

다음 표는 각 기관에서 누구든지 신체적 · 기술적 조건과 관계없이 웹사이트를 통해 원하는 서비스를 이용할 수 있도록 점차 확대된 웹 접근성 준수 의무를 정리한 것이다.

표 4-7 연도별 웹 접근성 준수 의무 사항

연도	공공 기관	교육 기관	의료 기관	복지 시설	문화 · 예술 기관
2009년	공공 기관	• 국 · 공 · 사립 특수학교 • 특수학급이 설치된 국공립 학교 • 국공립 유치원 중 특수반이 설치된 유치원 • 장애아 전담 보육 시설	• 종합병원	• 사회복지 시설 • 장애복지 시설	
2010년					• 국공립 문화 · 예술 기관 • 국공립(대학) 박물관 · 미술관 • 국립중앙도서관, 공공 도서관
2011년		• 국공립 유치원 • 국 · 공 · 사립 각급 학교 • 보육 시설(100인 이상) • 영재 학교 및 영재 교육원	(입원 30인 이상) • 일반 병원 • 치과 • 한방 병원		
2012년					• 민간 종합 공연장 • 사립대학 박물관 · 미술관
2013년		• 사립 유치원 • 평생교육 시설, 연수 기관 • 직업훈련 기관(1,000㎡ 이상) • 보육 시설(100인 이하)	(입원 30인 이하) • 그 외 병원		• 체육 관련 행위자
2015년					• 민간 일반 공연장 • 영화 상영관(300석 이상)

요약

01 웹 접근성은 신체적 특징이나 지역, 지식, 기술 등 환경 요소에 제약을 받지 않고 누구나 불편함 없이 웹 콘텐츠를 이용하도록 웹사이트를 구축 및 운영하는 것을 의미한다.

02 웹 접근성은 장애인, 고령자 등을 포함한 모든 사용자들이 인터넷이나 모바일로 민원서류 발급, 이러닝, 인터넷 · 모바일 뱅킹, 전자상거래와 같은 콘텐츠나 정보에 자유롭게 접근하여 이용할 수 있는 환경을 조성하는 것을 목적으로 한다.

03 웹 접근성의 구성 원칙은 인식 용이성, 운용 용이성, 이해 용이성, 견고성으로 구분할 수 있다.

구성 원칙	설명
인식 용이성	• 모든 콘텐츠는 장애 유무에 관계없이 사용자가 인식할 수 있도록 제공해야 함 • 모든 콘텐츠를 동등하게 인식할 수 있도록 제공해야 함 • 음성으로 인식할 수 있도록 스크린리더로 음성을 제공해야 함
운용 용이성	• 사용자가 장애 유무에 관계없이 웹사이트에서 제공하는 모든 기능을 운용할 수 있도록 제공해야 함 • 사용자가 조작이 가능하도록 운용 기능을 제공해야 함 • 마우스가 없어도 키보드로 콘텐츠에 접근할 수 있도록 운용 기능을 제공해야 함
이해 용이성	• 웹사이트의 콘텐츠를 이해할 수 있도록 제공해야 함 • 사용자가 콘텐츠의 내용과 사용 방법을 이해하기 쉽게 구성해서 제공해야 함
견고성	• 미래의 기술로도 웹 콘텐츠에 접근할 수 있도록 견고하게 만들어서 제공해야 함 • 기술에 관계없이 웹사이트에서 제공하는 콘텐츠를 이용할 수 있도록 제공해야 함 • 보조 기술을 이용해도 접근할 수 있도록 대체 콘텐츠를 함께 제공해야 함

04 PC 환경에서 웹 접근성을 충족하려면 장애인과 고령자를 비롯한 모든 사람들이 PC로 웹에 접근할 때 적절한 텍스트 크기, 콘텐츠 인식, 반복 영역 건너뛰기 등의 옵션 기능을 제공해야 한다.

05 PC에서 웹 콘텐츠를 사용할 때 작은 불편이나 어려움이 없도록 다음과 같은 기능적인 서비스를 제공해야 한다.

- 색에 관계없이 콘텐츠를 인식할 수 있도록 제공해야 한다.
- 텍스트가 아닌 콘텐츠에는 대체 텍스트를 제공해야 한다.
- 멀티미디어 콘텐츠는 자막, 원고, 또는 수화를 함께 제공해야 한다.
- 지시 사항은 모양, 크기, 위치, 방향, 색, 소리 등에 관계없이 인식할 수 있는 형태의 콘텐츠로 제공해야 한다.

- 텍스트 콘텐츠와 배경 간의 명도 대비는 4.5 대 1 이상이어야 한다.
- 청각에 의존하는 사용자를 위해 자동으로 재생되는 배경음은 사용하지 않는다.
- 키보드만으로도 모든 기능을 이용할 수 있어야 한다.
- 키보드에 의한 초점 이동은 논리적이어야 하고 그 흐름을 시각적으로도 구별할 수 있어야 한다.
- 시간 제한이 있는 콘텐츠는 응답 시간을 조절할 수 있어야 한다.
- 자동으로 변경되거나 움직이는 콘텐츠는 사용자가 제어할 수 있어야 한다.
- 초당 3~50회 주기로 깜박이거나 번쩍이는 콘텐츠는 제공하지 말아야 한다.
- 콘텐츠가 반복되는 영역은 건너뛸 수 있어야 한다.
- 페이지, 프레임, 콘텐츠 블록에는 적절한 제목을 제공해야 한다.
- 링크 텍스트는 용도나 목적을 이해할 수 있도록 제공해야 한다.
- 콘텐츠에서 주로 사용하는 언어를 명시해야 한다.
- 사용자가 의도하지 않은 기능은 실행되지 않아야 한다.
- 논리적인 순서로 콘텐츠를 제공해야 한다.
- 표는 이해하기 쉽게 구성해야 한다.
- 입력 서식에 대응하는 레이블을 제공해야 한다.
- 입력 오류를 정정할 수 있는 방법을 제공해야 한다.
- 마크업 언어의 요소는 열고 닫음, 중첩 관계 및 속성 선언에 오류가 없어야 한다.
- 콘텐츠에 포함된 웹 애플리케이션에 대한 접근성이 있어야 한다.

06 모바일 기반의 웹 접근성이란 장애인, 고령자 등이 일반 사용자와 동등하게 스마트폰이나 태블릿 PC와 같은 휴대용 모바일 기기의 애플리케이션으로 웹에 접근할 수 있도록 보장하는 것을 말하며, 모바일 웹 애플리케이션 접근성이라고도 일컫는다.

07 웹 접근성 보장은 모든 생활 영역에서 장애를 이유로 웹사이트의 접근이 힘들거나 아예 웹사이트를 이용하지 못하는 차별을 방지하고, 차별받은 사람의 권익을 효과적으로 구제하는 데 목적이 있다.

08 고령화 사회인 오늘날 노년층의 웹사이트 이용이 증가하는 추세이다. 노년층이 경제적 · 정치적으로 매우 중요한 집단으로 부상하고 있는 만큼 노년층을 고려한 웹 접근성 또한 중요하다.

연습문제

01 다음 중 웹 접근성의 개념을 제창한 사람은 누구인가?

① 팀 버너스　　② 로버트 윌리엄스
③ 스티브 잡스　　④ 리처드 리

02 URI 검사, 파일 업로드를 통한 검사, 직접 입력을 통한 검사 항목이 있으며, 웹 표준과 웹 접근성에 따른 CSS 유효성 검사 방법은 무엇인가?

① checking　　② available
③ creating　　④ validator

03 다음 중 그래픽 기반의 웹 브라우저가 아닌 것은 무엇인가?

① 사파리　　② 링스　　③ 크롬　　④ 오페라

04 다음에 설명된 웹 접근성의 구현 요소는 무엇인가?

> 시각 · 청각 · 지체 장애와 같은 신체장애뿐 아니라 고령자, 언어 이해 능력이 떨어지는 사람, 또는 컴퓨터 사용 능력이 낮거나 열악한 인터넷 환경에 놓인 사람을 모두 포함함

① 기능적 요소　　② 기술적 요소
③ 경제적 요소　　④ 사회적 요소

05 다음 중 웹 접근성 구현의 기대 효과로 볼 수 없는 것은 무엇인가?

① 소외 계층 격감　　② 장애인, 노인 등 다양한 범위로 이용자 확대
③ 유용성 확보 및 비용 절감　　④ 콘텐츠 이용의 균등한 기회 보장

06 다음 중 '한국형 웹 콘텐츠 접근성 지침'의 네 가지 원칙에 해당하지 않는 것은 무엇인가?

① 인식의 용이성　　② 운용의 용이성
③ 견고성　　④ 무결성

07 저시력자도 콘텐츠를 쉽게 볼 수 있도록 개체가 잘 보이게 가독성을 높이는 기능은 무엇인가?

① 채도 대비 ② 고대비
③ 명도 대비 ④ 보색 대비

08 운영체제에서 제공하는 표준 도구로, 모바일 웹 애플리케이션 접근성 콘텐츠를 개발할 때 호환성을 고려해야 하는 것은 무엇인가?

① 기본 사용자 인터페이스 컴포넌트 ② 액티브 기술
③ 배경음 ④ 폰트

09 장애인이나 고령자와 같은 정보 접근 취약 계층이 웹사이트를 이용할 때 불편함이 없도록 웹 접근성 표준 지침을 준수한 우수 사이트에 부여하는 인증 마크의 약어는 무엇인가?

① WA ② WM ③ WD ④ WC

토론과제

01 열악한 인터넷 환경으로 PC 기반의 웹 접근성에 차별을 받는 사용자들을 위한 아이디어를 생각해보고 토론하시오.

02 장애인, 노년층 등이 스마트폰이나 태블릿 PC와 같은 휴대용 모바일 기기의 애플리케이션을 이용하여 웹에 쉽게 접근할 수 있는 방법에 대해 토론하시오.

Chapter 05

유해 정보

01 유해 정보의 개념
02 유해 정보의 유통
03 유해 정보 대응 방안
요약
연습문제

학습목표

- 유해 정보의 개념을 이해하고 종류를 알아본다.
- 유해 정보의 접촉 경로와 유통 사례를 통해 유통 실태를 파악한다.
- 유해 사이트 차단 기능과 신고 센터 및 다양한 대응 방안을 살펴본다.

01 유해 정보의 개념

> **사례 | 유해 정보를 재생산한 경우**
>
> K 군은 인터넷에서 구한 폭탄 제조 정보를 바탕으로 직접 뇌관을 만들어 폭탄을 제조했다. K 군은 자신이 만든 폭탄을 사용하지는 않아서 실제로 타인에게 피해를 입히지는 않았다. 하지만 인터넷에 폭탄 제조 과정을 게시하여 관심이 있는 사람이라면 누구나 폭탄을 만들 수 있도록 유해 정보를 제공한 혐의로 경찰에 검거되었다. K 군 역시 해외의 폭탄 제조 사이트에 게시된 유해 정보를 이용하여 폭탄을 만든 것이었다.

1 유해 정보란?

유해 정보의 개념은 대상과 관점에 따라 차이가 있는데, 이 책에서는 정보 이용자에게 정신적 · 시간적 · 경제적으로 피해를 주는 불건전한 유형의 정보를 유해 정보로 분류한다. 여기에는 폭력물, 음란물, 반사회적인 정보, 사행성을 조장하는 콘텐츠 등도 포함된다. 유해 정보는 불법 유해 정보와 청소년 유해 정보로 나눌 수 있다.

1.1 불법 유해 정보

법률상 통용되는 불법에 대한 정의를 검토하면 불법 유해 정보의 개념을 파악할 수 있다.

❶ 불법 유해 정보의 정의

'불법'의 백과사전상 의미는 '형식적으로는 제정 법규에 위반하는 것을 의미하나 실질적으로는 그 법규의 배후에 있는 실정법 질서 전체 및 사회 상규(常規)에 위반하는 경우도 포함하는 것'으로, 이는 차별 없이 모든 국민을 대상으로 한다. 따라서 기존의 실정법에 의해 금지되고 있는 것으로서, 형사처벌의 대상이 되는 요건을 충족하는 정보를 불법 유해 정보로 규정할 수 있을 것이다. 그리고 온라인에서 유통되는 불법 유해 정보란 정보통신망을 이용하거나 전기통신 설비와 컴퓨터 및 컴퓨터의 이용 기술을 활용한 정보 중 기존의 실정법에 의해 금지되고 처벌될 수 있는 정보로 이해할 수 있다.

❷ 불법 유해 정보의 대상

다음 표에 제시된 것은 「정보통신망 이용 촉진 및 정보 보호 등에 관한 법률」 제44조의 7 제1항에 의거하여 불법 유해 정보로 분류할 수 있다.

표 5-1 불법 유해 정보의 대상

대상	설명
제1호(음란한 전기통신)	음란한 부호 · 문헌 · 음향 · 화상 또는 영상물을 배포 · 판매 · 임대하거나 공연히 전시하는 내용의 정보
제2호(명예훼손)	사람을 비방할 목적으로 공연히 사실 또는 허위의 사실을 적시하여 타인의 명예를 훼손하는 내용의 정보
제3호(사이버 스토킹)	공포심이나 불안감을 유발하는 부호 · 문헌 · 음향 · 화상 또는 영상을 반복적으로 상대방에게 도달시킨 내용의 정보
제4호(해킹, 바이러스 유포)	정당한 사유 없이 정보통신 시스템, 데이터 또는 프로그램 등을 훼손 · 멸실 · 변경 · 위조하거나 그 운용을 방해하는 내용의 정보
제5호(청소년 유해 매체물 표시 의무 위반)	「청소년 보호법」에 의한 청소년 유해 매체물로서, 상대방의 연령 확인 및 표시 의무와 같이 법령에 정해진 의무를 이행하지 않고 영리를 목적으로 제공하는 내용의 정보
제6호(도박 등 사행 행위)	법령에 의해 금지된 사행 행위에 해당하는 정보
제7호(국가 기밀 누설)	법령에 의해 분류된 국가 기밀을 누설하는 내용의 정보
제8호(국가 보안법 위반)	「국가 보안법」에서 금지하는 행위를 수행하는 내용의 정보
제9호(범죄 관련 정보)	범죄를 목적으로 하거나 교사 또는 방조하는 내용의 정보

제1~8호는 예시 규정, 제9호는 그 밖의 범죄를 목적으로 하는 전기통신을 규정하고 있으므로 문서 위조, 불법 식품 · 의약품 판매, 불법 명의 도용(대포 통장 등), 불법 금융, 마약류, 청부 살인 등과 같이 현행법상 불법으로 규정한 모든 정보가 불법 유해 정보에 포함된다.

여기서 잠깐 **불법 유해 정보 분류표**

방송통신심의위원회의 분류표에 따르면 불법 유해 정보는 불법 정보, 유해 정보, 권리 침해 정보로 나눌 수 있다.

- **불법 정보** : 사행심 조장, 「국가 보안법」 위반, 불법 식품 · 의약품 판매, 불법 담배 판매, 마약류 거래, 불법 문신, 불법 명의 거래, 화약 등 불법 무기 제조, 문서 위조, 과제 대필, 불법 금융, 미등록 전자기기 판매, 미등록 운전 학원, 유사 상호 사용, 가짜 석유 거래, 자살 교사 및 방조, 장기 매매, 불법 심부름센터, 개인 정보 거래, 인터넷 신문 내 불법 의료 광고
- **유해 정보** : 성기 노출, 성행위 또는 유사 성행위 묘사, 변태적 성행위, 아동 포르노, 성매매, 폭력 · 잔혹 · 혐오성 정보, 청소년 유해 매체물 표시 의무 위반 정보, 청소년 유해 매체물 광고 정보
- **권리 침해 정보** : 명예훼손, 사생활 침해, 초상권 침해, 모욕, 상표권 침해

1.2 청소년 유해 정보

아동과 청소년이 건전한 인격체로 성장할 수 있도록 사회 공동체가 노력해야 하는 만큼 아동과 청소년이 유해 정보를 접하지 못하도록 규제해야 한다. 근본적으로 유해한 정보는 금지 대상이 아니라 아동과 청소년에게 접근을 허용하거나 유통, 배포 등을 할 경우에만 법적 제재를 가해야 할 것이다. 성인에게도 이런 기준을 적용한다면 표현의 자유 등을 침해할 우려가 있기 때문이다.

❶ 청소년 유해 정보의 정의

법 규정을 살펴보면 청소년 유해 정보란 「청소년 보호법」 제7조(청소년 유해 매체물의 심의 결정) 및 제11조(청소년 유해 매체물의 자율 규제)의 규정에 의해 청소년보호위원회 또는 방송통신심의위원회 등 각 심의 기관이 청소년에게 유해한 것으로 의결 또는 결정하거나, 제11조의 규정에 의해 청소년에게 유해하다고 확인하여 청소년보호위원회가 고시한 매체물을 말한다.

「청소년 보호법」 제11조 제6항에 따라 매체물의 제작 발행자, 유통 행위자 또는 매체물과 관련된 단체가 자율적으로 청소년 유해 표시 또는 포장을 한 매체물 중 청소년보호위원회 또는 방송통신심의위원회 등 각 심의 기관의 청소년 유해 매체물 최종 결정이 있기 전까지의 매체물을 포함하며, 다음과 같은 경우에 규제 사항이 적용된다.

- 청소년에게 성적인 욕구를 자극하는 선정적이거나 음란한 것
- 청소년에게 포악성이나 범죄의 충동을 일으킬 수 있는 것
- 성폭력을 포함한 각종 형태의 폭력 행위와 약물 남용을 자극하거나 미화하는 것
- 도박과 사행심을 조장하는 등 청소년의 건전한 생활을 현저히 해칠 우려가 있는 것
- 청소년의 건전한 인격과 시민 의식의 형성을 저해하는 반사회적 · 비윤리적인 것
- 그 밖에 청소년의 정신적 · 신체적 건강에 명백히 해를 끼칠 우려가 있는 것

온라인에서 유통되는 청소년 유해 정보란 정보통신망을 이용하거나 전기통신 설비와 컴퓨터 및 컴퓨터 이용 기술을 활용한 정보 중 아동이나 청소년이 건전한 인격체로 성장하는 데 해로움이 있는 정보로 이해할 수 있다. 2015년을 기준으로 경찰청 사이버안전국에 접수된 유해 정보 중에서 음란물이 3만 2,111건, 자살 관련 유해 정보가 2,093건이나 포함되어 있어 청소년이 유해 정보에 노출된 정도가 심각하다는 것을 알 수 있다.

❷ 청소년의 유해 정보 노출 시기

청소년은 주로 초등학교 6학년에서 중학교 3학년 사이에 처음 유해 정보를 접하게 된다. 이들은 주변에서 유해 정보에 관한 이야기를 듣고 호기심에 인터넷을 통해 접근하는 경우가 많다. 최근 인터넷과 스마트폰 이용이 급증하면서 청소년의 유해 정보 노출 문제가 더욱 심각해지고 있다. 특히 청소년이 혼자 집에 있는 시간이 많은 방학 기간에 유해 정보를 접하는 경우가 증가한다.

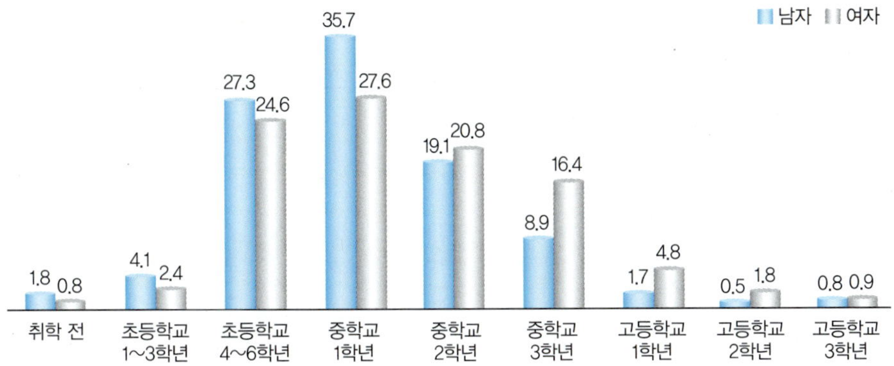

그림 5-1 **청소년의 유해 정보 첫 노출 시기(%)**

❸ 청소년의 유해 정보 접근 용이성

인터넷 유해 정보의 접근성에 대한 설문 조사에 따르면 인터넷을 통해 유해 정보에 접근하기가 비교적 쉬웠다는 응답이 다음과 같이 전체의 57.9%를 차지했다.

- 매우 쉽게 접근 : 13.2%
- 대체로 쉽게 접근 : 44.7%

2 청소년 유해 정보의 종류

청소년 유해 정보는 아동과 청소년의 정서 및 건강에 악영향을 미칠 수 있는 음란, 폭력, 도박 매체 및 사이트를 포함한 화상, 영상물, 게임, 소설 등을 의미한다. 구체적인 종류는 다음과 같다.

❶ 음란물

음란물에는 여성과 남성의 성관계가 지나치게 직접적이거나 노골적으로 표현된 정보 또는 성매매, 변태, 아동 포르노 등의 매체물이 포함된다. 또한 아동이나 청소년으로 명백하게 인식될 수 있는 사람 또는 표현물이 등장하여 「아동 · 청소년의 성 보호에 관한 법률」 제2조 제4호의 어느 하나에 해당하는 행위를 하거나 그 밖의 성적 행위를 하는 내용을 표현하는 것도 여기에 속한다. 이는 음란물 필름, 비디오, 게임, 또는 컴퓨터 등의 매체를 이용한 화상, 영상 등의 형태이다.

여기서 잠깐 **「아동 · 청소년의 성 보호에 관한 법률」 제2조 제4호**

"아동 · 청소년의 성을 사는 행위"란 아동 · 청소년, 아동 · 청소년의 성(性)을 사는 행위를 알선한 자 또는 아동 · 청소년을 실질적으로 보호 · 감독하는 자 등에게 금품이나 그 밖의 재산상 이익, 직무 · 편의 제공 등 대가를 제공하거나 약속하고 다음 각 목의 어느 하나에 해당하는 행위를 아동 · 청소년을 대상으로 하거나 아동 · 청소년으로 하여금 하게 하는 것을 말한다.

가. 성교 행위
나. 구강 · 항문 등 신체의 일부나 도구를 이용한 유사 성교 행위
다. 신체의 전부 또는 일부를 접촉 · 노출하는 행위로서 일반인의 성적 수치심이나 혐오감을 일으키는 행위
라. 자위행위

❷ 사이버 성폭력(성희롱)

사이버 성폭력(성희롱)은 정보통신의 수단을 이용하여 불특정 다수 또는 특정인을 대상으로 성적인 괴롭힘을 가하는 모든 행위를 말한다. 최근에는 사이버 성폭력(성희롱)이 다양한 형태의 스토킹으로 발전함으로써 위험성이 높아지고 있다. 다음은 사이버 성폭력(성희롱)의 대표적인 사례이다.

- 대화방에서 성적 수치심을 유발하는 내용의 대화를 유도하는 경우
- 특정인을 성적 희롱의 대상으로 삼은 게시물을 인터넷 게시판에 게시하는 경우
- 음란한 내용의 글이나 영상물을 게재(간접적인 사이버 성폭력 유형)하는 경우
- 이메일을 통해 특정인 또는 불특정 다수에게 음란한 내용의 글이나 영상물을 발송(직접적인 사이버 성폭력 유형)하는 경우
- 특정인의 신상 정보(이메일 주소, SNS 계정 등)를 불특정 다수에게 공개하여 사이버 스토킹을 유도하는 경우

❸ 사이버 매매춘

정보통신을 이용하여 성을 팔거나 사고자 하는 것을 사이버 매매춘이라 한다. 이는 사이버상에서 주고받은 메시지를 토대로 실제 매매춘이 이뤄지도록 돕거나 알선하는 사이트 개설, 개인 간에 매춘 의사를 담은 메시지를 전달하여 매매춘을 가능하게 하는 모든 행위를 포함한다. 게시판이나 대화방에서 독립적으로 매매춘을 하는 경우도 있지만, 국외 서버를 이용하여 사이트를 개설한 뒤 매매춘을 알선하는 기업적인 매매춘이 증가하여 사회적인 문제가 되고 있다. 사이버 매매춘 중에서도 가장 문제가 되는 것은 10대 청소년을 이용한 매매춘이다. 이러한 원조 교제의 경우, 90%가 인터넷 채팅(화상 채팅 포함)으로 매매춘 의사를 교환한 뒤 이뤄진다.

❹ 사행성 조장 사이트

전자상거래가 활성화되면서 개인의 사행심을 조장하는 인터넷 사이트가 증가하고 있다. 여기에는 고스톱 · 포커 등의 게임성 도박 사이트, 경륜 · 경마 등의 스포츠 도박 사이트, 경품 · 복권을 이용하는 도박 사이트 등이 포함된다. 이러한 사행성 조장 사이트는 이용자에게 회비를 받고 사이버머니를 제공한 뒤 게임으로 적립한 사이버머니를 상품권이나 현금으로 지불해주는 형태로 운영된다. 이는 거액의 당첨금이나 경품을 건 베팅 방식, 불법 피라미드 형태, 불법 아이템 거래 등이 문제점으로 지적되고 있다.

❺ 자살 사이트

자살 사이트는 인터넷을 통해 알게 된 사람들이 모여서 자살을 조장하거나 권장 및 도모하는 사이트를 말한다. 자살 사이트에서 제공하는 정보는 삶을 비관하고 자살을 동경하는 유해 정보가 대부분으로, 청소년에게 자살을 부추기거나 삶을 비관하고 자살을 미화하는 가짜 내용이 많다. 이러한 내용이 청소년에게 여과 없이 노출되면 청소년기의 인격 형성에 장애를 일으킬 수 있고, 자살을 부추겨 돌이킬 수 없는 해악을 초래할 수도 있다. 특히 유명인의 자살 이후 '베르테르 효과'로 모방 자살을 하는 경우가 있는 만큼 자살 관련 유해 정보를 근절하여 청소년을 보호해야 한다.

TIP **베르테르 효과** : 유명인이나 자신이 롤모델로 여기던 사람이 자살하면 그와 유사한 방식의 자살이 잇따르는 현상을 말한다. 모방 자살(미디어에 보도된 자살 방식을 모방하여 자살), 동조 자살(자살한 사람과 자신을 동일시하여 자살), 자살의 전염 현상이라고도 한다.

여기서 잠깐 **자살 신고 및 예방 지원 기관**

자살 위기를 겪고 있거나 목격한 경우에는 무엇보다 빠른 신고가 중요하다. 적절한 조치와 예방 상담으로 소중한 생명을 살릴 수 있기 때문이다. 이를 위한 자살 신고 센터 및 청소년 자살 예방을 위한 다양한 지원 방안을 갖춘 기관은 다음과 같다.

① 자살 신고 센터

- 보건복지콜센터(http://www.129.go.kr, 국번 없이 129)
- 중앙자살예방센터(http://www.spckorea.or.kr)

② 청소년 자살 예방 관련 지원 기관

- 교육과학기술부 : 학교 안전 관리를 위한 기본 계획 및 정책 수립, 학생 안전 통합 시스템(Wee Project) 운영, 학교 및 교육 기관에서의 학생 자살 예방 교육과 위기관리
- 여성가족부 : 지역사회 청소년 통합 지원 체계 구성 및 운영, 청소년상담복지센터(청소년 전화 1388) 운영, 청소년 쉼터 등의 청소년 지원 시설 설치 및 운영
- 보건복지부 : 정신보건 사업 추진, 자살 예방 종합 대책 마련, 중앙자살예방센터 설치 및 운영, 보건복지콜센터 및 아동 상담 전용 전화 운영
- 지자체 및 사회단체 : 지자체별 자살예방센터 설치 및 운영, 지역별 청소년상담지원센터 구축 및 지역사회 내 연계 협력 체계 마련, '생명의 전화' 등 자살 예방 시민 단체 활동 지원

02 유해 정보의 유통

사례 | 통제 없는 유해 사이트

고등학생인 B 군은 음란 사이트의 유해 정보에 푹 빠져서 미성년자에게 악영향을 미치는 것을 많이 보았다. 평소에 사용하는 언어에도 음란한 욕을 덧붙이길 즐기고, 친구들과 대화를 할 때도 왜곡된 성 이야기를 많이 하곤 한다. B 군이 이와 같은 불건전한 행동을 하게 된 것은 '성 전문 웹진' 사이트 때문이다. 그 사이트에서는 모자이크 처리도 하지 않은 음란한 사진과 소설 등을 무료로 서비스하고 있다. 이런 사이트에 청소년도 아무 통제 없이 들어갈 수 있다는 것은 청소년 유해 정보 유통의 심각성을 여실히 보여준다.

1 유해 정보의 유통 경로

유해 정보가 유통되는 대표적인 인터넷 서비스는 SNS, 파일 공유 서비스, 휴면 사이트, 이메일, 인터넷 방송 등이다.

1.1 SNS

대표적인 SNS인 트위터, 페이스북, 카카오톡은 인터넷으로 채팅을 하거나 문자를 주고받을 수 있는 커뮤니케이션 수단이다. 그런데 SNS 내의 인간관계를 기반으로 게임, 전자상거래, 마케팅 등의 영역이 확장되면서 일상생활 전반에 걸쳐 SNS의 영향력이 커져 그만큼 유해 정보에 쉽게 노출되고 있다.

SNS로 유통되는 불법 유해 정보의 가장 일반적인 형태는 스팸 광고가 50.6%, 사회 규범에 저촉되는 불건전성 유해 정보가 43.0%이다(복수 응답). 다음으로 언어폭력이나 모욕으로 인한 피해가 27.9%로 높게 나타났고, 개인 정보 및 사생활 침해로 인한 피해가 20.8%, 명예훼손으로 인한 피해도 15.7%에 달했다(출처 : 방송통신위원회 · 한국인터넷진흥원, 2010).

❶ 트위터

글 한 편을 140자 한도로 작성할 수 있는 트위터는 가입 절차가 간편하고 상대방의 동의 없이 정보 전달(리트윗)retweet을 할 수 있기 때문에 파급 속도가 빠르다. 따라서 텍스트나 링크 형태로 유해 정보를 손쉽게 유통할 수 있다.

❷ 페이스북

페이스북은 네트워크상에서 친구와 실시간으로 정보를 공유할 수 있는 환경을 제공하기 때문에 유해 정보의 전달이 매우 빠르다. 특히 페이스북은 자신의 인적 네트워크 안에 있는 지인들과의 강력한 소통 플랫폼을 제공하므로 걸러지지 않은 유해 정보가 빠르게 확산된다는 문제가 있다.

❸ 카카오톡

카카오톡은 전 세계 어디서나 무료로 일대일 · 그룹 채팅을 즐길 수 있는 메신저로 우리나라에서는 4,000만 명 이상이 카카오톡을 사용하고 있어 국민 메신저로 불린다. 카카오톡은 별도의 가입과 로그인 절차 없이 전화번호만 있으면 이용할 수 있고 문자 메시지뿐만 아니라 사진, 동영상, 연락처 등도 간편하게 주고받을 수 있다는 것이 장점이다. 이러한 간편함과 편리성으로 카카오톡 역시 불법 유해 정보를 전달하는 창구 역할을 하고 있다.

1.2 파일 공유 서비스

대표적인 파일 공유 서비스인 P2P와 웹하드가 우리나라에서 돈을 벌기 시작한 것은 포르노 사이트에 대한 집중 단속이 시작되면서부터라고 할 수 있다. 실제로 P2P 사이트와 웹하드를 검색해보면 일본을 중심으로 미국, 러시아, 유럽, 한국 등의 수많은 음란물이 올라와 있다. 이런 음란물은 대부분 국내법에서 허용하지 않는 불법 콘텐츠이다.

그러나 P2P와 웹하드 서비스에는 확실한 성인 인증 장치가 없어서 성적 호기심이 왕성한 청소년도 쉽게 음란물을 다운로드할 수 있다. 주민등록번호로 성인 인증을 하도록 되어 있지만 부모의 주민등록번호를 몰래 사용할 경우에는 접근을 막을 도리가 없다. 이렇게 허술한 시스템 때문에 최근에는 초등학생까지도 P2P와 웹하드에서 음란물을 다운로드하여 볼 수 있는 실정이다.

비트토렌트^BitTorrent^는 P2P 파일 전송 프로토콜로, 파일을 인터넷상에 분산 저장하여 여러 명이 접속하면 여러 곳에서 동시에 파일을 가져올 수 있는 프로그램이다. 비트토렌트 파일은 특정 서버에 저장되는 것이 아니기 때문에 불법 콘텐츠를 직접 유포한 사람과 공유한 사람을 찾아내는 것이 거의 불가능하여 유해 정보 유포자들이 가장 선호하는 서비스 유통 경로이다.

1.3 앱스토어 블랙마켓

스마트폰 사용자가 급증하면서 모바일 응용 서비스도 급성장했다. 스마트폰에서 사용할 수 있는 애플리케이션은 무료 또는 유료로 다운로드해야 한다. 한편 안드로이드용 애플리케이션 불법 마켓인 앱플래닛Applanet에서는 많은 사용자가 유료 애플리케이션을 불법으로 다운로드하고 있는데 이러한 불법 마켓을 블랙마켓이라고 한다. 이처럼 유료로 제공하는 애플리케이션을 블랙마켓을 통해 무료로 설치하는 행위가 증가하는 추세이다. 이는 스마트폰의 안전한 검증 체계를 무력화하는 것으로, 스마트폰이 각종 유해 정보의 유통망이 되어 건전한 서비스 발전을 위협하고 있다.

1.4 휴면 사이트

최근 인터넷 휴면 사이트가 새로운 사회 문제로 등장하고 있다. 휴면 사이트란 실제로 운영하지 않으면서 폐업 신고를 하지 않아 방치된 사이트를 말한다. 해외에서 개설되어 단속이 어려운 마약 거래나 불법 도박 사이트의 링크를 방치된 휴면 사이트에 올린 뒤 검색으로 네티즌을 유인하고 있으며, 도산한 중소기업의 홈페이지 등이 주요 표적이다. 한 경찰 관계자에 따르면 이러한 게시물은 포털 사이트 등에서 쉽게 검색할 수 있어 성인은 물론 청소년까지 현혹하고 있는 실정이다.

1.5 이메일

이메일을 이용하는 사람은 누구나 스팸 메일을 받아보았을 정도로 이메일은 인터넷에서 불법 유해 정보를 접할 수 있는 가장 쉬운 통로이다. 수신자가 직접 차단하지 않는 이상 누구나 쉽게 유해 정보를 보낼 수 있어 음란물 등이 쉽게 확산되는 매체이다. 과거에 비해 스팸 메일 처리 시스템이 많이 개선되었다고는 하지만 여전히 스팸 메일을 통한 유해 정보 유통은 큰 문제가 되고 있다.

1.6 인터넷 방송

최근 들어 1인 미디어 형태의 개인 인터넷 방송을 통해 음란, 사행성 조장, 욕설 · 비하 발언뿐만 아니라 자극적이고 선정적인 도박, 마약, 학대 장면 등이 아무런 제약 없이 청소년에게 전달되고 있어 새로운 유해 정보의 온상지로 떠오르고 있다. 특히 인터넷 방송에서는 댓글 형태로 선정적인 내용이 여과 없이 전달된다는 것이 문제이다. 현재 서비스되고 있는 대표적인 인터넷 방송으로는 아프리카TV, 판도라TV, 다음 tv팟, 팝콘TV 등이 있다.

2 청소년 유해 정보의 유통 실태

청소년이 유해 정보를 접하는 경로는 주로 파일 공유 사이트, 인터넷 방송, 인터넷 카페, SNS 등이다. 이러한 경로와 이용 매체 등의 현황을 좀 더 자세히 살펴보자.

2.1 유해 정보 접촉 경로

방송통신심의위원회의 '청소년 정보 이용 실태 조사'에 따르면 청소년이 유해 정보에 처음 노출되는 경로는 이메일이나 인터넷 카페가 64.0%로 가장 높게 나타났다. 이어서 텔레비전이 13.4%를 차지했다.

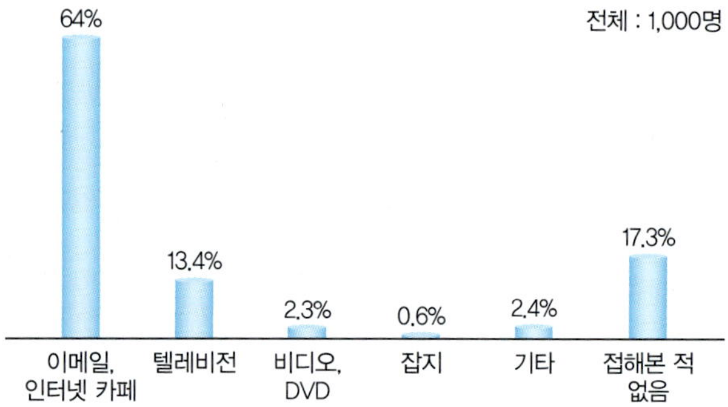

그림 5-2 청소년의 유해 정보 접촉 경로

2.2 유해 정보 접촉 장소

청소년이 유해 정보에 접촉하는 장소는 집이 86.1%로 압도적으로 높은 비율을 차지했으며, 그다음인 PC방은 6.8%에 불과했다. 이를 통해 청소년이 부모가 없는 시간에 집에서 유해 정보를 접하는 경우가 많다는 것을 알 수 있다.

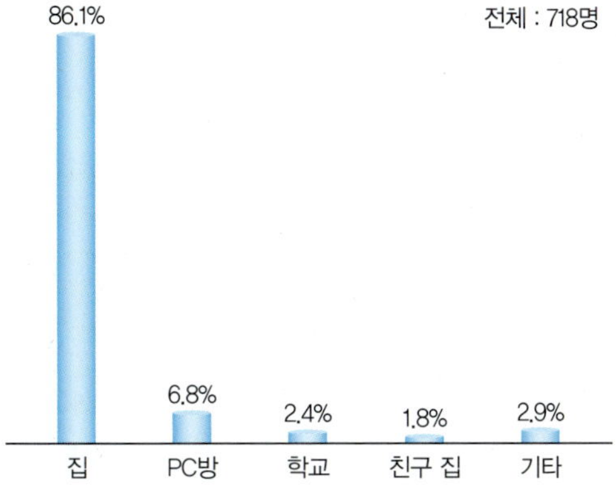

그림 5-3 **청소년의 유해 정보 접촉 장소**

2.3 유해 정보 접촉 매체

청소년이 유해 정보를 주로 접하는 매체를 살펴보면 청소년 이용 불가 매체가 47.4%, 온라인 사행성 게임이 41.2%, 온라인 음란물이 37.3%, 성인용 영상물이 32.0%의 순으로 나타났다(복수 응답).

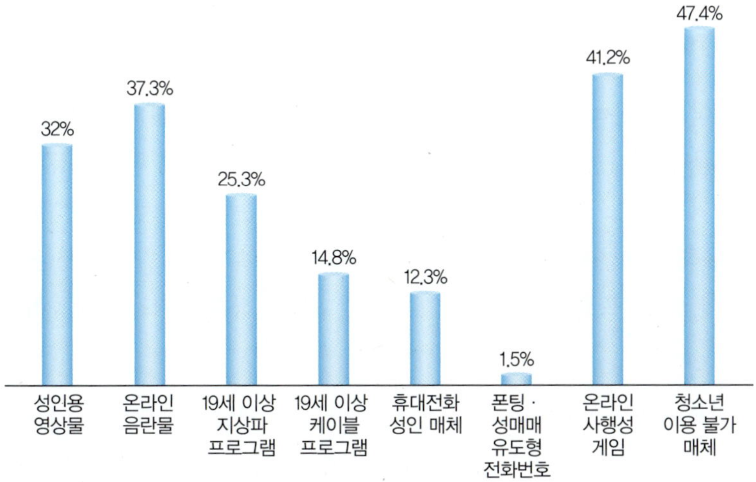

그림 5-4 **청소년의 매체별 유해 정보 이용률**

TIP 유해 정보로부터 청소년을 보호하고 안전한 컴퓨터 환경을 만들기 위해 가정에서 할 수 있는 가장 쉬운 방법은 컴퓨터를 폐쇄된 개인 공간이 아니라 온 가족이 볼 수 있는 거실에 두는 것이다.

03 유해 정보 대응 방안

사례 | 스팸 메일도 처리하는 사이버 범죄 수사대

K 군은 최근 들어 음란물 사이트를 소개하는 스팸 메일을 자주 받았다. 이런 메일이 올 때마다 이를 스팸 메일로 등록하여 받은 편지함으로는 스팸 메일이 오지 않게 되었지만 스팸 메일함에는 여전히 전달되었다. K 군은 호기심에 열어보고 싶은 생각도 들고, 누군가 자신의 메일함을 보고 오해를 하면 어쩌나 싶어서 신경이 쓰였다. 해결 방법을 찾던 K 군은 스팸 메일과 같은 유해 정보도 사이버 범죄 수사대에 신고할 수 있다는 사실을 알고 스팸 메일을 신고했다. 신고 후 얼마 지나지 않아 스팸 메일이 더 이상 오지 않게 되었다.

1 유해 정보 차단

유해 정보에 대한 대응 방안으로는 예방 차원에서 유해 정보를 차단하는 방법과 유해 정보에 노출되었을 때 신고하는 방법이 있다. 여기에 콘텐츠 사업자들의 자율적인 유해 정보 규제도 하나의 방법으로 더할 수 있다. 이 가운데 유해 정보를 차단하는 방법부터 살펴보자.

유해 정보 차단 소프트웨어를 이용하면 컴퓨터에 설치된 프로그램 실행 파일을 바탕으로 사용자가 실행 여부를 결정할 수 있다. 유해 정보 차단 소프트웨어는 사용자에게 현재 컴퓨터에 설치된 프로그램 목록을 제공하고, 사용자는 그 목록에서 차단하려는 프로그램을 선택하여 실행을 차단할 수 있다. 유해 정보 차단 소프트웨어는 일반적으로 프로그램의 차단 여부를 결정하는 기능을 제공하는데, 차단 프로그램의 실행 가능 시간대를 설정하는 기능을 제공하는 경우도 있다.

방송통신심의위원회는 내용 선별 소프트웨어의 보급 활성화와 제품 개발을 유도하고, 자녀가 인터넷을 통해 유해 정보에 노출되는 것을 걱정하는 부모들에게 내용 선별 소프트웨어를 이용할 것을 권하고 있다. 다음과 같은 내용 선별 소프트웨어는 유해 정보를 차단하는 데 유용할 것이다.

- **맘아이그린(http://green.momi.co.kr/)** : 사용 시간 제한, 특정 프로그램 차단, 유해 동영상 차단, 유해 사이트 차단, 컴퓨터 사용 기록 조회

- **그린i-Net(http://www.greeninet.or.kr/)** : 청소년 유해 정보 등급 표시 서비스, 유해 정보 필터링 지원 시스템, 인터넷 정보 이용 시간 관리
- **아이눈(http://www.aiyac.com/)** : 유해 사이트(음란, 폭력, 도박, 자살, 범죄, 마약 등) 차단, 인터넷 사용 화면 관리(컴퓨터 사용 화면이나 동영상을 사진으로 확인하여 컴퓨터로 무엇을 했는지 알 수 있음), 컴퓨터 사용 시간 관리
- **엑스키퍼(http://www.xkeeper.com/)** : 일일 사용 시간 설정, 잠금 시간대 설정, 각종 유해물 차단, 지정 콘텐츠 차단, 실시간 위치 확인, 보행 중 스마트폰 사용 금지, 일간 · 주간 · 월간 사용 내역 조회, 꼼꼼 보고서 제공, 자녀 스마트폰 원격 관리
- **아이안심(http://www.iansim.co.kr/)** : 음란물 원천 차단, 밤 시간 게임 방지, 자녀가 임의로 차단 기능을 해제하는 것 방지, 인터넷 청정 지수 제공, 연령별 · 등급별 유해 사이트 선별 차단
- **인터넷파랑새(http://cyberpolice.or.kr/)** : 불법 청소년 유해 정보 신고의 편의성을 제공하는 신고 전용 애플리케이션

1.1 유해 사이트 차단

유해 정보의 온상인 유해 사이트를 차단하는 기능은 크게 다음과 같은 두 가지 방식으로 구분할 수 있다.

- 데이터베이스에 등록된 유해 사이트 주소에 대한 접근을 차단하는 방식
- 사용자가 지정한 사이트 및 금칙어를 포함한 주소를 차단하는 방식

두 가지 방식 모두 웹사이트 주소를 기준으로 차단 여부를 결정하므로 웹사이트 주소가 유해 사이트 차단의 열쇠가 된다. 이러한 유해 사이트 주소를 얻는 방법으로는 패킷 분석 방법과 웹 브라우저 API를 이용하는 방법이 있다.

❶ 패킷 분석을 이용한 주소 획득 방법

유해 정보 차단 소프트웨어가 설치된 컴퓨터의 패킷을 캡처한 뒤, 캡처한 패킷을 분석하여 주소를 알아내는 방식이다. 만약 패킷의 목적 주소가 데이터베이스에 포함된 주소이거나 금칙어를 포함한 주소라면 소프트웨어가 해당 사이트를 차단한다. 패킷을 분석하여 유해 사이트를 차단하는 방법은 웹 브라우저의 종류에 관계없이 사용할 수 있다.

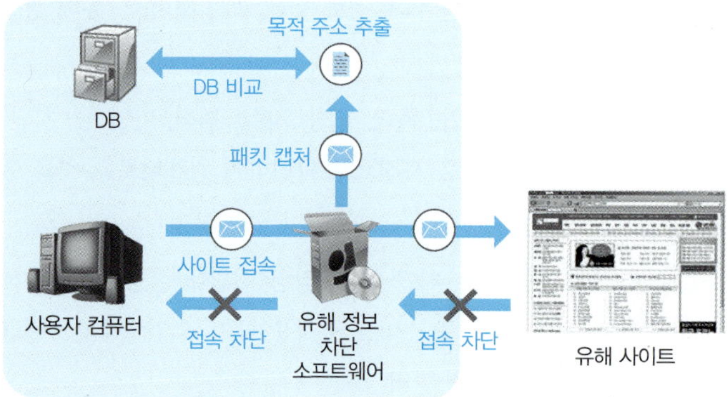

그림 5-5 **패킷 분석을 이용한 주소 획득 방법**

❷ 웹 브라우저 API를 이용한 주소 획득 방법

이는 웹 브라우저에 종속적인 방법으로, 웹 브라우저가 제공하는 API를 사용하여 주소를 얻는다.

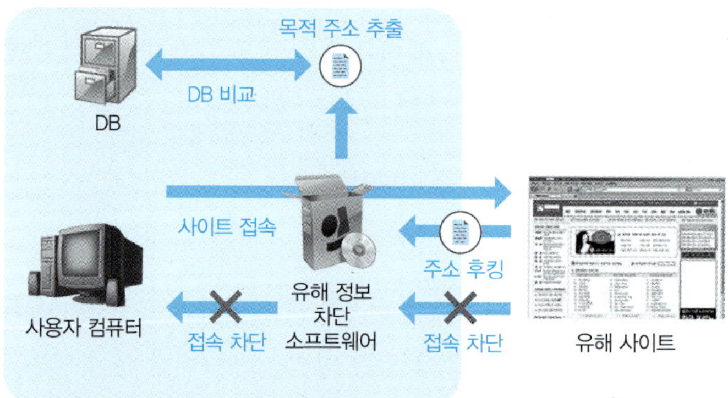

그림 5-6 **웹 브라우저 API를 이용한 주소 획득 방법**

TIP **유해 사이트 차단 솔루션, 이워커(eWalker)** : 유해 사이트와 비업무 사이트의 접근을 차단하고 사용자의 인터넷 사용 경향을 모니터링할 수 있는 프로그램이다. 음란, 도박 관련 유해 사이트는 물론이고 주식, 게임, 채팅, P2P, 원격 제어, 우회 접속 등의 접근 행위도 감시 및 차단할 수 있다.

1.2 유해 동영상 차단

유해 동영상 차단은 데이터베이스 구축 방식과 내용 기반 분석 방식으로 구현할 수 있다.

❶ 데이터베이스 구축 방식

유해 동영상에 대한 데이터베이스를 구축하여 이를 바탕으로 유해 동영상의 재생을 차단하는 방식이다. 먼저 유해 동영상의 일부 또는 전체에서 유해 동영상 파일을 식별할 수 있는 정보를 추출하여 데이터베이스를 구축하고, 이후에 사용자가 동영상을 재생할 때 데이터베이스에 등록된 동영상이면 재생을 차단하는 방식이다. 대표적인 예로 엑스키퍼XKeeper를 들 수 있는데, 엑스키퍼는 사용자가 동영상을 재생하려는 경우 그 동영상의 해시 값을 추출하고 데이터베이스에 등록된 값과 비교하여 일치하면 동영상 재생을 차단하고 일치하지 않으면 재생을 허가하는 방식으로 유해 동영상을 차단한다.

❷ 내용 기반 분석 방식

동영상의 일부 프레임을 추출하여 내용을 분석한 뒤 그 결과를 바탕으로 유해 여부를 결정하는 방식이다. 따라서 데이터베이스에 등록되지 않은 동영상이라도 그 내용을 바탕으로 차단할 수 있다.

1.3 인터넷 내용 등급 서비스

방송통신심의위원회는 인터넷상의 음란, 폭력 등의 유해 정보로부터 청소년을 보호하고 성인의 볼 권리를 보장하기 위해 인터넷 내용 등급 서비스를 제공하고 있다. 이는 정보 제공자가 자신의 웹사이트에 자율적으로 등급을 표시하고, 정보 이용자는 스스로 적정한 등급 이용 수준을 정하여 원치 않는 정보를 선택적으로 거를 수 있도록 하는 서비스이다. 즉 정보 제공자가 일정 기준에 따라 등급을 표시하면 사용자는 자신의 연령이나 수준에 맞는 정보를 선택하는 방식이다. 오늘날 주요 선진국은 청소년 보호를 목적으로 자국의 문화적 특성을 고려한 인터넷 내용 등급 서비스를 제공하고 있다.

인터넷 내용 등급 서비스는 다음과 같이 크게 두 가지 형태로 분류할 수 있다.

- **자율 등급 표시 서비스** : 정보 제공자가 공시된 등급 기준을 참고하여 자신의 사이트에 자발적으로 등급을 매기는 것으로, 검열이 없는 자율적 규제 방식이다.
- **제삼자 등급 서비스** : 정보 내용 자체에 등급을 부여하여 목록을 구축하면 음란 · 폭력 정보 등의 선별 및 차단을 원하는 이용자가 내용 선별 소프트웨어로 자신의 수준에 맞는 정보만을 수용하도록 하는 방식이다.

TIP 방송통신심의위원회에서는 인터넷 내용 등급 서비스를 위한 등급 기준으로 세이프넷(SafeNet)을 제안했다. 현재 국제적으로 시행되고 있는 RSACi, ICRA, ENC 등급 기준과의 호환성도 고려하여 설정한 세이프넷은 국제 기준을 기반으로 우리나라 실정에 맞게 5개 범주의 5등급(0~4등급)으로 분류되어 있다(출처 : 방송통신심의위원회 인터넷 내용 등급 서비스).

2 유해 정보 신고

청소년 유해 정보를 접한 사람은 누구나 각종 유해 정보로부터 청소년을 보호하기 위해 신고할 수 있다. 신고인의 신분은 절대 공개되지 않도록 보호하고 있으며 모든 내용은 비공개를 원칙으로 한다. 건전한 통신 문화를 위해 불법 유해 정보로부터 청소년이 보호받을 수 있도록 신고 방법 및 신고 센터에 대해 자세히 알아보자.

2.1 청소년 유해 환경 신고 방법

불법 유해 정보는 서면이나 구두(국가청소년위원회, 국번 없이 1388), 전자통신 매체 등을 이용하여 신고할 수 있다. 이때 빠른 조치를 위해 다음 사항을 포함하여 신고하는 것이 좋다.

- 신고인의 성명, 주소, 전화번호
- 피신고인의 성명, 주소, 또는 업소의 명칭과 위치
- 피신고인의 위반 행위 내용
- 기타 위반 행위 내용을 명백히 알 수 있는 사항

다음과 같은 행위를 발견하면 신고해야 한다.

- 청소년을 대상으로 한 매춘, 윤락, 원조 교제 행위
- 유흥주점, 단란주점, 노래 연습장, 비디오 감상실에서의 청소년 고용 행위
- 숙박업소에서 청소년의 이성 혼숙을 허용하는 행위
- 술, 담배 등의 청소년 유해 약물을 판매하는 행위
- 각종 인터넷 사기(직거래 사기, 쇼핑몰 사기, 게임 사기)
- 인터넷에서 음란물(일반 음란물, 아동 음란물)을 판매하는 행위
- 도박 사이트(스포츠 토토, 경마, 경륜, 경정, 카지노 게임)를 운영하는 행위
- 청소년 유해 매체물에 대한 표시 의무 위반 및 광고 금지 의무 위반 행위
- 자살 유해 정보(자살 의사 표명, 동반 자살 모집, 구체적인 자살 방법 제공, 독극물 판매, 생명 경시 정보 게시)로 사이트를 운영하는 행위

• 기타 불법 유해 정보(성매매 알선, 마약류 매매, 총포 · 도검 · 화약류 판매, 불법 명의 거래) 게시 행위

신고할 때는 신고인의 신분을 반드시 밝혀야 하며, 만약 허위 신고로 밝혀지면 법에 따라 처벌을 받을 수도 있다. 신분을 밝히더라도 신고인의 개인 정보는 철저히 보호되므로 염려하지 않아도 된다. 신고 내용은 구체적이고 상세해야 하며, 특히 유해 업소를 신고할 때는 업소의 명칭, 위치, 위법 행위 등을 정확히 알려준다.

청소년 유해 정보를 신고한 경우 신고 내용이 사법 판결 또는 행정처분, 과징금 부과 등의 위반 행위로 확인되면 포상금을 지급한다. 이때 신고 내용이 중복되면 최초 신고인에 한해 포상금을 지급한다.

2.2 청소년 유해 환경 신고 센터

청소년 유해 환경은 다음과 같은 기관에 신고할 수 있다.

❶ 여성가족부

여성가족부는 청소년 보호를 위해 인터넷 사이트 게임물에 대한 모니터링과 불법 온라인 게임 업체, 불법 사설 서버 등에 대한 모니터링을 실시하고 있다. 특히 청소년 유해 매체물로 지정된 유형의 매체물에 대해서는 내용을 확인한 뒤 불법 정보는 차단하고 유해 정보는 청소년에 대한 유해성을 심의하여 청소년의 접근을 차단한다. 불법 유해 정보, 불법 게임물 유통자, 청소년 유해 매체물을 발견하면 즉시 여성가족부 청소년매체환경과로 신고한다.

TIP 청소년 유해 매체물은 청소년이 이용하기에 부적절한 콘텐츠를 말한다. 청소년 유해 매체물 지정이 적용되는 범위는 영화 및 비디오물, 게임물, 음반, 음악 파일, 음악 영상물 및 음악 영상 파일, 공연, 정보통신물, 방송 프로그램, 일간 신문 및 인터넷 뉴스 서비스, 잡지, 정보 간행물, 전자 간행물, 외국 간행물, 그 밖의 간행물, 전자 출판물, 옥외 광고물, 상업적 광고 선전물 등이다(「청소년 보호법」 제2조).

❷ 방송통신심의위원회

방송통신심의위원회는 정보통신망에서 각종 불건전 정보가 유통되는 것을 효과적으로 방지하기 위해 청소년보호위원회, 검찰, 경찰 등의 관련 기관과 긴밀한 협력 체제를 유지한다. 특히 인터넷상의 해외 불법 청소년 유해 정보에 대응하기 위해 해외 관련 기구 및 단체와 국제 협력 체계를 구축 · 운영하고 있다.

❸ 누리캅스

사이버안전국에서는 '사이버 명예 경찰'을 위촉하여 인터넷상의 각종 불법 유해 정보에 대한 모니터링 및 예방 활동을 펼치고 있다. 이는 건전한 사이버 공간 조성을 위한 민경 협력 체제로, 각종 유해 정보를 신고할 수 있다.

❹ 유해정보신고센터

중앙자살예방센터가 운영하는 유해정보신고센터는 심각한 사회 문제로 떠오른 높은 자살률과 생명 경시 풍조를 우려하여 제정된 「자살 예방 및 생명 존중 문화 조성을 위한 법률」에 근거하여 설립되었다. 청소년 자살 예방을 위해 적극적인 홍보와 신고 활동을 펼치고 있다.

❺ 불법·청소년유해정보신고센터

방송통신위원회에서 운영하는 불법·청소년유해정보신고센터에서는 불법·청소년 유해 정보에 대해 문의 및 신고할 수 있다. 신고할 때는 다음 사항을 밝혀야 한다.

- **개인 정보** : 신고자(단체) 이름, 주소, 연락처, 이메일 주소, 성별, 연령 등
- **신고 주소** : 유해 정보를 제공하는 사이트 또는 발생 사이트의 상세 주소(URL)
- **신고 제목** : 신고의 핵심 내용
- **신고 내용** : 신고 이유 및 불만 내용
- **증거 자료** : 문제가 되는 화면을 캡처한 이미지 파일

3 유해 정보 규제 협력 모델

차단하고 신고하는 것도 유해 정보를 줄이는 방법이겠지만, 콘텐츠의 유형에 따라 자율적으로 규제할 수 있는 모델이 있다면 예방 차원에서 신속한 대응이 될 것이다. 이를 위해 방송통신위원회가 추진하고 한국인터넷자율정책기구가 제시한 세 가지 공적 자율 규제 협력 모델을 살펴보자(출처 : 인터넷 콘텐츠의 공적 규제와 자율 규제 간의 협력 모델 개발).

3.1 불법 유해 정보 규제를 위한 협력 모델

심의 대상 중 비교적 기준이 단일하여 심의하기에 용이한 음란·사행 행위 등의 불법 정보 심의 기능을 한국인터넷자율정책기구와 같은 자율 규제 기구에 위임하는 형태이다. 이렇게 권한을 위임하면 공적 심의보다 신속하게 처리하여 급변하는 인터넷 환경에 대응할 수 있다.

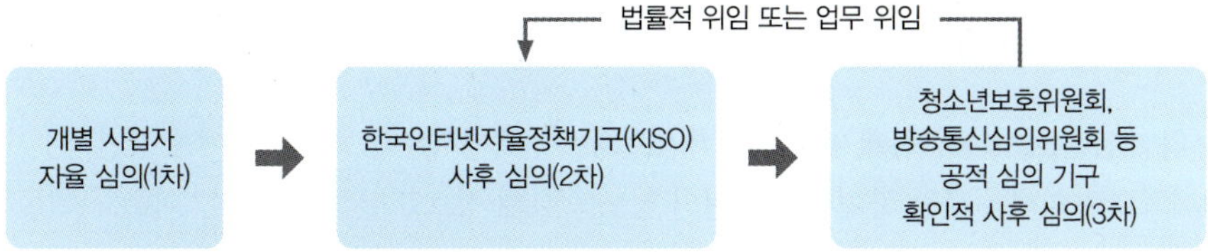

그림 5-7 **불법 유해 정보 규제를 위한 협력 모델**

3.2 청소년 유해 정보 규제를 위한 협력 모델

개별 사업자나 자율 규제 기구가 청소년 유해 정보에 대한 1차 심의를 진행하고, 이 단계에서 판단하기 어려운 청소년 유해 정보에 대해서는 공적 심의 기구가 심의하는 형태이다. 자율 규제 기구의 심의 기능을 유지하되 부족한 부분을 공적 심의 기구가 보완한다.

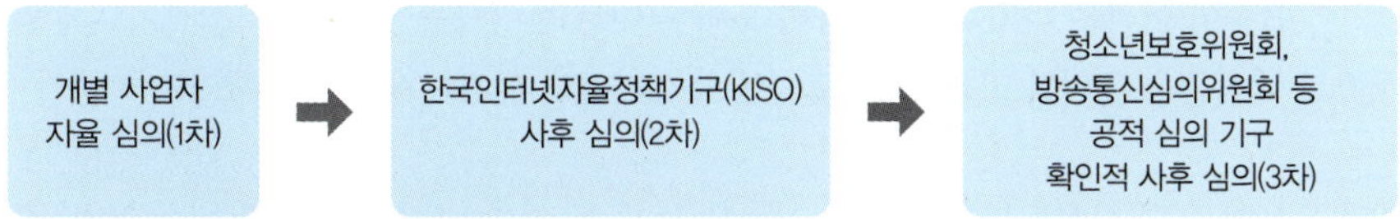

그림 5-8 **청소년 유해 정보 규제를 위한 협력 모델**

3.3 권리 침해 정보 규제를 위한 협력 모델

권리 침해 정보의 경우에는 이용자가 신고하면 개별 사업자가 30일 동안 노출되지 않도록 임시로 조치하고 있다. 임시 조치 이후 게시물 작성자가 30일 동안 복원 신청을 하지 않으면 영구히 삭제하고, 복원 신청을 한 경우에는 방송통신심의위원회의 심의를 거치게 된다. 하지만 재게시 건에 대한 심의 기능이 공적 심의 기구에만 있기 때문에 신속한 심의 결정이 어렵다. 따라서 재게시 건을 1차로 심의할 수 있는 권한을 자율 규제 기구에 위임하면 심의 기간을 단축할 수 있을 것이다.

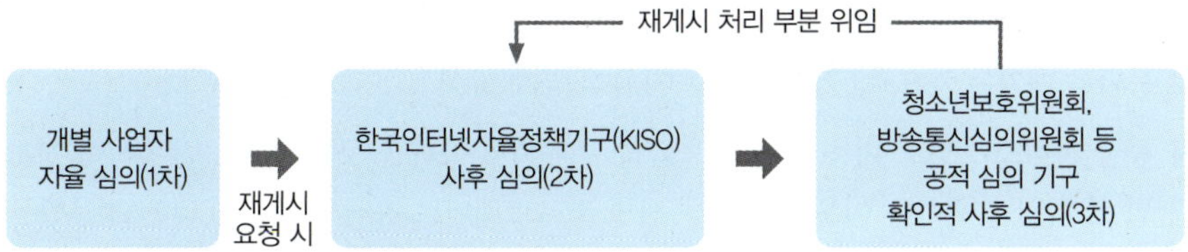

그림 5-9 **권리 침해 정보 규제를 위한 협력 모델**

요약

01 유해 정보의 개념은 대상과 관점에 따라 차이가 있는데, 이 책에서는 정보 이용자에게 정신적 · 시간적 · 경제적으로 피해를 주는 불건전한 유형의 정보를 유해 정보로 분류한다. 여기에는 폭력물, 음란물, 반사회적인 정보, 사행성을 조장하는 콘텐츠 등도 포함된다.

02 비트토렌트는 P2P 파일 전송 프로토콜로, 파일을 인터넷상에 분산 저장하여 여러 명이 접속하면 여러 곳에서 동시에 파일을 가져올 수 있는 프로그램이다. 비트토렌트 파일은 특정 서버에 저장되는 것이 아니기 때문에 불법 콘텐츠를 직접 유포한 사람과 공유한 사람을 찾아내는 것이 거의 불가능하여 유해 정보 유포자들이 가장 선호하는 유통 경로이다.

03 휴면 사이트란 실제로 운영하지 않으면서 폐업 신고를 하지 않아 방치된 사이트를 말한다. 해외에서 개설되어 단속이 어려운 마약 거래나 불법 도박 사이트의 링크를 방치된 휴면 사이트에 올린 뒤 검색으로 네티즌을 유인하고 있으며, 도산한 중소기업의 홈페이지 등이 주요 표적이다.

04 유해 정보의 온상인 유해 사이트를 차단하는 기능은 크게 두 가지 방식으로 구분할 수 있다. 두 가지 방식 모두 웹사이트 주소를 기준으로 차단 여부를 결정한다.

- 데이터베이스에 등록된 유해 사이트 주소에 대한 접근을 차단하는 방식
- 사용자가 지정한 사이트 및 금칙어를 포함한 주소를 차단하는 방식

05 유해 동영상 차단은 데이터베이스 구축 방식과 내용 기반 분석 방식으로 구현할 수 있다.

- **데이터베이스 구축 방식** : 유해 동영상에 대한 데이터베이스를 구축하여 이를 바탕으로 유해 동영상의 재생을 차단하는 방식
- **내용 기반 분석 방식** : 동영상의 내용을 분석하여 유해 여부를 결정하는 방식

06 인터넷 내용 등급 서비스는 크게 두 가지 형태로 분류할 수 있다.

- **자율 등급 표시 서비스** : 정보 제공자가 공시된 등급 기준을 참고하여 자신의 사이트에 자발적으로 등급을 매기는 것으로, 검열이 없는 자율적 규제 방식
- **제삼자 등급 서비스** : 정보 내용 자체에 등급을 부여하여 목록을 구축하면 음란 · 폭력 정보 등의 선별 및 차단을 원하는 이용자가 내용 선별 소프트웨어로 자신의 수준에 맞는 정보만을 수용하도록 하는 방식

연습문제

01 다음 중 방송통신심의위원회에서 분류한 불법 정보에 해당하지 않는 것은 무엇인가?

① 문서 위조 방법 ② 과제 대필 업체 광고
③ 가짜 석유 거래 정보 ④ 주변 PC방 위치 정보

02 고스톱 · 포커 등의 게임성 도박 사이트, 경륜 · 경마 등의 스포츠 도박 사이트, 경품 · 복권을 이용하는 도박 사이트를 일컫는 말은 무엇인가?

① 사행성 조장 사이트 ② 음란 사이트
③ 배틀 사이트 ④ 전자상거래 사이트

03 다음 중 인터넷 불법 유해 정보의 유통 경로와 거리가 먼 것은 무엇인가?

① P2P ② 페이스북 ③ 카카오톡 ④ 이베이

04 파일을 인터넷상에 분산 저장하여 여러 명이 접속하면 여러 곳에서 동시에 파일을 가져올 수 있는 P2P 프로그램은 무엇인가?

① 당나귀 ② 소리바다
③ 비트토렌트 ④ 토토브라우저

05 실제로 운영하지 않으면서 폐업 신고를 하지 않아 방치된 사이트로, 단속이 어려운 마약 거래나 불법 도박 사이트의 이동 경로가 되어 새로운 사회 문제의 온상으로 등장한 것은 무엇인가?

① 유령 사이트 ② 휴면 사이트
③ 미러링 사이트 ④ 아이템 거래 사이트

06 유해 사이트를 차단하기 위해 그 주소를 알아내는 방법 중에서 유해 정보 차단 소프트웨어가 설치된 컴퓨터의 패킷을 캡처한 뒤, 캡처한 패킷을 분석하여 주소를 알아내는 것은 무엇인가?

① 주소 차단 방법 ② 패킷 분석 방법
③ IP 분석 방법 ④ 내용 분석 방법

07 유해 동영상 차단 방식 중에서 동영상의 내용을 바탕으로 유해 여부를 결정하는 것은 무엇인가?

① 내용 기반 분석 방식　　② 패킷 분석 방식

③ IP 분석 방식　　④ 데이터베이스 구축 방식

08 유해 동영상 차단 방식 중 동영상의 일부 또는 전체에서 유해 동영상 파일을 식별할 수 있는 정보를 추출하여 데이터베이스를 구축하고, 이후에 사용자가 동영상을 재생할 때 데이터베이스에 등록된 동영상이면 재생을 차단하는 방식은 무엇인가?

① 데이터베이스 구축 방식　　② 내용 기반 분석 방식

③ 패킷 분석 방식　　④ 메모리 분석 방식

09 정보 제공자가 자신의 웹사이트에 자율적으로 등급을 표시하고, 정보 이용자는 스스로 적정한 등급 이용 수준을 정하여 원치 않는 정보를 선택적으로 거를 수 있도록 하는 서비스는 무엇인가?

10 인터넷 내용 등급 서비스에서 정보 제공자가 공시된 등급 기준을 참고하여 자신의 사이트에 자발적으로 등급을 매기는, 검열 없는 자율적 규제 방식은 무엇인가?

토론과제

01 우리 주변에서 얼마나 쉽게 유해 정보를 접할 수 있는지 그 실태의 심각성에 대해 토론하시오.

02 유해 정보의 유혹을 뿌리칠 수 있는 건전하고 바람직한 인터넷 생활 문화에 대해 토론하시오.

Chapter 06

저작권

01 저작권의 개념

02 저작권 침해와 구제

03 웹 콘텐츠 저작권

요약

연습문제

학습목표

▸ 저작권, 저작권자, 저작물의 개념을 이해한다.

▸ 저작권 침해 사례와 구제 방안을 알아본다.

▸ 웹 콘텐츠 저작권의 개념을 이해하고 보호 방안을 알아본다.

01 저작권의 개념

사례 | 'look and feel' 침해

2011년 4월 미국의 A 사는 한국의 S 전자 스마트폰이 A 사의 특허와 트레이드 드레스를 침해했다며 캘리포니아 북부 지방 법원에 제소했다. A 사가 침해당했다고 주장하는 지식재산권은 터치스크린과 화면 동작에 관한 특허 7건, 디자인 3건, 트레이드 드레스권 3건, 아이콘 상표 8건이다. 특히 A 사가 내세운 지식재산권 분쟁 권리는 스마트폰의 외형적인 요소가 자사 제품의 디자인과 유사하여 한눈에 보았을 때의 느낌인 'look and feel'을 침해했다는 부분에 대한 것이다.

1 저작권이란?

저작권은 저작자의 권리 보호를 위한 개념으로, 1710년 영국에서 'copyright'란 이름으로 처음 시작되었다. 저작권은 인간의 사상이나 감정 등을 독창적으로 표현한 창작물에 대해 창작자가 가진 독점적이고 배타적인 권리이다. 음악, 영화, 연극, 시, 소설, 회화, 서예, 조각, 방송, 뮤지컬, 컴퓨터 프로그램 등과 같은 문화 · 예술 창작물에 대한 권리를 보호하고 저작물의 공정한 이용을 도모하기 위해 창작자가 가진 전반적인 권리를 저작권이라 한다.

1.1 지식재산권의 개념

저작권은 지식재산권intellectual property right 중의 하나이다. 지식재산권은 사람의 창조적 활동 및 경험 등에 의해 창출되거나 발견된 문학, 예술, 과학, 등록상표, 상호 등과 같은 무형적인 것 중에서 법으로 보호할 만한 가치가 있는 것에 대해 법이 부여하는 모든 권리를 뜻한다. 지식재산권은 특허권, 실용신안권, 디자인권, 상표권을 포괄하는데, 산업 활동과 관련된 사람의 정신적 창작물 또는 창작 방법에 대한 인정 및 독점적 권리를 부여한 일종의 무체재산권이라고 할 수 있다.

TIP **무체재산권** : 무체재산권은 산업재산권, 저작권 등과 같이 인간의 지적 · 정신적 실물(實物)로서 외적인 형태가 없는 무체물에 대한 재산권을 말한다. 특허권, 실용신안권, 디자인권, 상표권 등 발명이나 상표와 같은 아이디어와 기술 자체를 보호하여 산업 발전을 도모하고자 하는 산업재산권과 문예, 학술, 음악 등에 관한 창작을 대상으로 문화 창달을 목적으로 하는 저작권이 대표적이다(「국제 조세 조정에 관한 법률」 시행령 제2조 제1항 제4호).

❶ 지식재산권의 역할

지식재산권은 경쟁자에 대해 시장 진입 장벽을 구축하고, 개인이 창출한 지식재산의 가치를 법으로 보호받을 수 있는 권리와 이를 지키기 위한 노력이라 할 수 있다. 이러한 역할로 지식재산의 가치를 얻을 수 있을 뿐만 아니라 로열티를 창출하여 재산으로서의 가치를 가질 수도 있다.

지식재산권은 시장에서 독점적 지위를 확보할 수 있게 한다. 분쟁 예방 및 권리 보호를 위해 자신의 기술에 대해 특허를 출원하면 타인 또는 경쟁자와의 분쟁을 사전에 예방할 수 있을 뿐만 아니라, 다른 사람이 자신의 권리를 무단으로 사용하는 것으로부터 법적인 보호를 받을 수 있다. 특허권과 같은 지식재산권은 독점적인 무체재산권이므로 신용을 창출하고 소비자로부터 신뢰성을 얻을 수 있으며, 기술 판매로 로열티 수입을 얻을 수도 있다.

지식재산권은 기술 개발에 들어간 막대한 투자비를 회수할 수 있는 확실한 수단이다. 확보된 권리를 이용하면 다른 사람과 분쟁 없이 응용 기술을 추가로 개발하는 것도 가능하다. 특허권과 같은 지식재산권을 보유하고 있다면 특허 기술 사업화 자금 지원, 우수 발명품 시작품 제작 지원과 같은 각종 정부 자금을 활용할 수 있고 세제 지원 혜택도 받을 수 있다.

❷ 지식재산권의 종류

지식재산권은 산업 분야의 창작물과 관련된 산업재산권과 문화 · 예술 분야의 창작물과 관련된 저작권으로 나눌 수 있다. 지식재산권의 범주에 속하지 않지만 경제, 사회, 문화의 변화나 기술의 발전에 따라 별도로 분류된 신지식재산권도 지식재산권의 한 종류로 볼 수 있다.

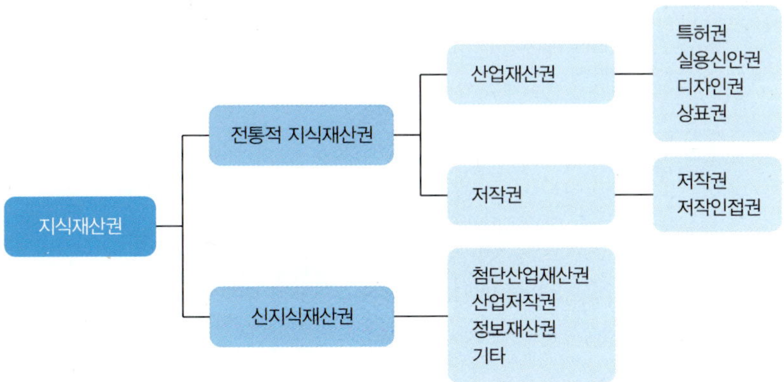

그림 6-1 지식재산권의 종류

- **산업재산권** : 산업 분야의 창작물과 관련된 특허권, 실용신안권, 상표권, 디자인권 등
- **저작권** : 문화 · 예술 분야의 창작물
- **신지식재산권** : 반도체 · 생명공학과 같은 첨단산업재산권, 정보재산권 등

여기서 잠깐 **산업재산권과 신지식재산권**

① 산업재산권

지식재산권 중 산업 활동과 관련된 사람의 정신적 창작물과 연구 결과 또는 창작된 방법에 대한 독점적 권리를 가진 무체재산권을 산업재산권이라 한다. 일반적으로 특허권, 실용신안권, 디자인권, 상표권 등을 포함한다. 산업재산권은 창작자의 새로운 발명 및 고안에 대해 일정 기간 동안 독점적이고 배타적인 권리를 부여한다. 대신에 일정 기간이 지나면 모든 사람들이 이용하여 기술과 산업의 발전을 추구할 수 있도록 새로운 발명 및 고안을 일반에 공개해야 한다.

- 특허권은 특허 발명을 내면 독점하게 되는 권리로, 만약 타인의 특허 발명을 적법하지 않은 방법으로 사용하면 특허권 침해가 된다.
- 실용신안권은 이미 발명된 것을 좀 더 편리하고 유용하게 쓸 수 있도록 물품의 형상 구조 또는 그것의 조합을 통해 새롭게 고안했을 때 갖게 되는 권리이다. 실용신안은 특허에 비해 제품의 생명 주기가 짧은 경우가 많다.
- 상표권은 지정된 상품에 한해 등록된 상표를 독점적으로 사용할 수 있는 권리이다. 타인의 등록상표 또는 유사한 상표를 유사한 상품에 사용하는 것은 상표권 침해가 된다.

② 신지식재산권

인류의 문명과 문화가 발전하면서 전통적인 지식재산권의 범주에 넣기 어려운 경우가 증가하고 있다. 컴퓨터 및 정보통신과 같은 분야에 등장하는 컴퓨터 프로그램이나 데이터베이스, 디지털 콘텐츠, 인공지능, 캐릭터와 같은 새로운 형태의 지식재산권을 신지식재산권이라고 하는데, 기존의 재산권 분류 기준인 산업재산권과 저작권 중 어디에도 포함하기 어려운 것이 특징이다. 분야의 특성상 신지식재산권은 개발자의 창작 · 개발에 시간과 비용이 많이 들지만 무임승차가 쉬워 시장 실패가 나타날 가능성도 높다. 우리나라는 현재 신지식재산권의 창출과 보호 체계가 모두 필요한 상황이다.

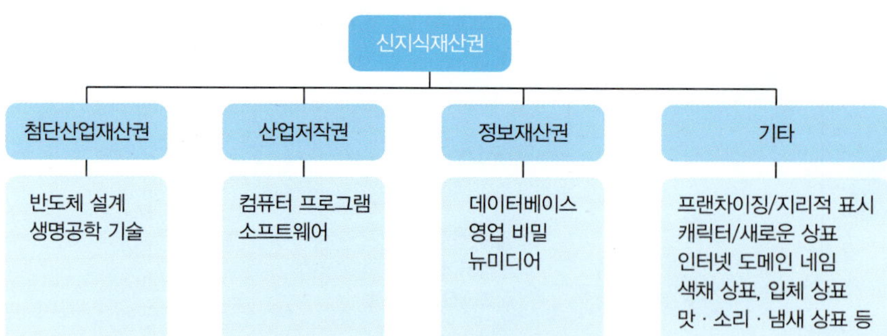

1.2 저작권의 개념

저작권은 재산적 가치가 있으므로 재산권처럼 매매하거나 상속할 수 있고 다른 사람에게 빌려줄 수도 있다. 저작권이 재산적 가치를 지닌 만큼 다른 사람이 저작권자의 허락을 받지 않고 무단으로 사용한다면 저작권자는 그 사람을 상대로 민사상 손해배상을 청구하거나 형사상 처벌을 요구할 수 있다. 그러므로 저작권자가 저작권을 다른 사람에게 양도하거나 사용할 수 있게 하여 경제적 대가를 받는 것은 타당한 일이다.

방송 콘텐츠, 공연물, 도서, 음반 판권 등과 같은 저작물은 각각 저작권이 있기 때문에 저작자는 저작물에 대한 경제적인 대가를 받을 수 있다. 동시에 저작물이 사용되는 과정 중 저작물 속에 있는 저작자의 창작 의도를 보호하고 유지할 수 있다. 하지만 다른 재산과 마찬가지로 교육, 시사와 같은 공공의 목적을 위해서는 일정한 범위 안에서 권리 행사가 제한되기도 한다.

저작권은 다음과 같은 특징을 가지고 있다.

- **무체재산권** : 저작권은 무형적 재산에 대한 지배권으로 무체재산권이다. 저작물은 일반 정보와 마찬가지로 공공재의 성격을 띤다.
- **제한적 권리** : 저작권은 시각적으로 제한된 권리이다. 유형물에 대한 소유권은 대상 물건이 존속하는 동안 계속되지만 저작권은 법률에 의한 보호 기간이 지나면 일반에 공유된다.
- **배타적 권리** : 저작권은 배타적인 권리이다. 저작권 권리자가 자신의 저작물을 자신의 의도와 이익에 부합하는 방법으로 이용할 수 있도록 보장해야 한다. 저작권은 창작 기여 부분에만 미치는 것으로, 다른 사람이 기존 저작물에 의존하지 않고 동일하거나 유사한 저작물을 창작한다면 독자적 저작물로 보호받을 수 있다.

2 저작권의 종류

「저작권법」상 저작자에게 인정된 권리는 크게 '저작인격권moral right'과 '저작재산권economic right'으로 나눌 수 있다. 저작인격권은 일신 전속권이므로 타인에게 양도할 수 없지만 저작재산권은 타인에게 양도가 가능하다. 또한 저작인격권은 저작권자가 사망한 후에도 「저작권법」에 의해 보호받지만 저작재산권은 보호 기간의 제한이 있다.

2.1 저작인격권

저작인격권은 저작자가 저작물을 통해 가지고 있는 인격적인 이익을 보호하기 위한 권리를 말한다. 우리나라 「저작권법」에서는 저작인격권을 공표권, 성명 표시권, 동일성 유지권으로 나누고 있다.

❶ 공표권

저작자는 자신의 저작물을 공연, 방송, 전시 등의 방법으로 일반 사람들에게 공개하거나 발행할 수 있는 공표권을 가진다. 이 공표권은 공표할 권리와 공표하지 않을 권리를 포함하기 때문에 저작자 본인이 공표를 원하지 않는데 타인이 그 저작물을 공표하는 것은 저작인격권의 침해가 된다.

❷ 성명 표시권

저작자는 저작물의 원작품이나 복제물을 공표할 때 그 저작물의 저작자임을 주장할 수 있다. 즉 저작자로서의 성명을 표시할 권리를 가진다. 성명은 실명, 예명, 이명 등 저작자의 자유의사에 따를 수 있으며, 성명 표시권에는 성명을 표시하지 않을 권리도 포함된다.

❸ 동일성 유지권

저작물은 저작자 인격의 표현물이라고 할 수 있으므로 저작자는 자기 저작물의 내용, 형식, 제호를 원래의 상태로 유지할 권리를 가진다. 따라서 다른 사람이 함부로 저작물의 내용이나 형식, 제호를 변경하면 저작자의 동일성 유지권을 침해하는 것이다. 저작자가 자기 저작물의 내용, 형식, 제호를 변경할 수도 있는데, 대표적인 예는 영상 저작물의 실제 창작자와 저작권자가 다른 경우이다. 영상 저작물은 원작자, 시나리오 작가, 감독, 배우, 촬영자, 작곡가, 미술가 등 많은 사람의 공동 작업으로 만들어지는 종합 예술 작품이다. 그런데 실제 창작자 모두가 저작자로서의 권리를 행사하면 영상 저작물의 유통이 매우 어려워진다. 따라서 영상 저작물의 경우에는 원칙적으로 영상 제작자가 저작물의 이용에 필요한 권리를 행사한다. 그러나 영상 저작물에 포함된 음악, 시나리오 등을 개별 저작물로 이용할 때는 음악가, 시나리오 작가 등이 저작권자로서의 권리를 행사할 수 있다.

2.2 저작재산권

저작재산권은 경제적인 권리로서 소유권과 같이 배타적인 권리이므로 저작권자의 허락 없이는 누구도 해당 저작물을 이용할 수 없다. 저작재산권에는 복제권, 공연권, 공중 송신권, 전시권, 배포권, 대여권, 이차적 저작물 작성권이 포함된다. 그러나 이러한 권리들은 「저작권법」상 저작재산권의 행사 제한 규정에 따라 정당한 범위 내에서의 인용과 같은 경우에는 권리 행사가 제한된다(출처 : 한국저작권위원회).

❶ 복제권

복제권은 저작권 중에서도 가장 기본적인 권리의 하나이다. 복제는 단순한 복사의 의미를 넘어서 인쇄, 사진, 녹음, 녹화 등의 방법으로 유형물을 다시 제작하는 것을 말한다. 소설 원고의 출판, 논문의 복사, 강연을 녹음테이프에 수록하는 것, 음악을 음반에 수록하는 것 등이 복제에 해당한다. 또한 건축을 위한 모형이나 설계도에 따라 시공하는 것, 공연이나 방송 · 실연을 녹음하거나 녹화하는 것도 복제에 포함된다. 일반적인 경우 복제 행위를 할 때는 저작권자의 허락이 필요하다.

❷ 공연권

공연권은 저작물을 일반 사람들이 직접 보거나 듣게 할 수 있는 권리이다. 공연이란 저작물을 상연, 연주, 가창, 상영, 그 밖의 방법으로 일반 사람들에게 공개하는 것을 말하며, 공연이나 방송, 실연의 녹음 · 녹화물을 재생하여 일반 사람들에게 공개하는 것도 포함된다. 판매용 음반을 방송국이나 음악 감상실 등에서 구입하여 시청자나 손님에게 들려주는 것, 노래방이나 단란주점 등에서 손님에게 노래 반주기를 틀어주는 것도 공연의 범위에 해당하므로 저작권자의 허락이 필요하다.

❸ 공중 송신권

공중 송신권은 저작자가 자신의 저작물을 공중에 송신할 권리이다. 공중 송신은 저작물이나 실연, 음반, 방송, 또는 데이터베이스를 공중이 수신하거나 이에 접근하게 할 목적으로 무선 또는 유선 통신의 방법으로 송신하거나 제공하는 것을 말한다. 구체적으로 공중 송신에는 방송과 전송, 디지털 음성 송신이 포함되며, 기술의 발전에 따라 새롭게 등장하는 다른 송신 형태도 공중을 대상으로 한다면 이에 해당한다. 기존의 특정한 송신 형태로 분류되지 않더라도 저작권자는 이에 대해 통제권을 보유할 수 있다.

❹ 전시권

전시권은 회화, 조각, 응용미술과 같은 미술 저작물뿐만 아니라 건축이나 사진도 모두 포함하는 저작물의 전시에 관한 권리이다. 미술 작품의 원작품을 가진 사람은 원작품을 전시할 수는 있지만 그것의 복제물을 전시할 수 있는 권리를 갖는 것은 아니라는 데 주의해야 한다. 원작품이라 하더라도 가로, 공원, 건축물의 외벽 등 사람들에게 개방된 장소에 항시 전시하는 경우에는 그 작품을 누구나 복제할 수 있으므로 저작권자의 허락을 받아야 한다.

❺ 배포권

배포권은 저작물의 원작품 또는 그 복제물을 판매, 대여, 대출, 점유 이전 등의 방법으로 일반인들에게 제공하는 권리로, 복제권에서 비롯된 것이다. 저작권자가 원작품 또는 그 복제물을 일반인들에게 배포한 경우에는 '최초 판매의 원칙' 또는 '권리 소진 이론'에 의해 배포권이 소멸된다. 정당하게 취득한 저작물의 원작품 또는 그 복제물이라면 저작권자의 허락 없이 다른 사람에게 판매, 대여 등의 방법으로 양도가 가능하다.

❻ 대여권

대여권은 상업적인 목적으로 저작물의 복제물을 대여하려고 할 때 저작권자가 이를 허락할 수 있는 권리이다. 현재 우리나라 「저작권법」은 음반과 컴퓨터 프로그램에 대해서만 대여권을 인정하고 있다.

❼ 이차적 저작물 작성권

저작자는 저작물을 원저작물로 하는 이차적 저작물 또는 그 저작물을 구성의 일부분으로 하는 편집 저작물을 작성할 권리를 가지고 있다. 따라서 이차적 저작물이나 편집 저작물을 작성하려면 원저작자의 허락을 받아야 한다. 원저작물을 변형 · 각색하는 경우에는 원저작물의 내용이 바뀌거나 동일성을 침해받을 우려가 크므로 이용 계약을 매우 엄격하게 하지 않으면 분쟁이 일어날 소지가 많다.

여기서 잠깐 **저작인접권**

저작물과 관련된 권리 중 저작인접권(neighboring right)은 실연자, 음반 제작자 및 방송 사업자를 보호하는 법률의 규정과 관련된 권리로, 저작물의 해설자, 매개자, 전달자 역할을 하는 사람에게 부여되는 권리를 말한다(출처 : 한국저작권위원회). 저작인접권의 구체적인 예는 다음과 같다.

- 실연자가 자신의 실연을 녹음 또는 녹화하거나 사진으로 촬영할 권리
- 음반 제작자가 음반을 복제 · 배포할 권리
- 방송 사업자가 자신의 방송을 녹음, 녹화, 사진 촬영 등으로 복제하거나 동시 중계방송을 할 수 있는 권리

---

3 저작권의 관리

저작권의 효력은 특별한 등록이나 인증 없이 저작권자가 저작물을 창작한 즉시 발효되며, 여기에는 어떠한 절차나 형식의 이행이 필요하지 않다(「저작권법」 제10조 제2항). 즉 저작권은 '무방식 주의'를 따른다. 저작권에 관한 국제 협약 가운데 세계 저작권 협약Universal Copyright Convention, UCC은 저작권 표시인 ⓒ를 요구하는 방식 주의에 입각하여 저작권 발생을 인정했으나, 우리나라 「저작권법」은 베른 협약의 규정에 따라 무방식 주의를 채택하여 따르고 있다.

TIP **무방식 주의** : 저작권자가 저작물을 창작하면 자동으로 저작권이 발생하는 것처럼, 어떠한 절차나 방식이 없어도 효력이 발생하는 것을 말한다.

3.1 저작권의 발생

저작권은 저작물을 창작한 순간 모든 권리가 발생하며, 저작권을 나타내는 ⓒ와 같은 특별한 표시가 없어도 「저작권법」에 의해 보호를 받을 수 있다. 이것이 등록을 해야만 권리가 발생하는 특허나 상표와 같은 산업재산권의 권리와 다른 점이다(출처 : 한국저작권위원회). 그러므로 저작권 등록은 저작권에 대한 효과적인 권리 구제를 위한 것일 뿐, 저작권이 발생하는 데 필요한 요구 조건이 아니다. 저작권 침해가 발생했을 때 저작물의 창작 연월일 입증 및 침해에 대한 입증을 용이하게 하여 자신의 저작권을 보호받을 수 있도록 하는 데 의의가 있다. 다시 말해 저작권을 등록하지 않았다고 해서 저작권을 보호받지 못하는 것은 아니다.

3.2 저작권의 등록

원칙적으로 저작권은 베른 협약의 무방식 주의에 따라 특별한 절차를 거치지 않아도 법적인 보호를 받을 수 있다. 하지만 우리나라에서는 저작권 등록에 대해 「저작권법」 제53조에 규정되어 있다. 다음과 같은 정보를 등록하면 향후 형사상 · 민사상 분쟁 및 문제가 발생했을 때 법적인 추정력과 대항력을 가질 수 있다.

- 저작자의 실명 또는 이명, 국적, 주소 또는 거소
- 저작물의 제호, 종류, 창작 연월일
- 공표 여부, 맨 처음 공표된 국가, 공표 연월일

여기서 잠깐 CCL

CCL은 'Creative Commons License'의 약자로, 저작권자가 자신의 저작물을 일정한 조건하에 다른 사람들이 자유롭게 이용하도록 허락하는 자유 이용 라이선스라고 볼 수 있다. 저작물의 자유로운 이용을 장려함과 동시에 저작권자의 권리 보호를 목표로 하는 일종의 표준 약관이자 저작물 이용 허락 표시이다. CCL의 라이선스 유형은 크게 저작자 표시, 비영리, 변경 금지, 동일 조건 변경 허락으로 구분되며, 각각을 나타내는 아이콘과 자세한 의미는 다음과 같다.

라이선스 유형	아이콘	설명
저작자 표시		• 저작자임을 알리는 의미 • 저작자의 이름, 출처를 표시해야 한다는 의미로, 라이선스에 반드시 포함되는 필수 조항
비영리		• 내가 만든 저작물을 상업적으로 이용하지 말라는 의미 • 저작물을 영리 목적으로 이용할 수 없으며, 영리 목적으로 이용하려면 별도의 계약이 필요함
변경 금지		• 콘텐츠를 사용하는 것은 좋지만 수정은 하지 말라는 의미 • 저작물을 변경하거나 해당 저작물을 이용한 이차적 저작물 제작을 금지함
동일 조건 변경 허락		• 새로운 저작물을 만들 수 있도록 수정을 허락한다는 의미 • 원저작물과 동일하게 CC 라이선스를 붙여서 다른 사람이 사용할 수 있도록 공유해야 함

3.3 저작권 보호 기간

저작권은 저작자의 생존 기간과 사망 후 70년간 존속을 원칙으로 하며, 공동 저작물인 경우에는 맨 마지막에 사망한 저작자를 기준으로 사후 70년간 존속한다. 저작자의 사망 시점을 알 수 없는 경우에는 이러한 원칙을 적용할 수 없는데 무명 또는 이명 저작물, 업무상 저작물, 영상 저작물이 이에 해당된다. 이와 같은 경우에는 공표된 시점을 기준으로 70년간 저작권이 존속한다.

저작권 보호 기간은 저작자가 사망하거나 저작물을 공표한 다음 해 1월 1일부터 기산한다. 저작권 보호 기간이 기존 50년에서 70년으로 연장되어 시행된 시점은 2013년 7월 1일부터이다.

3.4 저작권의 제한

저작권은 저작물을 배타적 · 독점적으로 이용할 수 있는 권리이지만, 저작물이 직간접적인 사회의 도움을 받아 창작된다는 점을 고려할 필요가 있다. 권리자의 독점을 무제한 인정하는 것은 공공의 이익에 부합하지 않으며 문화 발전에 지장을 줄 수도 있으므로 다음과 같이 저작권이 제한되는 경우를 규정하고 있다.

- 재판 절차, 입법, 행정 자료를 위한 저작물의 복제
- 공개적으로 행한 정치적 연설, 법정 · 국회 · 지방의회에서의 진술 등의 이용
- 학교 교육 목적 등의 이용
- 시사 보도를 위한 이용
- 시사적인 기사 및 논설의 복제
- 공표된 저작물의 인용
- 영리를 목적으로 하지 않는 공연, 방송
- 사적 이용을 위한 복제
- 도서관 등에 보관된 자료의 복제
- 시험 문제를 위한 복제
- 시각 장애인을 위한 점자에 의한 복제
- 방송 사업자의 자체 방송을 위한 일시적 녹음 또는 녹화
- 일정한 장소에서 미술 저작물의 전시 또는 복제
- 저작물 이용 과정에서의 일시적 복제
- 저작물의 공정한 이용
- 컴퓨터 프로그램 저작물에 대한 특례 : 프로그램 기능의 조사 · 연구 · 시험 목적의 복제, 컴퓨터의 유지 · 보수를 위한 일시적 복제, 프로그램 코드의 역분석, 정당한 이용자에 의한 보존을 위한 복제, 법정 허락에 의한 제한

3.5 디지털 저작권 관리

디지털 저작권 관리digital rights management, DRM란 디지털 콘텐츠 제공자의 권익을 보호하고 불법 복제로부터 안전하게 보호받도록 콘텐츠의 생성에서 유통, 관리까지 일괄적으로 지원하는 것을 말한다. 디지털 저작권 관리의 대표적인 예는 다음과 같다.

- 출판자 또는 저작권자가 자신이 배포한 디지털 자료나 하드웨어의 사용을 제어하고 이를 의도한 용도로만 사용하도록 제한한다.
- 기업의 기밀 사항이 담긴 내부 문서가 외부로 유출되지 않도록 관리하는 데 사용한다.
- CD나 DVD 등을 이용하여 오프라인상에서 유통되던 음악, 영화 등이 온라인상에서 유통될 때 정당한 금액을 지불하지 않는 불법적인 사용을 차단한다.
- 인증받은 사용자가 인증된 기간 동안만 콘텐츠를 사용하도록 통제하여 불법적인 사용을 제한한다.
- 다운로드한 동영상이나 문서 콘텐츠를 다른 PC에 복사할 때마다 로그인 인증을 하도록 하여 다운로드 횟수를 제한한다.

여기서 잠깐 **저작권 단속 단체**

우리나라에서는 다음과 같은 단체들이 저작물의 저작권 침해 여부를 관리 및 단속하고 있다(출처 : 저작권보호센터).

분야	단체	
음악	• [신탁] (사)한국음악저작권협회 • [신탁] (사)한국음악실연자연합회	• [신탁] (사)한국음반산업협회
영상	• [위임] (사)한국영화배급협회 • [위임] 한국방송공사 • [위임] 한국교육방송공사 • [위임] (주)MBN	• [위임] (주)에스비에스 • [위임] (주)문화방송 • [위임] (사)한국애니메이션제작자협회 • [위임] (주)TV조선
출판	• [신탁] (사)한국복제전송저작권협회 • [위임] (사)한국만화출판협회	• [위임] 한국대중문학작가협회
게임	• [위임] (사)한국소프트웨어저작권협회 • [위임] 엔터테인먼트소프트웨어협회	• [위임] (사)한국인터넷디지털엔터테인먼트협회
소프트웨어	• [위임] (사)한국소프트웨어저작권협회	

4 저작권자와 저작물

저작권의 주체가 되는 저작권자와 저작물에 대해 자세히 살펴보자.

4.1 저작권자

저작자 또는 저작권자는 저작물을 창작한 사람을 가리킨다. 예외적으로 법인이나 단체, 그 밖의 사용자를 저작권자로 인정하는 경우가 있는데, 「저작권법」 제8조에 따라 다음 중 하나에 해당하는 자를 저작권자로 추정한다.

- 저작물의 원본이나 그 복제물에 저작권자로서의 실명 또는 이명(예명, 아호, 약칭 등을 모두 포함)으로 널리 알려진 것이 일반적인 방법으로 표시된 자이다.
- 저작물을 공연 또는 공중 송신을 하는 경우에 저작권자로서의 실명 또는 저작권자의 널리 알려진 이명으로 표시된 자이다.
- 위의 어느 하나에 해당하는 저작권자의 표시가 없는 저작물은 발행자 또는 공연자로 표시된 자가 저작권을 가진 것으로 추정한다.

또한 「저작권법」 제9조에 따르면 법인 등의 명의로 공표되는 업무상 저작물은 계약 또는 근무 규칙 등의 다른 정함이 없을 때는 그 법인 등이 저작권자가 된다.

4.2 저작물

저작물은 인간의 사상 또는 감정을 일정한 형식에 담아 표현한 것으로 독창성을 지닌 창작물이다. 「특허법」은 기존의 것과 다른 새로운 신규성novelty을 요구하지만, 「저작권법」에서는 저작권자 스스로의 노력으로 만들어진 것이라면 유사한 창작물이 이미 존재하더라도 창작성을 인정해준다. 그러나 아무리 많은 시간과 노력을 들였더라도 창작에 의한 부가적 요소가 없다면 저작물로 인정받기 어렵다.

「저작권법」에 의해 보호되는 대상은 표현 형식별로 다음과 같이 분류할 수 있다(「저작권법」 제4조 제1항).

- **어문 저작물** : 문자화된 저작물과 연술 등의 구술 저작물을 모두 포함한다.
- **음악 저작물** : 클래식, 팝송, 가요 등 음악에 속하는 모든 저작물을 말하며, 악곡 외에 언어를 수반하는 오페라, 뮤지컬 등도 모두 포함한다. 즉흥 음악과 같이 악곡이나 가사가 고정되지 않은 것도 독창성이 있으면 음악 저작물로 보호받을 수 있다.
- **연극 저작물** : 연극, 무용, 무언극 등과 같이 인간의 사상이나 감정을 신체 동작으로 표현한 것을 모두 포함한다. 연극이나 무용 그 자체는 하나의 실연이므로 저작인접권의 보호 대상에 속하지만 무보(舞譜) 등은 연극 저작물로 보호받는다.

- **미술 저작물** : 형상 또는 색채에 따라 미적으로 표현된 것을 말하며 회화, 서예, 조각, 공예, 응용 미술 저작물 등이 포함된다. 미술 작품과 같은 저작물은 저작물을 소유한 사람이 모든 저작권을 행사할 수 있다고 생각하기 쉽지만 그렇지 않다. 미술 작품의 소유권과 저작권은 서로 다르다.
- **건축 저작물** : 건축물을 건축하기 위한 설계도나 모형, 건축된 건축물을 포함한다. 통상적인 형태의 건물이나 공장 등은 건축 저작물에 포함되지 않으며, 사회 통념상 미적 가치가 인정되는 것만을 저작권으로 보호한다.
- **사진 저작물** : 단순히 기계적인 방법으로 피사체를 다시 재현한 것이 아니라 사진작가의 사상이나 감정을 담아 표현한 것을 말하며, 기계에 의존한다는 점에서 미술 저작물과 구별된다. 인물 사진은 초상권과 경합하여 일부 권리가 제한된다.
- **영상 저작물** : 서로 관련된 연속적인 영상이 수록된 창작물로 기계 또는 전자 장치로 재생하거나 볼 수 있는 것을 말한다. 일반적으로 영화, 드라마 등이 포함된다.
- **도형 저작물** : 지도, 도표, 약도, 모형, 그 밖의 도형으로 표현되는 저작물을 말한다. 지도처럼 지형이나 지물을 사실 그대로 정해진 방법으로 표현하는 것은 소재의 선택이나 표현 방법에서 작성자의 창작성이 발휘될 여지가 적기 때문에 다른 저작물에 비해 보호의 범위가 좁다.
- **컴퓨터 프로그램 저작물** : 특정한 결과를 얻기 위해 컴퓨터 등 정보처리 능력을 가진 장치 내에서 직접 또는 간접으로 사용되는 지시나 명령으로 표현되는 창작물을 말한다. 컴퓨터 프로그램은 산업 기밀과 연관될 수 있는 지식재산권으로 정보기관이나 수사기관이 관여하는 주요 지식재산권이다.

여기서 잠깐 **Copyright와 Copyleft**

Copyright와 Copyleft는 저작권을 표시하는 방법으로 서로 다른 의미를 지니고 있다.

- **Copyright** : 'All rights reserved.'와 함께 표기되는 것으로, 저작권에 관한 모든 권리가 저작권자에게 있으므로 제삼자가 저작물을 무단으로 사용 · 변경 · 복제 · 재배포할 수 없다는 저작권 보호 표시이다.
- **Copyleft** : Copyright의 반대 의미로, 저작권자가 자신의 저작물을 모든 사용자가 자유롭게 사용 · 변경 · 복제 · 재배포할 수 있도록 무상으로 허용한다는 표시이다.

4.3 그 밖의 이차 저작물

다음과 같은 유형의 특수 저작물은 이차 저작물에 포함된다.

- **이차적 저작물** : 소설을 영화로 만드는 것과 같이 기존 저작물을 토대로 작성된 새로운 저작물로서, 원저작물과는 별도로 「저작권법」에 의해 보호를 받는다. 번역, 편곡, 각색 및 영상 제작 등의 방법으로 만들어진 저작물이 대표적이며, 원저작물과는 별도의 새로운 창작성이 있어야 한다. 이차적 저작물을 작성할 때는 원작자의 허락이 필요하다.
- **편집 저작물** : 개별 저작물의 성격에 상관없이 소재의 창작적인 배열로 이뤄진 편집물을 말하며 백과사전, 신문, 잡지, 전화번호부 등이 대표적이다. 개개의 저작물과는 별도로 그 전체가 독립된 저작물로서 보호를 받는다.
- **데이터베이스** : 데이터베이스는 소재를 체계적으로 배열 또는 구성한 편집물로, 해당 소재에 개별적으로 접근하거나 검색할 수 있도록 한 것이다. 소재의 선택, 배열, 또는 구성에 창작성이 있는 데이터베이스는 편집 저작물로도 보호받을 수 있다. 이때 데이터베이스 제작자는 데이터베이스의 제작 또는 그 소재의 갱신, 검증, 또는 보충에 인적으로나 물적으로 상당한 투자를 한 자를 말하며, 데이터베이스의 전부 또는 상당한 부분을 복제 · 배포 · 방송 · 전송할 권리를 가진다.

여기서 잠깐 **저작물 관련 용어**

- **복제** : 새로운 창작성은 더하지 않고 프로그램을 유형물에 고정시켜 다시 제작하는 행위
- **배포** : 저작물의 원본 또는 그 복제물을 대가를 받거나 받지 않고 일반 사람들에게 양도하거나 대여하는 행위
- **공표** : 프로그램을 발행하거나 이를 특정한 사람 또는 불특정 다수의 사람들에게 제시하는 행위
- **발행** : 공중의 수요에 응하기 위해 프로그램을 복제 · 배포하는 행위
- **개작** : 원프로그램에서 일련의 지시나 명령의 전부 또는 상당 부분을 이용하여 새로운 프로그램을 창작하는 행위
- **전송** : 정보통신의 방법을 이용하여 공중이 수신하거나 이용할 수 있도록 프로그램을 송신하거나 제공하는 행위

4.4 보호받지 못하는 저작물

저작물로서의 요건을 충족하더라도 사회 공공의 이익을 위해 정책적으로 「저작권법」의 보호 범위 안에서 권리를 제한할 수 있는 저작물이 있다. 이러한 저작물은 원칙적으로는 저작물로 인정할 수 있으나 일반 사람들이 자유롭게 이용하도록 하기 위해 그 권리를 제한하는 것이다 (출처 : 한국저작권위원회).

표 6-1 보호받지 못하는 저작물

구분	설명
아이디어	• 「저작권법」에서 표현은 보호하지만 아이디어는 만인이 공유하여 이용할 수 있도록 보호하지 않음
관공서 문서	• 헌법, 법률, 조약, 명령, 조례, 규칙 • 국가 또는 지방자치단체의 고시, 공고, 훈령, 그 밖에 이와 유사한 것 • 법원의 판결, 결정, 명령 및 심판이나 행정 심판 절차, 그 밖에 이와 유사한 절차에 의한 의결, 결정 등 • 국가 또는 지방자치단체가 작성한 것으로 「저작권법」 제7조 제1호 내지 제3호에 규정된 것의 편집물 또는 번역물
시사 보도	• 단순한 사실의 전달에 불과한 시사 보도

02 저작권 침해와 구제

사례 | 저작권을 침해하는 P2P 프로그램

H 군은 인터넷에서 영화를 한 편 다운로드했는데 저작권 침해를 범했다는 통지를 받게 되었다. H 군은 저작권 침해에 대해 잘 몰랐고 다운로드한 영화는 개인적인 용도로만 이용했을 뿐이라며 이의를 제기했다. 그러나 P2P 프로그램에는 일반적으로 공유 폴더가 설정되어 있어서 개인이 파일을 다운로드하면 그와 동시에 공유 폴더를 통해 불특정 다수의 이용자들이 다운로드할 수 있으므로 파일을 유포한 셈이 된다. 자기도 모르게 저작권 침해를 하게 된 H 군은 이의 신청을 거절당했다.

1 저작권 침해란?

저작권 침해란 저작권으로 보호되는 저작물을 무단으로 사용함으로써, 「저작권법」이 부여한 저작권자의 권리를 침해하여 이용하는 행위를 말한다. 저작권자로부터 이용 허락을 받았더라도 허락받은 이용 방법 및 조건의 범위를 벗어난 경우에는 저작권 침해에 해당한다. 법률상 저작권 행사가 제한되는 경우를 제외하고 '저작권자의 허락 없이 저작물을 이용하거나 저작권자의 인격을 침해하는 방법으로 저작물을 이용하는 것'을 저작권 침해로 볼 수 있다. 또한 프로그램의 저작권을 침해하여 만들어진 복제물을, 저작권 침해 사실을 알면서도 취득한 사람이 이를 업무상 이용하는 행위도 저작권 침해 행위로 본다(출처 : 저작권보호센터).

TIP 저작권 침해는 타인의 저작물을 저작권자의 허락 없이 무단으로 이용하는 행위이고, 표절은 타인의 창작물 전부나 일부를 자신이 창작한 것처럼 복제하는 행위이다.

1.1 저작권의 간접 침해 행위

다음과 같은 행위는 직접적인 저작권 침해로 간주되지는 않지만 침해 행위에 해당할 수 있으니 하지 않도록 「저작권법」에서 권고하고 있다.

- 기술적 보호 조치를 무력화하는 행위
- 권리 관리 정보를 제거하거나 변경하는 행위

• 암호화된 방송 신호를 무력화하는 행위
• 저작물의 라벨을 위조하는 행위
• 영화관에서 영화를 몰래 촬영하는 행위
• 권한 없이 방송 전 신호를 제삼자에게 송신하는 행위

1.2 한류 저작권의 침해 행위

저작권보호센터는 2015년 7월 유튜브, 데일리모션, 포셰어드에 대해 모니터링을 실시한 결과, 총 12,227점의 한류 콘텐츠 불법 복제물을 삭제하는 성과를 거두었다. 한류 콘텐츠의 저작권 침해가 심각한 곳은 FC2, 비메오 등 북미와 아시아의 5개 웹사이트이다(출처 : 저작권보호센터).

표 6-2 해외 주요 웹사이트의 한류 콘텐츠 침해 행위(단위 : 점)

구분	유튜브	데일리모션	포셰어드	계
음악		859	6,230	7,089
영화	935	322	64	1,321
방송	620	3,050	33	3,703
게임			114	114
계	1,555	4,231	6,441	12,227

2 저작권 침해 사례

다음은 온라인에서 흔히 일어날 수 있는 일로, 저작권 침해의 소지가 있는 경우는 주의하기 바란다.

• **개인 블로그에 다른 웹사이트 주소를 링크하는 경우** : 개인 블로그에 특정 웹 페이지의 주소(URL)만을 게시하여 이용자가 클릭하면 그 웹 페이지에 접속되도록 하는 것은 저작권 침해에 해당하지 않는다.

• **방송 프로그램을 캡처하여 올리는 경우** : 원칙적으로 저작물의 일부를 캡처하여 사용하려면 저작권자의 허락을 받아야 한다. 그러나 「저작권법」 제28조의 공표된 저작물 인용 규정에 따라 영화, 드라마의 비평이나 감상평을 게재하기 위해 캡처한 장면을 한두 컷 정도 이용하는 것은 저작권 침해에 해당하지 않는다.

- **자신이 입력한 책의 내용을 올리는 경우** : 구매한 도서를 본인이 직접 타이핑했다 하더라도 이는 「저작권법」상 복제에 해당하므로 저작권 침해 행위가 된다.
- **자신이 그린 연예인 그림을 올리는 경우** : 자신이 직접 그린 연예인의 얼굴 그림을 팬 카페에 올리는 것은 저작권 침해 행위에 해당하지 않는다.

TIP **퍼블리시티권** : 유명인이 자신의 이름, 초상, 목소리, 이미지 등을 이용하여 경제적인 이득을 얻을 수 있도록 하는 권리이자, 다른 사람들이 자신의 이름, 초상 등을 허락 없이 상업적으로 이용하지 못하도록 통제할 수 있는 권리를 말한다. 연예인과 같은 유명인은 이미 얼굴이 널리 알려져 있어 일반적으로 초상에 대한 법적인 보호가 어렵지만 퍼블리시티권은 인정받을 수 있다.

- **디지털 뉴스를 복사하는 경우** : 인터넷에서 검색한 디지털 뉴스는 저작권자로부터 허락을 받고 사용해야 한다. 디지털 뉴스도 저작물이므로 이를 복사하여 사용하는 것은 저작권 침해에 해당한다.
- **구매한 잡지 속 사진을 쇼핑몰에 올리는 경우** : 쇼핑몰 운영자가 자신이 구매한 잡지에 실린 사진을 스캔하여 쇼핑몰에 올리는 것은 저작권 침해 행위로 법적 제재를 받을 수 있다.
- **공유 사이트에 음악 파일을 올리는 경우** : 자신이 직접 연주한 영상을 유튜브 등의 공유 사이트에 올리는 것은 문제가 되지 않지만, 공유 사이트에 올라온 음원 파일을 다운로드하는 것은 저작권 침해 행위에 해당한다.
- **공유 사이트에 자료를 올리고 받는 경우** : 파일 공유 사이트에서 유료 · 무료 영화를 다운로드하는 것은 저작권 침해 행위이다. 또한 자신이 소장한 영화를 개인 블로그에 올리는 것도 「저작권법」 위반에 해당한다.
- **신문 기사를 스크랩하는 경우** : 개인 블로그에 신문 기사를 스크랩하는 것은 저작권 침해 행위에 해당하지만 시사적인 기사나 논설을 스크랩하는 것은 저작권 침해 행위가 아니다. 기사 아래에 '무단 전재, 배포 금지'라는 문구가 있는 경우에는 해당 언론사의 동의를 얻어야 저작권 침해 문제가 발생하지 않는다.

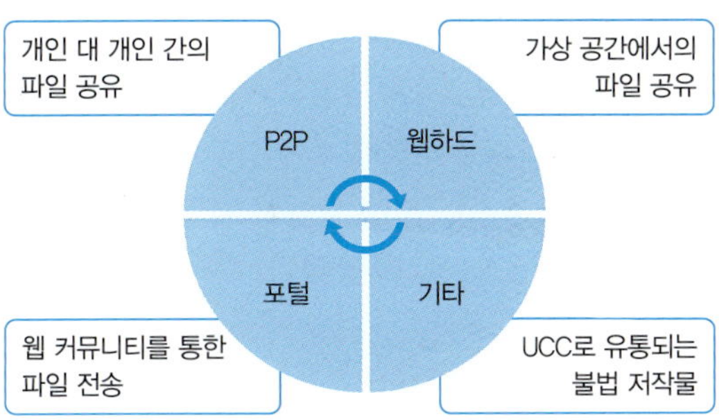

그림 6-2 「저작권법」에 위반되는 콘텐츠 제공 유형

여기서 잠깐 **저작권 사용료의 유형**

- **로열티** : 사진이나 일러스트 등은 제작한 사람이나 판매 회사가 저작권을 보유하고 있다. 저작권자 이외의 사람이나 회사가 온·오프라인을 통해 재배포 및 판매·양도·대여·송신(메일, 메신저, 웹하드, 클라우드)하는 것은 저작권 침해 행위이므로 저작권을 보유하고 있는 사람 또는 그 대리인과 직접 교섭하여 합의한 사용료를 지불해야 한다. 이와 같이 저작물 소유자에게 지급하는 비용을 로열티(royalty)라고 한다.
- **로열티 프리** : 이미지 CD나 이미지를 구매한 후 '라이선스 계약(사용 범위)' 등에 기재된 제한 내에서 저작권자의 동의 절차 없이 사용이 가능한 경우를 로열티 프리(royalty free, RF)라고 한다. 이미지 CD의 경우에는 한 번 구매하면 다양한 용도로 여러 번 사용할 수 있다.
- **기간제 라이선스** : 로열티 프리와 같은 유형에 속하지만 사용 기간에 제한이 있다는 점이 다르다.
- **저작권 관리 권한** : 저작권 관리 권한(right management, RM)은 저작권자와 판매를 대행하는 회사가 콘텐츠의 판매 및 대여를 관리하는 권리를 갖는 것을 말한다. 저작권 관리 권한에 해당하는 이미지는 사용 횟수나 용도에 따라 이미지 대여료가 결정되는 형태이므로 제한적인 이미지 사용이 가능하다.

3 프로그램 저작권 침해

프로그램 저작권자는 공표권, 성명 표시권, 동일성 유지권과 프로그램을 복제·개작·번역·배포·발행·전송할 권리를 가지고 있다.

3.1 프로그램 저작권 침해 행위

프로그램 저작권은 어떠한 절차나 형식의 이행이 없어도 프로그램이 창작된 때부터 발생하는 권리로, 공표한 때부터 50년간 존속한다(「저작권법」 제4조).

- **프로그램 저작권 침해 행위** : 정당한 권한 없이 타인의 프로그램 저작권을 복제·개작·번역·배포·발행·전송의 방법으로 침해하거나 프로그램의 배타적 발행권 등을 복제·배포·전송의 방법으로 침해한 경우는 저작권 침해 행위에 해당한다.
- **프로그램 저작권 수입 행위** : 프로그램을 국내에 배포할 목적으로 무단으로 수입하는 것은 저작권 침해 행위이다. 또한 프로그램의 저작권을 침해하여 만든 프로그램 복제물(수입 프로그램 포함)을 그 사정을 알면서도 취득한 사람이 업무상으로 이용하는 것도 저작권 침해 행위에 해당한다.

여기서 잠깐 **WTO TRIPs 협정의 컴퓨터 프로그램 보호법**

컴퓨터 프로그램 저작물은 저작권자의 권리를 보호하고 산업 기술을 진흥하여 국민 경제의 건전한 발전에 이바지함을 목적으로 컴퓨터 프로그램 보호법에 의한 협정으로 보호받고 있다. 현재 개발된 모든 응용 소프트웨어는 원시 코드와 목적 코드를 불문하고 국제 조약과 각국의「저작권법」체계에 따라 보호를 받는다.

세계무역기구(World Trade Organization, WTO)는 우루과이 라운드를 통해 무역과 관련된 지식재산권 보호에 관한 규정을 만들었으며 이를 집행하고 있다. WTO TRIPs(Trade-Related Aspects of Intellectual Property Rights) 협정은 무역과 관련된 지식재산권에 관한 협정으로, 1993년 12월 15일 타결되어 1995년 1월 1일 WTO 출범과 함께 효력이 발생했다. 총 7부, 73개 조로 구성되었으며, 지식재산권 침해에 대한 구제 수단이 명기되어 있다. TRIPs 협정에는 지식재산권에 대한 정의 규정을 두지 않았으며, 다만 저작권 및 저작인접권, 상표권, 지리적 표시권, 공업 의장권, 특허권, 반도체 설계 배치권, 영업 비밀권, 지식재산권 침해 물품의 국제 거래를 엄격히 금지하고 있다.

베른 협약은 컴퓨터 프로그램의 보호를 명시하고 있지 않지만, TRIPs 협정 제10조 제1항에는 컴퓨터 프로그램이 베른 협약에서의 '문학 저작물(literary works)'로서 보호된다고 규정되어 있다. 일반적으로 컴퓨터 프로그램은 베른 협약에 의해서도 저작권의 보호를 받는 것으로 해석되었으나 이를 명확하게 하기 위해 TRIPs 협정에 명시적 규정을 둔 것이다.

우리나라에서는 2009년 7월 23일「컴퓨터 프로그램 보호법」이 폐지되고「저작권법」으로 통합·개정되어「저작권법」의 특별법으로 컴퓨터 프로그램을 보호하고 있다.

3.2 프로그램 저작권 침해에 대한 벌칙

프로그램 저작권을 침해한 경우에 부과할 수 있는 벌칙은 다음과 같다.

- **일반적인 침해에 대한 벌칙** : 프로그램 저작권을 침해한 사람은 5년 이하의 징역 또는 5,000만 원 이하의 벌금에 처하거나 이를 병과(倂科)할 수 있다.
- **상습범에 대한 벌칙** : 상습적으로 컴퓨터 프로그램 저작권을 침해한 사람은 7년 이하의 징역 또는 7,000만 원 이하의 벌금에 처하거나 이를 병과할 수 있다.

4 저작권 침해의 구제 방안

저작권 침해에 대해서는 민사적 · 형사적 · 행정적 구제로 대응할 수 있다.

4.1 민사적 구제

지식재산권은 개인(또는 기업)의 재산권이기 때문에 지식재산권자가 민사재판을 통해 자신의 권리를 침해한 자 또는 침해할 우려가 있는 자에 대해 침해의 금지 또는 예방을 청구하고 손해배상을 청구하는 등의 자력 구제 조치를 취하는 것이 일반적이다. 민사적 구제에 대해서는 정부가 개입할 여지가 없으며, 또 국가 기관이 관여할 일도 아니다.

4.2 형사적 구제

지식재산권 침해에 대해서는 민사적 구제와 함께 형사적 구제 조치를 받을 수 있다. 이때 권리자의 고소가 있어야 공소를 제기할 수 있는 경우가 있고, 당사자의 고소가 없어도 국가 권력(정부)이 스스로 지식재산권 침해 행위를 인지하여 침해자를 처벌하는 경우도 있다.

4.3 행정적 구제

앞서 언급한 민사적 · 형사적 구제 조치 외에 행정 규제, 권고, 시정 조치 명령 등 각종 행정적 구제 조치로 지식재산권 침해 행위에 대응할 수 있다.

- **특허청의 부정 경쟁 행위에 대한 시정 권고** : 특허청은 타인의 널리 알려진 표장, 표시 등을 침해하는 부정 경쟁 행위에 대해 그 행위의 중지 또는 제거나 폐기 등의 시정에 필요한 권고를 할 수 있다.
- **국가 핵심 기술의 지정 · 변경 · 해제** : 산업통상자원부 장관은 국가 핵심 기술을 지정 또는 변경하거나 해제할 수 있다. 국가 핵심 기술을 보유한 기관은 해당 기술이 유출되는 것을 방지하기 위해 필요한 조치를 취할 수 있다(「산업 기술의 유출 방지 및 보호에 관한 법률」 제9조 및 제10조).
- **국가 핵심 기술의 수출 규제** : 국가로부터 연구 개발비를 지원받아 개발한 국가 핵심 기술을 보유한 기관이 해당 기술을 매각 또는 이전 등의 방법으로 외국 기업에 수출하는 경우에는 산업통상자원부 장관의 승인을 받아야 한다. 산업통상자원부 장관은 국가 핵심 기술의 수출 중지 및 금지, 원상회복 등의 조치를 취할 수 있다(「산업 기술의 유출 방지 및 보호에 관한 법률」 제11조).
- **정보통신망을 통한 불법 복제물 등의 삭제 명령** : 문화체육관광부 장관은 정보통신망을 통하여 저작권이나 그 밖에 「저작권법」에 따라 보호되는 권리를 침해하는 복제물 또는 정보, 기술적 보호 조치를 무력하게 하는 프로그램 또는 정보(이하 '불법 복제물 등'이라 한다)가 전송되는 경우에 위원회의 심의를 거쳐 대통령령으로 정하는 바에 따라 온라인 서비스 제공자에게 다음 각 호의 조치를 할 것을 명할 수 있다(「저작권법」 제133조의 2).
  1. 불법 복제물 등의 복제 · 전송자에 대한 경고
  2. 불법 복제물 등의 삭제 또는 전송 중단

03 웹 콘텐츠 저작권

사례 | 기본에 충실한 창의적인 웹 콘텐츠

1990년대 후반부터 인터넷이 대중화되고 2000년대에 접어들어 '닷컴'이 부상하면서 사람들은 온라인이라는 새로운 패러다임에 빠져들었다. 웹 콘텐츠 기획자들도 오프라인과는 전혀 다른 획기적인 것만을 중요시했다. 그러나 기본이 갖춰지지 않은 획기적인 아이디어는 그 순간만 반짝일 뿐 오래 지속되지 못하고 식상한 네티즌의 외면을 받았다. 이는 웹 콘텐츠 시장에서 중요한 것은 획기적인 것보다 기본에 충실한 창의적인 웹 콘텐츠임을 말해준다.

1 웹 콘텐츠 저작권이란?

웹 콘텐츠는 인터넷을 기반으로 배포되는 블로그, 인터넷 포럼, 뉴스 그룹, 웹진, 팟캐스트, 플래시, 동영상, 이미지, 웹툰 등의 콘텐츠를 말한다. 웹사이트에 다양한 콘텐츠를 게시할 때는 디자인, 레이아웃, 로고 이미지, 캐릭터, 상표 등의 권리자로부터 이용 허락을 받아야 한다.

많은 자료가 디지털화되면서 개인 블로그나 카페 또는 소셜미디어에서 콘텐츠를 가져오거나 링크하는 경우가 흔하다. 개인 블로거들이 제공하는 웹 콘텐츠의 대부분은 콘텐츠 저작권에 위배되는 내용으로, 당연히 보호받아야 할 저작물인데도 불법으로 버젓이 게시하는 실정이다. 이들은 웹에서 사용하는 콘텐츠는 무료라는 잘못된 생각으로 복사와 붙여넣기를 반복하고 있다.

2 웹 콘텐츠 저작권 보호

2.1 워터마크 삽입

워터마킹은 디지털 형식으로 되어 있는 오디오, 비디오, 텍스트 등의 지식재산에 대한 저작권 보호를 위해 개발된 복제 방지 기술이다. 저작권자만 알 수 있도록 몰래 워터마크를 삽입하는데, 웹 콘텐츠에 워터마크를 삽입하면 무단 복제를 방지하여 저작권을 보호할 수 있다. 웹 콘텐츠의 저작권 보호에 사용하는 워터마킹 기술은 다음과 같은 특징을 가지고 있다.

- **비지각성** : 워터마크를 삽입해도 원본 콘텐츠의 품질에 영향을 미치지 않는다.
- **소유자 확인 및 증명** : 디지털 콘텐츠에 삽입된 워터마크는 콘텐츠의 소유자를 확인하는 목적으로 활용할 수 있다.
- **유통 추적** : 유통 과정에서 콘텐츠 구매자를 구분할 수 있도록 워터마크를 넣는 기술을 말한다.
- **콘텐츠 내용 인증** : 원본 콘텐츠에 대한 정보를 워터마크로 삽입하면 콘텐츠에 불법적이거나 인위적인 변형이 가해졌을 때 변형된 부분을 검출해내어 콘텐츠의 진위를 판단할 수 있다.
- **내용 훼손** : 워터마크가 강제로 삭제되면 내용을 식별할 수 없도록 텍스트나 이미지 콘텐츠를 손상시킨다.

여기서 잠깐 **웹 콘텐츠의 종류**

- **파노라마 VR** : 파노라마 방식으로 촬영한 사진으로 아파트 모델하우스나 갤러리 등의 웹사이트에서 주로 사용하는 웹 콘텐츠이다. 고객이 실제 현장에 있는 듯한 사실적인 느낌을 주는 정보를 제공한다.
- **오브젝트 VR** : 제품을 360도로 회전하여 보여주는 웹 콘텐츠로 복잡한 전자 제품, 자동차, 의류, 액세서리 등의 소개에 주로 활용한다.
- **플래시** : 플래시는 다양한 효과와 기능을 영상물로 제작할 수 있는 플랫폼으로, 용량이 작아 웹에서 사용하기 적합한 콘텐츠이다.
- **UCC** : UCC(user created contents)는 가장 대중적이면서도 각인이 뛰어난 매체이다. 사람들은 자신의 취미나 특기를 살려 요리하는 과정이나 비법, 악기를 연주하는 모습 등을 촬영하여 유튜브, 판도라TV, 아프리카TV와 같은 웹사이트를 통해 공개한다.
- **웹 브로슈어** : 웹 브로슈어는 정적인 콘텐츠보다 플래시나 동영상과 같은 역동적인 콘텐츠를 삽입할 수 있는 웹 콘텐츠로 홈페이지, 소셜미디어, 이메일 등을 통해 빠르게 유통할 수 있다는 것이 장점이다.
- **사진, 이미지(일러스트, 3D)** : 제품과 용도에 따라 별도의 소품을 활용한 사진이나 제품 소개를 위한 인테리어 컷을 사용할 수 있다. 사진만으로 표현하기 어려운 콘텐츠에는 일러스트나 3D 이미지를 다양하게 활용한다.

2.2 웹 이용 약관 표시

올바른 인터넷 문화를 정착하기 위해 웹 콘텐츠를 제공하는 업체 측과 웹사이트를 방문하는 모든 이용자들에게 지켜야 할 규칙이나 약관 등을 게시하여 서로 신뢰를 갖는 것이 중요하다.

❶ 약관 승인

웹사이트를 방문하거나 브라우징을 하는 것 등을 포함하여 어떠한 방식으로든 서비스를 이용하는 경우, 이용자는 업체에서 정한 '표준 이용 약관'에 동의하는 것으로 간주한다는 문구를 웹 페이지에 게시한다.

❷ 회원 가입 및 자격

이용자는 회원 가입을 하지 않아도 웹사이트를 탐색하고 콘텐츠를 볼 수 있지만, 특정한 서비스 및 기능적인 콘텐츠를 이용하기 위해서는 회원 가입을 해야 한다는 자격 제한을 표시하는 것이 좋다.

❸ 규칙 및 행위

이용 조건의 하나로, 이용자는 업체가 제공하는 이용 약관에서 금지하는 어떠한 목적으로도 서비스를 이용하지 않는다는 약속을 해야 한다. 규칙 및 행위는 다음과 같이 나타낼 수 있다.

- 귀하는 본 서비스상에서나 제공되는 어떠한 콘텐츠도 업로드, 다운로드, 포스팅, 제출, 또는 그 밖의 방식에 의한 배포나 배포 촉진 행위를 해서는 안 된다(또한 제삼자가 이와 같은 행위를 하도록 허용해서도 안 된다).
- 귀하는 다른 사람이나 권리 주체의 특허, 상표, 영업 비밀, 저작권, 퍼블리시티권, 또는 그 밖의 권리를 침해하거나 법률 또는 계약상 의무를 위반하지 않도록 한다.
- 귀하는 타인의 권리에 대한 침해가 발생하지 않도록 한다.

❹ 특별 조건

업체는 이용자가 웹사이트에서 지속적으로 이용 약관을 준수할 것을 당부하며, 약관 이행 여부에 따라 회원 자격의 유지 · 박탈을 결정하고 우수 이용자에게는 업체가 제공하는 웹 콘텐츠의 링크를 허용하기도 한다.

❺ 시행일

시행일을 반드시 공고하여 웹 이용에 관한 효력이 발생하도록 한다.

요약

01 저작권은 지식재산권 중의 하나로, 인간의 사상이나 감정 등을 독창적으로 표현한 창작물에 대해 창작자가 가진 독점적이고 배타적인 권리이다. 음악, 영화, 연극, 시, 소설, 회화, 서예, 조각, 방송, 뮤지컬, 컴퓨터 프로그램 등과 같은 문화 · 예술 창작물에 대한 권리를 보호하고 저작물의 공정한 이용을 도모하기 위해 창작자가 가진 전반적인 권리를 말한다.

02 지식재산권은 사람의 창조적 활동 및 경험 등에 의해 창출되거나 발견된 문학, 예술, 과학, 등록상표, 상호 등과 같은 무형적인 것 중에서 법으로 보호할 만한 가치가 있는 것에 대해 법이 부여하는 모든 권리를 말한다.

03 무체재산권은 산업재산권(특허권, 실용신안권, 상표권, 디자인권), 저작권 등과 같이 인간의 지적 · 정신적 실물로서 외적인 형태가 없는 무체물에 대한 재산권을 말한다.

04 지식재산권 중 산업 활동과 관련된 사람의 정신적 창작물과 연구 결과 또는 창작된 방법에 대한 독점적 권리를 가진 무체재산권을 산업재산권이라 한다.

05 컴퓨터 프로그램이나 데이터베이스, 디지털 콘텐츠, 인공지능, 캐릭터와 같은 새로운 형태의 지식재산권을 신지식재산권이라 한다.

06 저작인격권은 저작자가 저작물을 통해 가지고 있는 인격적인 이익을 보호하기 위한 권리를 말한다. 저작재산권은 경제적인 권리로서 소유권과 같이 배타적인 권리이므로 저작권자의 허락 없이는 누구도 해당 저작물을 이용할 수 없다. 저작인접권은 실연자, 음반 제작자 및 방송 사업자를 보호하는 법률의 규정과 관련된 권리로, 저작물의 해설자, 매개자, 전달자 역할을 하는 사람에게 부여되는 권리를 말한다.

07 배포권은 저작물의 원작품 또는 그 복제물을 판매, 대여, 대출, 점유 이전 등의 방법으로 일반인들에게 제공하는 권리를 말한다.

08 저작물은 인간의 사상 또는 감정을 일정한 형식에 담아 표현한 것으로 독창성을 지닌 창작물이다.

09 음악 저작물은 클래식, 팝송, 가요 등 음악에 속하는 모든 저작물을 말하며, 연극 저작물은 연극, 무용, 무언극 등과 같이 인간의 사상이나 감정을 신체 동작으로 표현한 것을 모두 포함한다. 미술 저작물은 형상 또는 색채에 따라 미적으로 표현된 것을 말하며 회화, 서예, 조각, 공예, 응용미술 저작물 등이 포함된다. 건축 저작물은 건축물을 건축하기 위한 설계도나 모형, 건축된 건축물을 포함한다.

10 웹 콘텐츠는 인터넷을 기반으로 배포되는 블로그, 인터넷 포럼, 뉴스 그룹, 웹진, 팟캐스트, 플래시, 동영상, 이미지, 웹툰 등의 콘텐츠를 말한다.

11 워터마킹은 디지털 형식으로 되어 있는 오디오, 비디오, 텍스트 등의 지식재산에 대한 저작권 보호를 위해 개발된 복제 방지 기술이다.

연습문제

01 문학, 예술, 과학, 등록상표, 상호 등과 같은 무형적인 것 중에서 법으로 보호할 만한 가치가 있는 것에 대해 법이 부여하는 권리는 무엇인가?

① 지식재산권 ② 문화 콘텐츠 저작권
③ 실용신안권 ④ 성명 표시권

02 다음 중 산업재산권에 속하지 않는 것은 무엇인가?

① 실용신안권 ② 상표권
③ 디자인권 ④ 정보재산권

03 컴퓨터 프로그램이나 데이터베이스, 디지털 콘텐츠, 인공지능, 캐릭터와 같은 새로운 형태의 지식재산권을 무엇이라 하는가?

① 저작권 ② 문화 콘텐츠 저작권
③ 신지식재산권 ④ 성명 표시권

04 다음 중 저작재산권에 포함되지 않는 것은 무엇인가?

① 복제권 ② 공연권
③ 데이터베이스 ④ 전시권

05 저작권자가 자신의 저작물을 일정한 조건하에 다른 사람들이 자유롭게 이용하도록 허락하는 자유 이용 라이선스를 무엇이라 하는가?

① CCL ② Copyright
③ Copyleft ④ DRM

06 다음 중 보호받지 못하는 저작물에 속하지 않는 것은 무엇인가?

① 도형 저작물 ② 관공서 문서
③ 시사 보도 ④ 아이디어

07 다음 중 저작권 침해 사례에 속하지 않는 것은 무엇인가?

① 쇼핑몰 운영자가 자신이 구매한 잡지에 실린 사진을 스캔하여 쇼핑몰에 올린 경우
② 공유 사이트에 올라온 음원 파일을 다운로드한 경우
③ 자신이 직접 그린 연예인의 얼굴 그림을 팬 카페에 올린 경우
④ 인터넷에서 검색한 디지털 뉴스를 개인 블로그에 올린 경우

08 상습적으로 컴퓨터 프로그램 저작권을 침해한 사람에게 부과되는 벌칙은 무엇인가?

① 1년 이하의 징역
② 3년 이하의 징역
③ 5년 이하의 징역
④ 7년 이하의 징역

09 우루과이 라운드를 통해 무역과 관련된 지식재산권 보호에 관한 규정을 만들었으며 이를 집행하고 있는 기구는 무엇인가?

① WHO
② WTO
③ CCL
④ ICANN

10 다음 중 웹 콘텐츠의 유형에 포함되지 않는 것은 무엇인가?

① 블로그
② 웹진
③ 웹툰
④ 스카이프

11 프로그램을 발행하거나 이를 특정한 사람 또는 불특정 다수의 사람들에게 제시하는 행위를 무엇이라 하는가?

12 정보통신의 방법을 이용하여 공중이 수신하거나 이용할 수 있도록 프로그램을 송신하거나 제공하는 행위를 무엇이라 하는가?

토론과제

01 삼성과 애플 간의 특허권 분쟁 이슈에 대해 토론하시오.

02 대중음악이 표절 시비에 휘말리곤 하는데 자신이 생각하는 표절과 저작권 침해의 차이에 대해 토론하시오.

Chapter 07

사이버 중독

01 사이버 중독
02 인터넷 중독
03 게임 중독
04 스마트폰 중독
요약
연습문제

학습목표

- 사이버 중독의 개념을 이해하고 종류를 살펴본다.
- 인터넷 중독의 증상과 진단, 예방, 대응 방안을 알아본다.
- 게임 중독의 증상과 중독 현황, 예방을 알아본다.
- 스마트폰 중독의 증상과 진단, 예방, 대응 방안을 알아본다.

01 사이버 중독

사례 | 한순간에 중독되는 불법 사이버 도박

O 씨는 퇴근 후 습관적으로 불법 해외 도박 사이트에 접속하여 경마 경기에 베팅을 했다. 호기심으로 온라인 도박 사이트의 우승마 맞히기 이벤트에 참여한 것이 시작이었다. 처음에는 적은 돈을 걸었는데 운이 좋아 몇 번 돈을 따자 베팅 금액을 올리게 되었다. 결국 그는 헤어나올 수 없는 중독의 지경에 이르러 직장을 잃고 가족과도 연락을 끊은 채 여전히 도박에 빠져 살고 있다.

1 사이버 중독이란?

사이버 중독은 인터넷, 게임, 스마트폰 등을 과다하게 사용하여 스스로 자율적인 통제가 불가능할 뿐 아니라 병적으로 집착하는 증상을 말한다. 사이버 중독 환자의 경우 대인 관계를 기피하고 현실과 가상 세계를 구분하지 못해 실생활에서 게임 속 장면을 재연하기도 한다.

한국정보화진흥원에서 실시한 '2014년 인터넷 중독 실태 조사'에 따르면 우리나라 어린이의 인터넷 이용률은 유아 50.0%, 초등학생 99.3% 수준이다. 초등학생의 12.5%, 청소년의 14.4%가 사이버 중독으로 판단되며 이 수치는 매년 증가하는 추세이다. 최근에는 사이버 중독 연령대가 점점 낮아져서 새로운 사회 문제로 떠오르고 있다.

2 사이버 중독의 예방 및 대응 방안

사이버 중독은 대응보다 사전 예방이 더 중요하므로 다양한 교육과 홍보 활동을 통해 올바른 사이버 문화를 정착해야 한다. 그리고 사이버 중독에 대한 적절한 대응 방안으로 사이버 중독의 피해가 없도록 노력해야 한다.

2.1 사이버 중독 예방 지침

사이버 중독을 예방하기 위한 지침을 간략히 살펴보자.

❶ 사용 시간 조절 및 통제

사이버 중독을 예방하기 위해서는 인터넷이나 게임, 스마트폰 사용 시간을 스스로 조절하는 것이 중요하다. 하지만 스스로 알아서 조절하거나 통제하기 어려운 것이 문제인데, 사용 시간을 정해놓고 그 시간만 하도록 주위에서 관심을 가질 필요가 있다.

❷ 다양한 대안 활동 모색

사이버 중독을 예방하기 위해 다양한 대안 활동을 찾아본다. 가족과 함께 야외 활동을 하거나 산책, 여행 등의 여가 시간을 늘린다. 자녀의 성격과 취미를 고려하여 등산, 영화 관람, 운동, 자원봉사 등의 대안 활동을 소개한다.

❸ 자존감을 높여주는 관심과 격려

사이버 중독에 빠지기 쉬운 청소년기는 부모와의 애착보다 또래 집단과의 유대감, 소속감을 더 중요시하는 시기이다. 그러나 친구들과의 대면 활동이 부족하면 인터넷이나 게임 등으로 해소하려 하므로, 부모의 간섭과 통제에서 벗어나 또래 집단과의 유대 관계를 형성하는 것을 격려해준다. 학업 성적이나 성취보다 아이의 존재 자체를 칭찬하여 자존감을 높여주는 것도 좋은 방법이다. 아이가 집에 들어오고 나갈 때는 반응을 크게 보이고, 가족의 의사 결정에 아이를 참여시켜 의견을 반영한다. 합리적이고 민주적인 절차 속에서 가족 내의 한 역할을 담당하도록 하는 것도 좋다.

❹ 적극적인 사회 활동 참여

사회 활동에 적극적으로 참여하는 것은 사이버 중독을 예방하는 데 큰 도움이 된다. 사회성은 어떤 사람이 속한 사회나 집단에서 적절한 사회생활을 영위하는 데 필요한 기본적인 특성으로, 다양한 사람들과 사귈 수 있는 관계 형성 능력을 의미한다. 사회성과 자존감이 높은 청소년은 학급이나 동아리와 같은 주위 환경에 잘 적응하여 집단 활동을 즐기며, 협동적이고 인정이 많으며 남과 의견을 잘 조율하여 충돌이 적기 때문에 친구가 많다.

2.2 사이버 중독 대응 방안

한국인터넷진흥원, 한국정보화진흥원의 스마트쉼센터, 중독관리통합지원센터 등 여러 기관에서는 다음과 같이 인터넷 중독의 치료와 예방을 위한 대응 방안을 마련하고 있다.

❶ 예방 교육

- 생애 주기별 인터넷 · 스마트폰 중독 관련 예방 교육 및 전문 상담 서비스
- 유치원생이나 초등학생을 대상으로 하는 예술 체험 교육, 취약 계층(저소득 계층, 다문화 가정 등)을 찾아가는 가정 방문 상담 서비스

❷ 치유

- 중 · 고등학생을 대상으로 하는 인터넷 치유 캠프, 초등학생을 대상으로 하는 가족 치유 캠프와 같이 사이버 중독 고위험군 청소년을 대상으로 하는 치유 특화 프로그램 운영

❸ 제도 및 기술

- 스마트폰 및 PC용 유해 정보 차단 소프트웨어 보급 : 스마트보안관(스마트폰용), 그린아이넷(PC용)
- 스마트폰에 음란물 차단 소프트웨어 의무 설치 관련 법령 제정(2014년 9월) : 「전기통신 사업법」 제32조의 7(청소년 유해 매체물 등의 차단)

❹ 협력 체계

- 상담 및 연구 관련 전문 기관 간 기술 지원 등의 협력 체계 활성화
- 관계 부처 간, 민관 간 협의 체제 구성 및 운영 등 공동 대응 강화

❺ 인프라 및 제도

- 전문 시설 구축 확대 및 상담 인력 양성
- 중독 대응 제도 운영 및 기술적 조치 마련
- 사이버 중독 진단 척도의 고도화 등 기초 연구 기술 개발 확대

❻ 조기 진단 및 사례 관리 상담 서비스

- 중독 선별 검사로 발견된 중독자에게 단기 개입 실시
- 중독 증상에 따라 지역사회 정신 의료 기관과의 연계 방안 추진
- 중독관리통합지원센터의 전문 요원 양성으로 효율적인 중독 관리 확대

02 인터넷 중독

사례 | 채팅 속 대인 관계에만 집착하는 인터넷 중독

고등학생인 A 군은 중학교 때 친구인 Y 군과 2년 만에 다시 같은 반이 되었다. 그런데 Y 군은 2년 전에 비해 목소리도 작아지고 상대방의 얼굴을 똑바로 쳐다보지 못하는 등 소극적이고 낯을 가리는 성격으로 변해 있었다. 교실에서 Y 군은 아무 의미 없이 책상을 자주 두드리고 불안한 듯 다리를 심하게 떠는 이상한 버릇을 보였다. A 군이 다른 친구들을 통해 얘기를 들어보니 Y 군은 심각한 인터넷 중독을 겪고 있었다. Y 군은 인터넷 채팅에 중독되어 현실 세계의 대인 관계를 단절한 채 채팅 속의 대인 관계에만 매달렸다.

1 인터넷 중독이란?

인터넷 중독이란 과도한 인터넷 사용으로 현실과 가상 세계를 구분하지 못해 정상적인 생활이 어려운 상태를 말한다. 심한 경우에는 스스로 자율적 통제가 어렵고 금단 현상이 발생하며 강박적 사고, 환상과 같은 증상이 나타나 사회 활동에 어려움을 겪기도 한다.

여러 학자들은 다음과 같이 인터넷 중독을 정의했다.

- **이반 골드버그**Ivan Goldberg : 1995년에 '인터넷 중독 질환'이라는 용어를 처음 사용하고 인터넷 중독을 정신병의 일종으로 처음 제시했다. 미국정신의학회American Psychiatric Association, APA에서 발행하는 《정신장애의 진단 및 통계 편람Diagnostic and Statistical Manual of Mental Disorders, DSM》에 따라 온라인 중독증의 진단 기준을 제시했다.
- **킴벌리 영**Kimberly Young : 1996년에 '온라인상에서 도박, 게임, 쇼핑 등을 지나치게 탐닉하는 것'이라고 인터넷 중독을 정의했다. 인터넷 중독을 일상적인 사회관계를 상실한 상태로 규정하고 이로 인해 경제적 · 사회적 문제가 발생한다고 보았다.
- **마크 그리피스**Mark Griffiths : 1999년에 인터넷 중독을 하나의 '행위 중독 장애behavior addiction'로 간주했다. 마약이나 알코올과 같은 약물만 중독의 위험이 있는 것이 아니라 도박, 과식, 성행위, 운동, 텔레비전, 컴퓨터 게임 등 인간의 모든 활동에 중독의 위험이 있다고 언급했다.
- **네이선 앤드루 샤피라**Nathan Andrew Shapira : 2003년에 인터넷 중독을 '문제적 인터넷 사용'이라고

표현했다. 또한 인터넷 중독을 '인터넷 의존을 조절하기 어렵고 일상생활의 기능적 손상과 부정적 감정을 초래하는 것'으로 정의했다.

2 인터넷 중독의 원인

주위를 둘러보면 우리나라 청소년이 여가 시간을 건강하게 보낼 수 있는 곳이 마땅히 없다. 게다가 부모의 맞벌이로 청소년 혼자 집에 있는 시간이 많다면 인터넷은 시간을 보내기에 가장 쉬운 방법이 될 것이다. 하지만 인터넷 사용을 통제할 어른 없이 오랫동안 방치된다면 인터넷 중독에 빠지기 쉽다.

표 7-1 인터넷 중독의 원인

원인	설명
환경적 요인	• 가정 환경 : 가족 관계, 부모의 양육 태도 • 학교 환경 : 사제 · 교우 관계 • 사회 환경 : 대인 관계, 사회적 스트레스, 대안 놀이 문화 부족, 건전한 정보 문화 미형성
심리적 요인(내면적 요인)	• 우울함, 외로움, 충동성, 무력감, 자극 추구 성향
인터넷의 특성	• 내재적 특성 : 이용의 편리성, 익명성 • 사회적 특성 : 사회적 지지, 사이버 대인 관계 형성
개인적 요인	• 인구 통계학적 요인 : 성별, 교육 수준, 직업 • 유전적 · 기질적 요인 : 중독에 취약한 성향 • 개인의 인터넷 사용 특성 : 사용 기간 및 시간

3 인터넷 중독 과정

인터넷 중독 과정은 다음과 같이 3단계로 나눌 수 있다.

❶ 1단계 : 인터넷을 접하고 심취하는 단계

사회 적응력이 부족하여 우울증 증세가 있거나 내향적인 사람은 인간관계를 통한 소속감 욕구를 충족하기 위해 인터넷에 심취하게 된다.

❷ 2단계 : 인터넷을 통해 대리 만족을 하는 단계

자존감이 부족하거나 열등감을 가진 사람은 사이버상의 캐릭터나 게임 속 친구를 통해 대리 만족을 느끼게 된다. 특히 자기 통제력이 부족할 경우 인터넷을 과다하게 하여 인터넷 중독에 빠질 수 있다.

❸ 3단계 : 가상 현실로의 도피 단계

현실에서 부족한 자아 존중감을 찾기 위해 현실을 벗어나 사이버 공간에서 심리적 안정을 얻는다. 자기 자신에 대한 불만족스러운 부분을 사이버 공간에서 대리 만족으로 보상하며, 이것이 지나치면 인터넷 중독에 빠지게 된다.

4 인터넷 중독의 유형

인터넷 중독의 대표적인 유형은 다음과 같다.

❶ 정보 검색 중독

- 인터넷으로 필요한 정보를 수집하기보다는 습관적으로 인터넷에 접속하여 자료를 검색하는 상태

❷ 채팅 중독

- 문자나 채팅에 과도하게 집착하여 사회적 · 정신적 · 육체적으로 지장을 받는 상태
- 학업이나 업무에 몰입하지 못하고 등록된 친구들의 상황을 수시로 확인하는 상태
- 수시로 문자 알림을 확인하고 문자가 없으면 무료함을 느끼는 상태

❸ 음란물 중독

- 섹스나 포르노 콘텐츠에 강박적으로 몰입하고 관련 웹사이트를 지나치게 방문하여 동영상을 과도하게 보는 상태

❹ 온라인 도박 중독

- 인터넷에서 포커, 경마, 자동차 경주, 스포츠 경기 등의 도박을 하는 상태
- 국내외에 개설된 인터넷 도박 사이트에 돈을 송금하며 게임을 하는 상태

❺ 휴대전화 중독

- 장시간 휴대전화를 소지하지 않거나 사용하지 않으면 불안과 초조함을 느끼는 상태
- 휴대전화에 강박적으로 몰입하여 학교생활 부적응, 인간관계 기피 등 일상생활에 지장을 초래하는 상태

❻ 쇼핑 중독

- 필요 없는 물건이나 분수에 맞지 않는 고가의 물건을 구입하는 등 경제관념이 무뎌진 상태
- 일상생활의 불만과 스트레스를 쇼핑으로 해결하는 상태

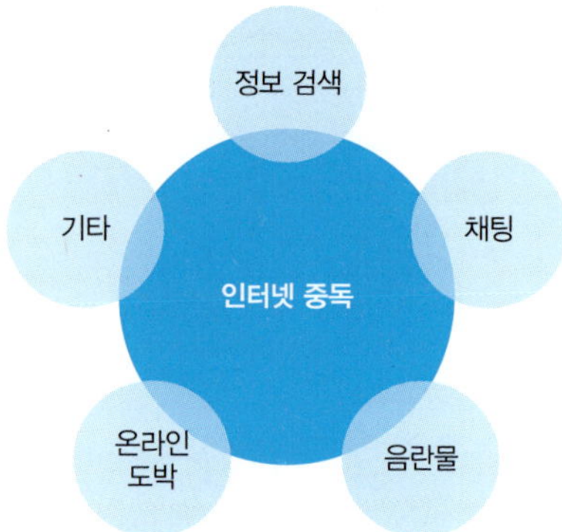

그림 7-1 인터넷 중독의 유형

5 인터넷 중독의 증상 및 진단

다음에서 소개하는 인터넷 중독 증상을 자신에게 적용해봤을 때 인터넷 중독으로 의심된다면 중증으로 악화되기 전에 전문가의 상담이나 진단을 받는다.

5.1 인터넷 중독의 대표적인 증상

인터넷 중독으로 진단할 수 있는 여러 가지 증상은 크게 네 가지로 분류할 수 있다.

❶ 강박적 집착과 사용

- 인터넷을 하지 않는 동안에도 인터넷을 할 생각만 함
- 인터넷에서 뭔가 새로운 일이 일어나고 있을 것 같은 생각에 사로잡힘
- 대부분의 시간을 인터넷을 하는 데 보내며 처음에 의도했던 시간보다 더 오래 인터넷을 사용함
- 평소에 가만히 있으면 불안하고 안절부절못함
- 특별한 용무가 없어도 습관적으로 인터넷을 함

❷ 내성과 금단

- **내성** : 이전과 똑같은 만족을 얻기 위해 인터넷에 몰두하는 시간이 점차 늘어나고 더욱 자극적인 정보를 찾게 됨

- **금단** : 인터넷을 하지 않으면 불안, 우울, 초조로 안절부절못하다 인터넷에 접속하는 순간 그런 증상이 사라짐. 인터넷을 사용하지 않을 때도 게임이나 채팅 등을 할 생각에 빠져서 다른 일에 집중력이 떨어지는 상태

❸ 일상생활 장애

- 인터넷을 과다하게 사용하여 이차적인 피해가 나타나는 것으로, 가정 · 학교 · 직장 생활이 원만하지 못해 문제를 일으키는 상태

❹ 가상적 대인 관계 지향성

- 서로 얼굴을 마주 보는 현실적인 대인 관계보다 가상 세계에서 만나는 사람들에게 더욱 친밀감을 느끼고 인정을 받으려는 욕구가 증가하는 상태

5.2 인터넷 중독 증상의 예

다음과 같은 증상을 보인다면 인터넷 중독을 의심해볼 수 있다.

- 인터넷을 하면 할수록 만족을 얻는 데 걸리는 시간이 길어진다.
- 이전과 동일한 시간 동안 인터넷을 하는데도 만족 효과가 떨어진다.
- 생각보다 인터넷을 더 자주 접속하고 더 오랫동안 사용한다.
- 인터넷 사용을 줄이거나 조절하려는 욕구가 지속적으로 있었지만 생각처럼 되지 않고, 줄이려고 시도해도 성공하지 못한다.
- 인터넷과 관련된 행동에 상당한 시간을 소비한다.
- 인터넷 사용을 위해 중요한 사회 · 직업 · 여가 활동을 포기하거나 줄인다.
- 인터넷 사용으로 신체적 · 사회적 · 직업적 · 심리적 문제가 유발 · 악화 · 지속 · 반복되고 있음에도 인터넷을 계속한다.
- 인터넷에 빠져들면 시간의 지각이 왜곡되어 1시간이 지났는데도 1분 정도밖에 지나지 않은 것처럼 느껴진다.
- 인터넷에서 본 장면이 머릿속에 계속 떠올라 다른 일의 집중을 방해하는 잔영 현상 증후군이 나타난다.
- 만성적인 피로와 수면 부족으로 인한 졸음, 지각, 결석이 많아지고 집중력 저하로 성적이나 업무 성과가 떨어진다.
- 인터넷을 하기 위해 빨리 귀가하거나 PC방 등에서 인터넷을 한 후 늦게 귀가한다. 가족이 제재를 가하면 짜증을 내고 충동적인 반응을 보이며 반항과 불복종으로 대화가 단절된다.

- 친구 관계가 단절되거나 변화가 생기고 기존의 취미 생활을 잃게 된다.
- 인터넷상의 언어와 맞춤법을 사용한다.

5.3 성인 인터넷 중독 자가진단 척도

한국정보화진흥원은 성인이 스스로 중독 여부를 판단할 수 있도록 인터넷 중독을 이론적 · 경험적으로 대표할 수 있는 문항으로 자가진단 척도를 마련했다.

TIP 한국정보화진흥원은 유 · 아동, 청소년, 성인 대상으로 인터넷 중독 진단 척도를 제공하고 있다. 이 책에서 소개하는 성인 대상의 진단 척도 외에 유 · 아동 및 청소년 대상 진단 척도는 한국정보화진흥원의 스마트쉼센터(http://www.iapc.or.kr)에서 확인할 수 있다.

❶ 자가진단 문항

번호	문항	전혀 그렇지 않다	그렇지 않다	그렇다	매우 그렇다
1	인터넷 사용으로 학교 성적(업무 실적)이 떨어졌다.				
2	인터넷을 하는 동안 더욱 자신감이 생긴다.				
3	인터넷을 하지 못하면 무슨 일이 일어났는지 궁금해서 다른 일을 할 수가 없다.				
4	그만하겠다고 생각하면서도 번번히 인터넷을 계속하게 된다.				
5	인터넷 사용으로 피곤해서 수업(업무) 시간에 잔다.				
6	인터넷을 하다가 계획한 일을 제대로 못한 적이 있다.				
7	인터넷을 하면 기분이 좋아지고 쉽게 흥분한다.				
8	인터넷을 할 때 마음대로 되지 않으면 짜증이 난다.				
9	인터넷 사용 시간을 스스로 조절할 수 있다.				
10	피곤할 만큼 인터넷을 하지 않는다.				
11	인터넷을 하지 못하면 안절부절못하고 초조해진다.				
12	일단 인터넷을 시작하면 처음에 마음먹었던 것보다 오랜 시간 인터넷을 하게 된다.				
13	인터넷을 사용하더라도 계획한 일을 제대로 한다.				
14	인터넷을 사용하지 못해도 불안하지 않다.				
15	인터넷 사용을 줄여야 한다는 생각을 끊임없이 한다.				

❷ 채점 방법

인터넷 중독 자가진단의 채점 방법은 다음과 같다.

■ **1단계 : 문항별**

- 전혀 그렇지 않다 : 1점 / 그렇지 않다 : 2점 / 그렇다 : 3점 / 매우 그렇다 : 4점
- 단, 문항 9, 10, 13, 14번은 다음과 같이 역채점을 한다.
  전혀 그렇지 않다 : 4점 / 그렇지 않다 : 3점 / 그렇다 : 2점 / 매우 그렇다 : 1점

■ **2단계 : 총점 및 요인별**

- **총점** : ① 1~15번 합계
- **요인별** : ② 1요인(1, 5, 6, 10, 13번 합계), ③ 3요인(3, 8, 11, 14번 합계), ④ 4요인(4, 9, 12, 15번 합계)

❸ 점수별 집단 분류

채점 점수에 따라 인터넷 사용자군을 고위험 사용자군, 잠재적 위험 사용자군, 일반 사용자군으로 분류할 수 있다.

■ **고위험 사용자군**

- **총점** : ① 42점 이상
- **요인별** : ② 1요인 14점 이상, ③ 3요인 12점 이상 ④ 4요인 13점 이상
- **판정** : ①에 해당되거나 ②~④에 모두 해당되는 경우이다. 인터넷 중독 경향성이 매우 높으므로 관련 기관의 전문적 지원과 도움이 필요하다.

■ **잠재적 위험 사용자군**

- **총점** : ① 39점 이상~41점 이하
- **요인별** : ② 1요인 13점 이상
- **판정** : ①~② 중 한 가지라도 해당되는 경우이다. 인터넷 과다 사용의 위험을 깨닫고 스스로 조절하며 계획적으로 사용하도록 노력해야 한다. 인터넷 중독에 대한 주의가 필요하다.

■ **일반 사용자군**

- **총점** : ① 38점 이하
- **요인별** : ② 1요인 12점 이하, ③ 3요인 11점 이하, ④ 4요인 12점 이하
- **판정** : ①~④에 모두 해당되거나 고위험 및 잠재적 위험 사용자군에 속하지 않는 경우이다. 때때로 인터넷을 건전하게 활용하고 있는지 자기 점검을 지속적으로 수행한다.

5.4 성인 인터넷 중독 관찰자 진단 척도

인터넷 중독이 의심되는 성인의 주변인이 관찰자가 되어 중독을 진단할 수 있는 척도이다.

❶ 관찰자 진단 문항

번호	문항	전혀 그렇지 않다	그렇지 않다	그렇다	매우 그렇다
1	누가 봐도 인터넷에 중독된 것을 단번에 알 수 있다.				
2	인터넷을 사용하더라도 주변 사람들의 시선이나 반응에 무관심하지 않다.				
3	인터넷 때문에 언어적 · 신체적 폭력을 휘두른다.				
4	하루에 12시간 이상 움직이지 않고 한곳에서 인터넷을 한다.				
5	식사나 휴식 없이 화장실도 가지 않고 인터넷을 한다.				
6	인터넷을 하느라 주변 사람들에게 무관심하다.				
7	인터넷 때문에 언어적 · 신체적 폭력을 휘두르지 않는다.				
8	인터넷을 하느라 학교나 회사를 무단으로 빠진다.				
9	인터넷을 하느라 연락 없이 하루 이상 외박을 한다.				
10	인터넷을 할 때 건드리면 화를 낸다.				
11	인터넷을 하느라 학교나 회사를 무단으로 빠지지는 않는다.				
12	인터넷을 하는 장소에서 잠을 자고 끼니를 때운다.				
13	인터넷을 하느라 눈빛이 흐릿하고 멍하다.				
14	하루 이상 밤을 새우면서 인터넷을 한다.				
15	인터넷을 하느라 씻거나 머리를 감지 않은 채 이틀 이상을 보낸다.				

❷ 채점 방법

인터넷 중독 관찰자 진단의 채점 방법은 다음과 같다.

■ 1단계 : 문항별

- 전혀 그렇지 않다 : 1점 / 그렇지 않다 : 2점 / 그렇다 : 3점 / 매우 그렇다 : 4점
- 단, 문항 2, 7, 11번은 다음과 같이 역채점을 한다.
  전혀 그렇지 않다 : 4점 / 그렇지 않다 : 3점 / 그렇다 : 2점 / 매우 그렇다 : 1점

■ 2단계 : 총점 및 요인별

- **총점** : ① 1~15번 합계
- **요인별** : ② 1요인(1, 5, 9, 12, 15번 합계), ③ 3요인(3, 7, 10, 13번 합계), ④ 4요인(4, 8, 11,

14번 합계)

❸ 점수별 집단 분류

관찰자 진단의 경우에도 자가진단과 동일하게 고위험 사용자군, 잠재적 위험 사용자군, 일반 사용자군으로 분류된다.

■ 고위험 사용자군

- **총점** : ① 39점 이상
- **요인별** : ② 1요인 14점 이상, ③ 3요인 11점 이상, ④ 4요인 11점 이상
- **판정** : ①에 해당되거나 ②~④에 모두 해당되는 경우이다. 전문 치료 기관에서 인터넷 병적 사용에 대한 집중적인 치료가 필요한 상태이다.

■ 잠재적 위험 사용자군

- **총점** : ① 37점 이상~38점 이하
- **요인별** : ② 1요인 13점 이상
- **판정** : ①~② 중 한 가지라도 해당되는 경우이다. 건강한 인터넷 사용과 사회적 · 직업적 기능을 수행하기 위해 효율적인 시간 관리가 필요한 상태이다.

■ 일반 사용자군

- **총점** : ① 36점 이하
- **요인별** : ② 1요인 12점 이하, ③ 3요인 10점 이하, ④ 4요인 10점 이하
- **판정** : ①~④에 모두 해당되거나 고위험 및 잠재적 위험 사용자군에 속하지 않는 경우로 치료적 접근이 필요하지 않다.

5.5 성인용 인터넷 중독 공존 병리 척도

다음은 한국정보화진흥원의 스마트쉼센터에서 제공하는 성인용 인터넷 중독 병리 척도이다.

❶ 불안

■ 문항

번호	문항	전혀 그렇지 않다	그렇지 않다	그렇다	매우 그렇다
1	나는 여러 가지 걱정을 많이 한다.				
2	평소에 예민하고 불안을 많이 느낀다.				
3	작은 일에도 걱정이 된다.				
4	가끔 손에 땀이 나고 긴장이 된다.				
5	아무 이유 없이 두려워진다.				
6	특별한 문제가 없는데도 잘못된 일이 생기지 않을까 걱정이 된다.				
7	지나치게 많이 걱정한다.				
8	무서운 생각이 들 때가 많다.				

■ 척도 설명 및 해석

영역 설명	불안은 특정한 대상에 대한 공포가 아니라 걱정, 불안, 긴장, 신경질적 특성이다.	
채점 방법	[점수 체계] 전혀 그렇지 않다 : 1점, 그렇지 않다 : 2점, 그렇다 : 3점, 매우 그렇다 : 4점 [점수 계산] 1~8번 합산 점수	
집단 구분	점수	해석
일반군	23점 이하	불안 때문에 공부를 하거나 어떤 일을 하는 데 방해가 되지는 않는다. 평소에 걱정거리가 많지 않으며 안정적인 생활을 하는 편이다.
잠재적 위험군	24점 이상~ 27점 이하	시험과 같이 중요한 일이 있거나 어떤 일에 실수를 하면 스트레스를 받고 긴장을 한다. 안 좋은 결과가 나올까 봐 걱정하기도 한다. 사소하고 작은 일에도 걱정이 생기는 성향으로, 평소 다른 사람들로부터 예민하다는 이야기를 종종 듣는다.
고위험군	28점 이상	지속적인 긴장감과 두려움을 경험하고 있으며 때로는 손에 땀이 나거나 가슴이 두근거리는 신체적 영향을 경험한다. 불안감을 없애기 위해 회피나 부인을 할 수 있으므로 일상생활의 불편감을 경험한다. 또한 특별한 문제가 없는데도 잘못된 일이 생기지 않을까 걱정을 가지고 있다. 전문가의 진단과 도움을 통해 불안을 효과적으로 해결하는 방안을 적극적으로 탐색할 필요가 있다.

❷ 우울

■ 문항

번호	문항	전혀 그렇지 않다	그렇지 않다	그렇다	매우 그렇다
1	나는 정말 불행한 사람이라고 생각한다.				
2	사소한 일에도 쉽게 마음이 슬퍼진다.				
3	나에게는 더 이상 희망이 없다.				
4	나의 잘못 때문에 마음이 괴롭다.				
5	아무 이유 없이 눈물이 날 때가 많다.				
6	자살할 계획을 구체적으로 세워본 적이 있다.				
7	내 인생은 점점 더 나빠지고 있다.				
8	아무도 나를 이해하지 못한다.				

■ 척도 설명 및 해석

영역 설명	우울은 개인이 우울한 정서를 경험하는 정도를 나타낸다.	
채점 방법	[점수 체계] 전혀 그렇지 않다 : 1점, 그렇지 않다 : 2점, 그렇다 : 3점, 매우 그렇다 : 4점 [점수 계산] 1~8번 합산 점수	
집단 구분	점수	해석
일반군	19점 이하	가끔 외로움을 느끼기도 하고 때로는 기분이 안 좋아지기도 하지만 그런 기분이 오래 지속되지는 않으며, 일정 기간이 지나면 다시 무언가 하고 싶은 의욕이 생기고 기분이 나아진다. 잘못한 일이 있더라고 괴로움을 잊으려고 노력하는 편이다.
잠재적 위험군	20점 이상~ 24점 이하	사소한 것이라도 잘못한 일이 있으면 후회하거나 기분이 안 좋아지기도 한다. 가끔 외로움을 느끼기도 하고 아무것도 하기 싫어지기도 하며 작은 일에도 늘 마음이 슬퍼지는 편이다. 또한 아무 이유 없이 눈물이 날 때가 종종 있다. 지나간 잘못한 일에 집착하는 경향을 보이며 때때로 우울감을 경험한다.
고위험군	25점 이상	일상에서 외로움, 무력감, 죄책감, 슬픔을 다른 사람보다 더 잘 느낀다. 또한 어떠한 일을 할 때 쉽게 낙심하고 단념하는 경향이 있다. 과거에 불행하고 좋지 않았던 일을 자주 떠올리며 부정적 자괴감을 경험한다. 전문가의 진단과 도움을 통해 우울감을 효과적으로 해결하는 방안을 적극적으로 탐색할 필요가 있다.

❸ 충동성

■ 문항

번호	문항	전혀 그렇지 않다	그렇지 않다	그렇다	매우 그렇다
1	답답해서 한자리에 오래 앉아 있지 못한다.				
2	하고 싶은 것을 당장 하지 않으면 미칠 것 같다.				
3	가끔 음식을 너무 많이 먹어서 탈이 날 때가 있다.				
4	침착하지 못하다고 꾸중을 들을 때가 자주 있다.				
5	내 자신을 조절하지 못해 아무렇게나 행동할 때가 많다.				
6	생각 없이 함부로 말을 해서 후회할 때가 있다.				
7	책을 오랫동안 읽지 못한다.				
8	쉽게 주의가 산만해지고 마음을 집중할 수가 없다.				

■ 척도 설명 및 해석

영역 설명	충동은 감정을 잘 통제하지 못하고 성급하게 행동하는 경향을 말한다.	
채점 방법	[점수 체계] 전혀 그렇지 않다 : 1점, 그렇지 않다 : 2점, 그렇다 : 3점, 매우 그렇다 : 4점 [점수 계산] 1~8번 합산 점수	
집단 구분	점수	해석
일반군	20점 이하	일상생활에서 문제가 될 만한 충동적인 행동이나 과잉 행동을 보이는 경우가 드물다. 이런 행동 중 하나를 보이더라도 반성을 하고 다시 스스로를 잘 통제할 수 있다.
잠재적 위험군	21점 이상~ 24점 이하	산만한 행동과 성급한 반응을 보일 때가 있어 때로는 주변 사람들의 시선을 끈다. 스스로 충동에 대해 후회하지만 통제하기 어려워한다.
고위험군	25점 이상	기분에 의해 판단이나 행동이 좌지우지되고 침착성과 자제력이 결여된 모습을 보인다. 자기를 통제하는데 어려움을 느끼고 화를 잘내며 책임감이 부족하여 사회적 · 학업적 장면에서 어려움을 초래한다. 자신의 충동적인 행동에 따른 결과를 예측하는 것을 어려워한다. 전문가의 진단과 도움을 통해 충동을 조절하는 방안을 적극적으로 탐색할 필요가 있다.

❹ 공격성

■ 문항

번호	문항	전혀 그렇지 않다	그렇지 않다	그렇다	매우 그렇다
1	나는 조그만 일에도 화를 잘 낸다.				
2	가족이나 친구 때문에 화가 날 때가 많다.				
3	가족에게 거칠고 심술궂게 대할 때가 있다.				
4	무엇이든 부수고 싶은 충동이 생긴다.				
5	다른 사람을 괴롭히고 싶은 마음이 생긴다.				
6	화가 나서 참지 못할 때가 종종 있다.				
7	가끔 거친 말이나 욕을 큰 소리로 하고 싶을 때가 있다.				
8	누군가에게 시비를 걸어서 싸우고 싶을 때가 있다.				

■ 척도 설명 및 해석

영역 설명	공격성은 분노를 참지 못해 육체적인 타격이나 거친 발언 등으로 다른 사람에게 해를 입히려는 행위와 그런 행동을 하려는 욕구 경향을 말한다.	
채점 방법	[점수 체계] 전혀 그렇지 않다 : 1점, 그렇지 않다 : 2점, 그렇다 : 3점, 매우 그렇다 : 4점 [점수 계산] 1~8번 합산 점수	
집단 구분	점수	해석
일반군	21점 이하	감정적으로 속상한 문제가 발생할 경우에 대화를 통해 문제를 해결하려고 노력한다. 부적절한 공격성을 드러내지 않는다.
잠재적 위험군	22점 이상~ 26점 이하	사소한 부딪힘이나 작은 사건에도 공격성을 느낀다. 공격성이 밖으로 표출되지 않더라도 안에서 분노와 표출하고 싶은 욕구를 자주 느낀다. 외형적으로 잘 표현되지는 않지만 분노를 적절히 조절하는 데 어려움이 있다.
고위험군	27점 이상	사소한 부딪힘이나 작은 사건에도 쉽게 분노를 느끼며 공격성이 밖으로 표현된다. 때로는 다른 사람을 위협하거나 공격적인 행동으로 문제를 해결하려고 한다. 분노 조절이 되지 않으며 자신의 잘못에도 불구하고 이를 억울해하거나 다른 사람 탓을 하는 경우가 종종 있다. 전문가의 진단과 도움을 통해 공격성을 효과적으로 해결하는 방안을 탐색할 필요가 있다.

6 인터넷 중독 현황

한국정보화진흥원에서 실시한 '2014년 인터넷 중독 실태 조사'에 따르면 현재 우리나라의 인터넷 중독은 매우 심각한 상태이지만 그나마 전년 대비 0.1% 하락세를 보였다. 다음 그림을 보면 인터넷 중독 위험군의 비율이 유 · 아동부터 성인까지 전체 인터넷 이용자의 6.9%(2,621,000명)로 전년의 7.0%보다 0.1% 감소했음을 알 수 있다. 또한 국가 통계 승인 원년인 2006년의 9.2%에 비하면 2.3% 하락했다.

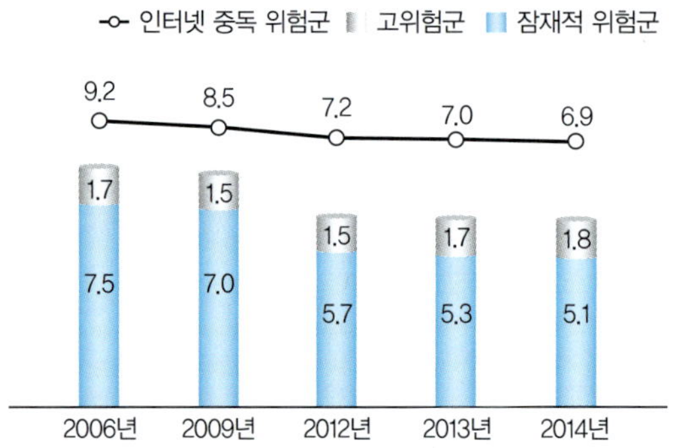

그림 7-2 **전체 인터넷 중독 현황(%)**

❶ 이용 시간

중독 위험군과 일반 사용자 모두 주중보다 주말이나 공휴일에 이용 시간이 많은 것으로 나타났다.

- **1일 평균 인터넷 이용 시간** : 전체 사용자 138.6분, 중독 위험군 189.1분, 고위험군 225.1분
- **평균 이용 시간(주중/주말)** : 일반 사용자군 133.1분/136.6분, 중독 위험군 176.0분/202.2분

❷ 이용 분야

전체 사용자의 이용 분야는 뉴스 검색(35.9%) > 메신저(34.6%) > 온라인 게임(23.1%)의 순이며, 특히 중독 위험군은 온라인 게임(35.6%)을 가장 많이 이용하는 것으로 나타났다.

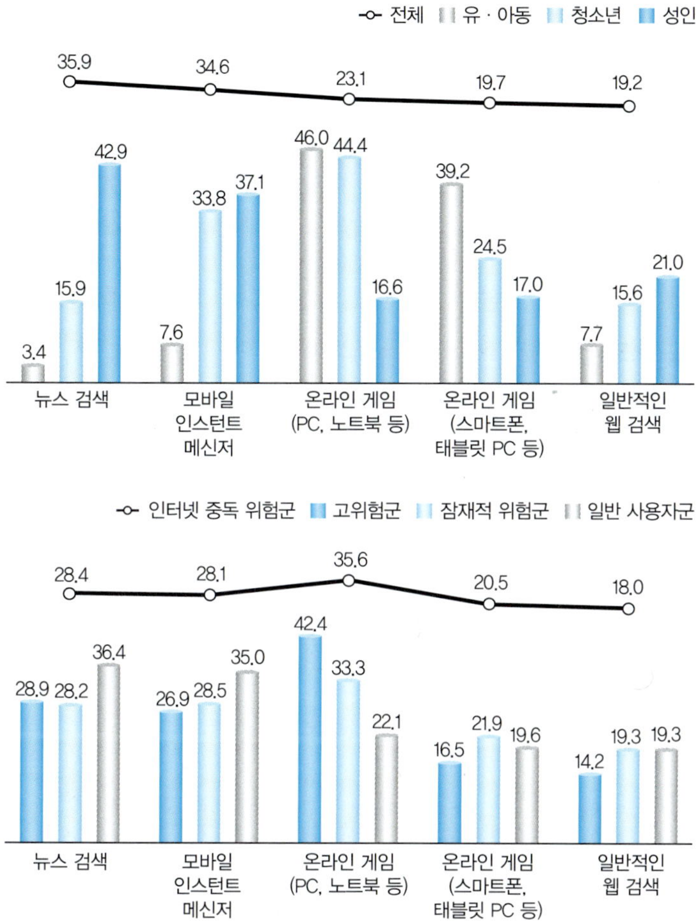

* 상위 5개 서비스만 제시

그림 7-3 인터넷 주 이용 목적(1, 2순위 중복 응답, %)

❸ 서비스별 이용 목적

전체 인터넷 사용자의 서비스별 이용 목적은 뉴스와 생활 정보 등의 자료 · 정보 검색이 95.9%로 가장 높았으며, 메신저와 SNS 등의 커뮤니케이션 94.6%, 음악 · 동영상 등의 여가 활동 91.3%, 위치 기반 서비스 73.1%의 순이었다. 특히 검색 서비스를 이용하는 목적은 '최신 정보를 습득하기 위해'가 49.4%로 가장 높게 나타났고, 중독 위험군의 경우에는 '재미있어서'라는 응답(48.9%)이 가장 많았다.

❹ 인터넷 중독 위험군 중 청소년의 가족 특성

인터넷 중독 위험군에서 청소년의 경우 부모의 이해도, 칭찬, 믿음, 고민 의논, 경청 정도, 관심 등의 가족 관계 친밀도가 일반 사용자군보다 낮게 나타났다.

- **중독 위험군/일반 사용자군(%)** : 부모의 이해도 69.5/79.4, 칭찬 62.4/72.0, 믿음 77.1/85.1, 고민 의논 67.4/73.9, 경청 정도 72.5/78.5, 관심 78.7/83.0

부모와의 대화 유형에서는 '생각이나 감정 표현에 조심하고 의사소통이 잘 이뤄지지 않음'에 대한 응답이 인터넷 중독 위험군은 37.8%로 일반 사용자군(28.6%)보다 9.2% 높게 나타났다. 또한 하루 중 부모와의 대화 시간도 인터넷 중독 위험군(35.2분)이 일반 사용자군(39.2분)보다 적었다.

7 인터넷 중독의 예방 및 대응

인터넷 중독 예방 지침을 통해 인터넷 중독의 피해를 최소화하고 이에 대한 적절한 대응 방안을 살펴보자.

7.1 인터넷 중독 예방 지침

인터넷 중독을 예방하기 위해서는 다음과 같은 준수 지침을 미리 정해놓고 지키는 것이 도움이 된다.

- 특별한 목적 없이는 컴퓨터를 켜지 않는다.
- 가족과 협의하여 컴퓨터 사용 시간을 정하고 일일 사용 시간을 지킨다.
- 컴퓨터 사용 일지를 만들어 컴퓨터 사용 시간과 사용 목적을 기록하는 습관을 들인다.
- 컴퓨터 옆에 알람 시계를 두고 사용 시간을 준수한다.
- 적당한 운동이나 취미 활동을 늘려서 건전한 생활을 유지한다.
- 인터넷 사용으로 식사나 취침 시간을 어기지 않는다.
- 혼자 힘으로는 인터넷 사용 조절이 어려울 경우, 특정 검색어나 사이트 제한, 사용 시간 통제 등이 가능한 소프트웨어를 설치하여 도움을 받는다.
- 친구들과의 교류 영역을 넓혀서 현실에서의 대인 관계를 확대한다.

7.2 인터넷 중독 대응 방안

한국인터넷진흥원, 한국정보화진흥원의 스마트쉼센터, 청소년상담복지센터 등의 기관에서는 다음과 같이 인터넷 중독 치료 및 예방을 위한 대응 방안을 마련하고 있다.

❶ 예방 교육

- 스토리텔링 방식 유아용 놀이 교구 개발 및 보급
- 게임과 몰입 예방 가족 캠프 운영
- 과다한 스마트폰 사용을 예방하는 스마트미디어 청정 학교 지정 및 운영

❷ 상담과 치료

- 표준 상담 매뉴얼 제작 및 보급
- 청소년 이용 습관 진단 조사로 중독 위험군 발굴 및 상담
- 우울증과 같은 공존 질환을 가진 청소년의 병원 치료 지원
- 초등학교 가족 치유 캠프 운영 확대

❸ 협력 체계

- 민간 상담 시설을 협력 기관으로 지정 및 운영
- 유관 기관 간의 상담 사례 공유 및 홍보 캠페인 공동 전개
- 유관 부처 간의 공동 협력을 위한 인터넷 중독 정책 협의회 운영

❹ 인프라 및 제도

- 스마트쉼센터 확대
- 중독 고위험군을 대상으로 국립 청소년 인터넷 드림 마을 운영 확대
- 유 · 아동(만 3~9세)을 위한 스마트폰 중독 진단 척도 개발 및 적용

❺ 사후 관리 종합 서비스

- 인터넷 중독 청소년에 대한 전문 상담 실시
- 청소년 동반자 프로그램을 통한 사후 관리 종합 서비스 제공
- 도움이 필요한 청소년에게 찾아가서 상담하는 서비스 수행

03 게임 중독

사례 | 게임 중독과 비만

고등학교 1학년인 C 군은 뚱뚱해져서 걷는 것조차 힘들어졌다. 게다가 학교생활도 재미가 없어서 결국 자퇴를 한 뒤 바깥출입도 하지 않고 하루 종일 게임만 했다. 어느덧 게임은 일상이 되었고, 게임을 끝내고 방 밖으로 나오면 불안하고 초조하여 집 밖으로 나가는 것은 상상조차 할 수 없게 되었다. 자연스럽게 친구들과의 만남도 줄어들었으며, '친구들은 정상적으로 학교에 다니는데 나는 가만히 앉아서 게임만 하다 돼지가 되어 버렸으니 친구들이 놀려대겠지.' 하고 스스로 자책을 했다. 결국 C 군은 게임 중독자가 되어 전문가의 치료를 받고 있다.

1 게임 중독이란?

컴퓨터와 인터넷에 친근하고 재미있게 다가가는 방법 중의 하나는 게임이다. 또한 게임은 스트레스를 해소하는 유익한 면이 있지만 지나치게 빠져들면 중독이라는 심각한 부작용을 낳는다. 이처럼 과도한 게임으로 인해 정신적 · 육체적으로 심각한 지장을 초래하는 상태를 게임 중독이라 한다.

사이버 중독 중에서 가장 부작용이 큰 것은 게임 중독일 것이다. 게임 중독에 빠지면 자기 통제력을 잃어버리고 점점 더 많은 시간을 게임에 매달리게 된다. 또한 신경이 예민해지고, 불규칙한 생활로 건강이 나빠지고, 친구들과의 만남이 줄어들고, 성적이 떨어지고, 부모와 대립하여 관계가 악화된다. 갑자기 게임을 중단하면 불안 증세가 나타나기도 한다. 이러한 게임 중독은 청소년뿐만 아니라 대학생과 일반인 사이에도 발생하는 심각한 문제이다.

2 게임 중독의 원인

게임 중독은 가정 환경, 개인의 성격, 게임 중심의 여가 문화, 게임 자체의 특성 등에서 그 원인을 찾아볼 수 있다.

❶ 가정 환경

여러 가지 이유로 부모의 보호를 받기 어려운 청소년이 외로움을 달래기 위해 게임을 시작했다 중독에 빠져들곤 한다. 결손 가정이나 맞벌이 부부 가정의 청소년은 게임 중독에 더 쉽게 노출될 수 있다.

❷ 개인의 성격

게임 중독은 누구에게나 나타날 수 있지만, 특히 내성적이거나 승부욕이 강한 경우에는 게임에 몰입하여 중독에 빠져들 가능성이 있다.

❸ 게임 중심의 여가 문화

청소년의 경우 여가 문화의 중심에 인터넷이 자리하며, 그중에서도 게임이 큰 비중을 차지하고 있다. 유행하는 게임을 모르면 친구들과의 대화에서 소외되기 때문에 일부러 게임을 배우는 청소년도 있다.

❹ 게임 자체의 특성

게임은 사람들이 재미를 느끼고 계속 즐기도록 정교하게 기획되는데, 사람들을 몰입하게 만드는 게임 자체의 특성은 다음과 같다.

- **단계가 올라갈수록 어려워짐** : 대부분의 게임은 처음에는 쉽지만 갈수록 어려워진다. 어려운 단계에서 아슬아슬하게 멈추게 되어 사람들은 이를 정복하기 위해 끝까지 도전한다.
- **파괴 본능 자극** : 슈팅 게임은 총, 미사일, 레이저 등의 강력한 무기로 상대를 파괴해야 이길 수 있고 격투기 게임은 상대를 효과적으로 차고 때려야 이길 수 있다. 게임 속의 상대를 자신을 괴롭히는 사람으로 생각하여 무지막지하게 제압하게 되는데, 이처럼 파괴 본능을 자극하여 만족감을 더 크게 느끼도록 만든다.
- **사람과 사람의 게임** : 아케이드 게임은 사람과 컴퓨터의 대결 구조로 이뤄져 있어 시행착오를 겪으며 일정한 규칙을 알게 되면 게임을 끝낼 수 있다. 그러나 네트워크 게임은 사람과 사람의 게임으로, 여러 사람이 참여할 수도 있고 게임을 할 때마다 상대가 바뀌기 때문에 게임의 끝을 보기가 어렵다.
- **현실 도피의 낙원** : 사람들은 게임에 빠져들수록 현실에 재미를 느끼지 못하고 현실을 잊게 해주는 재미를 찾는다.
- **가상 세계에서 표현하는 또 다른 나** : 다중 사용자 온라인 롤플레잉 게임massive multiplayer online role

playing game, MMORPG에서는 자기 캐릭터의 능력을 키우고 다른 사람과 연합하거나 배신을 하면서 지위를 높여간다. 이 과정에서 게임 속의 또 다른 나인 캐릭터에 집착하고 무의식적으로 빠져들게 된다.

- **아이템의 현금화** : 일부 온라인 게임은 사이버머니나 아이템을 현금과 거래할 수도 있어 어떤 사람들은 돈을 벌기 위해 하루 종일 게임을 하기도 한다.

3 게임 중독의 증상

게임 중독에 빠진 청소년의 사례를 살펴보면 꾸지람을 들어도 계속 게임을 하고, 밤을 새워 게임을 하느라 낮에는 정상적인 생활을 하지 못한다. 식사를 불규칙적으로 하거나 거르며, 게임을 못 하게 말리면 가출을 하기도 하고, 시력이 나빠지거나 체력이 떨어지는 등 심각한 중독 증상을 나타내는 경우가 많다. 다음과 같은 증상을 보인다면 게임 중독의 위험이 있다.

- 게임을 하는 동안에는 기분이 좋고 행복하며 자기만족과 자존감을 느낀다. 그러나 게임을 하지 않을 때는 우울하고 초조하며 불안과 공허감을 느낀다.
- 평소 생활에서 성격이 급해지거나 게을러지고 신경질적으로 변한다.
- 게임을 하는 동안에는 시간의 흐름을 인식하지 못한다.
- 과도한 게임으로 인한 집중력 저하로 일상의 학업이나 업무가 제대로 되지 않는다.
- 게임과 관련해 가족의 눈치를 보거나 가족과 거리를 두게 된다.
- 게임 외의 다른 취미 생활은 하지 않는다.
- 게임을 그만하라는 부모의 충고를 듣지 않고 대들기까지 한다.
- 집이나 PC방에서 밤을 새워 게임을 한다.
- 학교에 가지 않고 PC방으로 간다.
- 게임을 하지 못하게 차단하면 폭력을 휘두르거나 가출해서 PC방을 전전한다.
- 게임 비용을 마련하기 위해 부모의 돈을 훔치거나 친구의 돈을 빼앗는다.
- 부모의 신용카드로 고가의 게임 아이템을 구매한다.
- 게임을 더 많이 하기 위해 학교를 자퇴한다.

위와 같은 게임 중독 증상은 네 가지 유형으로 분류할 수 있다.

- **가상 세계 지향성** : 게임을 통해 현실 세계에서보다 자신감을 얻고 자기 자신을 더 인정받는 경험을 하여 게임 속 가상 세계에 대한 무조건적인 긍정적 기대를 갖는다.

- **금단** : 게임을 못 하면 극심한 불안과 초조를 느낀다.
- **내성** : 동일한 만족을 얻기 위해 게임 시간이 계속 늘어나거나 더욱 자극적인 콘텐츠를 찾는다.
- **일상생활 장애** : 지각, 수업 중 졸음, 업무 부주의 등 과다한 게임으로 인해 일상생활에 심각한 영향을 미친다.

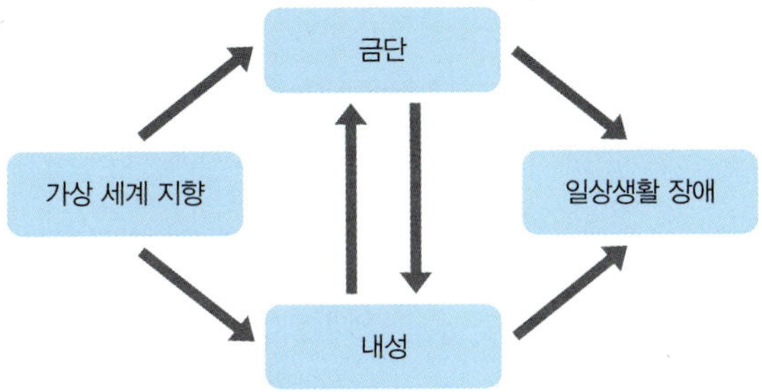

그림 7-4 게임 중독 증상의 유형

4 게임 중독 상태

게임 중독 상태는 앞서 살펴본 게임 중독 증상의 유형을 토대로 다음과 같이 세 가지로 분류할 수 있다.

- **고위험 사용자군** : 금단과 내성 증상을 보이며 이로 인한 일상생활 장애 및 질환이 동반된 상태이다.
- **잠재적 위험 사용자군** : 금단, 내성, 일상생활 장애 중 한 가지 이상의 증상을 보이며 조절력이 감소된 상태이다.
- **일반 사용자군** : 조절하면서 게임을 할 수 있는 상태이다.

5 게임 중독의 예방

게임 중독을 치료하는 데는 시간과 비용이 많이 들기 때문에 게임 중독에 빠지지 않도록 미리 예방하는 것이 좋다. 이를 위해 한국컴퓨터생활연구소의 '게임 중독을 위한 예방 수칙'을 참고하도록 아래에 제시했다.

- **게임 시간** : 게임 시간은 하루에 2시간 이내로 줄인다.

- **식사 시간** : 불규칙한 식사는 건강과 심성에 좋지 않은 영향을 미치므로 식사를 거르지 않고 제때 한다.
- **수면 시간** : 밤늦게 게임을 하면 잠이 부족하여 다음 날 일상생활에 지장을 주기 때문에 정해진 시간에 잠자리에 들어 생활 리듬을 지킨다.
- **낮 시간** : 낮 시간에 30분 이상 햇볕을 쬔다. 햇볕은 신체의 면역 기능을 활성화하고 마음을 편하게 해주어 정서 안정에 도움이 된다.
- **인간관계** : 게임은 개인적인 성향으로 이끌기 때문에 가족이나 친구와 함께하는 시간을 늘려 사람들과의 유대를 강화한다.
- **운동** : 일주일에 2회 이상 농구, 등산과 같은 육체적인 운동을 한다. 현실적인 취미에 흥미를 갖고 컴퓨터로 인한 자세의 불균형을 예방한다.

04 스마트폰 중독

사례 | 스마트폰을 손에서 놓지 않는 아이

중학교 2학년인 K 양은 중 · 상위권 성적을 유지하던 평범한 학생이었다. 그러나 생일 선물로 스마트폰을 받은 뒤로 그 재미에 푹 빠져서 밖에 나가지도 않고 자기 방에서 스마트폰만 붙잡고 있는 시간이 많아졌다. 스마트폰 메신저로 알게 된, 얼굴도 모르는 친구들과 채팅을 하느라 식사 시간 내내 채팅창을 들여다보기 일쑤였고 성적도 계속 떨어졌다. 스마트폰 사용을 줄이라는 부모님의 충고에 신경질적인 반응을 보이는 경우도 잦아졌다. 급기야 부모님이 강압적으로 스마트폰을 빼앗으려 하자 욕을 하며 심하게 저항했다.

1 스마트폰 중독이란?

오늘날 우리는 스마트폰 없이는 하루도 불편한 시대를 살고 있다. 스마트폰은 우리의 삶을 편리하게 해주고 일상생활에 많은 변화를 가져왔다. 한편 스마트폰이 대중화되면서 10대는 물론 미취학 어린이도 스마트폰을 자유자재로 만질 수 있을 정도로 사용 연령대가 점점 낮아지고 있다.

그러나 스마트폰을 습관적으로 과다하게 사용하면 학업이나 직장 업무 등에 지장을 초래하고, 스마트폰에 지나치게 몰입한 나머지 자기 자신을 제어할 수 없는 상태가 되어 내성과 금단이라는 중독 증상을 보이는 상황에 이를 수 있다. 이러한 스마트폰 중독의 부정적인 측면 중 사회적으로 가장 문제가 되는 것은 어른보다 청소년의 스마트폰 중독이 심화되고 있다는 점이다. 스마트폰에 중독된 청소년은 공부에 집중하지 못하고 원만한 교우 관계를 맺는 데도 어려움을 겪는다.

TIP **노모포비아(nomophobia)** : 'no mobile-phone phobia'를 줄인 말로 '전화 없는 공포증'이라는 의미이다. 스마트폰 중독의 경우 노모포비아가 나타나는데, 휴대전화를 가지고 있지 않거나 배터리 방전으로 휴대전화가 작동하지 않으면 극심한 불안과 초조를 느끼게 된다.

2 스마트폰 중독의 원인

우리는 주변 사람들과 얼굴을 맞대고 어울리면서 대인 관계에서 발생하는 여러 가지 문제를 해결하는 사회적 기술을 습득하게 된다. 그러나 스마트폰 중독은 이런 기회를 빼앗아간다. 조사에 따르면 스마트폰 이용 목적 중 모바일 메신저를 통한 친구들과의 소통이 가장 큰 비중을 차지했는데, 이렇게 대인 관계를 유지하다 보면 사회적 기술을 습득하기는커녕 스마트폰 중독의 위험에 노출되고 만다.

스마트폰에 중독된 청소년은 자신이 중독된 줄도 모르고 스마트폰에 빠져든다. 성적이 떨어지고, 학교생활의 만족도도 낮아지며, 스마트폰이 없으면 무기력해지는 자신의 모습을 깨달은 후에야 비로소 중독의 심각성을 느끼는 경우가 많다. 이렇게 스마트폰 중독에 빠지게 되는 원인은 다음과 같다.

- **관계 유지** : 친구들과의 교류 수단으로 습관적으로 모바일 메신저를 사용한다.
- **자존감과 자신감 부족** : 현실 세계에서 부족한 자존감과 자신감을 스마트폰을 통해 채우려고 한다.
- **가정 환경** : 억압된 환경으로부터 좀 더 자유로워지기 위해 스마트폰에 의지한다.
- **잘못된 습관** : 스마트폰으로 애플리케이션이나 게임을 과다하게 사용하는 것이 잘못된 습관으로 자리 잡는다.
- **학교 폭력** : 따돌림과 같은 학교 폭력으로 인한 외로움을 달래거나 현실 도피를 위해 스마트폰에 집착한다.
- **사회성 결여** : 스트레스와 감정, 분노를 조절하는 능력이 떨어져서 스스로를 억제하지 못하거나 타인에 대한 배려 의식이 부족하고 자신만을 생각하는 등 사회 적응력이 결핍된 경우 혼자만의 공간에서 스마트폰에 의지하게 된다.

3 스마트폰 중독의 유형

스마트폰은 인터넷 검색, 게임, SNS 등 사용 범위가 넓은 만큼 중독의 유형도 다양하다.

- **정보 검색 중독** : 자신에게 정말 필요한 것보다는 정보 수집 자체에 집착하여 강박적으로 웹사이트나 자료를 검색한다.
- **메신저 중독** : 스마트폰의 메신저를 통한 인간관계에만 몰두하고 실제 인간관계는 등한시하기도

한다.

- **SNS 중독** : 개인 홈페이지, 인터넷 동호회, 블로그, 카페, 페이스북이나 트위터와 같은 SNS를 운영하거나 방문하는 데 많은 시간을 할애한다.
- **애플리케이션 중독** : 꼭 필요한 것도 아닌데 새로운 애플리케이션이 출시될 때마다 내려받아서 설치하고 탐색해본다.
- **모바일 게임 중독** : 학업이나 업무에 지장을 줄 정도로 과다하게 스마트폰 게임을 한다.
- **성인용 콘텐츠 중독** : 성인용 콘텐츠를 다루는 모바일 사이트에 강박적으로 드나들거나 관련된 기사를 수시로 검색하며 과도하게 탐닉한다.

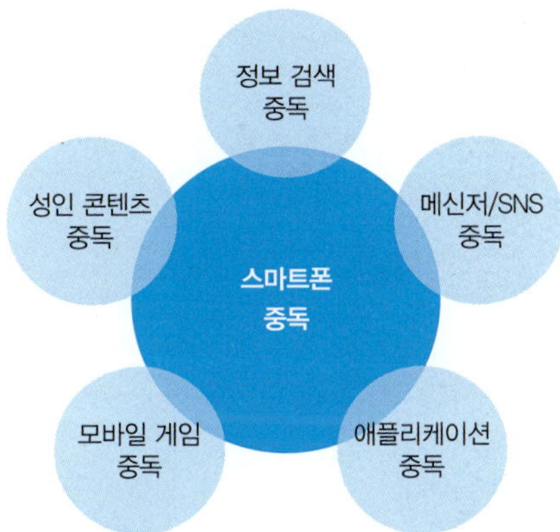

그림 7-5 **스마트폰 중독의 유형**

4 스마트폰 중독의 증상 및 진단

스마트폰 중독 증상의 네 가지 유형과 구체적인 진단 사례를 살펴보자.

4.1 스마트폰 중독 증상

스마트폰 중독 증상은 스마트폰을 과다하게 사용함으로써 나타나는 부정적 측면으로 다음과 같이 네 가지 유형으로 분류할 수 있다. 스마트폰 중독의 외향적 증상은 인터넷 중독과 거의 비슷하다.

- **가상 세계 지향성** : 현실 세계에서 친구를 만나 교우 관계를 맺기보다는 스마트폰으로 가상 세계에서 대인 관계를 맺는 것을 편안하게 생각한다. 가족이나 친구들과 함께 시간을 보내는 것보다

스마트폰을 사용하는 것을 더 즐거워하고, 스마트폰을 사용하지 못하면 온 세상을 잃은 것처럼 느껴진다.

- **금단** : 스마트폰 사용을 중단하거나 사용 시간이 줄어들면 안절부절못하고 초조와 불안을 느낀다. 스마트폰이 없으면 일이나 공부에 집중하기가 어렵다.
- **내성** : 점점 더 많은 시간 동안 스마트폰을 사용하게 되어 나중에는 아무리 많이 사용해도 만족감이 없는 상태가 된다. 스마트폰 사용에 많은 시간을 보내는 것이 습관화되어 있으며 '그만해야지'라고 생각하면서도 계속하게 된다.
- **일상생활 장애** : 스마트폰을 과다하게 사용하여 학업 성적이나 업무 능률이 떨어지는 등 학교 · 직장 · 가정 생활에 지장을 초래한다. 스마트폰을 자주 또는 오래 사용한다고 가족이나 친구, 주변 사람들로부터 지적을 받는 일이 많다.

2014년 스마트폰 중독에 대한 위험 요소 조사 결과, 스마트폰 이용자의 중독 증상 유형은 내성 40.3%, 일상생활 장애 31.2%, 금단 30.9%, 가상 세계 지향성 19.7%의 순으로 나타났다.

표 7-2 스마트폰 중독 증상 유형의 비율(%)

구분		가상 세계 지향성	금단	내성	일상생활 장애
전체		19.7	30.9	40.3	31.2
스마트폰 중독 위험군	청소년	47.8	60.3	76.9	72.5
	성인	55.9	65.2	74.1	69.7

4.2 스마트폰 중독 진단 사례

국내 스마트폰 사용자 수가 2015년 기준 4,000만 명이 넘고 전 세계적으로는 20억 명이 사용하고 있다는 지금, 사람과의 교류보다 스마트폰에 빠져서 헤어나지 못하는 사람이 계속 증가하고 있다. 메신저를 비롯해 드라마 시청, 모바일 쇼핑, 내비게이션, SNS 참여 등 스마트폰 하나로 많은 것을 이용하고 있으나 그 이면에는 스마트폰 중독으로 인해 다음과 같은 다양한 부작용이 나타날 수 있다.

- 상대방과의 대화에 집중하지 못해 다툼이 일어난다.
- 과도한 스마트폰 사용으로 업무에 차질이 생기거나 문제가 발생한다.
- 쓸데없는 지출이 늘어난다.
- 건강이 나빠진다.

• 신체적 · 정신적 증상에 해당되는 목 결림이 심하다.
• 손가락이나 손목이 떨리고 저림 현상이 심하다.
• 수면 장애가 있다.
• 어지럼증을 호소한다.
• 우울과 불안감이 있다.
• 화장실에 갈 때도 스마트폰을 가져간다.
• 스마트폰을 보물 1호라고 생각한다.
• 밥을 먹다가도 스마트폰 알림이 울리면 바로 달려가서 확인한다.
• 스마트폰에 30개 이상의 애플리케이션이 설치되어 있고 거의 모두 사용한다.
• 스마트폰을 잃어버리면 친구를 잃은 것처럼 속상한 마음이 든다.
• 하루에 2시간 이상 스마트폰을 사용한다.
• 스마트폰으로 글자를 입력하는 속도가 아주 빠르다.

만약 위 항목 중 8개 이상의 증상에 해당된다면 스마트폰 중독으로 진단할 수 있다.

• **1~2개** : 양호
• **3~4개** : 위험군
• **5~7개** : 중독 의심
• **8개 이상** : 중독 확실

4.3 스마트폰 중독의 부작용

스마트폰 중독의 경우 다음과 같은 부작용에 시달릴 수 있다.

• **몽유 문자병** : 미국의 10대 5명 중 4명은 바로 곁에 스마트폰을 두고 잔다고 하는데, 이렇게 잠을 자다 메시지를 받으면 잠에서 깨게 되어 수면의 질이 낮아진다. 최근에는 몽유 문자병sleep texting이라는 새로운 부작용이 스마트폰 사용자, 특히 10대 사이에 나타나기 시작했다. 이는 잠에서 깨지 않은 채 문자를 보내고 이를 기억하지 못하는 병이다.
• **화면 불면증** : 침대에 누워서 태블릿 PC나 스마트폰을 사용하면 잠이 들기 더욱 어렵다. 이처럼 수면의 질을 낮추고 몽유 문자병을 유발하는 증상이 화면 불면증screen insomnia인데, 밝은 불빛 때문에 인간의 뇌가 한낮이라고 착각하게 되어 불면증을 유발한다.
• **거북목 증후군** : 스마트폰에 집중하다 보면 불편하게 팔을 들거나 장시간 고개를 숙이는 동작을 계속하여 거북목 증후군에 걸릴 수 있다.

- **유령 진동 증후군** : 전화나 알림이 오지 않았는데도 스마트폰의 진동이 느껴진 적이 많다면 유령 진동 증후군을 의심해봐야 한다.
- **낮은 자존감** : SNS 이용자 중 자신의 실제 삶을 그대로 드러내는 사람은 거의 없을 것이다. 대부분은 자랑거리나 행복한 순간만 올리는데, 이렇게 걸러진 타인의 삶을 봄으로써 자존감이 떨어질 수 있다.

5 스마트폰 중독 현황

청소년의 주요 스마트폰 중독 유형은 내성 45.7%, 일상생활 장애 38.3%, 금단 33.9%, 가상세계 지향성 23.4%의 순으로 나타났다. 성별로는 여자 청소년의 중독 위험군(29.9%)이 남자 청소년(28.6%)보다 1.3% 높았고, 학령별로는 중학생의 중독 위험군이 33.0%로 가장 높았다. 또한 환경적으로는 맞벌이 가정 청소년의 중독 위험군이 30.0%로 높게 나타났다.

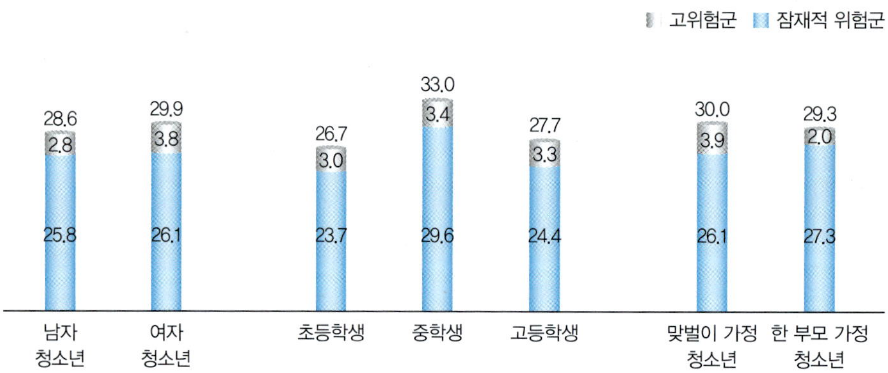

그림 7-6 **청소년 스마트폰 중독 현황 및 중독 위험군 구성비(%)**

이용 시간과 목적을 통해 스마트폰 중독 현황을 살펴보면 다음과 같다.

❶ 이용 시간

- **전체 이용자** : 1일 평균 256.5분(12.7분×20.2회)
- **중독 위험군** : 1일 평균 318.5분(13.0분×24.5회)

❷ 이용 목적

- **전체 이용자** : 모바일 메신저(40.3%)>뉴스 검색(37.2%)>온라인 게임(21.7%)
- **중독 위험군** : 모바일 메신저(34.1%)>뉴스 검색(26.7%)>온라인 게임(24.5%)

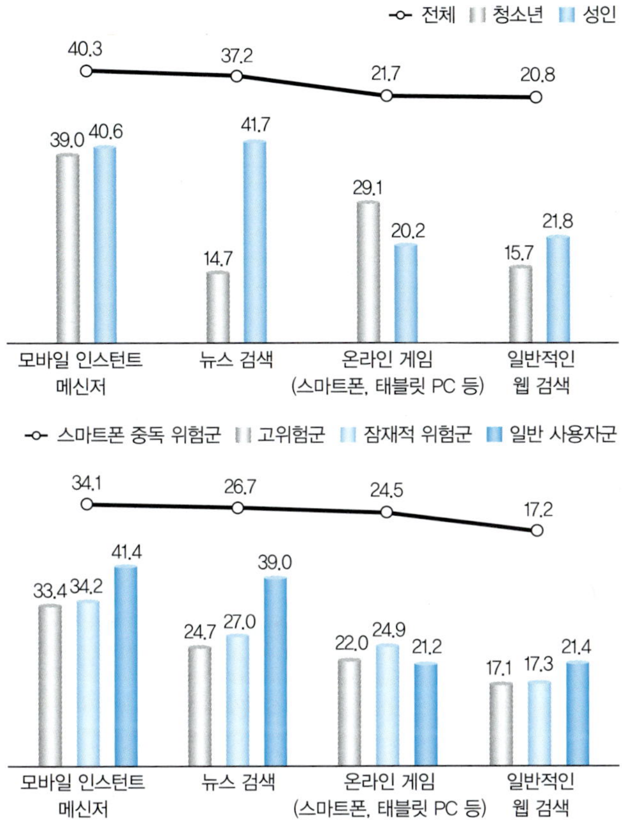

그림 7-7 스마트폰 주 이용 목적(1, 2순위 중복 응답, %)

TIP **인터넷 중독과 스마트폰 중독의 공통점** : 인터넷 중독과 스마트폰 중독은 업무나 학업에 소홀해지고 친구 관계나 직장 내 인간관계 등의 사회적 관계에 부적응적인 현상이 공통적으로 눈에 띈다. 이를 개선하기 위해서는 사회생활에 적극적으로 참여하고 취미 활동을 가지며 인터넷이나 스마트폰 사용 시간을 줄이는 노력이 필요하다.

6 스마트폰 중독의 예방 및 대응

스마트폰 중독에 빠지지 않기 위해서는 자신과 타인을 모두 소중히 여기고, 적극적으로 사회생활에 참여하며, 자신이 좋아하는 취미 활동을 찾을 필요가 있다.

6.1 스마트폰 중독 예방 지침

통계 결과에 따르면 가정에서 꾸지람과 질책을 많이 받거나, 학교 폭력으로 정서가 불안하고 자존감이 약한 청소년에게서 스마트폰 중독 증상이 많이 나타난다. 중독이 심각한 경우 이들은 자신을 학대하거나 학교 폭력의 가해자가 될 수도 있다.

이러한 스마트폰 중독을 예방하기 위해서는 좀 더 적극적으로 스마트폰 사용을 줄이고 친구들과의 교류에 마음의 문을 열어야 한다. 그리고 우리 모두가 소중한 존재임을 인식하고, 남을 이해하고 배려하는 원만한 대인 관계를 통해 사회성이 형성되도록 노력하는 자세가 무엇보다 중요하다.

다음은 스마트폰 중독을 예방하는 데 도움이 되는 지침이다.

- 정기적으로 스마트폰 사용 습관을 점검한다.
- 무의식적으로 스마트폰을 사용하기 전에 무엇을 하려는지 다시 한 번 생각해본다.
- 스마트폰 애플리케이션은 꼭 필요한 것만 내려받는다.
- 채팅이나 메신저로 온 메시지에 바로바로 답장하지 않아도 된다는 유연한 생각을 가진다.
- 자신이 스마트 미디어 중독이 아닐까 의심된다면 테스트를 받아본다.
- 업무 중에는 개인적인 용도로 스마트폰을 사용하지 않는다.
- 우울하다는 생각이 들 때는 가벼운 스트레칭이나 체조로 몸을 푸는 것이 좋다.
- 기분이 우울할 때는 가벼운 산책으로 기분 전환을 하는 것도 도움이 된다.
- 적극적인 취미 활동으로 생활의 활력을 얻는다.

6.2 스마트폰 중독 대응 방안

스마트폰 중독에 대응하기 위해 학교, 가정, 기업, 정부 등이 함께 협조하고 노력해야 한다. 특히 한국정보화진흥원과 같은 국가 기관에서 스마트폰 중독 방지를 위한 대국민 홍보 및 예방 활동을 적극적으로 펼칠 필요가 있다.

❶ 학교

학교에서는 스마트폰 이용 제한에 대한 학칙을 세워 학생들이 이를 준수하도록 지도하고, 스마트폰 때문에 수업에 방해를 받거나 문제가 발생하지 않도록 미연에 방지해야 한다. 일선 학교에서는 등교와 동시에 스마트폰을 수거했다가 하교할 때 돌려주거나, 스마트폰의 소지는 허용하되 수업 시간 중에 사용이 적발되면 제재를 가하기도 한다.

❷ 가정

자녀가 올바르게 스마트폰을 사용할 수 있도록 부모가 관심을 갖고 지도해야 한다. 부모와 자녀가 함께 논의하여 스마트폰 사용 시간이나 규칙을 정하고 올바른 사용 습관을 들인다. 또한 자녀에게 유해한 애플리케이션으로 인한 피해를 알려주고 유익한 애플리케이션을 소개하여 함께 사용하는 시간을 갖는 것도 좋다.

❸ 기업

스마트폰 중독 예방을 위한 기업의 참여 방식으로는 캠페인 전개, 상담 센터 설치 및 운영, 스마트폰 중독 관련 캠프 운영, 연구소 설치 및 연구 확대 등이 있다. 또한 스마트폰 중독 예방을 위한 청소년 캠프 등을 적극적으로 유치 및 운영하여 올바른 스마트폰 사용을 이끌 수도 있다.

❹ 민간

스마트폰 중독을 예방하기 위해 종교계, 의료계, 여성 단체, 시민 단체와 같은 민간 부문의 참여를 활성화해야 한다. 각 단체에 전문가가 상주하여 중독에 관한 상담과 치료 및 예방 활동을 적극적으로 홍보하고, 직접 방문하기 어려운 경우에는 전문 상담사가 찾아가는 가정방문 상담을 진행한다. 민관 기관이 협력하여 예방과 치료 프로그램을 동시에 운영해 나가는 것이 바람직하다.

❺ 정부

정부는 인터넷중독대응센터 등 유관 기관을 활용하여 청소년의 중독 위험 정도에 따라 차별화된 전문 상담 · 치료를 제공한다. 중독 위험 청소년에게 치유 서비스를 지원하는 기숙형 인터넷 치유 학교를 운영하고, 인터넷중독대응센터를 지역마다 설치하여 스마트폰 중독 대응 정책을 적극적으로 펼쳐야 한다. 또한 스마트폰용, PC용 유해 정보 차단 소프트웨어의 성능 개선 및 보급 확대에도 노력해야 한다.

요약

01 사이버 중독은 인터넷, 게임, 스마트폰 등을 과다하게 사용하여 스스로 자율적인 통제가 불가능할 뿐 아니라 병적으로 집착하는 증상을 말한다. 사이버 중독은 대응보다 사전 예방이 더 중요하므로 다양한 교육과 홍보 활동을 통해 올바른 사이버 문화를 정착해야 한다.

02 인터넷 중독이란 과도한 인터넷 사용으로 현실과 가상 세계를 구분하지 못해 정상적인 생활이 어려운 상태를 말한다. 심한 경우에는 스스로 자율적 통제가 어렵고 금단 현상이 발생하며 강박적 사고, 환상과 같은 증상이 나타나 사회 활동에 어려움을 겪기도 한다.

03 인터넷 중독의 대표적인 증상은 크게 강박적 집착과 사용, 내성과 금단, 일상생활 장애, 가상적 대인 관계 지향성으로 분류할 수 있다.

04 게임 중독에 빠지면 자기 통제력을 잃어버리고 점점 더 많은 시간을 게임에 매달리게 된다. 또한 신경이 예민해지고, 불규칙한 생활로 건강이 나빠지고, 친구들과의 만남이 줄어들고, 성적이 떨어지고, 부모와 대립하여 관계가 악화된다. 갑자기 게임을 중단하면 불안 증세가 나타나기도 한다.

05 스마트폰을 습관적으로 과다하게 사용하면 학업이나 직장 업무 등에 지장을 초래하고, 스마트폰에 지나치게 몰입한 나머지 자기 자신을 제어할 수 없는 상태가 되어 내성과 금단이라는 중독 증상을 보이는 상황에 이를 수 있다. 이러한 스마트폰 중독의 부정적인 측면 중 사회적으로 가장 문제가 되는 것은 어른보다 청소년의 스마트폰 중독이 심화되고 있다는 점이다. 스마트폰에 중독된 청소년은 공부에 집중하지 못하고 원만한 교우 관계를 맺는 데도 어려움을 겪는다.

06 노모포비아nomophobia는 'no mobile-phone phobia'를 줄인 말로 '전화 없는 공포증'이라는 의미이다. 스마트폰 중독의 경우 노모포비아가 나타나는데, 휴대전화를 가지고 있지 않거나 배터리 방전으로 휴대전화가 작동하지 않으면 극심한 불안감과 초조를 느끼게 된다.

07 누군가로부터 메시지가 오지 않았는지 궁금해서 수시로 스마트폰을 만지작거리거나 스마트폰을 가만히 두고 5분을 견디기 힘들다면 스마트폰 중독을 의심해볼 필요가 있다.

08 스마트폰 중독을 예방하기 위해서는 좀 더 적극적으로 스마트폰 사용을 줄이고 친구들과의 교류에 마음의 문을 열어야 한다. 그리고 우리 모두가 소중한 존재임을 인식하고, 남을 이해하고 배려하는 원만한 대인 관계를 통해 사회성이 형성되도록 노력하는 자세가 무엇보다 중요하다.

연습문제

01 다음 중 인터넷 중독의 대표적인 증상이 아닌 것은 무엇인가?

① 성적 하락
② 내성과 금단
③ 일상생활 장애
④ 가상 세계 지향성

02 1995년 '인터넷 중독 질환'이라는 용어를 처음으로 사용한 사람은 누구인가?

① 이반 골드버그
② 킴벌리 영
③ 마크 그리피스
④ 네이선 앤드루 샤피라

03 1999년 인터넷 중독을 하나의 행위 중독 장애로 간주한 사람은 누구인가?

① 이반 골드버그
② 킴벌리 영
③ 마크 그리피스
④ 네이선 앤드루 샤피라

04 인터넷 중독의 원인 중 우울함, 외로움, 충동성, 무력감, 자극 추구 성향 등의 증상이 속하는 요인은 무엇인가?

① 환경적 요인
② 심리적 요인
③ 인터넷의 특성
④ 개인적 요인

05 다음 중 게임 중독의 원인으로 볼 수 없는 것은 무엇인가?

① 가정 환경
② 개인의 성격
③ 게임 중심의 여가 문화
④ 감정 조절 결여

06 금단과 내성 증상을 보이며 이로 인한 일상생활 장애 및 질환을 동반하는 게임 중독의 정도는 무엇인가?

① 일반 사용자군
② 저위험군
③ 잠재적 위험 사용자군
④ 고위험 사용자군

07 다음 중 스마트폰 중독 진단 사례에 포함되지 않는 것은 무엇인가?

① 신체적 · 정신적 증상에 해당되는 목 결림이 심하다.
② 손가락이나 손목이 떨리고 저림 현상이 심하다.
③ 수면 장애가 있다.
④ 임파선이 자주 붓는다.

08 스마트폰의 배터리가 방전되거나, 스마트폰을 집에 두고 나오거나 잃어버리면 극심한 불안과 초조를 느끼는 스마트폰 중독 현상은 무엇인가?

① 내성
② 모바일 증후군
③ 스마트폰 금단
④ 노모포비아

09 인터넷, 게임, 스마트폰을 못 하게 되면 불안과 초조를 느끼는 증상을 무엇이라 하는가?

10 인터넷, 게임, 스마트폰을 사용할 때, 동일한 만족을 얻기 위해 사용 시간이 계속 늘어나거나 더욱 자극적인 콘텐츠를 찾는 증상을 무엇이라 하는가?

토론과제

01 개인의 게임 중독이 가족이나 친구들에게 미치는 사회적 영향에 대해 토론하시오.

02 스마트폰 중독이 개인과 사회에 미치는 영향에 대해 토론하시오.

Chapter 08

전자상거래와 전자정부

01 전자상거래
02 전자상거래 보안
03 전자 지불 시스템
04 인터넷 오픈 뱅킹
05 전자정부
요약
연습문제

학습목표

- 전자상거래의 개념을 이해하고 보안에 대해 살펴본다.
- 전자 지불 시스템과 인터넷 오픈 뱅킹의 개념을 이해하고 종류를 알아본다.
- 전자정부의 개념을 이해하고 구체적인 행정 서비스에 대해 살펴본다.

01 전자상거래

사례 | 100% 믿을 수 없는 전자상거래 사이트

취업 준비생인 A 씨는 취업 관련 포털 사이트를 통해 취업 알선 업체를 소개받았다. 유명한 포털 사이트였기 때문에 안심하고 취업 알선 업체에 등록했는데 알고 보니 온라인 수강 업체와 제휴된 곳이었다. 웹 그래픽 과정을 수료하면 취업이 가능하다는 말에 A 씨는 고액의 학원비를 지불하고 웹 그래픽을 배웠으나 여전히 취업을 하지 못한 상태이다.

1 전자상거래란?

오늘날 정보통신 기술이 발달하고 곳곳에 인터넷이 보급됨에 따라 전자상거래electronic commerce 이용자 수가 날로 증가하고 인터넷을 활용한 유통 사이트 또한 폭발적으로 증가했다. 국내 대기업들도 쇼핑몰 사이트를 구축하고 기존 전자상거래 시장을 상대로 공격적인 마케팅을 펼치고 있다.

미국 텍사스대학교 오스틴 캠퍼스의 앤드루 윈스턴Andrew B. Whinston 교수는 전자상거래를 '네트워크를 통한 상품의 구매와 판매'라고 정의했다. 즉 전자상거래는 온라인상에서 재화나 서비스를 사고파는 모든 형태의 거래를 말하며, 최근에는 매체를 이용하여 상품과 서비스를 유통하는 모든 유형의 상업적 활동으로 확대할 수 있다. 전자상거래의 가장 큰 장점은 시간과 공간적 제약이 없다는 것이다. 또한 유통 단계가 줄어들므로 거래 비용을 대폭 절감할 수 있으며, 모든 거래 내역을 컴퓨터로 기록하고 관리하기 때문에 경제적으로 효율성과 투명성을 제고할 수 있다.

표 8-1 전자상거래의 정의

구분	설명
협의적 의미	인터넷 사이트에서 물건을 거래하는 행위
광의적 의미	소비자와의 거래뿐만 아니라 공급자, 금융 기관, 정부 기관, 운송 기관 등 거래에 관련된 모든 기관과의 거래 행위

2 전자상거래의 유형

전자상거래는 기업과 개인 간의 거래(B2C), 기업과 기업 간의 거래(B2B), 기업과 정부 간의 거래(B2G), 개인과 개인 간의 거래(C2C)로 나눌 수 있다. 이 밖에 새로운 유형으로 오프라인과 온라인 간의 거래(O2O)가 있다.

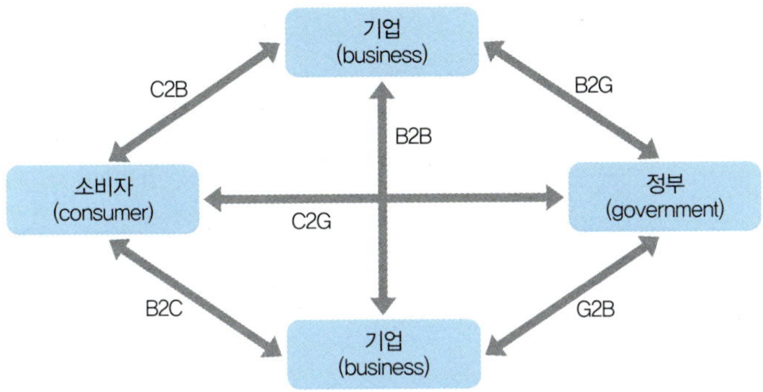

그림 8-1 전자상거래의 유형

❶ 기업과 개인 간의 거래(B2C)

기업과 개인 간의 거래business to consumer, B2C는 기업이 소비자를 대상으로 하는 거래로, 소비자에게 유형 · 무형의 재화를 판매 및 중개하는 형태의 전자상거래이다. 대부분의 인터넷 쇼핑몰이 여기에 해당하며, 쇼핑몰을 통해 주문, 판매, 대금 결제, 광고, 배달 등의 거래 관련 행위가 이뤄진다.

TIP C2B : 소비자가 개인으로 또는 단체를 구성하여 상품의 공급자나 생산자에게 가격, 수량, 서비스 등의 조건을 제시하고 구매하는 것을 말한다. 소비자가 인터넷을 통해 다양한 정보를 확보하면서 발생한 새로운 비즈니스 형태라 할 수 있다.

❷ 기업과 기업 간의 거래(B2B)

기업과 기업 간의 거래business to business, B2B는 기업과 기업 사이에 수주, 구매, 조달, 납품 등이 이뤄지는 전자상거래이다. 각종 문서 양식과 업무 처리 방법의 표준화, 운영 비용 절감, 마케팅 및 영업 채널의 확대에 따른 이윤 증대 등의 효과가 있으며, 대표적인 예로 알리바바, 트레이드코리아, EC21을 들 수 있다.

❸ 기업과 정부 간의 거래(B2G)

기업과 정부 간의 거래business to government, B2G는 기업과 정부 사이에 조세, 조달, 행정, 인증, 징

수, 공사 발주, 물자 조달 등의 각종 공공 행정 사업이 이뤄지는 전자상거래이다. 전자정부 구현을 위한 기반 구축, 공공 정보 자료에 대한 문서 공증에 따른 정보 보호 효과, 전자 공개 입찰을 통한 투명한 행정 구현 등의 효과가 있으며, 대표적인 예로 조달청을 꼽을 수 있다.

❹ 개인과 개인 간의 거래(C2C)

개인과 개인 간의 거래customer to consumer, C2C는 판매자와 구매자가 일대일로 직접 연결하여 좀 더 낮은 가격으로 거래하는 전자상거래로 오픈 마켓이라고도 한다. 예를 들면 중고 용품 거래 사이트에서 판매자가 직접 제품을 업로드하고 구매자와 직거래하는 방식이다. 개인과 개인 간의 거래는 저렴하게 물건을 구입할 수 있다는 것이 장점이지만 한편으로 허위 광고, 상품 사기, 금융 결제 사기 등의 위험이 있으므로 주의해야 한다. 대표적인 예로 11번가, 옥션, G마켓, 티켓몬스터, 위메프, 쿠팡 등이 있다.

❺ 오프라인과 온라인 간의 거래(O2O)

O2O는 'online to offline'의 약어로 온라인과 오프라인을 결합한 새로운 형태의 전자상거래이다. 많은 사람들이 스마트폰을 가지고 있고 인터넷만 된다면 어디서든 정보에 접근할 수 있는데, 이런 인프라를 바탕으로 온라인과 오프라인이 만나는 전자상거래가 등장한 것이다. 오프라인에서 영업 중인 호텔, 식당, 커피숍, 옷 가게, 배달 음식점, 택시 등의 서비스를 소비자와 연결해 주는 형태로, 스마트폰을 가지고 있는 회원의 위치와 가까운 사업장을 파악하여 쿠폰을 제공하는 식으로 오프라인 매장이 마케팅에 온라인을 이용하는 것이다. 우리나라의 배달 앱과 미국의 차량 공유 서비스인 우버Uber를 예로 들 수 있다.

TIP **우버** : 스마트폰 앱의 버튼 하나만 누르면 소비자의 위치를 파악하여 가장 가까운 곳에 있는 차량과 연결해주는 주문형 개인 기사 서비스이다. 우리나라에는 이를 벤치마킹한 카카오 택시 서비스가 있다.

3 전자상거래의 장단점

여러 가지 장점을 지닌 전자상거래는 빠른 속도로 성장 · 발전하여 경제에 큰 영향을 미치고 있다. 그러나 전자상거래의 특성에 따른 단점도 드러나고 있으므로 문제점 및 유의 사항도 짚어보자.

3.1 전자상거래의 장점

전자상거래는 전통적인 형태의 상점과 비교하여 다음과 같은 장점이 있다.

- 인터넷이 가능한 환경이라면 어디서든 접속이 가능하다.
- 365일 24시간 언제든지 접속하여 구매할 수 있다.
- 물건을 구입하기 위해 직접 매장에 가지 않아도 된다.
- 로컬 마켓은 물론 글로벌 마켓까지 판매 거점을 확보할 수 있다.
- 시간과 공간의 제약이 없다.
- 전자상거래 상점은 유통비와 건물 임대료 등의 운영비를 줄일 수 있다.
- 구매자는 가격 비교 사이트를 이용하여 값싸고 질 좋은 상품을 편리하게 구입할 수 있다.

3.2 전자상거래의 문제점

전자상거래는 가상 공간에서 이뤄지는 특징 때문에 여러 가지 문제가 발생할 수 있다.

- 가상 공간인 인터넷에는 수많은 전자상거래 사이트와 상품이 넘쳐나는데 그중에서 안전한 사이트를 선택하여 원하는 거래를 하기란 쉽지 않다.
- 자유 방임형으로 운영되기도 하여 구매자가 원하는 서비스를 즉시 받지 못할 수도 있다.
- 대금 결제 시 보안의 안전성이 완벽하지 않다.
- 제품을 구입한 구매자의 불만족(색상, 크기, 품질 등)에 대해 반품 및 환불 처리가 제대로 되지 않는 등 소비자 피해 분쟁이 끊이지 않는다.
- 전자상거래를 이용할 때 개인 정보 수집 동의 등 구매자가 원치 않더라도 사이트를 이용하려면 의무적으로 동의해야 하는 항목 등 약관상 불공정 거래가 여전히 성행하고 있다.

3.3 전자상거래 시 유의 사항

안전한 전자상거래를 위해서는 다음과 같은 사항에 유의해야 한다.

❶ 믿을 수 있는 쇼핑몰 선택하기

인터넷으로 상품을 구매하거나 서비스 계약을 맺는 경우, 상품의 품질과 판매자를 직접 확인할 수 없으므로 믿을 수 있는 쇼핑몰을 선택해야 한다. 어떤 쇼핑몰을 선택해야 할지 잘 모르겠다면 많이 알려진 유명 쇼핑몰을 이용하는 것도 한 방법이다.

❷ 게시판 참고하기

쇼핑몰의 게시판에 올라온 소비자의 질문에 충실하게 답변을 해주는지, 상품의 품질이나 반품, 배송 등에 대한 불만을 제기한 게시글이 있는지를 꼼꼼히 확인한 후 이용하는 것이 좋다.

여기서 잠깐 안전한 전자상거래를 위한 확인 사항

① 공인인증 기관의 공인인증서 사용 마크

공인인증 기관의 공인인증서 사용 마크는 해당 사이트가 공인인증 기관의 공인인증서를 사용하는지를 사이트 방문자가 쉽게 판별할 수 있도록 발행하는 것이다. 공인인증 기관의 공인인증서가 탑재되지 않은 버전의 브라우저 사용자에게 공인인증서의 신뢰성과 효력을 명시적으로 공고하는 역할을 한다. 이 마크는 공인인증 기관의 공인인증서가 「전자 서명법」에 의해 법적인 효력을 보장한다는 사실을 사용자에게 알리기 위해 공인인증 기관에서 발행한 공인인증서를 사용하는 사이트에만 부여한다.

② 안전한 전자상거래 업체

안전한 전자상거래 업체인지 확인하는 데 다음 사항을 참고한다.

- 공인인증 기관의 공인인증서 사용 마크를 획득한 업체인지 확인한다.
- eTrust, i-Safe, 공정거래위원회의 표준 약관을 사용하는지 확인한다.
- 「전자 서명법」 제4조의 규정에 의한 공인인증 기관으로부터 사업자 신원 등 주요 사항에 관한 인증을 받았는지 확인하고, 인증을 받은 경우에는 소비자가 이를 확인할 수 있는 방법을 제공하는지도 확인한다.
- 홈페이지 하단에 사업자의 상호명, 대표자명, 사업자 등록 번호, 주소, 연락처 등이 제대로 표기되어 있는지 확인한다.

❸ 사기 사이트 확인하기

이메일이나 가격 비교 사이트 등을 통해 제품을 할인해서 판매한다고 광고한 뒤 대금만 받고 배송하지 않거나 사이트 자체를 폐쇄하고 사라져버리는 경우도 있으니 주의해야 한다. 다음과 같은 경우는 사기 사이트일 가능성이 있으므로 신중하게 거래해야 한다.

- 대박 세일이나 할인 행사 등 사람들을 현혹하는 문구의 광고를 자주 보내는 경우
- 사업자 정보나 연락처 없이 휴대전화 번호만 간단히 표기된 경우
- 문의 사항을 게시판이 아닌 쪽지를 통해서만 받는 경우
- 가격 비교 사이트에 제시된 것보다 훨씬 낮은 가격을 제시하며 현금으로 결제하도록 유도하는 경우
- 게시판에 배송과 관련된 소비자의 불만이 많은 경우

- 전화를 걸었을 때 잘 받지 않거나 계속 통화 중이거나 자주 자동 응답으로 넘어가는 경우
- 서울시에 등록된 쇼핑몰의 경우, 서울시전자상거래센터(https://ecc.seoul.go.kr)의 쇼핑몰 정보에서 상호, 도메인, 대표자를 조회했을 때 나오지 않는 경우

❹ 결제 대금 예치 제도 이용하기

일반인에게 중고 물품을 구매하는 경우에는 신용카드로 결제할 수 없는데, 이때 현금 결제보다는 결제 대금 예치 제도인 에스크로escrow를 이용한다. 신용카드로 결제했는데 구입한 제품에 문제가 생겼을 때는 지급 정지라는 조치를 취할 수 있지만, 현금으로 결제하고 나면 돈을 다시 돌려받기가 어렵다. 에스크로 제도는 결제 대금을 은행 등의 에스크로 사업자가 보유하고 있다가 상품 배송이 완료되면 판매자에게 대금을 지급하는 방식이므로 현금 결제보다 안전한 결제 시스템이다.

TIP **에스크로(결제 대금 예치) 제도** : 안전한 거래를 위해 구매자가 제품을 받을 때까지 은행과 같은 제삼자에게 결제 대금을 예치하는 제도이다. 모든 전자상거래에 에스크로 제도가 적용되는 것은 아니며, 제품을 발송하기 전에 대금을 미리 지급하는 선불식 판매에 적용된다.

02 전자상거래 보안

사례 | 안전한 전자상거래 사이트

전자상거래를 이용하는 대부분의 사용자는 해당 사이트에서 요구하는 아이디, 비밀번호 등을 입력하여 개인 정보의 암호화를 진행한 후 접속하여 서비스를 이용한다. 그런데 직장인 P 씨는 전자상거래 사이트를 이용할 때 주소 입력창에 나타나는 자물쇠 표시, 녹색 주소 표시 줄 등을 통해 사이트가 높은 보안 수준의 연결을 제공하는지, 인증서에서 확장된 유효성 검사를 제공하는지를 항상 확인한다. 주소 입력창에 자물쇠 표시가 있고 금융 기관에서 요구하는 보안 프로그램까지 설치된다면 안전한 사이트라고 볼 수 있다.

1 전자상거래 보안이란?

전자상거래를 안전하게 이용할 수 있는 웹 브라우저, 지불 시스템, 구축 시스템 등 사용자를 위한 다양한 환경에서의 전자상거래 보안은 매우 중요하다. 이를 위해 필요한 전자상거래 관련 기술 및 프로토콜, 핵심 보안 기술에 대해 살펴보자.

전자상거래 보안은 두 가지 의미로 살펴볼 수 있다. 첫째, 좁은 의미로는 개설된 전자상거래 홈페이지에서 물건을 사고파는 상거래 행위에 대한 보안을 의미한다. 둘째, 넓은 의미로는 소비자와의 거래뿐 아니라 거래에 관련된 공급자, 금융 기관, 정부 기관, 운송 기관 등 모든 기관과의 안전한 거래를 위한 보안을 의미한다.

1.1 전자상거래 관련 기술

전자상거래 관련 기술은 이기종 시스템 간의 통신을 보장하고 신기술 도입에 따른 영향을 최소화한다. 전자상거래 기술의 참조 모델은 전자상거래 업무 계층, 전자상거래로 특화된 응용 계층, 미들웨어 계층, 일반적인 응용 계층, 통신 프로토콜 계층, 통신 네트워크 계층의 6개 계층과 1개의 보안 계층으로 구성되어 안전한 전자상거래를 이용할 수 있도록 시스템에 활용된다.

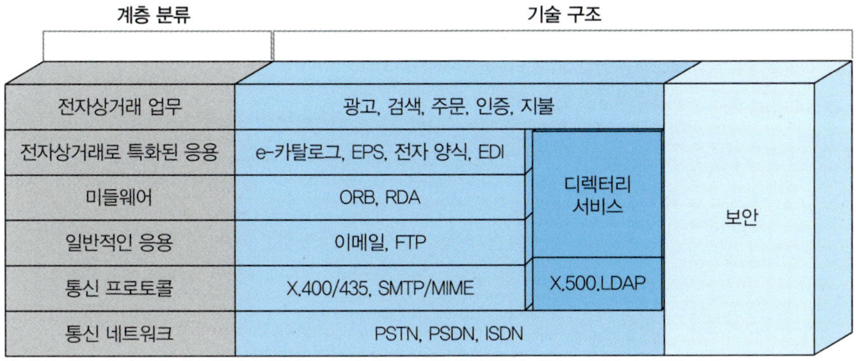

그림 8-2 **전자상거래 기술 체계**(출처 : 한국정보화진흥원)

1.2 전자상거래 구축 환경

전자상거래는 개방형 구조인 인터넷을 기반으로 하여 일반 사용자들이 쉽게 이용할 수 있는 웹 환경에서 이뤄지는 추세이다. 인터넷 환경은 고객의 접근 및 사용의 편리성 때문에 전자상거래를 대중화 · 활성화하는 주된 요인이다. 반면에 인터넷을 기반으로 구축된 전자상거래의 단점은 거래에 대한 안전성이 미흡하다는 것으로, 이는 전자상거래에서 취약한 부분으로 작용하고 있다. 다음 그림은 인터넷을 기반으로 하는 전형적인 전자상거래 구축 환경을 보여준다.

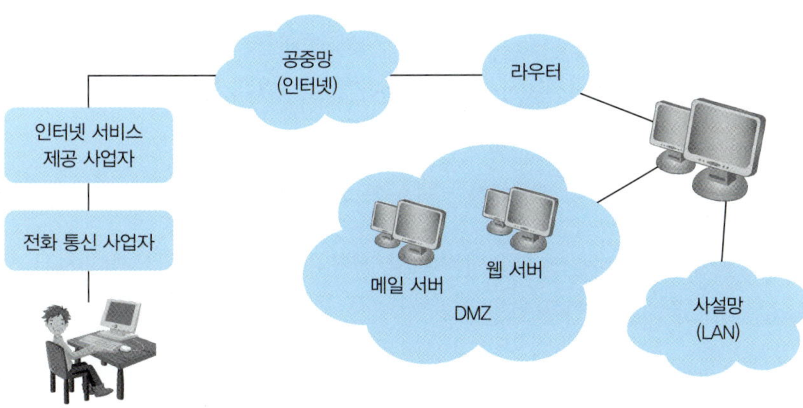

그림 8-3 **전자상거래 구축 환경**

TIP
- **라우터(router)** : 랜과 랜을 연결해주는 장비이다.
- **사설망** : 가정에서 사용하는 공유기를 예로 들 수 있다.
- **DMZ** : 'demilitarized zone'의 약어로, 회사의 사설 네트워크와 외부의 공중 네트워크 사이에 위치하는 중립 지역의 네트워크를 말한다. 또한 악의적인 의도를 가진 외부 사람이 기업 내부의 PC나 서버 등에 직접 접속하지 못하게 하는 기술이기도 하다. 즉 내부 자원을 보호하기 위해 내부 네트워크와 외부 네트워크(인터넷) 사이에 DMZ라는 공간을 두어 분리하는 것이다.

인터넷은 전자상거래에서 발생하는 개인 정보, 구매 정보, 지불 정보 등의 중요한 정보를 브로드캐스팅하는 네트워크이다. 인터넷상에서의 데이터 브로드캐스팅은 그 범위가 너무 넓으며, 구조적으로 브로드캐스팅되는 경로를 제어할 수 없고 누구나 공유할 수 있다는 것이 특징이다. 따라서 인터넷 기반의 전자상거래 시스템은 사용자 집단이 유동적이고 신뢰성을 보장하기 어렵다.

2 전자상거래 보안 기술

전자상거래 보안에서는 암호화 알고리즘과 키의 길이가 매우 중요하지만 또한 중요한 요소가 바로 보안 프로토콜이다. 암호화 알고리즘 기술은 이미 상당한 수준에 올라 사용할 만한 강력한 알고리즘이 많이 나와 있다. 그러나 강력한 알고리즘으로 암호화되었다고 해서 모두 안전한 것은 아니고 여전히 보안 침해의 가능성이 있는데 이를 막아주는 것이 보안 프로토콜이다. 웹 보안에는 S-HTTP, SSL, 전자우편에는 PEM, S/MIME 등과 같은 보안 프로토콜이 있다.

개방형 구조인 인터넷의 특성상 전자상거래의 핵심 보안 기술은 다음과 같은 주요 목표를 가지고 있다.

- **기밀성**confidentiality : 전송되는 정보의 비밀을 보장한다.
- **무결성**integrity : 전송되는 정보가 변경되거나 오용되지 않았음을 보장한다.
- **가용성**availability : 전자상거래 업무를 언제든지 지속적으로 수행할 수 있음을 보장한다.
- **사용자 인증**authentication : 전송자의 신분을 식별하여 증명한다.
- **부인 방지**non-repudiation : 자신의 거래 행위에 대한 부인 불가를 보장한다.

암호화 메커니즘과 전자 서명 메커니즘에 활용되는 보안 메커니즘은 인터넷에서 발생하는 상업적 거래에 이용되는 정보에 대한 보안을 보장한다.

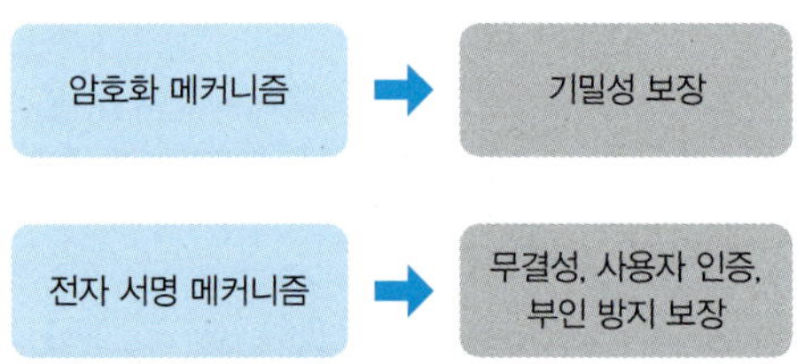

그림 8-4 보안 메커니즘

2.1 방화벽

방화벽[firewall]은 인터넷과 같은 외부 네트워크에 연결된 내부 네트워크를 외부의 불법적인 침입으로부터 안전하게 보호하기 위한 정책 및 이를 지원하는 도구이다. 방화벽의 원리는 내부 네트워크를 인터넷으로부터 분리하여, 인터넷에서 내부 네트워크로 연결하려는 모든 시도를 강력히 방어하기 위해 단일 지점에서 검열 및 차단하는 것이다. 방화벽의 특징 및 주요 기능은 다음과 같다.

- 외부로부터 내부 망을 보호하기 위한 네트워크 구성 요소이다.
- 외부의 유해 정보 유입을 차단하기 위한 정책 및 이를 지원하는 하드웨어와 소프트웨어의 총칭이다.
- 외부의 불법 침입으로부터 내부의 정보 자산을 보호한다.
- 내부 네트워크를 보호하기 위해 외부의 불법적인 트래픽 유입을 막으며, 허가되고 인증된 트래픽만을 유입하려는 적극적인 방어 대책이다.
- 외부 망과 연동하는 유일한 창구로서 외부로부터 내부 망을 보호한다.
- 허가되지 않은 사람이 외부 망에서 내부 망으로 접속을 시도할 때 접근을 거부하여 내부 자원을 보호한다.
- 사용자가 목적지 서버로 서비스를 요청하기 전에 사용자의 방화벽에서 신원 확인 절차를 거쳐 인증된 사용자만이 목적지 서버로 접근하도록 허용한다.
- 내부와 외부에 상호 접속된 네트워크에 대한 트래픽을 감시하고 기록한다.

2.2 전자상거래 관련 보안 프로토콜

전자상거래와 관련된 보안 프로토콜에는 전자 인증 시스템인 미국 넷스케이프의 SSL과 EIT의 S-HTTP, 그리고 비자인터내셔널, 마스터카드, 마이크로소프트 등이 공동 개발한 대금 결제 시스템인 SET 등이 있다.

❶ S-HTTP

S-HTTP[secure hypertext transfer protocol]는 월드와이드웹상의 파일이 안전하게 교환될 수 있게 해주는 HTTP의 확장판으로, 트랜잭션 기밀성을 위한 서비스를 제공하며 응용 계층에 적용된다. 각 S-HTTP 파일은 암호화되고 전자 서명을 포함한다. S-HTTP는 또 다른 보안 프로토콜인 SSL의 대안으로, S-HTTP는 틀림없는 사용자라는 것을 입증하기 위한 인증서를 클라이언트

에서 보낼 수 있지만 SSL에서는 서버만이 인증할 수 있다는 것이 차이점이다.

❷ SSL

SSL[secure socket layer]은 월드와이드웹으로 정보를 전송할 때 보안을 위해 서버에서 사용하는 암호화 시스템이다. SSL이 사용 가능한 서버는 중요한 데이터를 클라이언트에 전송하기 전에 암호문으로 만들어 정보를 가로챈 제삼자가 데이터를 읽을 수 없게 한다. 클라이언트는 서버로부터 데이터를 받은 후 암호를 해독하여 데이터를 읽는다. 웹 서버에서 SSL을 사용하면 웹사이트 안에서 주고받는 데이터를 암호화함으로써 클라이언트(웹 브라우저)와 서버(웹 서버) 사이에 전송된 정보의 보안성을 한층 강화할 수 있다. 클라이언트와 서버 사이에서는 다음과 같이 암호 전송이 이뤄진다.

- 클라이언트는 서버에 연결해서 지원하는 암호화 알고리즘 목록을 전송한다.
- 서버는 알고리즘 이름, 공개 키, 공용 키 및 해시 알고리즘 이름으로 응답한다.
- 클라이언트는 공개 키가 진짜 그 서버의 것인지를 검사하고, 세션 키를 생성하여 해당 서버의 공개 키로 암호화한 뒤 서버로 전송한다.
- 서버는 세션 키를 자신의 비밀 키로 해독하고, 이를 사용하여 그 세션 동안 전송되는 데이터를 암호화한다.
- 클라이언트는 임의의 문자열을 세션 키로 암호화한 뒤 서버에 보내어 서버를 검사한다.
- 서버는 수신을 확인한다.

❸ SET

SET[secure electronic transaction]는 인터넷에서 신용카드를 이용하여 안전하게 전자상거래를 할 수 있도록 보장해주는 프로토콜이다. 우리가 일상생활에서 사용하는 신용카드 거래 체계를 인터넷상의 전자상거래에서도 안전하게 사용할 수 있도록 메시지를 암호화하고, 개인 인증 및 전자 증명서 등을 통해 안전한 전자상거래가 이뤄지도록 한다. 또한 이름, 주소, 신용카드 번호와 같은 사용자 정보에 대한 보안 대책이 필요하다.

인터넷에서 안전한 신용카드 거래가 어떻게 이뤄지는지 구매 및 지불 절차를 살펴보자.

- 고객은 인증을 받을 계좌를 개설한다.
- 판매자는 인증서를 갖고 있다.
- 고객이 상품을 주문한다.

- 판매자가 주문서와 증명서를 고객에게 보낸다(고객은 판매자를 확인한다).
- 고객이 결제 정보를 자신의 증명서와 같이 보낸다(판매자가 못 보도록 암호화되어 있다).
- 판매자가 결제 인증을 지급 정보 중계 기관에 요청한다(지급 정보 중계 기관에서 고객 카드의 유효성을 확인한다).
- 판매자는 고객이 구매한 물품을 전달한다.
- 판매자가 지급 정보 중계 기관에 결제를 요청한다.

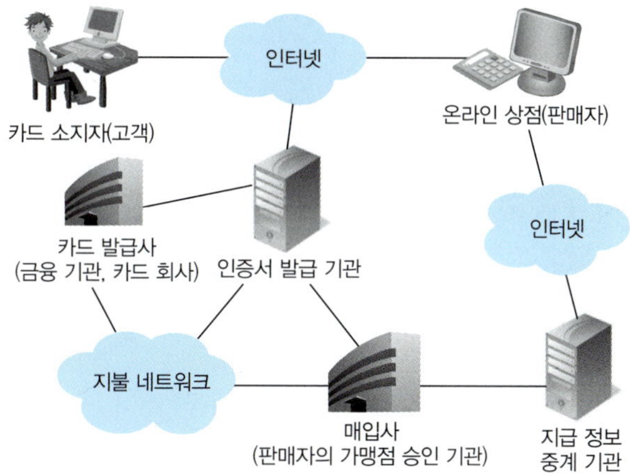

그림 8-5 SET의 구성

표 8-2 S-HTTP, SSL, SET의 비교

구분	S-HTTP	SSL	SET
기술적 특징	트랜잭션, 기밀성, 메시지 무결성, 발신자 인증, 접근 통제	서버 인증, 무결성 검사, 압축 및 암호화	메시지 암호화, 개인 인증, 전자 증명서, 무결성 보장
용도	사용자가 틀림없다는 인증서를 클라이언트에 보냄	클라이언트와 웹 서버 간의 안전한 통신	신용카드로 안전한 거래 인증
동작 계층	응용 계층	세션 계층	전송 계층
안전성	사용자 아이디와 비밀번호를 사용하는 것보다 안전함	다소 낮음(상점에 카드 번호 노출)	높음(금융 기관만이 카드 번호 확인)
암호화 인증 방식	트랜잭션, 기밀성	서버 인증	메시지 암호화

2.3 전자상거래 데이터베이스 보안

전자상거래에서는 사용자의 신용카드 번호 등이 안전하고 신뢰성 있게 전송되어야 함은 물론이고 암호화된 상태로 데이터베이스에 저장되어야 한다. 데이터베이스 보안은 부적절한 기록을 방지하고 정당한 권한을 가진 사용자의 정보처리 서비스를 컴퓨터 시스템이 거부하지 않도록 하는 것이다. 대용량 자료를 보관하는 데이터베이스 관리 시스템database management system, DBMS에서는 데이터의 무결성과 기밀성이 보장되어야 한다.

데이터베이스 보안에는 접근 제어, 정보 흐름 제어, 추론 제어의 방법을 많이 사용한다. 특히 내부인에 의한 정보 유출은 피해 규모가 크기 때문에 데이터베이스에 대한 내부 보안 정책을 수립하는 것이 중요하다.

2.4 공개 키 기반 구조

공개 키 기반 구조public key infrastructure, PKI는 공개 키 암호화 방식으로 전자상거래나 정보 유통에 안전성과 신뢰성을 확보하기 위한 시스템이다. 상대방의 신원을 확인하고 정보 내용의 변경을 확인하며 비밀 유지 기능을 갖는 것이 핵심인 공개 키 기반 구조는 다음과 같은 특징을 지니고 있다.

- 사용자의 공개 키를 인증해주는 인증 기관들의 네트워크 역할을 한다.
- 모르는 사람과의 비밀 통신을 가능하게 하는 암호화 키와 인증서의 배달 시스템이다.
- 공개 키의 인증서를 이용하여 공개 키를 자동으로 관리해주는 기반 구조이다.
- 공개 키 인증서가 발생하면 그에 대한 접근을 제공하는 인증서 관리 기반 구조이다.

2.5 시스템 보안과 네트워크 보안

시스템 수준에서 전자상거래 시스템의 보안은 다음과 같이 분류할 수 있다.

- **시스템 보안** : 서버에 저장되어 있는 비밀 정보가 제삼자에게 누출되지 않도록 하거나, 시스템이 제삼자에 의해 파손 및 오작동이 되지 않도록 하는 보안 기술이다.
- **네트워크 보안** : 인터넷을 통해 전달되는 비밀 정보가 누출되거나 변경되지 않도록 하는 보안 기술이다.

2.6 전자상거래 보안을 위한 필요조건

전자상거래 보안을 위한 필요조건을 판매자와 구매자 입장에서 살펴보면 다음과 같다.

❶ 판매자 측 보안의 필요조건

- 주문과 결제를 확증하기 위한 구매자의 신분 확인이 필요하다.

- 구매자에게 구매할 자격이 있는지 증명이 필요하다.
- 제삼의 인증 기관으로부터 거래 확인 및 지불 인증이 필요하다.
- 구매자가 물건의 주문 또는 인도를 부인하지 못하게 하는 부인 방지가 필요하다.
- 지불에 대한 확신을 가질 수 있는 지불 시스템이 필요하다.
- 판매자의 거래 정보가 밝혀지지 않도록 익명성 보장이 필요하다.

❷ 구매자 측 보안의 필요조건

- 구매하려고 하는 상품인지를 인증하는 수단이 필요하다.
- 믿을 수 있는 판매자인지 판매자의 신분 확인이 필요하다.
- 지불의 무결성 유지가 필요하다.
- 상품 구매 사실을 확인할 수 있는 영수증이 필요하다.
- 사생활 보호를 위해 거래처나 내역 등의 거래 정보 보호가 필요하다.
- 거래량에 대한 정보가 밝혀지지 않도록 개인 전자거래의 익명성 보장이 필요하다.

여기서 잠깐 **이상 금융 거래 탐지 시스템**

이상 금융 거래 탐지 시스템(fraud detection system, FDS)은 이베이나 아마존과 같은 해외 쇼핑몰에 적용되는 방식으로, 정보 수집, 분석 및 탐지, 대응, 모니터링 및 감사 기능 등을 통해 이상 금융 거래를 찾아낸다.

- **정보 수집** : 이용자의 정보 및 행위에 대한 정보 수집으로, 이용자의 매체 환경 정보와 사고 유형 정보를 수집한다.
- **분석 및 탐지** : 수집된 정보로 이상 행위를 분석하고 이용자 유형별, 거래 유형별 등 다양한 상관관계 분석 및 패턴 검사로 이상 행위를 탐지한다.
- **대응** : 이상 행위로 판단되면 거래를 차단하거나 추가 인증을 요구하여 부당 거래를 방지한다.
- **모니터링 및 감사** : 정보 수집, 분석 및 탐지, 대응 등의 종합적인 절차를 통합해서 관리하고 탐지 시스템을 침해하는 다양한 유형을 감사한다.

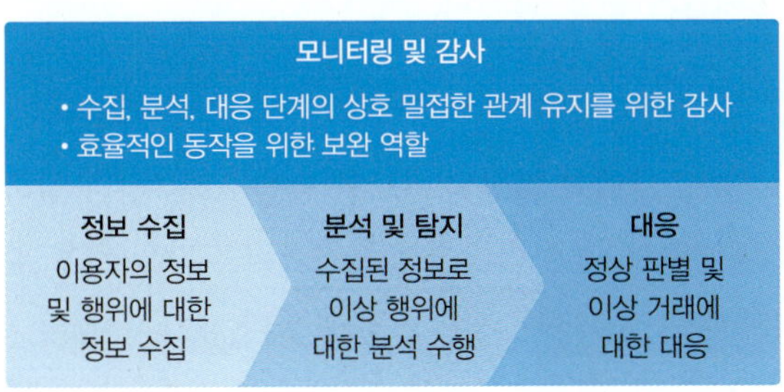

03 전자 지불 시스템

사례 | 안전하고 편리한 전자 지불 시스템

직장인 C 씨는 자동 납부 전자 지불 시스템에 등록하여 온라인 쇼핑몰, 마트 사이트에서 구입한 물품 대금과 통신비를 자동으로 결재하고 있다. 일부 매체에서는 대금 지불 사고 등 부정적인 측면을 우려하기도 하지만 C 씨는 각 사이트의 신뢰도와 인지도를 믿었다. 무엇보다도 은행에 갈 필요가 없고 서비스 이용에 따라 포인트가 적립되기 때문에 전자 지불 시스템을 유익하게 잘 이용하고 있다.

1 전자 지불 시스템의 종류

전자 지불 시스템은 전자상거래로 구매한 상품이나 서비스의 대금을 전자화폐로 결제하는 시스템을 말한다. 이는 거래에 참여하는 구매자와 판매자가 상품이나 서비스에 대한 대가를 안전하고 효과적으로 주고받을 수 있는 정보 전달 및 대금 지불 체계이다. 전자 지불 시스템은 지불 시점, 인증 시점, 인증 방법, 지불 방식에 따라 분류할 수 있다.

TIP **전자화폐** : 매체나 네트워크에 저장된 가치로 결제하는 방식으로, IC 카드에 저장된 정보만으로도 화폐 역할을 할 수 있다.

1.1 지불 시점에 따른 분류

보안과 사용자의 입장을 고려하여 지불 시점에 따른 사용 환경도 크게 변화했다. 전자 지불 시스템은 지불 시점에 따라 전자화폐의 형태를 구분할 수 있다.

❶ 선불카드

선불카드는 전자적 또는 자기적 방법으로 일정 금액이 저장된 카드를 발행자로부터 구입하여 상품이나 서비스 구매에 사용하며, 사용할 때마다 대금이 자동으로 차감되는 카드이다. 공중전화 카드, 교통 카드처럼 동전 시장에 적합하며 충전해서 재사용할 수 있다.

❷ 직불카드

직불카드는 카드를 소지한 회원과 가맹점 간에 전자적 또는 자기적 방법으로 금융 거래 계좌를 통해 대금을 이체하는 방법으로 결제가 이뤄진다. 상품이나 서비스를 구매하는 동시에 고객의 계좌에서 대금이 인출되어 판매자의 계좌로 이체되며, 패스트푸드점이나 편의점, 약국 등의 소액 현금 시장에 적합한 형태이다.

❸ 체크카드

체크카드는 금융 회사나 전자 금융 업자가 발행하는 지급 수단으로, 상품이나 서비스의 거래가 이뤄지는 동시에 구매자의 계좌에서 판매자의 계좌로 대금이 이체된다. 신용카드 가맹점에서 일반적인 신용카드와 동일하게 사용할 수 있으며, 직불카드와 마찬가지로 소액 현금 시장에 적합하다.

TIP 직불카드, 체크카드, 신용카드

- 직불카드는 해당 가맹점에서만 사용이 가능하여 이용에 제한이 있다. 이를 보완한 것이 체크카드이다.
- 체크카드는 신용카드를 사용할 수 있는 곳이면 어디서든 사용이 가능하므로 직불카드보다 사용 범위가 넓다. 직불카드와 체크카드는 둘 다 결제 계좌의 잔액 범위 안에서만 사용할 수 있기 때문에 신용 불량이 발생할 위험이 없다(일부 체크카드는 50만 원 정도의 신용 한도를 제공하기도 한다).
- 신용카드는 은행의 결제 계좌를 통한 자금 이체 방식으로, 카드 발행사와 계약을 체결한 회원은 가맹 소매점에서 상품을 현금 없이 구매할 수 있다. 은행계 카드는 해당 은행 계좌를 연결하여 현금카드 겸용으로도 사용할 수 있으며 본인의 신용 한도에 따라 구매 금액을 제한할 수도 있다.

❹ 후불형 전자화폐

현금이 없어도 물건을 구매할 수 있는 시스템으로 결제일이 도래하면 결제 대금을 상환해야 한다. 백화점, 호텔, 병원, 도 · 소매 판매점, 편의점, 커피숍, 후불 교통 요금 등 다양한 곳에서 편리하게 사용할 수 있으며, 대표적인 예로 신용카드를 들 수 있다.

1.2 인증 시점에 따른 분류

전자 지불 시스템은 인증 시점에 따라 온라인 시스템과 오프라인 시스템으로 분류할 수 있다.

❶ 온라인 시스템

지불 시점에 인증 서버가 포함되어 고개 관리 및 전자화폐 관련 정보를 수록한 데이터베이스를 유지하는 형태이다. 지불 단계마다 허가를 해주는 은행과 모든 참여자가 직접 접촉하는 방식으로, 대부분의 전자 지불 시스템과 이캐시e-cash가 여기에 해당한다.

❷ 오프라인 시스템

지불되는 대금에 대한 발행자의 인증을 포함하지 않고 거래 후 일정 시간이 경과한 후에 수신된 대금을 일괄 처리하여 은행에 결제를 요구하는 방식이다. 전자 지갑 시스템인 몬덱스 카드 Mondex Card를 예로 들 수 있다.

TIP 몬덱스 카드 : 영국의 내셔널웨스트민스터은행과 미들랜드은행이 브리티시텔레콤과 함께 지폐와 주화, 소액의 수표나 카드 거래를 대체할 수단으로 개발한 전자 지갑 시스템이다.

1.3 인증 방법에 따른 분류

전자 지불 시스템은 인증 방법에 따라 무암호, 비밀 키 암호, 공개 키 암호 방식으로 분류할 수 있다.

❶ 무암호

암호화란 적절한 암호화 키를 가진 사람만이 암호를 풀고 읽을 수 있도록 내용을 뒤섞는 방식이다. 반면에 무암호는 메시지에 암호 기술을 이용하지 않고 외적인 보안에 의존하는 시스템으로, 전자적인 방법으로 주문할 수는 있으나 팩스, 엽서, 전화 등을 통해 확인 작업을 거친 후 거래가 이뤄지는 방식이다.

❷ 비밀 키 암호

비밀 키 암호 방식은 문서를 암호화할 때 암호화에 사용된 키를 일반에게 공개하지 않고 비밀로 하여 이 키를 아는 사람만이 볼 수 있도록 하는 알고리즘이다. 암호화할 때와 복호화할 때 같은 키를 사용하는 방식이므로 대칭 키라고도 부른다. 전자상거래 지불 시 인증을 위해 사용하는 비밀 키를 검증자(은행 또는 은행이 발행한 단말기)와 증명자(고객)가 공유한다.

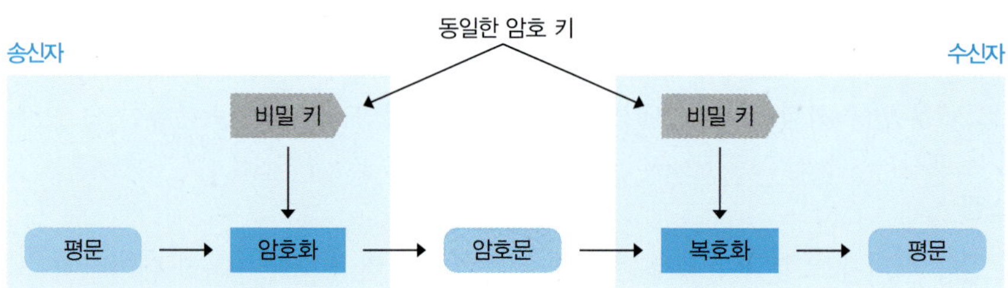

그림 8-6 비밀 키 암호 방식

❸ 공개 키 암호

공개 키 암호 방식은 비밀 키 암호 방식과 달리 송신자와 수신자가 다른 키를 사용하여 비밀

통신을 수행한다. 송신자는 수신자의 공개 키에 해당하는 정보로 데이터를 암호화한 뒤 네트워크를 통해 전송하고, 수신자는 자신의 공개 키에 해당하는 비밀 키로 암호화된 데이터를 복호화하여 평문을 복원한다. 암호화할 때 사용하는 키(공개 키)와 복호화할 때 사용하는 키(비밀 키)를 다르게 생성하며, 공개 키는 공개하고 비밀 키는 안전하게 유지하는 방식이다. 서명자가 자신만이 보유하고 있는 비밀 키로 지불 내용에 대한 서명을 생성하여 위조하지 못하도록 부인 방지 기능을 제공한다.

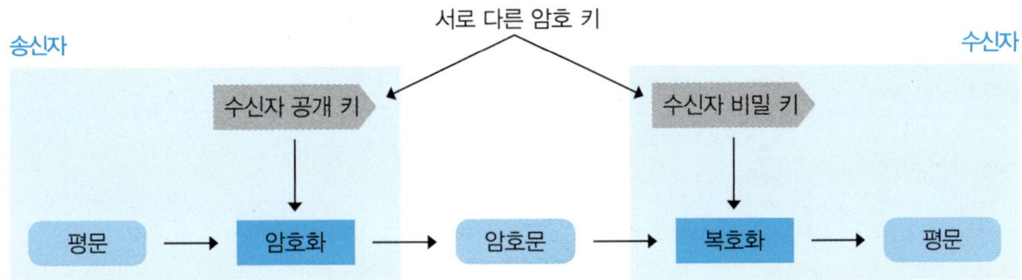

그림 8-7 공개 키 암호 방식

1.4 지불 방식에 따른 분류

전자 지불 시스템은 지불 방식에 따라 지불 브로커 방식과 전자화폐 방식으로 분류할 수 있다.

❶ 지불 브로커 방식

사용자가 신용카드 또는 계좌 정보 등을 지불 브로커에 미리 등록하고 사용자와 판매자 사이의 거래가 성립하면 지불 브로커를 통해 지불을 대신 처리하도록 하는 방식이다. 이캐시와 사이버캐시cyber cash 등이 여기에 해당한다.

❷ 전자화폐 방식

화폐 가치를 디지털 정보의 형태로 발행하여 네트워크를 통한 온라인 대금 결제가 가능하도록 하는 방식이다. 몬덱스Mondex, 앤캐시N-Cash 등이 여기에 해당한다.

2 전자 청구 및 결제 시스템

전자 청구 및 결제 시스템은 소비자가 구입한 상품이나 서비스에 대해 판매자가 전자적인 수단으로 대금 청구서를 전달하고, 소비자는 대금을 전자적인 수단으로 지급하는 것을 말한다.

❶ 전자 청구

전자 청구electronic bill presentment는 세금이나 민원 처리 수수료와 같이 청구서를 발행하는 기관에서 개인의 대금 지불 및 결제에 관한 정보를 컴퓨터 통신망을 통해 제공하는 방식으로, 이메일이나 웹사이트를 통해 청구된다.

❷ 전자 결제

전자 결제electronic payment는 고객이 인터넷 뱅킹, ATM 자동이체, 폰뱅킹, 카드 결제, 휴대전화 결제 등 다양한 방법으로 편리하게 전자적으로 결제하는 방식이다. 다음은 전자 결제 작업을 수행할 때 필요한 항목이다.

- **청구인** : 청구서를 발행하는 기관
- **고객** : 청구서를 수령하는 사람 또는 기관
- **청구인 서비스 기관** : 전자 청구와 관련된 서비스를 제공하는 청구인의 중개 업체
- **고객 서비스 기관** : 고객이 청구서 고지 서비스를 받을 수 있게 하는 고객의 중개 업체
- **청구인 지불 대행 기관** : 청구인을 대신하여 지불 및 송금 정보를 처리하는 기관으로, 고객의 거래 은행에 해당
- **고객 지불 대행 기관** : 고객을 대신하여 지불 및 송금 정보를 처리하는 기관

04 인터넷 오픈 뱅킹

사례 | 게시글 클릭만으로도 해킹된 인터넷 뱅킹 비밀번호

서울경찰청 사이버 범죄 수사대는 해킹 프로그램으로 피해자의 인터넷 뱅킹 비밀번호를 알아낸 뒤 은행 계좌에서 거액을 인출한 L 씨, K 씨에 대해 컴퓨터 사용 사기 혐의로 구속영장을 신청했다. 경찰에 따르면 이들은 인터넷 재테크 게시판에 글을 올린 뒤, 이를 클릭한 사람의 컴퓨터에 해킹 프로그램이 설치되도록 하여 정보를 빼냈다. 이들은 게시글을 클릭한 사람의 컴퓨터에 자동으로 해킹 프로그램을 설치하는 '넷데블(Net Devil)'을 파일 공유 사이트에서 내려받아 범행에 이용했다고 한다.

1 인터넷 오픈 뱅킹의 종류

지금까지 인터넷 뱅킹을 사용하던 사람들은 마이크로소프트의 윈도 운영체제에 탑재된 인터넷 익스플로러를 통해서만 은행 업무가 가능했다. 우리나라 인터넷 사용자들이 대부분 웹 브라우저로 인터넷 익스플로러를 사용하고 있었기 때문에 국내 금융 기관들도 당연히 인터넷 뱅킹 서비스를 윈도 기반으로 최적화하여 서비스했던 것이다.

한편 인터넷 오픈 뱅킹은 운영체제나 웹 브라우저에 관계없이 인터넷에 자유롭게 접속하여 인터넷 뱅킹을 이용할 수 있는 서비스이다. 즉 사용자가 마이크로소프트의 윈도를 사용하든, 애플의 운영체제를 사용하든, 리눅스나 유닉스를 사용하든 상관없이 인터넷 뱅킹이 가능하도록 제공하는 서비스이다. 또한 데스크톱 PC뿐만 아니라 태블릿 PC나 스마트폰과 같은 모바일 기기로도 금융 사이트에 문제없이 접속하여 인터넷 뱅킹을 이용할 수 있다.

1.1 인터넷 뱅킹

인터넷 뱅킹internet banking은 고객이 은행에 가지 않고도 인터넷으로 각종 금융 업무를 처리하도록 고안된 금융 서비스이다. 1980년대 초반 리모트 뱅킹remote banking의 한 분야인 온라인 뱅킹online banking에서 비롯된 것으로, 그 당시 온라인 뱅킹은 고객이 직접 은행에 가지 않고도 원거리에서 손쉽게 자금 이체를 할 수 있는 새로운 형태의 서비스였다.

TIP 온라인 뱅킹은 1980년대 초 시작된 초기의 전자 금융 서비스로 전화, 팩스, 전용 단말기 등으로 콜센터에 연결하여 자금 이체를 하는 텔레뱅킹 서비스로 더 잘 알려져 있다. 이후 온라인 뱅킹은 홈뱅킹으로 변화를 시도한 후, 인터넷이 보급되면서 인터넷이 가능한 PC로 금융 사이트에 직접 연결하여 계좌 조회, 이체, 결제, 각종 공과금 납부 등의 금융 업무를 할 수 있는 시스템으로 발전했다.

인터넷 뱅킹은 고객이 자신의 PC 화면에 구현된 가상 공간에서 금융 업무를 간편하게 처리할 수 있는 형태로 발전했다. 인터넷 뱅킹을 사용하면 시간과 공간의 제약을 받지 않고 거래 내역 조회, 자금 이체, 타행 송금 등의 은행 일을 볼 수 있다. 다음 표에 인터넷 뱅킹으로 처리할 수 있는 다양한 일을 정리했다.

표 8-3 인터넷 뱅킹으로 이용 가능한 서비스(출처 : 《디지털 경제와 금융 기관의 버추얼 경영》)

서비스	설명
계좌 관리	• 모든 계좌 정보(예금, 저축)를 온라인으로 확인
계좌 이체	• 계좌 간 자금 이체
온라인 요금 지불	• 정기적으로 지급할 요금을 자동으로 또는 고객 확인 후 지급
온라인 요금 고지	• 고지된 요금을 온라인으로 확인 • 종류별로 분류된 요금의 내용을 확인하고 원클릭으로 결제
온라인 대출	• 대출 상품 검색 및 신청 • 현재 대출 현황을 온라인으로 확인
고객 서비스 관리	• 신상품 안내, 환율 및 기타 사항 공지, 이메일을 통한 고객과의 교류 강화
교차 판매	• 타 금융권의 금융 상품과 자사 상품을 고객 정보에 맞춰서 제공
고객 맞춤 콘텐츠	• 웹에 접속한 고객을 인지하여 날씨, 투자, 취미 관련 정보 제공 • 온라인 재무 계획 소프트웨어로 고객의 취향과 재산 현황을 분석하여 재무 컨설팅 서비스 제공
전자화폐	• 개인 금융 정보와 전자화폐 가치가 저장된 전자 지갑으로 결제

1.2 모바일 뱅킹

인터넷 접속이 가능한 모바일 기기를 이용하여 언제 어디서나 금융 거래를 하는 것을 모바일 뱅킹이라 한다. 이는 단순히 전화를 걸어 이용하는 텔레뱅킹과는 구분되며, 이동하면서 예금 조회, 계좌 이체, 환율 조회, 자기앞수표 조회, 신용카드 거래 등의 다양한 서비스를 이용할 수 있다는 것이 특징이다. 모바일 뱅킹 방식에는 휴대전화에 자신의 금융 정보가 저장된 스마트카드(IC 칩)를 넣어 사용하는 칩 방식, 휴대전화와 은행 시스템 사이의 거래 내용을 문자로 전송하여 금융 업무를 처리하는 WAP^wireless application protocol^ 방식 등이 있다.

표 8-4 모바일 뱅킹 방식

모바일 뱅킹 방식	설명
VM(vitual machine) 방식	휴대전화의 종류에 상관없이 모바일 뱅킹 전용 프로그램(VM)을 내려받아 사용하는 방식
스마트카드(IC 칩) 방식	휴대전화에 내장된 스마트카드(IC 칩)에 자신의 금융 정보를 저장하는 방식
WAP 방식	휴대전화와 은행 시스템 사이의 거래 내용을 문자로 전송하여 일을 처리하는 방식

여기서 잠깐 **인터넷 뱅킹 발전을 위한 요구 사항**

인터넷 뱅킹은 은행과 고객 모두에게 이익을 줄 수 있는 금융 서비스이다. 이러한 인터넷 뱅킹을 더욱 활성화하고 안정적으로 사용하기 위해서는 다음과 같은 사항이 충족되어야 한다.

- **접근성 좋은 서비스 제공** : 누구나 인터넷 뱅킹을 쉽게 사용할 수 있도록 접근성 좋은 서비스를 제공해야 한다. 최근에는 스마트폰 소지자가 증가하고 있으므로 모바일 뱅킹 수요자를 끌어들이기 위한 모바일 접근성도 고려할 필요가 있다. 최신 정보 기술을 도입하여 PC나 스마트폰에서 동시에 이용할 수 있는 금융 거래 환경을 구축하고 메뉴 및 서비스를 편리하게 사용할 수 있도록 해야 한다.
- **보안 수준에 대한 신뢰성 필요** : 인터넷 뱅킹 사용자는 은행 직원과 대면하지 않고 금융 서비스를 이용하므로 보안과 신뢰가 매우 중요하다. 인터넷 뱅킹의 보안과 신뢰가 확보되지 않는다면 사람들이 인터넷 뱅킹을 사용하지 않을 가능성이 높다.
- **은행 직원의 업무 대체** : 인터넷 뱅킹은 은행 직원의 업무를 상당 부분 대체할 수 있으므로, 은행이 성공적으로 구조조정을 할 경우 인터넷 뱅킹은 은행의 효율성 및 생산성을 개선하는 역할을 할 것이다.
- **기술적으로 안전한 서비스 제공** : 은행은 인터넷 뱅킹에 기술적인 문제가 발생하지 않고 안전하게 정보 보안 유지가 이뤄지도록 해야 한다. 인터넷은 공개 네트워크를 사용하므로 누군가가 금융 서비스 사용자의 정보를 빼낼 가능성이 있다. 따라서 은행은 개인 정보 및 거래 정보 암호화와 같은 철저한 보안 시스템을 갖춰야 한다.

1.3 스마트폰 뱅킹

스마트폰 뱅킹은 스마트폰이나 스마트 디바이스 기반에서 실행되는 금융 애플리케이션이다. 가입, 조회, 이체, 해지, 대출 등의 다양한 금융 서비스를 비롯해 자산 관리를 도와주는 새로운 형태의 서비스로 젊은 층에 인기가 높다. 스마트폰 뱅킹은 이동성 기기에서 이용하기 때문에 모바일 뱅킹으로 분류할 수도 있지만, 텔레뱅킹과 인터넷 뱅킹, 모바일 뱅킹을 잇는 차세대 뱅킹 서비스라고 할 수 있다. 스마트폰 뱅킹은 아이폰 OS 7.0 이상, 안드로이드 OS 4.0 이상이 설치된 스마트폰과 태블릿 기기에서 이용할 수 있다.

1.4 핀테크

핀테크FinTech는 'financial(금융)'과 'technology(기술)'의 합성어로, 모바일 · SNS · 빅데이터 등을 활용하여 기존의 금융 서비스와 차별화된 새로운 서비스를 제공하는 기술을 말한다. 아이디와 비밀번호만 입력하면 회원들 간의 이체, 결제 및 송금이 바로 이뤄질 뿐만 아니라 모바일을 통한 결제, 송금, 클라우드 펀딩 등과 같이 금융과 IT를 융합한 서비스도 지원한다.

❶ 핀테크의 장점

- 수수료가 저렴하고 간편하다.
- 공과금 납부와 입출금 등을 처리할 수 있다.
- 인터넷 기반이므로 초기 투자 비용이 적고 인건비를 절약할 수 있다.
- 아이디와 비밀번호만 입력하면 서비스에 가입할 수 있다.
- 회원들 간의 송금, 입금, 물품 구매 등이 가능하다.
- 소셜미디어 서비스를 활용하여 프로젝트 수행에 필요한 자금을 대출받거나 후원받을 수 있다(클라우드 펀딩).

❷ 핀테크의 단점

- 모바일 거래의 특성상 보안이 불안하다.
- 기존 결제 방식에서 필요했던 보안 카드 등의 번거로움이 없는 대신 보안 문제가 더 커졌다.
- 편리하지만 새로운 보안 요소에 대한 취약점이 여전히 존재한다.

❸ 핀테크의 예

- **국내 서비스** : 다음 카카오의 카카오페이, 네이버의 네이버페이, 삼성전자의 삼성페이
- **해외 서비스** : 이베이의 페이팔, 알리바바의 알리페이, 애플의 애플페이, 구글의 구글페이

2 인터넷 뱅킹 보안

2010년 이후 우리나라 인터넷 뱅킹 서비스는 대부분 마이크로소프트의 윈도 운영체제에서 이용이 가능했다. 또한 서비스를 이용할 때는 웹 브라우저 플러그인 형식으로 프로그램을 필수적으로 설치해야만 하는 불편함이 있었다. 게다가 최근에는 인터넷 뱅킹 보안에 대한 안전성 논란이 제기되면서 웹 페이지 데이터 변조 · 탈취, 화면 캡처, 원격 접속 등을 막는 강력한 보안 기능이 절실히 요구된다.

2.1 인터넷 뱅킹 보안 방식

국내의 인터넷 뱅킹은 플러그인 형식으로 프로그램을 설치하여 보안 기능을 강화하고 있다. 그러나 계속해서 PC 보안 프로그램이나 키보드 보안 프로그램 등 PC의 보안성을 강화하는 프로그램의 필요성이 제기되었고, 이러한 프로그램 역시 기존에 사용되던 ActiveX 기반의 플러그인을 중심으로 사용되고 있다.

표 8-5 인터넷 뱅킹 보안 프로그램

<table>
<tr><th>프로그램 종류</th><th>기능</th><th>제공 방식</th><th>필요 이유</th><th>적용 여부</th></tr>
<tr><td>암호 통신 및 전자 서명</td><td>인터넷 뱅킹 서버와 PC 사이의 암호화 통신 처리, 공인인증서 관리와 전자 서명 생성</td><td rowspan="3">플러그인</td><td>웹 브라우저에서 해당 기능 미제공</td><td rowspan="3">필수</td></tr>
<tr><td>키보드 보안</td><td>키보드를 통한 입력 값 정보 유출 및 변조 방지(암호화)</td><td rowspan="2">웹 브라우저 제한 해제</td></tr>
<tr><td>PC 보안</td><td>악성 프로그램 탐지를 위한 백신 및 네트워크 포트 감시(PC 방화벽)</td></tr>
<tr><td>가상 키보드</td><td>화면에 표시되는 키보드에 마우스를 이용한 키 입력 처리</td><td>산업표준 기술 또는 플러그인</td><td rowspan="3">보안 기능 강화</td><td rowspan="3">선택</td></tr>
<tr><td>보안 브라우저</td><td>가상화 기술을 이용한 웹 브라우저 격리</td><td rowspan="2">플러그인 또는 독립 프로그램</td></tr>
<tr><td>피싱 방지</td><td>피싱 사이트 탐지 및 차단</td></tr>
</table>

2.2 인터넷 뱅킹 인증

인터넷 뱅킹의 고객 인증 정보는 고객만이 알고 있는 비밀 정보와 고객이 소지한 보안 카드나 OTP[one time password] 생성기, 전자 서명 생성 정보로 나눌 수 있으며, 보안 카드보다는 OTP 생성기나 전자 서명 생성이 좀 더 안전한 인증 방식이라고 할 수 있다. 기본적인 고객 인증 정보는 PC의 키보드를 통해 입력되어 PC 안에서 처리되거나 인터넷 뱅킹 서버로 전달되어 처리되는데, 이때 인증 정보가 노출될 수 있고 해커에 의해 악용당할 위험도 있다. 그러므로 보안 측면에서 고객 인증 정보가 키보드를 통해 입력되는 순간부터 서버로 전달될 때까지 안전하게 관리되고 전자 서명 생성 정보가 안전하게 저장되어야 한다.

표 8-6 인터넷 고객 인증 정보

구분	인증 정보
지식 기반	로그인 비밀번호, 계좌 비밀번호, 이체 비밀번호, 전자 서명 생성 정보 접근 비밀번호
소유 기반	보안 카드, OTP 생성기, 전자 서명 생성 정보

여기서 잠깐 **루팅과 탈옥**

'루팅(rooting)'은 안드로이드 운영체제의 스마트폰을 사용할 때 사용자가 스마트폰 운영체제에 대한 관리자 권한을 갖는 것을 말한다. 애플 운영체제인 iOS의 경우에는 이에 비견되는 것을 '탈옥(jailbreaking)'이라 일컫는다. 루팅과 탈옥은 사용자가 자기 편의에 맞는 형태의 UI(user interface)로 변경하기 위해 시도하는 것이다.

그러나 국내 금융 서비스는 루팅과 탈옥을 실행한 뒤 다시 해제하더라도 금융 서비스를 이용할 수 없게 막고 있다. 또한, 루팅과 탈옥은 루트 권한 악성 코드에 의한 보안 위협이 우려되므로 주의하도록 한다.

- **루팅** : 안드로이드 운영체제의 최상위 권한(루트 권한)을 얻어서 모바일 기기에 걸려 있는 제약을 해제하는 행위이다. 루팅을 통해 사용자는 공식적으로 제공되는 버전보다 더 높은 버전으로 자신의 기기를 업그레이드할 수 있다. 이렇게 하면 사용자가 속한 나라나 지역에서 판매하지 않는 안드로이드 앱을 구입할 수 있고 일반 사용자 권한 이상이 필요한 앱을 사용할 수도 있다. 한 번 루팅된 안드로이드 운영체제는 언루팅 과정을 거치지 않는 이상은 루팅이 그대로 유지된다.
- **탈옥** : iOS의 샌드박스 제한을 풀어 개발 회사에서 보안 및 완성도를 높이기 위해 걸어놓은 제약을 해제하는 행위를 말한다. 개발 회사가 막아놓은 콘텐츠에 접근하기 위한 목적이 크며, 탈옥을 하면 앱스토어를 이용하지 않고도 앱을 다운로드하여 실행할 수 있고 개발 회사에서 검열하지 않은 앱이나 인터페이스를 사용할 수도 있다.

2.3 인터넷 뱅킹의 호환성 문제

인터넷 익스플로러는 ActiveX 플러그인 방식을 사용하지만 파이어폭스나 크롬 등 다른 웹 브라우저는 대부분 NPAPI[Netscape Plugin Application Programming Interface] 방식의 플러그인 기술을 지원한다. 이처럼 인터넷 뱅킹 보안 플러그인 설치에 대한 호환성이 일치하지 않기 때문에 윈도 계열 환경에서는 대부분의 웹 브라우저가 지원하는 NPAPI 방식의 플러그인을 추가 도입하는 것만으로도 호환성 문제를 부분적으로 해결할 수 있다.

표 8-7 웹 브라우저별 플러그인 기술

웹 브라우저	플러그인	비고
인터넷 익스플로러	ActiveX 컨트롤	
파이어폭스, 크롬, 사파리, 오페라	NPAPI	
공통	자바 애플릿	JRE 설치 필요

2.4 인터넷 뱅킹의 개선 요구 사항

인터넷 뱅킹으로 각종 금융 업무와 세금 납부 등을 처리하는 사람이 점점 늘어나고 있지만 아직도 업무적 · 기술적인 안정성 면에서 다음과 같은 불편함이 남아 있다.

- 보안 프로그램 설치의 번거로움과 자동 설치 시 발생하는 오류로 인한 불편함
- 키보드 보안이 제대로 작동하지 않는 에러로 인한 불편함
- 암호를 입력할 때 가상 키보드로 입력해야 하는 불편함
- 인터넷 익스플로러, 크롬 등의 웹 브라우저 호환성 문제
- 특정 버전의 윈도 설치 후 인터넷 뱅킹 이용 시 충돌 문제
- 64비트용 사용자 보안 프로그램이 지원되지 않아 인터넷 뱅킹 서비스가 불가능한 운영체제의 호환성 문제

인터넷 뱅킹은 날로 지능화되는 해킹 수법 때문에 항상 안전이 보장되지는 않는다. 그러므로 인터넷 뱅킹을 안전하게 사용하기 위해서는 무엇보다 사용자가 철저한 금융 보안 의식을 가져야 한다. 이를 위해서는 기본적으로 금융 기관에서 권고하는 보안 프로그램 툴을 설치하고, '안전한 전자 금융 거래 10계명'과 같은 원칙을 준수하는 것이 바람직하다.

여기서 잠깐 **안전한 전자 금융 거래 10계명**

① 전자 금융 거래의 비밀번호와 계좌의 비밀번호는 반드시 다르게 하고 제삼자가 쉽게 예측할 수 없는 것으로 설정한다.
② 정기적으로 비밀번호를 변경하고, 만약 비밀번호가 노출되었다고 의심되면 재빨리 금융 회사에 통보하여 변경한다.
③ 공인인증서를 하드디스크에 저장하는 것은 위험하며, USB 디스크나 IC 카드와 같은 이동식 저장장치를 사용하는 것이 안전하다.
④ 전자 금융 거래에 사용하는 정보를 수첩이나 지갑 등에 기록해두지 않는다.
⑤ 전자 금융 거래를 타인에게 위탁하거나 관련 정보를 알려주지 않는다.
⑥ 전자 금융 거래 이용 내역을 본인에게 바로 알려주는 이메일이나 SMS 서비스를 이용한다.
⑦ 학교 실습실이나 회사, PC방과 같은 곳에 있는 공용 컴퓨터에서의 전자 금융 거래 이용을 자제하고, 공용 컴퓨터를 이용한 경우에는 관련 정보를 모두 삭제한다.
⑧ 전자 금융 거래의 1회 이체 한도액 및 1일 이체 한도액을 적절히 설정한다.
⑨ 전자 금융 거래 시 주로 사용하는 PC에 백신 프로그램을 설치하여 해킹 등의 보안 침해 사고에 대비한다.
⑩ 보다 안전한 금융 거래를 위해 일회성 비밀번호 발생기인 OTP 생성기를 사용하거나, 금융 기관 콜센터에서 사용자에게 전화로 알려주는 숫자를 입력해야 거래가 이뤄지는 추가 인증을 적절히 사용한다.

05 전자정부

사례 | 해외에서 벤치마킹하는 우리나라의 전자정부 행정 정보화 사업

서울시 강남구는 전자정부 행정 정보화를 추진하여 각종 민원 서비스를 선도적 · 성공적으로 운영한 결과 서울시 25개 자치구 중에서 최우수 구로 선정되었다. 구민의 민원 서비스 만족도와 편리성이 국내 기관을 비롯해 해외에까지 널리 알려지게 되었고, 동남아시아 · 중동 · 남미 등의 49개 나라에서 벤치마킹을 하기 위해 강남구를 찾았다. 이들은 자국의 전자정부 행정 정보화 사업성을 타진하기 위해 왔다고 방문 목적을 밝혔다.

1 전자정부 서비스란?

전자정부란 정보 기술을 활용하여 국가 및 행정 기관의 업무를 효율적으로 수행하고 행정의 생산성, 투명성, 민주성을 높여 국민의 삶의 질을 향상하는 정부의 민원 서비스를 말한다. 또한 정부와 관련된 행정 및 민원 서비스를 완전히 전산화하여 모든 행정 업무를 인터넷으로 24시간 신속하고 효율적으로 처리하는 행정 서비스이다.

우리나라 전자정부는 2010년 UN 전자정부 발전 지수 1위, 온라인 참여 지수 1위 등 세계 최고 수준의 전자정부 구현으로 공공 혁신의 기반을 마련했다. 2012년 전자정부 서비스 이용 실태 조사 결과, 국민의 51.2%가 전자정부 서비스를 이용한 경험이 있는 것으로 나타났으며, 이용자 중 91.2%가 전자정부 서비스에 만족하고 82.8%는 보안 수준이 높다고 인식했다.

표 8-8 전자정부의 발전 모형

단계	개념 및 특징
출현	국가 포털과 공식 사이트를 통해 중앙 및 지방 정부와 연결
발전	온라인으로 데이터베이스 제공, 문서 탐색, 최신 자료 제공
상호 작용	보안 장치, 전자 서명, 공공 정보 제공 및 홈페이지의 정기적인 업데이트로 상호 작용 가능
전자 거래	신용카드로 범칙금, 세금, 우편 요금 납부 또는 공공 계약의 온라인 입찰 참여
통합 처리	G2C(정부와 소비자 간의 전자상거래) 구축과 시민 의견 수렴

TIP 전자정부가 추구하는 가치 목표

- 개방성, 투명성, 형평성, 능률성, 효과성을 모두 추구하여 민주성과 효율성 확보
- 정부와 민간(기업) 또는 시민과의 협력적 동반자 관계 강조
- 전자정부 = 신행정학 + 신자유주의 + IT + 신 공공 관리 + 신 국정 관리(뉴거버넌스) + 신 공공 서비스

1.1 전자정부 서비스의 발전 단계

전자정부 서비스는 다음과 같은 발전 단계를 거쳐 오늘날에 이르렀다.

1980년대	→	2001년	→	2003년	→	2008년
기간 전산망 중심 사업		전자정부 11대 핵심 과제		전자정부 로드맵 31대 과제		'뉴 IT 정책' 5대 분야

그림 8-8 **전자정부 서비스의 발전 단계**

1.2 전자정부 서비스의 유형

전자정부 서비스는 크게 대국민 서비스와 대기업 서비스로 구분할 수 있다.

❶ 대국민 서비스

- **민원24** : 인터넷으로 민원 업무 서비스 제공
- **종합 국세 서비스** : 온라인으로 세금 관련 업무 처리

❷ 대기업 서비스

- 기업 지원 단일 창구 서비스
- 전자 조달 서비스

1.3 안정적인 전자정부에 필요한 환경 변화

전자정부를 안정적으로 정착시키려면 일반 환경과 기술 환경의 변화가 필요하다.

❶ 일반 환경의 변화

전 국민의 정보화를 실현하려면 우선 당면한 경제 위기를 극복하고 저출산과 고령화 등 미래 환경 변화에 대한 적극적인 대응 방안을 마련해야 한다. 또한 성숙한 민주주의의 실현을 위해 인터넷의 건전성을 확보하고 다양한 ICT 융합에 대한 선점이 필요하다.

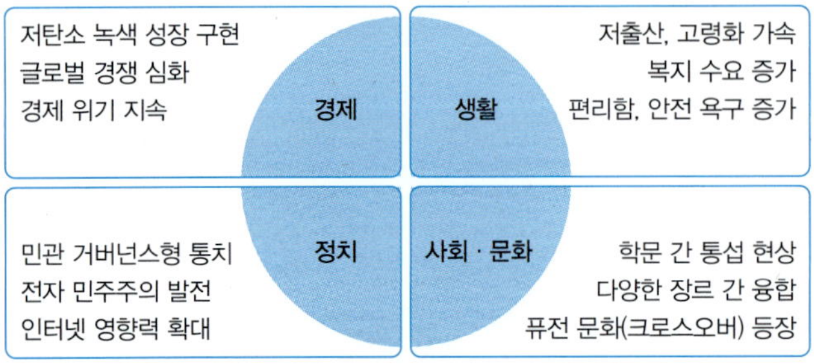

그림 8-9 **정보화를 위한 일반 환경 변화 요소**

❷ 기술 환경의 변화

전자정부의 정보화를 앞당기기 위한 기술 환경 요소로 사회적 여건과 국민의 정보화 수요 요건에 따른 유비쿼터스 기술, 녹색 정보화 기술, 융합 기술, 소통 및 지능화 기술이 필요하다.

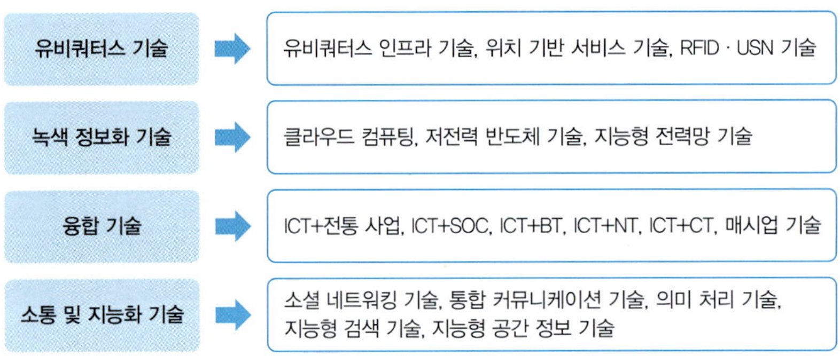

그림 8-10 **정보화를 위한 기술 환경 변화 요소**

1.4 전자정부를 통한 국가 정보화의 비전 및 목표

전자정부를 통한 국가 정보화의 비전 및 목표는 대내외적 환경 변화와 새로운 정보화 수요에 대응한 창의와 신뢰의 선진 지식 정보 사회를 구현하는 것이다. 선진 일류 국가 건설에 기여하고 새로운 가치를 창출하는 '창의의 정보화'와 건전하고 성숙한 정보 문화 조성을 통한 '신뢰의 정보화'를 통해 선진 지식 정보화 사회를 선도하는 것을 목표로 한다.

❶ 추진 목표

소프트파워, 융합 인프라 등의 2대 엔진을 기반으로 국가 사회 전반의 IT 활용을 확산한다. 정부, 경제, 사회의 3대 분야를 일 잘하는 지식 정부, 디지털로 잘사는 국민, 신뢰의 정보 사회 등으로 선진화하는 것을 실현 목표로 한다.

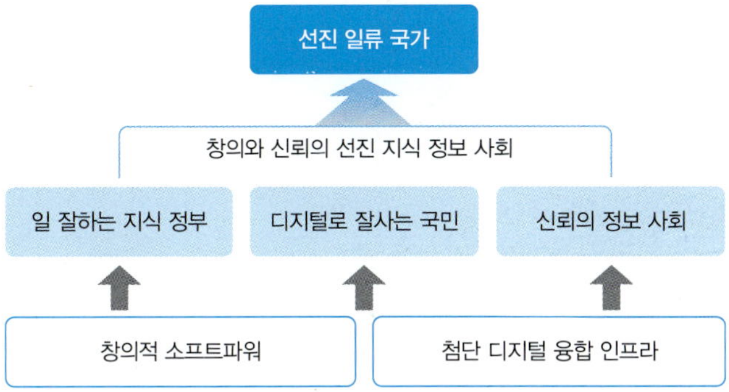

그림 8-11 **선진 일류 국가 건설을 위한 추진 목표**

❷ 정책 방향의 변화

과거에 정부 주도의 촉진과 확산 중심으로 이뤄지던 정보화 정책 방향을 민관 협업의 거버넌스에 기반을 둔 활용 중심으로 전환한다. 개별 부처를 중심으로 정보화를 추진하여 생긴 단절과 분산을 극복하고 정보화의 새로운 가치를 실현하기 위한 소통과 융합의 정보화를 추진하는 것이다.

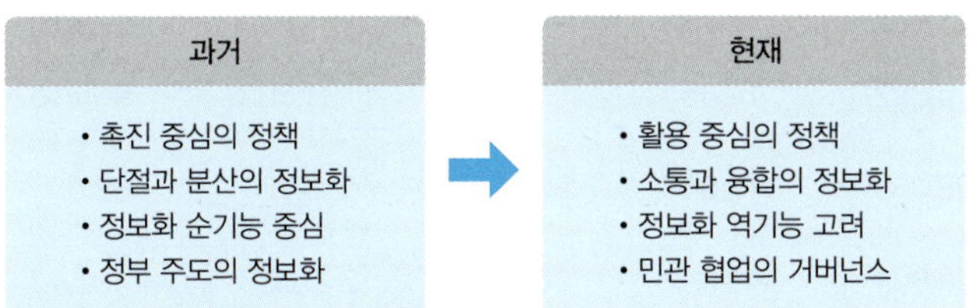

그림 8-12 **정보화 추진 방향 변화**

2 전자정부 서비스의 종류

전자정부에서 이용할 수 있는 서비스는 행정 발급 서비스, 학교 증명 발급 서비스, 세금 신고 및 납부 서비스 등이 있다.

2.1 행정 발급 서비스

전자정부의 행정 발급 서비스는 민원인이 시청 · 군청 · 구청을 직접 방문하지 않고도 제 증명을 발급받을 수 있는 서비스이다. 금융 기관이나 공인인증 기관에서 발급받은 공인안증서로 언제 어디서나 빠르고 편리하게 각종 민원 및 행정 발급 서비스를 이용할 수 있다.

표 8-9 정부 기관의 행정 발급 서비스에 의한 기대 효과

특징	기대 효과
신속성	• 제 증명 발급 창구 확대로 신속한 민원 업무 처리 가능
효율성	• 신속하고 편리한 서비스 제공으로 민원 행정의 효율성 제고
무인 발급 서비스 확대	• 무인 민원 발급 서비스가 중요한 민원 처리 수단으로 자리매김 • 주민등록 등본 · 초본을 포함한 66종의 민원서류를 지문 확인으로 발급 가능

전자정부 출범 이후 민원인이 가장 많이 이용하는 서비스는 주민등록 등본 · 초본 발급이며, 이어서 가족관계 증명서, 건축물 등기부등본 발급의 순이다. 이 외에도 전자정부에서 지원하는 행정 발급 서비스는 다음 표와 같다.

표 8-10 전자정부의 민원 증명 발급 건수(출처 : 행정자치부 민원 발급 서비스)

구분	민원 증명 종류	2010년	2011년	2012년	2013년	2014년
계		10,965,104	11,427,748	12,906,900	15,500,743	19,899,531
주민등록	주민등록 등본 주민등록 초본	7,032,487	7,705,062	8,293,199	9,639,339	12,706,557
토지	개별공시지가 확인서	47,248	39,158	27,978	21,868	20,838
지적	토지이용계획 확인서	6,822	10,354	52,994	81,583	90,515
건축	토지(임야) 대장 대지권 등록부	738,159	672,848	587,852	568,934	609,807
	건축물 대장	395,804	343,882	261,973	240,837	240,542
차량	건설기계 등록 원부(갑) 건설기계 등록 원부(을)	910	1,167	1,507	1,510	1,854
	자동차 등록 원부(갑) 자동차 등록 원부(을)	30,577	26,806	27,498	32,100	40,484
보건복지	수급자 증명서	128,851	139,487	109,516	104,049	103,637
	의료급여 증명서					
	한 부모 가족 증명서		331	4,897	9,064	14,619
	장애인 증명서		991	10,678	19,365	26,854
농촌	농지 원부	12,933	16,622	20,130	21,590	30,281
어선	어선 원부		48	2,696	5,541	7,564

구분	민원 증명 종류	2010년	2011년	2012년	2013년	2014년
병적	병적 증명서 ※군복무 필자, 면제자, 제1국민역	115,331	122,474	132,807	154,414	168,761
지방세	세목별 과세(납세) 증명서	5,952	5,726	27,570	45,932	66,626
건축 (법원)	등기부등본 ※건물, 토지, 집합건물	2,425,207	2,230,000	1,959,461	2,004,374	2,113,710
가족관계	기본 증명서 가족관계 증명서 혼인관계 증명서 입양관계 증명서		1,807	1,229,226	2,191,095	3,356,932
교육	제적 등본 제적 초본	23,304	17,509	20,728	22,846	30,404
	졸업 증명서 성적 증명서 검정고시 합격 증명서 검정고시 성적 증명서	1,519	93,476	136,190	219,998	269,5

2.2 학교 증명 발급 서비스

전자정부 출범 이후 각 대학의 행정 기관에서도 인터넷 제 증명 발급 시스템을 구축하여 PC나 스마트폰으로 언제 어디서든 각종 증명서를 발급받을 수 있는 증명 발급 서비스를 실시하고 있다. 그 전에는 증명서를 발급받으려면 대학 내에 설치되어 있는 무인 발급기나 행정실을 방문해야 하는 불편함이 있었지만 이제는 교직원이나 재학생, 졸업생 등 그 대학 동문이라면 학교 홈페이지에서 인터넷 증명 발급 서비스를 쉽게 이용할 수 있다. 이렇게 발급받은 증명서는 학교에서 발급한 것과 동일한 효력을 갖는다.

2.3 세금 신고 및 납부 서비스

전국의 지방세를 납부할 수 있는 위택스 모바일 앱과 각종 공과금을 납부할 수 있는 지로 납부 앱을 스마트폰에 설치하면 세금과 공과금을 쉽게 신고 · 조회 · 납부할 수 있다.

❶ 위택스

위택스[Wetax]는 전국의 지방세를 자치단체 및 금융 기관 등에 직접 가지 않고도 인터넷이 연결된 곳이라면 어디서든 신고 · 납부할 수 있는 인터넷 납부 시스템이다. 위택스 사이트(http://

www.wetax.go.kr)에 접속하면 지방세 신고 · 조회 · 납부가 가능하다.

위택스에서는 다음과 같은 서비스를 이용할 수 있다.

- **조회 · 납부** : 전국 지방세를 편리하게 조회 · 납부할 수 있다.
- **전자 납부 번호로 납부** : 로그인을 하지 않고 고지서상의 전자 납부 번호를 입력하여 지방세를 납부할 수 있다.
- **납부 확인** : 이미 납부한 내역을 확인할 수 있다.
- **전자 고지** : 지방세 정기분을 전자 고지함에 송달하고 전자 고지가 되었음을 알려주는 서비스를 제공한다.
- **환급금** : 자신의 환급금을 조회한 후 환급을 신청할 수 있다.
- **상하수도 요금 조회 · 납부** : 전자 수용가 번호로 상하수도 요금 미납 내역을 조회한 후 납부할 수 있다.

그림 8-13 모바일로 세금 신고 · 조회 · 납부가 가능한 위택스 앱

❷ 인터넷 지로

인터넷 지로는 각종 지로 요금, 공과금, 세금 등을 인터넷 지로 사이트나 인터넷 뱅킹 등의 전자 납부 채널로 안전하고 편리하게 납부할 수 있는 서비스이다. 우리나라 지급 결제의 근간인 지로 제도를 운영하는 금융결제원과 국내 대부분의 금융 기관에서 공통으로 제공하고 있다.

그림 8-14 모바일로 지로 요금 납부가 가능한 지로 앱

❸ 홈택스

홈택스Hometax는 국세청에 신고할 종합소득세 관련 세무 자료를 세무서나 은행에 가지 않고 인터넷이 연결된 곳이라면 어디서든 신고 · 납부하고 민원 증명을 발급받을 수 있는 인터넷 종합 국세 신고 서비스이다. 각종 세금에 관한 신고서를 서면으로 작성하여 세무서에 제출하는 대신 PC에서 작성하여 홈택스를 통해 바로 신고할 수 있다.

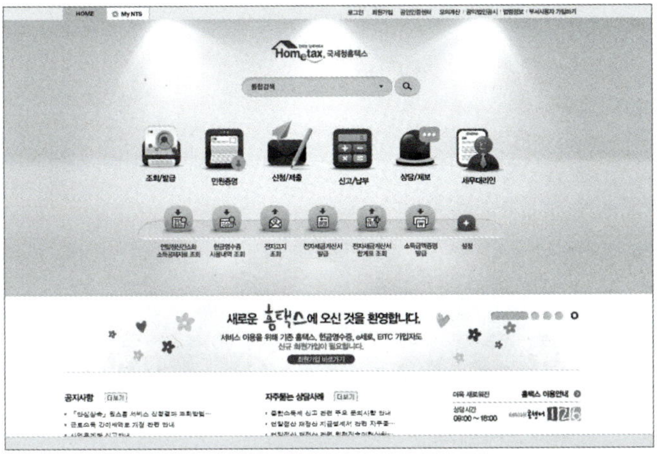

그림 8-15 국세청 홈택스 홈페이지

서비스가 가능한 신고 대상은 종합소득세, 법인세, 부가가치세, 원천세, 개별 소비세, 주세, 증권거래세, 인지세, 교육세, 사업 현황 신고서 등 총 10가지이다.

3 전자정부 서비스의 개선

전자정부 출범 이후 서비스 이용률은 61.8%, 서비스 만족도는 63.3%로 소폭 상승했으나 복잡한 화면 구성, 긴 로딩 시간, 정보 제공에 대한 불만 등이 서비스 이용 저해 요인으로 꼽혀 여전히 개선할 점이 많다.

표 8-11 전자정부 활성화에 따른 문제점과 개선 대책

문제점	개선 대책
국민의 낮은 인지도	대중매체를 통한 지속적인 홍보
원스톱(one stop) 서비스 부족	범정부적 · 범국가적 정보 공유 및 복합 민원을 위한 단일 창구 필요
다양한 수준의 교육과 접근 채널 필요	소외 계층에 대한 정보 활용 능력 제고 및 전자정부 서비스의 접근성 향상
보안 불감에 따른 신뢰 부족	개인 정보 보호와 보안에 대한 정책 강화

정부 및 관계 부처는 전자정부 출범 이후 등장한 문제점을 겸허하게 수용하여 국민이 불만 없이 전자정부 서비스를 이용할 수 있도록 적극 개선하려는 노력을 기울여야 한다.

요약

01 전자상거래는 다음과 같은 유형이 있다.

- **기업과 개인 간의 거래(B2C)** : 기업이 소비자에게 유형 · 무형의 재화를 판매 및 중개하는 형태로 대부분의 인터넷 쇼핑몰이 여기에 해당한다.
- **기업과 기업 간의 거래(B2B)** : 기업과 기업 사이에 수주, 구매, 조달, 납품 등이 이뤄지는 전자상거래이다.
- **기업과 정부 간의 거래(B2G)** : 기업과 정부 사이에 조세, 조달, 행정, 인증, 징수, 공사 발주, 물자 조달 등의 각종 공공 행정 사업이 이뤄지는 전자상거래이다.
- **개인과 개인 간의 거래(C2C)** : 판매자와 구매자가 일대일로 직접 연결하여 좀 더 낮은 가격으로 거래하는 전자상거래로 오픈 마켓이라고도 한다.
- **오프라인과 온라인 간의 거래(O2O)** : 온라인과 오프라인을 결합한 새로운 형태의 전자상거래이다.

02 에스크로(결제 대금 예치)는 안전한 거래를 위해 구매자가 제품을 받을 때까지 은행과 같은 제삼자에게 결제 대금을 예치하는 제도이다.

03 전자상거래의 핵심 보안 기술은 기밀성, 무결성, 가용성, 사용자 인증, 부인 방지를 주요 목표로 한다.

04 SSL은 월드와이드웹으로 정보를 전송할 때 보안을 위해 서버에서 사용하는 암호화 시스템이다. SSL이 사용 가능한 서버는 중요한 데이터를 클라이언트에 전송하기 전에 암호문으로 만들어 정보를 가로챈 제삼자가 데이터를 읽을 수 없게 한다. SET는 인터넷에서 신용카드를 이용하여 안전하게 전자상거래를 할 수 있도록 보장해주는 프로토콜이다.

05 후불형 전자화폐는 현금이 없어도 물건을 구매할 수 있는 시스템으로 결제일이 도래하면 결제 대금을 상환해야 한다. 백화점, 호텔, 병원, 도 · 소매 판매점, 편의점, 커피숍, 후불 교통 요금 등 다양한 곳에서 편리하게 사용할 수 있으며, 대표적인 예로 신용카드를 들 수 있다.

06 전자 지불 시스템 중 무암호 방식은 메시지에 암호 기술을 이용하지 않고 외적인 보안에 의존하는 시스템으로, 전자적인 방법으로 주문할 수는 있으나 팩스, 엽서, 전화 등을 통해 확인 작업을 거친 후 거래가 이뤄진다.

07 전자 지불 시스템 중 비밀 키 암호 방식은 문서를 암호화할 때 암호화에 사용된 키를 일반에게 공개하지 않고 비밀로 하여 이 키를 아는 사람만이 볼 수 있도록 하는 알고리즘이다. 이와 달리 공개 키 암호 방식은 송신자와 수신자가 다른 키를 사용하여 비밀 통신을 수행한다. 송신자는 수신자의 공개 키에 해당하는 정보로 데이터를 암호화한 뒤 네트워크를 통해 전송하고, 수신자는 자신의 공개 키에 해당하는 비밀 키로 암호화된 데이터를 복호화하여 평문을 복원한다.

08 핀테크FinTech는 'financial(금융)'과 'technology(기술)'의 합성어로, 모바일 · SNS · 빅데이터 등을 활용하여 기존의 금융 서비스와 차별화된 새로운 서비스를 제공하는 기술을 말한다.

09 전자정부란 정보 기술을 활용하여 국가 및 행정 기관의 업무를 효율적으로 수행하고 행정의 생산성, 투명성, 민주성을 높여 국민의 삶의 질을 향상하는 정부의 민원 서비스를 말한다.

10 홈택스는 국세청에 신고할 종합소득세 관련 세무 자료를 세무서나 은행에 가지 않고 인터넷이 연결된 곳이라면 어디서든 신고 · 납부하고 민원 증명을 발급받을 수 있는 인터넷 종합 국세 신고 서비스이다.

연습문제

01 다음 중 C2C 거래에 해당하지 않는 것은 무엇인가?

① 옥션 ② 위메프 ③ 쿠팡 ④ 알리바바

02 다음 중 전자상거래 핵심 보안 기술의 주요 목표가 아닌 것은 무엇인가?

① 기밀성 ② 무결성 ③ 가용성 ④ 일관성

03 인터넷에서 신용카드를 이용하여 안전하게 전자상거래를 할 수 있도록 보장해주는 프로토콜은 무엇인가?

① SET ② PKI ③ SSL ④ SEQ

04 다음 중 이상 금융 거래 탐지 시스템[FDS]의 네 가지 기능에 포함되지 않는 것은 무엇인가?

① 정보 수집 ② 분석 및 탐지
③ 거래 ④ 모니터링 및 감사

05 패스트푸드점, 편의점, 약국 등과 같은 소액 현금 시장에 적합한 형태의 지불 시스템은 무엇인가?

① 선불카드 ② 직불카드
③ 당좌 거래 시스템 ④ 무통장 결제

06 모바일 뱅킹 방식 중 휴대전화와 은행 시스템 사이의 거래 내용을 문자로 전송하여 금융 업무를 처리하는 방식은 무엇인가?

① VM 방식 ② ATM 방식
③ WAP 방식 ④ 스마트카드(IC 칩) 방식

07 다음 중 핀테크의 예가 아닌 것은 무엇인가?

① 카카오페이 ② 구글페이
③ 안드로이드페이 ④ 갤럭시페이

08 NPAPI 방식의 플러그인을 지원하지 않는 웹 브라우저는 무엇인가?

① 인터넷 익스플로러 ② 사파리
③ 오페라 ④ 크롬

09 정보 기술을 활용하여 국가 및 행정 기관의 업무를 효율적으로 수행하고 행정의 생산성, 투명성, 민주성을 높여 국민의 삶의 질을 향상하는 정부의 민원 서비스를 무엇이라 하는가?

① 인터넷 정부 ② IT 정부
③ ICT 정부 ④ 전자정부

10 전자정부가 출범한 후 민원인이 가장 많이 이용하는 서비스는 무엇인가?

① 주민등록 등본 · 초본 발급 ② 가족관계 증명서 발급
③ 건축물 등기부등본 발급 ④ 호적 등본 발급

11 전자상거래의 장점에 대해 설명하시오.

12 에스크로 제도에 대해 설명하시오.

토론과제

01 전자상거래 이용 시 소비자 입장에서 경험했던 분쟁에 대해 토론하시오(분쟁을 겪은 경험이 없다면 전자상거래 이용 시 겪은 부당한 처사에 대해 토론하시오).

02 전자상거래 업체를 통해 제품을 구매할 때 신용카드로 결제하는 경우가 많은데, 신용카드가 안전한 결제 수단으로 사용되기 위한 필수 조건에 대해 토론하시오.

Part 03

인터넷 윤리와 개인 정보

Chapter 09 개인 정보 관리

Chapter 10 개인 정보 침해와 보호 조치

Chapter 09

개인 정보 관리

01 개인 정보의 개념

02 개인 정보의 수집 및 이용 현황

03 개인 정보 관리 방안

요약

연습문제

학습목표

- 개인 정보의 개념과 중요성을 이해한다.
- 개인 정보의 수집 및 이용 현황에 대해 살펴본다.
- 주민등록번호 관리 현황과 대체 수단에 대해 살펴본다.
- 모바일, PC, 인터넷에서의 개인 정보 관리 방안을 알아본다.

01 개인 정보의 개념

사례 | 공용 컴퓨터 이용 시 부주의로 인한 개인 정보 유출

G 군은 집 앞 도서관의 공용 컴퓨터에서 이메일을 확인한 후 깜박하고 로그아웃을 하지 않은 채 집으로 돌아왔다. 며칠 후 한 게임 사이트에서 누군가 G 군의 정보를 이용하여 아이디를 만들고 게임 아이템을 구입했다. 도서관의 공용 컴퓨터에서 G 군의 이메일 계정을 통해 개인 정보를 도용한 것이다. 아이템 결제 대금이 청구되고 나서야 뒤늦게 자신의 개인 정보가 도용된 사실을 알게 된 G 군은 사이버 범죄 수사대에 도움을 요청했다.

1 개인 정보란?

개인 정보는 살아 있는 사람에 관한 정보를 말하며, 이름 · 주민등록번호 · 영상 등과 같이 특정한 사람을 알아볼 수 있는 정보를 나타내기도 한다. 또한 어떤 사람을 나타내는 부호 · 문자 · 음성 · 음향 · 영상 등의 정보가 다른 정보와 결합하여 그 사람을 알아볼 수 있다면 이 또한 개인 정보로 분류한다.

이러한 개인 정보는 우리 사회의 각종 기반 시설을 수립하는 데 중요한 자료(예를 들면 인구주택 총조사)로 쓰이기도 하지만, 만약 누군가에 의해 오용된다면 개인의 안전과 재산에 중대한 손실을 입힐 수 있다. 그러므로 개인 정보는 매우 소중하게 다루고 관리해야 한다.

1.1 개인 정보의 분류

개인 정보는 크게 인적 정보, 신체적 정보, 사회적 정보, 재산적 정보로 나눌 수 있다.

❶ 인적 정보

- **신상** : 이름, 주민등록번호, 주소, 본적지, 생년월일, 출생지
- **연락처** : 전화번호
- **전자우편** : 이메일 주소
- **가족** : 가족 관계 및 가족 구성원의 정보
- **소속** : 소속된 단체 및 기관의 정보

❷ 신체적 정보

- **생체 정보** : 홍채, 얼굴, 음성, 지문, 키, 몸무게
- **의료 · 건강 정보** : 건강 상태, 진료 기록, 신체장애, 장애 등급, 병력

❸ 사회적 정보

- **병역 정보** : 병역 의무 이행 여부, 군번, 계급, 근무 부대
- **교육 정보** : 학력, 성적, 출결 상황, 자격증 보유 내역, 상벌, 생활기록부
- **법적 정보** : 전과 기록, 범죄 경력 자료, 재판 기록, 과태료 납부 내역
- **근로 정보** : 직장, 고용주, 근무처, 근로 경력, 상벌, 직무 평가 기록

❹ 재산적 정보

- **개인 금융 정보** : 소득, 신용카드 번호, 통장 계좌 번호, 동산 · 부동산 보유 내역, 저축 내역
- **신용 정보** : 신용 평가 정보, 대출 또는 담보 설정 내역, 신용카드 사용 내역

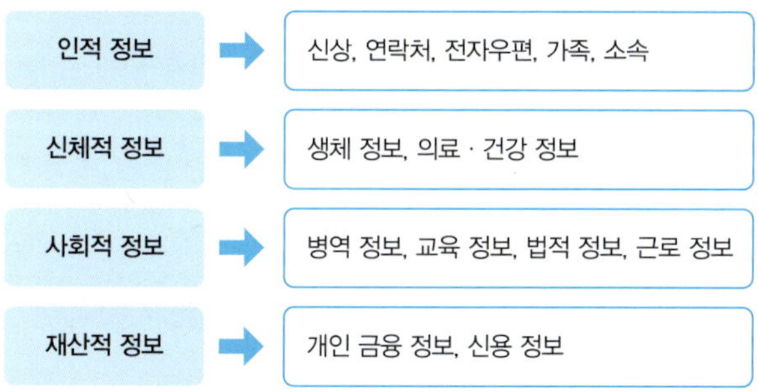

그림 9-1 개인 정보의 분류

여기서 잠깐 **법률에 정의된 개인 정보의 개념**

「개인 정보 보호법」과 「정보통신망 이용 촉진 및 정보 보호 등에 관한 법률」에서는 다음과 같이 개인 정보를 정의하고 있다.

- **「개인 정보 보호법」(제2조 제1호)** : 개인 정보란 살아 있는 개인에 관한 정보로서 성명, 주민등록번호 및 영상 등을 통하여 개인을 알아볼 수 있는 정보를 말한다. 이때 해당 정보만으로는 특정 개인을 알아볼 수 없더라도 다른 정보와 쉽게 결합하여 알아볼 수 있다면 개인 정보에 포함한다.
- **「정보통신망 이용 촉진 및 정보 보호 등에 관한 법률」(제2조 제1항 제6호)** : 개인 정보란 생존하는 개인에 관한 정보로서 성명, 주민등록번호 등에 의하여 특정한 개인을 알아볼 수 있는 부호, 문자, 음성, 음향 및 영상 등의 정보를 말한다. 이때 해당 정보만으로는 특정 개인을 알아볼 수 없어도 다른 정보와 쉽게 결합하여 알아볼 수 있는 경우에는 개인 정보에 포함한다.

개인 정보를 좀 더 세부적으로 분류하면 다음 표와 같다.

표 9-1 개인 정보의 세부 분류(출처 : 한국인터넷진흥원)

구분	항목
일반 정보	이름, 주민등록번호, 주소, 전화번호, 생년월일, 출생지, 본적지, 성별, 국적
가족 정보	가족 구성원의 이름, 출생지, 생년월일, 주민등록번호, 직업, 전화번호
교육 및 훈련 정보	학교 출결, 최종 학력, 학교 성적, 기술 자격증 및 전문 면허증, 동아리 활동, 상벌
병역 정보	군번 및 계급, 제대 유형, 주특기, 근무 부대
부동산 정보	소유 주택(또는 토지)
소득 정보	현재 봉급액, 봉급 경력, 보너스 및 수수료, 기타 소득의 원천, 이자 소득, 사업 소득
기타 수익 정보	보험(건강, 생명 등) 가입 현황, 회사 판공비, 투자 프로그램, 퇴직 프로그램, 휴가, 병가
신용 정보	대부 잔액 및 지불 상황, 저당, 신용카드, 지불 연기 및 미납의 수, 임금 압류 통보 기록
고용 정보	현재 고용주, 회사 주소, 상급자 이름, 직무 수행 평가 기록, 훈련 기록, 출결, 상벌, 성격 테스트 결과, 직무 태도
법적 정보	전과 기록, 교통 위반 기록, 파산 및 담보 기록, 구속 기록, 이혼 기록, 납세 기록
의료 · 건강 정보	병력 기록, 진료 기록, 정신 질환 기록, 신체장애, 장애 등급, 혈액형, 각종 신체 테스트 정보(IQ, 약물 테스트)
조직 정보	노조 가입, 종교 단체 가입, 정당 가입, 클럽 회원
통신 정보	이메일 주소, 통화 내역, 로그파일, 쿠키
위치 정보	GPS나 휴대전화에 의한 개인의 위치 정보
신체 정보	얼굴, 지문, 홍채, DNA, 키, 몸무게, 가슴둘레, 음성, 유전자 정보
습관 및 취미 정보	흡연, 음주량, 선호하는 스포츠 및 오락, 여가 활동, 도박 성향

1.2 개인 정보 식별

[표 9-1]의 개인 정보 항목들을 결합하여 특정한 정보를 제공할 수 있다면 식별 가능한 개인 정보로 분류할 수 있다. 예를 들어 주소와 이름을 결합하면 '○○동에 사는 ○○○'으로 특정인을 가리키고, 이름과 이메일 주소를 결합하면 '○○○씨가 사용하는 이메일 주소'로 특정 내용을 나타내게 되어 개인 정보로 분류할 수 있다.

그리고 출신 학교와 취미를 결합하는 경우는 누군지 식별할 수 없으므로 개인 정보로 분류되지 않지만, 여기에 이름을 추가하면 개인 정보가 된다. 법인이나 단체에 관한 정보는 특정 집단에 속한 사람들에 대한 정보이기는 하지만 특정인에 대한 정보는 아니므로 개인 정보로 분류되지 않는다.

여기서 잠깐 **개인 정보, 비밀, 프라이버시의 차이**

- **개인 정보** : 공개 여부를 불문하고 누군가에 의해 이용되거나 활용될 것을 전제로 한다.
- **비밀** : 밝혀지거나 알려지지 않은 내용으로, 그 비밀의 주체가 공개하지 않으면 영원히 비밀로 존재하는 것이므로 원칙적으로 수집 및 이용의 대상이 되지 않는다. 그런데 비밀도 제한적인 범위 안에서 활용의 필요성이 인정되는 경우가 있다. 범죄 수사를 위해 통신 비밀을 수집 · 이용하거나, 감염 확산을 막기 위해 질병 정보를 수집 · 이용하는 것이 그 예이다. 하지만 이런 경우에도 비밀은 해당 목적의 범위 내에서만 내부적으로 이용될 뿐 공공연하게 이용되거나 유통되지 않는다.
- **프라이버시(privacy)** : 오랫동안 광범위하게 사용된 용어임에도 불구하고 아직까지 법적으로 명확하게 정의되지 않았다. 기본적으로 프라이버시는 개인의 사생활이나 집안의 사적인 일 또는 그것을 남에게 간섭받지 않을 권리를 의미한다. 즉 프라이버시는 자기 자신에 전속한 권리로서 누구의 간섭도 받지 않고 독립적으로 행사할 수 있는 권리를 말한다.

1.3 OECD의 개인 정보 보호 원칙

오늘날 IT 기술의 발달로 컴퓨터가 어마어마한 양의 데이터를 처리하지만, 한편으로 개인 정보 침해의 확률이 높아지면서 개인 정보 보호의 필요성도 커지게 되었다. 이에 여러 국제기구에서 개인 정보 보호를 위한 방안과 지침을 내놓았는데, 그중 OECD는 '개인 데이터의 국제 유통과 프라이버시 보호에 관한 가이드라인'을 채택하여 각국에 개인 정보 보호를 위한 노력과 국내 입법의 제정을 권고했다.

OECD에서 제시한 개인 정보 보호 가이드라인의 여덟 가지 원칙은 다음과 같다.

표 9-2 OECD의 개인 정보 보호 원칙

원칙	내용
1원칙 : 수집 제한의 원칙	• 목적에 필요한 최소 정보의 수집 • 사생활 침해를 최소화하는 방법으로 처리 • 익명 처리
2원칙 : 정보 정확성의 원칙	• 처리 목적 내에서 정확성, 완전성, 최신성 보장
3원칙 : 목적 명확화의 원칙	• 처리 목적의 명확화
4원칙 : 이용 제한의 원칙	• 목적 범위 내에서 적법하게 처리, 목적 외 활용 금지
5원칙 : 안전성 확보의 원칙	• 권리 침해 가능성 등을 고려하여 안전하게 관리
6원칙 : 처리 방침 공개의 원칙	• 개인 정보 처리 방침 등 공개
7원칙 : 정보 주체 참여의 원칙	• 열람 청구권 등 정보 주체의 권리 보장
8원칙 : 책임의 원칙	• 개인 정보 처리자의 책임 준수 및 신뢰 확보 노력

2 개인 정보의 중요성

개인 정보는 관리 주체에 따라 역할과 책임이 다른 만큼 중요성도 각각 다르다. 개인, 기업, 정부 차원에서 바라본 개인 정보의 중요성은 다음과 같다.

2.1 개인 차원의 중요성

개인 차원에서는 자신의 인적 정보에 해당하는 개인 정보의 보관에 신중을 기해야 한다. 유출된 개인 정보를 이용한 신종 금융 사기가 속속 등장하여 사회적으로 문제가 되고 있다. 뿐만 아니라 기업이나 기관 등에서는 개인 정보를 마케팅, DM^direct marketing, 상업적 홍보 자료에 활용하고 있다. 심지어 개인 정보가 그 사람의 위치를 파악하는 데 사용될 수도 있으므로 개인 정보 노출에 대한 경각심을 가져야 할 것이다. 우리 스스로 개인 정보의 소중함과 위험성을 인식하고 관리할 필요가 있다.

2.2 기업 차원의 중요성

기업 차원에서는 고객의 개인 정보를 매우 소중하게 다뤄야 한다. 예를 들면 개인 정보에 관한 서류는 처리가 완료되면 문서 세단기로 완전히 파기해야 한다. 또한 내부적으로 개인 정보가 유출되지 않도록 세심한 관리와 주의가 필요하다. 직원의 부주의로 고객의 개인 정보가 유출되는 사고가 발생한다면 그에 대한 손해배상을 해야 하는 것은 물론이고 기업의 이미지 실추도 감수해야 한다. 이처럼 기업 차원에서는 유형 · 무형의 막대한 손실을 입을 수 있으므로 고객의 개인 정보를 관리하는 데 각별한 주의를 기울여야 한다.

2.3 정부 차원의 중요성

정부 차원에서는 개인 정보 보호에 대한 법률과 제도를 정비하고, 정보를 제공하거나 이용하는 주체들의 행태에 관한 규율을 규정하는 역할을 한다. 그러므로 정부 또는 공공 기관 자체에서 개인 정보를 보호하고 관리하는 것은 매우 중요하다. 정부의 개인 정보 취급자나 관리자가 부주의하여 개인 정보가 유출되는 사고가 발생한다면 개인이나 기업의 경우보다 더 심한 비난을 받을 것이다. 또한 정부가 개인 정보 관리에 실패한 경우 이로 인한 피해 비용을 산정하기가 매우 어렵고, 정보화 사회의 신뢰 구축에 실패했다는 책임을 떠안게 되므로 철저한 취급 주의가 필요하다.

02 개인 정보의 수집 및 이용 현황

사례 | 해커의 표적이 된 사이트 회원 정보

중고 휴대전화 매매 및 커뮤니티 사이트인 Y 측은 해커로부터 회원 정보를 보유하고 있다는 연락을 받았다며 회원 관리용 DB 서버가 해킹당했다고 밝혔다. 유출된 회원 정보에는 회원들의 주민등록번호, 이름, 아이디, 비밀번호, 이메일 주소 등이 포함되어 있었다. Y 측은 해당 IP와 불법 접속 경로를 차단하고 취약점을 점검하는 등 보안 조치를 취한 뒤 수사 기관에 신고했다.

1 개인 정보 수집 현황

개인 정보 수집과 관련하여 주민등록번호 수집 금지, 유출 시 과징금 부과 등을 주요 내용으로 하는 「개인 정보 보호법」이 개정되었다. 이에 따라 2014년 8월 7일부터 법령상 근거 없이 불필요하게 주민등록번호를 수집할 경우 「개인 정보 보호법」 제24조의 제2항에 의거하여 3,000만 원 이하의 과태료를 부과하게 되었다.

기업에서는 소속 임직원의 입사, 퇴사, 근태 관리 등을 처리할 때 주민등록번호를 수집하고 활용하는 경우가 종종 있다. 또한 일부 웹사이트나 병원, 각종 상담 서비스의 경우 신청서를 받을 때 개인 정보를 수집하기도 하는데, 이때 개정된 「개인 정보 보호법」을 참고하여 합법적인 범위 안에서 수집 · 활용해야 한다.

1.1 개인 정보의 수집 및 이용 목적

인터넷에서 서비스를 제공하는 기업이나 업체들은 서비스 제공에 관한 계약 이행, 서비스 제공에 따른 요금 정산, 콘텐츠 제공, 구매 및 요금 결제, 물품 배송, 청구서 발송 등을 위해 개인 정보를 수집하곤 한다. 개인 정보로 수집하는 항목에는 이름, 생년월일, 집 전화번호, 집 주소, 휴대전화 번호, 이메일 주소, 법정 대리인 정보, 접속 로그, 쿠키, 접속 IP, 결제 기록 등이 포함된다. 그러나 이러한 개인 정보를 수집하려면 반드시 약관에 명시해야 한다.

개정된 개인 정보 보호 관련 법령을 보면 개인 정보의 유출 · 오용 · 남용 등을 방지하고 적절한 수집 활용을 보장하기 위해 개인 정보를 수집 · 이용 · 제공하는 자는 다음과 같은 의무를 준수해야 한다.

- 최소한으로 필요한 정보만 수집하고 민감한 정보는 수집 제한
- 개인 정보의 이용과 제공 제한
- 수집된 개인 정보의 안전성 확보
- 개인 정보 수집 · 이용 · 제공 · 이전 시 정보 주체의 동의 획득
- 개인 정보의 수집 목적 달성 후 파기

이처럼 개인 정보를 수집 · 이용 · 제공할 때는 위에 제시된 의무를 준수하여 개인 정보를 보호하고 적절하게 수집 · 활용해야 한다. 또한 개인 정보 수집 대상자가 개인 정보 수집에 동의하지 않거나 수집된 개인 정보에 대해 열람 · 정정 · 삭제 등을 청구할 수 있도록 해야 한다.

1.2 주민등록번호 수집 및 관리 현황

온라인과 오프라인의 주민등록번호 수집 형태는 다음과 같은 차이가 있다.

- **온라인** : 회원 가입, 비밀번호 찾기, 로그인 등에 주민등록번호를 입력해야 한다.
- **오프라인** : 민원 서비스 신청서, 회원 가입 등록 신청서 등 신상과 관련된 각종 제출 서류에 주민등록번호를 기입해야 한다.

그렇다면 주민등록번호 수집이 가능한 경우와 불가능한 경우를 자세히 살펴보자.

❶ 주민등록번호 수집이 가능한 경우

법령에서 구체적으로 허용한 경우나 생명, 신체, 재산의 이익을 위해 명백히 필요한 경우에는 주민등록번호 수집이 가능하다.

표 9-3 주민등록번호 수집이 가능한 경우

구분	사례	근거가 되는 법령
금융 거래의 신용도 조회 시	신용 거래, 보증, 융자 등의 경우에 신용도 조회를 위해 수집	신용 정보 보호법
금융 거래의 실명 확인 시	은행 계좌 개설이나 적금 상품 가입을 위해 수집	금융 실명 거래 및 비밀 보장에 관한 법률
통신 서비스 가입 시	통신 서비스 가입자 관리, 요금 수납, 본인 확인 업무 수행을 위해 수집	전기통신 사업법, 정보통신망법
직원 인사 관리 및 급여 지급 시	정규직 또는 계약직 직원의 인사 관리 및 급여 지급을 위해 수집	근로 기준법, 고용보험법
기부금 영수증 발급 시	기부 금품을 모집하거나 출연을 받은 경우, 기부금 영수증 또는 명세서 발급을 위해 후원자의 주민등록번호 수집	소득세법, 상속세 및 증여세법
취약 계층의 요금 감면 시	취약 계층을 대상으로 수도, 통신, 난방 등의 요금 감면 조건을 확인하기 위해 수집	전기통신 사업법, 수도법, 집단 에너지 사업법
부동산 계약 시	부동산 계약 시 확정일자 신고, 부동산 거래 신고 등을 위해 수집	부동산 거래 신고에 관한 법률
병원 · 의원의 진료 및 약 처방 시	병원 진료, 진단서 발급, 처방전으로 약을 조제하기 위해 수집	의료법 시행 규칙

❷ 주민등록번호 수집이 불가능한 경우

주민등록번호 수집이 불가능한 경우에 속하지만 이미 수집한 주민등록번호가 있다면 2016년 8월 6일까지 반드시 파기해야 한다.

표 9-4 주민등록번호 수집이 불가능한 경우

구분	사례
마트, 백화점 등의 멤버십 회원 가입	• 제휴사와 구매 실적 공유, 포인트 관리, 회원 카드 미소지자의 본인 확인 등을 위한 주민등록번호 수집 불가능 • 회원 번호, 전화번호, 성명+생년월일 등으로 대체
채용 관리	• 신입 사원 채용 시험의 응시자 관리를 위한 주민등록번호 수집 불가능 • 생년월일, 전화번호 등으로 대체
요금 자동이체 신청	• 신문 대금이나 할부 요금과 같이 매월 정산되는 계약 체결 시 금융 기관의 자동이체 신청을 위한 계약자의 주민등록번호 수집 불가능
대법원 판결서	• 민사 · 행정 · 특허 판결서에 주민등록번호를 기재하지 않음
공정거래 표준 약관	• 표준 약관 개정을 통해 이사 화물, 대부 거래, 상조 서비스, 국제결혼 중개, 전자상거래(온라인 판매), 입원 약정서 등의 주민등록번호 기재란 삭제

1.3 주민등록번호 수집 판단 기준

모든 개인 정보 처리자는 다음과 같은 기준에 따라 주민등록번호 수집의 필요성을 검토하고 조치해야 한다.

- **주민등록번호 처리 법령의 근거 확인** : 주민등록번호 처리 법령의 근거가 있는지 확인한다. 법률, 시행령, 시행 규칙 등의 법령상 주민등록번호 수집을 구체적으로 허용하는 경우에는 주민등록번호를 수집할 수 있다.
- **법령상 근거는 없으나 반드시 주민등록번호를 수집해야 하는 경우** : 법령상 근거는 없으나 반드시 주민등록번호를 수집해야 할 필요가 있는 경우에는 정부 소관 부처의 의견을 제시하여 법령의 근거 입법에 따라 처리한다.
- **주민등록번호를 수집할 필요가 없거나 대체 가능한 경우** : 주민등록번호를 수집할 필요가 없거나 대체가 가능한 경우에는 전화번호 등과 같은 다른 수단으로 대체하고, 기존에 보유하고 있던 주민등록번호는 완전히 파기한다.

TIP 개인 정보 관리 담당자

- **개인 정보 관리 책임자** : 정보통신 서비스 제공자의 사업장 내에서 이용자의 개인 정보 보호 업무를 총괄하거나 업무 처리를 최종 결정하는 사람
- **개인 정보 취급자** : 정보통신 서비스 제공자의 사업장 내에서 이용자의 개인 정보 수집 · 보관 · 처리 · 이용 · 제공 · 관리 · 파기 등의 업무를 하는 사람
- **개인 정보 처리자** : 개인 정보가 분실 · 도난 · 유출 · 변조 · 훼손되지 않도록 안전성 확보 조치를 하고 개인 정보 처리 방침을 정하며, 개인 정보가 유출되었음을 알게 되었을 때는 즉시 해당 정보 주체에게 그 사실을 알리고 피해를 최소화하기 위한 대책을 마련하며 필요한 조치를 취하는 사람

2 개인 정보 이용 현황

개인 정보를 수집하고 이용 목적을 달성한 후에는 그 정보를 즉시 파기해야 한다. 단, 다음과 같은 정보는 명시한 기간 동안 보존할 수 있다.

- **보존 항목** : 로그인 아이디
- **보존 근거** : 아이디 재사용 불가 방침
- **보존 기간** : 서비스 제공 기간

여기서 잠깐 **개인 정보 처리 사례**

'개인 정보 처리 목적'에는 개인 정보 처리 방침에 의거하여 개인 정보를 처리하고, 수집된 개인 정보는 목적 이외의 용도로는 사용되지 않음을 명시해야 한다(출처 : 개인정보보호 종합포털). 다음은 개인정보보호 종합포털 사이트에 공개된 개인 정보 처리 사례이니 참고하기 바란다.

제1조(개인 정보의 처리 목적)
○○대학교는 개인 정보를 다음의 목적을 위해 처리합니다. 처리한 개인 정보는 다음의 목적 이외의 용도로는 사용되지 않으며 이용 목적이 변경될 시에는 사전 동의를 구할 예정입니다.
가. 서비스 제공
○○대학교의 소개 및 공지 사항, 교육 콘텐츠 제공, 본인 인증, 증명서 발급(교육 수료증), 입학 관련 정보 등의 서비스 제공과 관련된 목적으로 개인 정보를 처리합니다.
나. 회원 가입 및 관리
○○대학교에서 제공하는 입시, 학사, 학생, 도서, 교수 학습 개발, 연구, 보건 등의 회원제 서비스 이용에 따른 본인 확인, 개인 식별, 불량 회원의 부정 이용 방지와 비인가 사용 방지, 연령 확인, 분쟁 조정을 위한 기록 보존, 불만 처리 등의 민원 처리, 공지 사항 전달 등의 목적으로 개인 정보를 처리합니다.

제2조(개인 정보의 수집 항목, 수집 방법, 보유 근거, 보유 기간)
이용자의 개인 정보는 원칙적으로 개인 정보의 처리 목적이 달성되면 즉시 파기합니다. 다만 학칙이나 기타 법률에 의해 이용자의 개인 정보를 보존해야 할 필요가 있는 경우에는 해당 법률의 규정을 따릅니다.

○○대학교의 개인 정보 처리 사례

개인 정보 파일명	수집 항목	수집 방법	보유 기간
입학 지원자 명단	이름, 주민등록번호, 접수 일자, 수험 번호, 고교명, 고교 코드, 졸업 연도, 지원 학과, 주야 구분, 전형 구분, 지원 구분, 연락처, 이메일 주소	서면 양식, 시스템 연계	5년
입학생 관리	이름, 주민등록번호, 접수 일자, 수험 번호, 고교명, 고교 코드, 졸업 연도, 지원 학과, 주야 구분, 전형 구분, 지원 구분, 연락처, 이메일 주소	서면 양식, 시스템 연계	5년
학적 관리	이름, 주민등록번호, 학번, 학과, 주소, 연락처, 학위 번호, 보호자명, 보호자 연락처, 보호자 주소, 보호자 직업	시스템 연계	준영구
성적 관리	이름, 주민등록번호, 학번, 학과, 주소, 보호자명, 취득 학점, 평점 평균	시스템 연계	준영구
졸업 관리	이름, 주민등록번호, 학번, 학과, 주소, 연락처, 학위 번호, 보호자명, 보호자 연락처, 보호자 주소, 보호자 직업	시스템 연계	준영구
교환학생 관리	이름, 주민등록번호, 학번, 연락처, 이메일 주소	서면 양식, 시스템 연계	준영구
국제교류학생 관리	이름, 신분증 번호, 주소, 여권 번호, 최종 학력	서면 양식	준영구
장학생 관리	이름, 주민등록번호, 주소, 연락처, 이메일 주소, 보호자명, 건강보험료 납부액	홈페이지	10년

2.1 개인 정보의 제공

개인 정보를 취급하는 기관에서는 고객의 개인 정보가 함부로 외부에 제공되거나 유출되지 않도록 주의를 기울여야 한다. 단, 기관에서 요구하는 개인 정보 취급에 대해 사전에 이용자들이 동의한 경우는 예외이다. 예를 들면 법령의 규정에 의거하거나 수사 목적으로 법령에서 정한 절차와 방법에 따라 수사 기관의 요구가 있는 경우, 개인 정보 취급 업무를 외부 전문 업체에 위탁하여 운영하는 경우가 여기에 해당한다.

2.2 쿠키

인터넷으로 특정 웹사이트에 접속할 때 서버에서 요구하는 사용자 아이디와 비밀번호 등을 입력하게 된다. 이때 사용자가 입력한 로그 기록 정보가 컴퓨터에 저장되는데 이러한 기록 정보를 쿠키cookie라고 한다. 쿠키는 접속한 사용자의 하드디스크 정보를 저장해두어 다음에 다시 접속하면 사용자를 식별할 수 있으므로 빠르게 접속하는 데 도움을 준다.

사용자가 어떤 웹사이트에 접속하면 웹사이트 측에서는 사용자의 접속 빈도, 방문 시간 등을 분석하여 각종 이벤트에 초대하기도 한다. 이처럼 쿠키는 사용자에게 차별화된 정보를 제공하기 위한 근거 자료로도 활용된다.

한편 접속 기록이 남지 않기를 원하는 사용자는 웹 브라우저의 [인터넷 옵션] 창에서 쿠키를 허용하지 않도록 설정할 수 있다. 쿠키를 허용하거나, 쿠키가 저장될 때마다 확인하거나, 모든 쿠키의 저장을 거부하도록 선택할 수 있다.

TIP **쿠키 설정 방법** : [인터넷 옵션] 창에서 쿠키를 설정하는 방법은 다음과 같으며, 웹 브라우저마다 설정 방법이 조금씩 다를 수 있다.
[인터넷 옵션] 창 → [개인 정보] 탭 → '설정' 항목의 슬라이더 조절

2.3 개인 정보의 파기

기관에서 수집한 개인 정보는 이용 목적을 달성하면 곧바로 파기해야 한다. 파일 형태로 저장된 전자적인 개인 정보는 기록을 재생할 수 없도록 기술적인 방법을 사용하여 완전히 삭제하고, 서류로 된 경우에는 문서 세단기로 완전히 파기해야 한다.

3 개인 정보 대체 수단

웹사이트에 회원 가입을 할 때 신원을 확인받기 위해 제공한 주민등록번호가 허술한 관리로

유출되어 사회적으로 심각한 문제를 일으키곤 했다. 오프라인에서도 정보 관리 책임자의 관리 소홀로 개인 정보 유출 문제가 끊이지 않고 있다. 이러한 개인 정보 유출은 각종 금융 사고 및 제2의 범죄로 확대될 수 있기 때문에 주민등록번호 수집에 대한 규제가 마련되었다. 예를 들어 기업이나 학교 등의 기관에서 주차증 또는 차량 출입증 발급을 위해 주민등록번호를 수집하거나 단순히 신원 확인을 위해 개인 정보를 수집하는 것은 법적 근거가 없으므로 더 이상 허용되지 않는다.

3.1 주민등록번호 대체 수단의 필요성

신원 확인을 위해 주민등록번호 대신 신용카드 번호나 금융 계좌 번호를 사용할 수 있다는 법적 근거를 토대로 대안 인증 방식이 개발 및 보급되고 있다. 인터넷 이용자가 주민등록번호 대체 수단을 발급받기 위해서는 본인 확인을 거쳐야 하는데, '인터넷상의 주민등록번호 대체 수단 가이드라인' 제18조에 다섯 가지 수단이 규정되어 있다. 현재 대체 수단 발급에 이용되는 방법은 대면 확인, 공인인증서, 신용카드 정보, 휴대전화 ARS, SMS이며, 본인 확인 기관별 대체 수단은 다음과 같다.

- **한국신용정보** : 개인 인증 키
- **한국신용평가정보** : 가상 주민등록번호 서비스
- **서울신용평가정보** : 개인 아이디 인증 서비스
- **한국정보인증** : 공인인증서 방식
- **한국전자인증** : 그린버튼 서비스

주민등록번호를 대신하여 신원을 식별하기 위해 대안 인증 방식의 식별 번호를 발급받을 수 있다. 이 식별 번호를 각종 웹사이트의 회원 가입, 성인 인증 등에 주민등록번호 대신 사용할 수 있으며, 식별 번호를 발급받는 과정은 다음과 같다.

① 이용자는 웹사이트를 통해 대체 수단 발급을 신청한다.
② 웹사이트에서는 이용자에게 대체 수단 제출을 요청한다.
③ 이용자는 대체 수단 발급 신청을 위해 본인 확인 기관에 발급 신청을 의뢰한다.
④ 본인 확인 기관에서는 발급을 위해 이용자의 실명 확인 및 본인 확인을 거쳐 대체 수단을 발급한다.
⑤ 본인 확인 기관에서는 웹사이트에 본인 확인 정보(아이디, 비밀번호)를 전송한다.

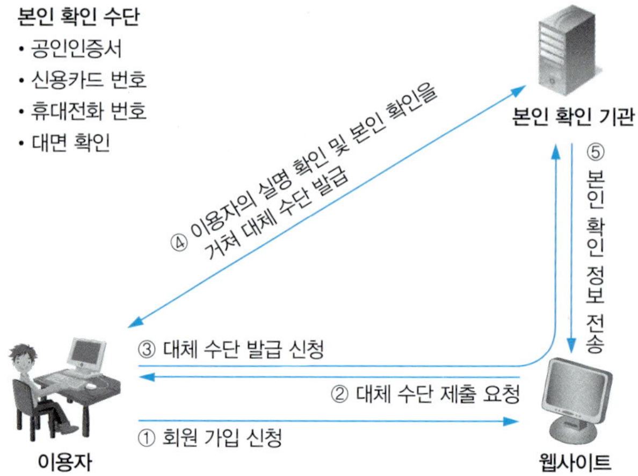

그림 9-2 본인 확인 대체 수단 발급 과정

여기서 잠깐 **주민등록번호 대체 수단**

'인터넷상의 주민등록번호 대체 수단 가이드라인' 제18조(신원 확인의 기준 및 방법)에서는 다음과 같이 6개 항목의 주민등록번호 대체 수단을 제시하고 있다.

- 신원 확인 증표를 통한 대면 확인
- 공인인증서를 이용한 확인
- 금융 계좌 번호, 계좌 비밀번호 등의 금융 계좌 정보를 통한 확인
- 신용카드의 번호, 유효 기간, 비밀번호 등 신용카드 정보를 통한 확인
- 휴대전화의 SMS로 전송받은 인증 번호를 눌러서 확인
- 휴대전화로 걸려온 자동 응답(ARS)을 듣고 인증 번호를 눌러서 확인

3.2 온라인상의 주민등록번호 대체 수단 – 아이핀

아이핀i-PIN은 'internet personal identification number(인터넷 개인 식별 번호)'의 약어로, 대면 확인이 불가능한 온라인상에서 주민등록번호를 대신하여 본인임을 확인받을 수 있는 신원 확인 대체 수단이다. 아이핀을 이용하여 회원 가입을 하려면 아이핀 발급 기관(본인 확인 기관)에 신원 정보를 제공하고 본인임을 확인받은 뒤 아이핀을 발급받으면 된다. 한 번 발급받은 이후에는 열세 자리 아이핀을 암기할 필요 없이 본인 확인 기관에 등록한 아이디와 비밀번호만으로 본인 확인을 받을 수 있다.

❶ 특징

- 인터넷상에서 실명 확인을 위해 주로 사용된다.
- 웹사이트를 통해 수집된 주민등록번호가 자신도 모르게 도용되는 것을 막기 위해 사용된다.
- 주민등록번호 남용을 막기 위한 대체 수단으로 사용된다.
- 개인 정보를 보호하고 프라이버시 침해를 방지하는 역할을 한다.

❷ 발급

아이핀을 발급해주는 기관을 본인 확인 기관이라 하는데, 현재 하나의 공공I-PIN센터와 3개의 민간 본인 확인 기관에서 아이핀을 발급받을 수 있다.

- 공공I-PIN센터(http://gpin.go.kr)
- NICE평가정보 나이스아이핀(http://www.niceipin.co.kr)
- 서울신용평가정보 아이핀 발급 서비스(http://www.siren24.com)
- 코리아크레딧뷰로 아이핀 발급 서비스(http://www.ok-name.co.kr)

3.3 오프라인상의 주민등록번호 대체 수단 – 마이핀

마이핀My-PIN은 오프라인상에서 주민등록번호를 대체할 수 있는 본인 확인 수단으로, 개인을 식별할 수 있는 정보가 전혀 포함되지 않은 열세 자리 숫자를 무작위로 생성하여 제공한다. 마이핀을 이용함으로써 주민등록번호를 무분별하게 활용하던 관행을 줄여 국민의 개인 정보 유출 위험 요소를 감소시킬 뿐만 아니라 주민등록번호 악용에 대한 불안감도 해소할 수 있다. 온라인에서만 사용하던 아이핀 발급 서비스를 오프라인까지 확대하여 신용카드 형태로 발급하는 서비스도 함께 제공하고 있다.

마이핀은 2014년 8월 7일부터 「개인 정보 보호법」 개정안이 시행됨에 따라 법령에 근거하지 않은 주민등록번호 수집이 금지되어 대체 수단으로 사용되었다. 오프라인에서 주민등록번호를 사용할 일이 있을 때는 마이핀 번호만 알려주거나 발급받은 마이핀 카드, 휴대 장치용 마이핀 카드를 보여주면 된다. 마이핀에는 개인 정보가 입력되지 않으며 본인 확인용으로만 사용된다. 마이핀 발급은 의무 사항이 아니므로 희망하는 사람이 신청하여 발급받을 수 있다.

❶ 특징

- 신분 확인을 위해 주민등록증을 요구하던 서비스에서 대체 수단으로 사용된다.
- 연계가 필요한 멤버십 카드 신청, 각종 렌털 서비스 계약, 고객 상담 등에 사용할 수 있다.

- 정보 제공의 주체인 서비스 이용자는 마이핀 확인 프로그램을 도입한 사업장에서 종이 서식을 직접 작성하거나 PC로 입력해서 사용할 수 있다.
- ARS로 신원 확인이 필요한 경우 주민등록번호 대신 마이핀 번호를 사용할 수 있다.
- 사용 편의성을 위해 마이핀 번호가 표시된 카드 형태의 발급증을 받을 수 있다.
- 마이핀 관리 및 인증 내역을 조회할 수 있는 알리미 서비스를 제공한다.
- 연 5회 이내로 마이핀 번호를 수정할 수 있다.

❷ 발급

전국 읍 · 면사무소나 동 주민센터에서 신청할 수 있으며, 처음 발급 신청을 할 때는 신분 확인을 위해 주민등록증을 반드시 지참해야 한다.

그림 9-3 마이핀 카드

여기서 잠깐 일반 검증 방식과 대체 수단 검증 방식

- **일반 검증 방식** : 가입하려는 웹사이트를 방문하여 회원 가입 메뉴에서 본인 인증 수단으로 주민등록번호를 입력하는 방식이다. 웹사이트에 등록된 올바른 사용자임을 증명하기 위해 최초 신원 확인 때 본인 확인 기관에 등록한 주민등록번호와 실명 등을 입력하여 사용자 인증을 받게 한다.

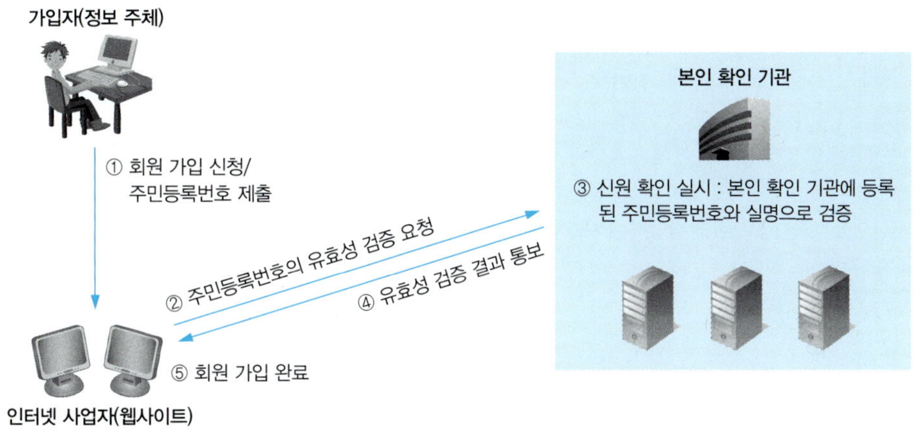

- **대체 수단 검증 방식** : 웹사이트에 회원 가입을 하거나 성인 인증을 할 때 주민등록번호 대신에 공인인증서, 휴대전화 인증, 신용카드 정보, 아이핀 등과 같은 대체 수단을 이용하는 방식이다. 본인 확인 기관에서는 입력받은 대체 수단으로 생년월일, 중복 가입 확인 등의 신원 정보 확인 사항을 웹사이트에 제공하여 사용자 인증을 받게 한다.

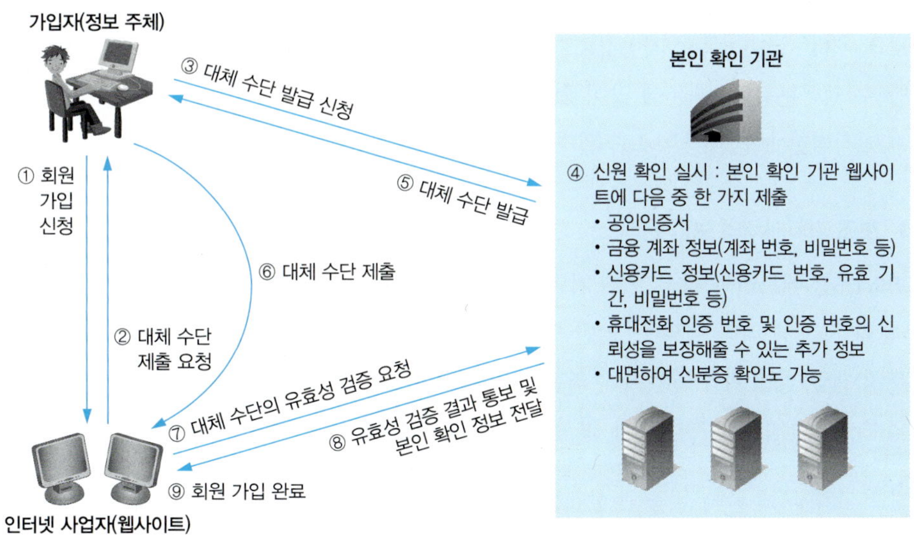

03 개인 정보 관리 방안

사례 | 사내 시스템 접근 권한을 이용한 개인 정보 유출

중견 기업인 D 사에서 퇴직한 직원의 사내 시스템 접근 권한을 폐기하지 않아 직원들의 개인 정보가 유출되는 사건이 발생했다. 퇴직 후에도 자신의 접근 권한이 살아 있음을 알게 된 사람이 직원 관리 시스템에서 개인 정보를 빼내어 불법으로 판매한 것이다. 이는 회사 내의 개인 정보 취급 담당자가 관리를 소홀히 하여 발생한 사건으로, 개인 정보 취급 담당자는 시스템 접근 기록을 반드시 확인하여 혹시나 발생할지도 모를 개인 정보 유출에 대비해야 한다.

1 PC 환경에서의 개인 정보 관리

PC 환경에서 관리해야 하는 개인 정보는 하드디스크에 남아 있는 개인의 이력 및 신상 정보가 담긴 중요한 문서 파일, 인터넷 사용 내역이 기록되어 있는 히스토리와 쿠키 파일 등이다. 이 밖에도 PC에 연결해서 사용하는 보조 기억매체에 기록된 문서 파일 및 개인 정보 파일도 주의해서 다뤄야 한다. 보조 기억매체의 종류에는 내장형 하드디스크, 이동형 디스크, USB 메모리, CD · DVD 등의 저장장치가 있다. 보조 기억매체는 대량의 정보를 쉽게 저장하여 관리할 수 있다는 장점 때문에 많이 활용되지만 대량의 개인 정보가 쉽게 유출될 수 있다는 측면에서 각별한 보안 대책이 요구된다.

1.1 보조 기억매체의 보안 관리

CD나 USB 메모리와 같은 보조 기억매체는 국가정보원의 'USB 메모리 등 보조 기억매체 보안 관리 지침'에 따라 비밀용, 일반 업무용, 공인인증서 보관용으로 구분하여 관리해야 한다. 내부의 개인 정보 취급 관리자에 의한 개인 정보 유출 사고를 예방하는 차원에서 보조 기억매체의 반출 · 반입을 철저히 통제 및 관리해야 한다.

- 보조 기억매체는 수량 및 보관 상태를 주기적으로 점검하고 반출 · 반입을 통제해야 한다.
- CD, USB 메모리 등의 보조 기억매체에 개인 정보를 장기간 저장하거나 다른 곳에 제공하기 위

해 저장하는 경우에는 비밀번호를 설정하거나 암호화 등의 보안 조치를 취해야 한다.

- 개인 정보가 저장된 CD, USB 등의 보조 기억매체는 잠금 장치가 있는 장소에 안전하게 보관 및 관리해야 한다.

여기서 잠깐 **'USB 메모리 등 보조 기억매체 보안 관리 지침'의 관리 요령**

제8조(보조 기억매체의 구분 및 관리 요령)

① 보조 기억매체(보안 USB 포함)는 일반용, 비밀용(대외비 포함) 그리고 공인인증서 보관용으로 구분한다.

② 일반용 보조 기억매체(이하 '일반용'이라 한다)의 관리 요령은 다음과 같다.

1. 일반용에는 일반 자료만 보관하여야 하며 별지 제1호 서식의 관리 대장에 기록하여야 한다.
2. 일반용은 캐비닛 등에 안전하게 보관하여야 한다.
3. 일반용에는 별표 서식과 같이 기입 · 표시하여야 한다.
4. 관리 번호는 팀 · 과명, 일반, 연번으로 한다. 이 경우 팀 · 과명은 약칭을 사용할 수 있다(예 : 총무과 －일반－01, 총무－일반－03 등).

③ 대외비 이상 자료를 보관하는 비밀용 보조 기억매체(이하 '비밀용'이라 한다) 관리 요령은 다음과 같다.

1. 비밀용을 사용할 경우에는 별지 제2호 서식의 관리 대장에 기록하여야 하며, 대외비 이상의 기밀 자료가 수록되어 있는 경우에는 비밀 관리 기록부에도 등재 · 관리하여야 한다.
2. 비밀용은 비밀 자료와 동일하게 이중 캐비닛 또는 금고에 보관하여야 한다.
3. 비밀용에는 별표 서식과 같이 기입 · 표시하여야 한다.
4. 비밀용을 사용하여 비밀 작업을 하는 경우 그 작업을 완료하거나 일시 중단할 때에는 PC에서 즉시 분리하여야 한다.
5. 비밀용은 해당 비밀을 생산하거나 보관할 필요가 있는 경우 비밀 등급별로 각각 보조 기억매체를 마련해야 하며, 하나의 보조 기억매체에 등급이 다른 비밀 또는 대외비를 혼합 보관해서는 아니 된다.
6. 관리 번호는 팀 · 과명, 비밀 등급, 연번으로 한다. 이 경우 팀 · 과명은 약칭을 사용할 수 있다(예 : 총무과－01, 총무과－Ⅲ－01, 총무－대외비－01 등).

④ 공인인증서 보관용 보조 기억매체(이하 '공인인증서용'이라 한다)의 관리 요령은 다음과 같다. 다만, 공인인증서를 CD-R 형태의 매체에 보관하고 있는 경우에는 아래의 관리 요령 준수 대상에서 제외할 수 있다.

1. 공인인증서용에는 공인인증서 이외의 자료를 저장할 수 없으며 별지 제3호 서식의 관리 대장에 기록하여야 한다.
2. 공인인증서용은 소지 · 사용에 유의하여야 한다.
3. 공인인증서용에는 별표 서식과 같이 기입 · 표시하여야 한다.
4. 관리 번호는 팀 · 과명, 인증, 연번으로 한다. 이 경우 팀 · 과명은 약칭을 사용할 수 있다(예 : 총무과 －인증－01, 총무과－인증－02 등).

1.2 PC의 운용 및 보안 관리

PC에 저장된 개인 정보를 안전하게 보호하려면 평소에 올바른 PC 및 인터넷 사용 습관을 가져야 한다.

❶ 불법 소프트웨어 차단

불법 소프트웨어에는 악성 코드가 포함되어 있을 가능성이 높기 때문에 PC에 설치하지 않는 것이 좋다.

❷ PC 접근 제어

PC에 CMOS 비밀번호와 로그인 비밀번호를 설정하면 업무와 관련 없는 사람이 PC에 접근하더라도 사용할 수 없다. 이는 정부와 공공 기관, 기업 등에서 중요한 자료와 개인 정보를 유출 위험으로부터 보호하는 첫걸음이다. CMOS, 로그인, 화면 보호기의 비밀번호는 주기적으로 변경하고, CMOS 비밀번호는 최소한 여덟 자 이상으로 문자, 특수문자, 숫자를 사용하되 유추하기 어려운 것으로 설정한다. 이때 주민등록번호, 자동차 번호, 휴대전화 번호, 사원 번호 등 알려진 번호와 연관되는 조합은 절대 사용하지 않는다.

❸ 암호화 및 백업 관리

PC 내의 하드디스크나 보조 기억매체에 비밀 정보나 개인 정보가 포함된 파일을 저장할 때는 반드시 암호화를 한다. 공용 PC에 비밀 정보나 개인 정보 등이 포함된 파일을 저장해서는 안 되며, 불가피한 경우에는 중요한 파일에 비밀번호를 설정하거나 암호화를 하여 불필요한 접근을 통제해야 한다.

❹ 주기적인 바이러스 검사

PC에 악성 코드 및 바이러스를 설치하여 개인 정보를 빼내는 경우가 있는데, 이러한 위험으로부터 PC를 보호하려면 악성 코드 및 바이러스 예방 조치를 실행해야 한다. 가장 먼저 할 일은 백신 프로그램을 설치하는 것으로, 이때 자동 업데이트가 되도록 설정하여 항상 최신 버전이 유지되도록 한다. 업데이트 과정에서 요구하는 보안 패치와 서비스팩도 함께 설치한다. 또한 주기적으로 바이러스 검사를 실시하는데 검사 주기는 '부팅 시마다 검사', '주기적인 예약 검사', '실시간 검사' 등으로 설정할 수 있다.

외부에서 반입되는 CD, USB 등의 보조 기억매체나 인터넷에서 내려받은 파일, 외부로부터 수신된 이메일의 첨부 파일 등에는 악성 코드가 포함되었을 가능성이 있으므로 PC에서 사용하기 전에 백신 및 보안 프로그램으로 악성 코드를 검사해야 한다.

❺ 다운로드 시 주의 사항

셰어웨어shareware나 프리웨어freeware처럼 인가되지 않은 실행 프로그램을 설치할 때는 유해한 프로그램의 종류가 아닌지 미리 확인하고, 출처가 분명하지 않다면 설치하지 않는 것이 좋다. 또한 모르는 사람이 보낸 이메일이나 출처가 불분명한 이메일은 함부로 열어보지 않는다. 링크를 클릭하면 특정 웹페이지로 연결하여 멀웨어malware를 설치하는 경우가 있으므로 스팸 처리한 뒤 삭제한다.

❻ 유해 사이트 접속 금지 및 제한

국가 안보에 위배되는 사이트나 불법 음란 사이트, 해킹 사이트 등에 접속하지 않으며 P2P 프로그램의 사용도 제한한다. 스팸 메일이나 광고 메일 등도 함부로 열어보지 않는다.

2 모바일 환경에서의 개인 정보 관리

바쁜 일상생활에서 없으면 안 될 것을 하나 꼽으라고 한다면 많은 사람들이 스마트폰을 꼽을 것이다. 오늘날 스마트폰은 편리한 삶을 유지해주는 필수품이 되었다. 모바일 이동통신은 LTE나 3G가 되는 지역, 와이파이Wi-Fi 무선통신 지역 등에서 접속하여 언제든지 이메일을 확인하거나 클라우드 서비스에 저장된 자료를 가져올 수 있고, 지인들과 실시간으로 인스턴트 메시지를 주고받을 수도 있다.

TIP
- **3G** : SMS, MMS, 영상 통화, 인터넷 서핑이 가능한 기술이지만 유선 환경처럼 쾌적한 인터넷을 이용하기에는 다소 무리가 있다.
- **LTE** : 'long term evolution'의 약어로 4세대 이동통신을 말한다. 인터넷, 무선 전화, 멀티미디어 스트리밍 서비스가 가능하며 3G 통신 서비스보다 최저 3배에서 평균 5배 빠른 무선 인터넷 통신 서비스를 제공한다.

네트워크의 발전과 스마트폰의 보급으로 모바일 이동통신 환경에서 누릴 수 있는 편리성은 일일이 열거하기 어려울 만큼 방대한 영역에 걸쳐 있다. 정부나 기업은 모바일 기반의 스마트폰으로 모든 업무를 볼 수 있도록 다양한 애플리케이션을 제공하여 대중에게 다가가기 위해 노력하고 있다. 스마트폰을 통해 제공되는 서비스는 모바일 뱅킹 · 모바일 신용카드 등의 금융 서비스, 홈쇼핑, 전자 결제 서비스, 세금 납부 서비스 등 무수히 많다.

한편 모바일 환경의 특성상 개인 정보 유출과 그에 따른 사회적인 문제가 나타나고 있다. 모바일 환경에서의 개인 정보 보호는 안전하고 편리하게 서비스를 이용할 수 있도록 보호적인 측면, 기술적인 측면, 사용자 관리적인 측면에서의 적극적인 관리가 필요하다.

여기서 잠깐 **멀웨어**

멀웨어(malware)는 'malicious software'의 약어로, 컴퓨터를 손상시켜 피해를 줄 목적으로 개발된 악성 소프트웨어이다. 사용자 PC의 취약점을 찾아내어 몰래 멀웨어를 설치한 후, 해커가 사용자 PC에 접근하여 개인 정보와 같은 중요한 정보를 갈취하려는 목적으로 이용된다.

① 감염 증상

PC가 멀웨어에 감염되면 눈에 띄게 속도가 느려진다. 해커가 의도한 자료를 사용자 PC에서 해커의 서버로 자동으로 전송시키고, 사용자 계정을 도용하여 사용자가 모르는 사이에 불법 스팸 메일을 발송하기도 한다.

② 종류

- 바이러스 : 스스로 복제하며 컴퓨터를 감염시킬 수 있는 악성 프로그램
- 웜 : 네트워크를 통해 스스로를 복제하여 다른 컴퓨터로 전파되는 악성 프로그램
- 스파이웨어 : 사용자 모르게 사용자의 정보를 수집하는 악성 프로그램
- 애드웨어 : PC에 자동으로 광고를 재생 · 표시 · 다운로드하는 악성 프로그램
- 트로이 목마 : 유용한 애플리케이션인 것처럼 위장하여, 설치할 경우 컴퓨터를 손상하거나 사용자 정보를 훔치는 악성 프로그램

③ 유포 경로

- 멀웨어가 몰래 포함된 무료 소프트웨어를 인터넷에서 다운로드한 경우
- 합법적인 소프트웨어를 다운로드했으나 멀웨어가 포함된 번들 소프트웨어를 다운로드한 경우
- 멀웨어에 감염된 웹사이트를 방문한 경우
- 가짜 오류 메시지 또는 팝업창을 클릭한 경우
- 멀웨어가 포함된 이메일의 첨부 파일을 연 경우

④ 차단 방법

- PC와 소프트웨어를 업데이트하여 항상 최신 상태 유지하기
- 가급적이면 관리자 계정 대신 일반 사용자 계정 사용하기
- 웹에서 링크를 클릭하거나 다운로드하기 전에 항상 주의하기
- 이메일의 첨부 파일이나 이미지를 열 때 항상 주의하기
- 소프트웨어 다운로드를 요구하는 팝업창을 신뢰하지 않기
- 하드디스크에서 파일 공유를 하지 않도록 설정하기
- 하드디스크 내에 백신 프로그램을 반드시 설치하기

2.1 모바일 아이디 서비스

스마트폰이 보급되어 이용자 수가 늘어나면서 스마트폰의 용도가 더욱 다양해지고 있다. 웹 서핑, 모바일 뱅킹, 모바일 지불, 물리적 인증 등으로 용도가 확대되면서 구매 이력, 위치 추적 기록 등 모바일에서 생성되는 개인 정보도 증가하고 있다. 이렇게 스마트폰에서 생성된 개인 정보를 포함한 디지털 정보를 모바일 아이디라고 한다. 모바일 아이디의 종류와 이용 서비스는 다음과 같다.

표 9-5 모바일 아이디

종류	이용 서비스
아이디, 비밀번호	모바일 인터넷 브라우징에서 사용하는 로그인 정보
지불 수단	신용카드, 멤버십 카드, 할인 쿠폰, 교통 카드 등의 정보를 스마트폰에 탑재하여 NFC(near field communication) 등의 RFID 통신 수단을 지불 수단으로 사용
출입증	물리적 출입 통제를 위한 RFID 기반 출입증을 휴대전화에 탑재하여 출입증 대신 사용
개인 신상 정보	주소, 연락처 등의 개인 정보를 스마트폰에 저장하여 단말기 간 또는 인프라 단말에 전송하여 응용
동태 기록 정보	스마트폰으로 온 · 오프라인 서비스를 이용할 때 구매 기록, 이동 기록, 출입 기록 등의 동태 기록이 생성된 정보
위치 정보	스마트폰에 내장된 위치 추적 기능으로 사용자의 위치를 파악하여 목적지를 찾거나 휴대전화 분실 시 활용

바쁜 현대인이 스마트폰에 저장되어 있는 개인 정보를 비롯해 모바일 뱅킹, 모바일 결제의 보안을 유지하기 위해 비밀번호를 주기적으로 변경 및 관리하기란 쉽지 않은 일이다. 그러나 스마트폰이 악성 코드에 감염되어 소중한 개인 정보 및 금융 정보가 유출되면 위험한 상황이 발생할 수 있으니 주의를 기울여야 한다.

모바일 환경에서 스마트폰으로 금융 거래를 하는 경우에는 복잡하게 구성된 비밀번호를 사용해야 하므로 어려움이 있다. 그렇다고 스마트폰에 기록하거나 따로 메모해두면 안 되기 때문에 사용자 스스로 기억해야만 한다. 만약 비밀번호를 잊어버렸다면 복잡한 인증 절차를 거쳐서 다시 비밀번호를 설정해야 하므로, 급히 금융 거래를 해야 하는 상황에서 불편을 겪기 싫다면 비밀번호를 잘 관리해야 한다.

최근에는 모바일 뱅킹 사용자가 보안 인증 비밀번호를 도난당했을 때도 안전하게 모바일 뱅킹을 할 수 있는 보안 인증 기술인 비헤비오섹^BehavioSec^이 개발되었다. 비헤비오섹은 사용자가 평소에 스마트폰을 사용할 때 문자를 입력하는 속도, 리듬, 자주 누르는 위치, 압력 등의 습관을 분석하여 사용자를 식별하는 생체 정보 인증 방식이다. 만약 누군가가 스마트폰을 습득하여 똑같은 암호를 입력하더라도 평소 입력 습관과의 차이를 찾아내어 다른 사용자임을 인식할 수 있다. 이 기술은 다음과 같은 과정을 거쳐 구현된다.

- 평상시 모바일 기기에 접근하기 위해 직접 버튼을 눌러 문자를 입력하거나 패턴으로 이미지 형상을 만든다.
- 입력된 데이터를 바탕으로 사용자의 입력 속도 정보와 패턴을 저장하여 필요한 때 저장된 정보를 읽어낸다.
- 사용자가 입력한 데이터가 많을수록 기술의 정확도가 높아진다.
- 사용자가 암호를 입력할 때 입력 속도와 강도 등을 1/1,000초 단위로 수집하여 그 사용자만의 행동 패턴을 추출 및 저장한다.
- 사용자의 보안 문자나 패턴을 제삼자가 정확히 알고 있더라도 평상시 읽히는 속도, 강도와 차이가 나면 접근하지 못하게 한다.

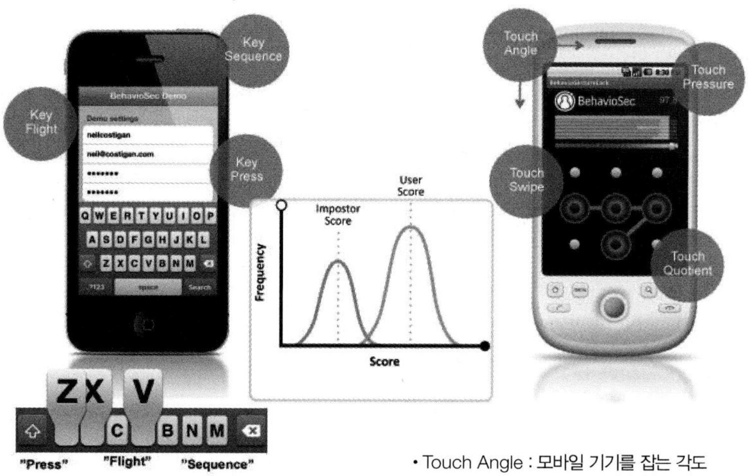

- Key Sequence : 키를 누르는 순서(연속성)
- Key Flight : 키와 키를 누르는 손가락의 속도와 리듬
- Key Press : 키를 누르는 압력
- Touch Angle : 모바일 기기를 잡는 각도
- Touch Swipe : 터치스크린을 밀고 확대하는 패턴
- Touch Pressure : 터치스크린 사용 시 자주 가해지는 압력의 세기
- Touch Quotient : 터치스크린 사용 시 움직임에 따른 간격 등 할당된 값

그림 9-4 비헤비오섹의 추적 기술(출처 : 비헤비오섹)

그림에서 보듯이 사용자가 특정 문자를 입력할 때의 간격을 계산하고, 터치스크린 사용 시 자주 이뤄지는 밀고 확대하는 패턴의 압력 세기 등을 기억한다. 즉 인지 트레이닝을 통해 사용자의 행동 패턴을 액션별로 습득하여 축적한 후 통계 분석으로 사용자 진위 여부를 판단한다.

2.2 스마트폰에서의 개인 정보 보호

스마트폰이나 태블릿 PC와 같은 모바일 디바이스 환경에서는 각자 개인 정보에 대한 경각심을 잃지 말고 주의와 관심을 기울이는 것이 무엇보다 중요하다. 사용한 애플리케이션을 종료할 때는 완전하게 로그아웃을 하고, 의심스러운 메시지나 모르는 사람에게서 온 이메일은 가급적 열어보지 않는다. 스마트폰을 사용하면서 개인 정보를 보호하고 유출을 예방하기 위해서는 다음 사항을 지켜야 한다.

❶ 의심스러운 애플리케이션은 다운로드하지 않기

스마트폰으로 유포되는 악성 코드는 개인 정보를 노리는 경우가 많다. 애플리케이션을 제공할 때 이미 악성 코드로 변조되어 유포될 가능성이 있으므로 의심스럽거나 확인되지 않은 것은 다운로드하지 않는다. 사람들의 리뷰 내용을 참고하는 것도 좋은 방법이다. 애플 앱스토어의 경우 자체적으로 검열을 마친 검증된 애플리케이션을 업로드하므로 비교적 안심하고 사용할 수 있다.

❷ 신뢰할 수 없는 사이트는 방문하지 않기

검색을 하다 보면 사파리, 크롬 등의 브라우저를 이동하면서 원하는 정보를 찾곤 한다. 그런데 무의식적으로 인터넷 사이트를 여기저기 서핑하다 보면 이용자의 개인 정보를 노리는 악성 코드에 감염될 확률이 높다. 사이트를 방문했을 뿐인데 자신도 모르는 사이에 악성 코드에 감염될 수 있으니 신뢰할 수 없는 사이트는 방문하지 않는 것이 좋다.

❸ 발신인이 불명확하거나 의심스러운 메시지, 이메일 삭제하기

스마트폰으로 보내는 장문 메시지인 MMS와 이메일의 첨부 파일 기능은 스마트폰에 악성 코드를 유포하기 위한 수단으로 사용될 수 있다. 개인 정보를 노리는 해커가 게임, 공짜 경품 지급, 유명인의 사생활 등과 같이 자극적이고 흥미로운 내용을 보내어 링크를 클릭하면 악성 코드에 감염되게 하는 것이다. 이러한 문제가 발생하지 않도록 발신인이 불명확한 메시지나 이메일은 열어보지 말고 즉시 삭제하거나 스팸 메일로 등록하여 다시는 그와 같은 이메일이 전송되지 않도록 하는 것이 좋다.

❹ 정기적으로 비밀번호 변경하기

최근 출시된 스마트폰은 개인 정보 보호를 위해 특정 형식의 패턴을 비밀번호로 인식하게 하거나, 사용자의 지문을 스마트폰 사용자 인증 수단으로 사용하게 하는 경우가 많다. 그러나

이러한 최신 기술이 적용되지 않고 비밀번호를 입력하여 로그인 하는 스마트폰이라면 정기적으로 비밀번호를 변경하여 개인 정보 보호에 주의를 기울여야 한다. 스마트폰을 분실하거나 도난당했을 때 개인 정보가 유출되는 것을 방지할 수 있도록 반드시 비밀번호를 설정한다.

❺ 이상 증상이 있을 때 악성 코드 감염 여부 확인하기

웹사이트 접속 또는 애플리케이션 실행 후 스마트폰이 오작동을 하거나, 바탕화면이 바뀌거나, 저장된 개인 정보가 삭제되는 등 이상 증상이 발생하면 스마트폰 매뉴얼에 따라 대처한다. 그래도 이상 증상이 지속된다면 악성 코드에 감염되었을 가능성이 높으므로 백신 프로그램으로 스마트폰을 진단하고 치료해야 한다. 악성 코드 감염이 확인된 경우에는 한국인터넷진흥원, 이동통신사, 제조사, 백신 업체 등에 신고하여 악성 코드가 확산되지 않도록 조치한다.

❻ 다운로드한 파일은 바이러스 검사 후 사용하기

스마트폰용 악성 프로그램은 인터넷을 통해 특정 프로그램이나 파일에 숨겨져서 유포된다. 스마트폰으로 프로그램이나 파일을 다운로드하여 실행하고자 할 때는 스마트폰용 백신 프로그램으로 바이러스 유무를 검사한 후 사용하는 것이 좋다.

❼ 운영체제, 백신 프로그램은 항상 최신 버전으로 업데이트하기

해커들은 스마트폰 플랫폼의 보안 취약점을 이용하여 악성 코드를 유포하고, 백신 프로그램이 악성 코드를 탐지하는 것을 피하기 위해 다양한 공격 기법을 시도한다. 그러므로 스마트폰의 운영체제와 백신 프로그램은 항상 최신 버전으로 업데이트를 해 두는 것이 중요하다.

여기서 잠깐 **드라이브바이다운로드와 스위트오렌지 익스플로이트 키트**

모바일 환경에서 유포되는 신종 악성 코드는 비교적 보안에 취약한 일반 웹사이트를 방문하는 것만으로도 감염되는 '드라이브바이다운로드(drive-by-download)' 방식을 사용한다. 국내에서 자주 악용되는 방식으로는 '스위트오렌지 익스플로이트 키트(Sweet-Orange Exploit Kit)'가 있다.

- **드라이브바이다운로드** : 드라이브바이다운로드의 공격은 사람들이 많이 사용하는 인터넷 익스플로러, 크롬 등과 같은 브라우저를 통해 이뤄진다. 링크된 웹사이트에 단순히 접속만 해도 사용자 PC의 보안 취약점을 이용하여 악성 바이러스인 멀웨어로 감염시킨 후 사용자의 개인 정보를 빼낸다.
- **스위트오렌지 익스플로이트 키트** : 중국의 해커 조직이 우리나라를 대상으로 파밍 및 원격 제어 악성 코드를 유포한 뒤 취약점을 이용하여 사용자의 PC를 악성 코드에 감염시키는 방식이다. 인터넷 익스플로러, 어도비 플래시 플레이어, 자바, 실버라이트의 취약점을 이용하여 감염시키는 것이 특징이다.

2.3 개인 정보 보호를 위한 스마트폰 실천 수칙 '5 Do!'

스마트폰에 저장된 자신의 소중한 개인 정보를 보호하기 위해서는 다음의 다섯 가지 실천 수칙을 잘 지킨다(출처 : 한국인터넷진흥원).

❶ 나만의 비밀번호 설정하기

타인이 쉽게 접근하지 못하도록 단말기에 패턴, PIN, 비밀번호 등의 방식으로 나만의 비밀번호를 설정한다.

❷ 애플리케이션 설치 전 접근 권한 확인하기

스마트폰에 애플리케이션을 설치하기 전에 서비스와 관계없는 개인 정보를 요구하지 않는지 확인해야 한다. 서비스와 관계없는 개인 정보를 요구하는 애플리케이션은 설치하지 않는다.

❸ 백신 앱 설치하기

PC와 마찬가지로 스마트폰에도 백신 애플리케이션을 반드시 설치한다. 좀 더 안전하게 스마트폰을 사용하기 위해서는 백신, 스팸 차단, 스미싱 차단 애플리케이션을 추가로 설치한다.

❹ 공식 마켓에서 애플리케이션 다운로드하기

구글의 플레이스토어나 이동통신사(SK텔레콤, LG유플러스, KT)의 애플리케이션 마켓에서는 악성 코드 감염 여부를 자체적으로 모니터링한 후 공개하기 때문에 비교적 안전하게 애플리케이션을 다운로드할 수 있다. 하지만 출처를 모르는 애플리케이션은 악성 코드 감염의 우려가 있으므로 다운로드를 자제한다.

❺ 스마트폰 교체 전 개인 정보 삭제하기

스마트폰에 저장된 개인 정보 중 다음과 같은 것은 유출되지 않도록 주의한다.

- 사는 곳, 직장, 자주 방문하는 곳
- 주소록에 있는 가족, 친구, 직장 동료의 전화번호와 이메일 주소
- 전화 수신 · 발신 내역
- 저장된 문자 · 음성 메시지
- 게임이나 SNS에 남아 있는 채팅 세션
- GPS에 기반한 위치 및 기지국 내역
- 웹 브라우징 내역, 쿠키, 캐시된 페이지

- 개인 사진, 비디오 · 오디오 파일, 이메일 내용
- 온라인 뱅킹이나 이메일의 개인 계정 접속 정보(비밀번호 포함)
- 클라우드에 저장되어 있는 사진, 파일 등의 정보에 대한 접속 내역
- 금융 사이트에 저장된 공인인증서
- 저장된 이동통신사의 휴대전화 인증서

스마트폰을 교체할 때는 이전 스마트폰에 저장되어 있는 개인 정보가 유출되지 않도록 반드시 '공장 초기화factory data reset' 상태로 만들거나 '와이핑wiping' 애플리케이션을 사용하여 깔끔하게 삭제한다.

여기서 잠깐 **와이핑과 공장 초기화**

일반 문서 파일의 경우 삭제된 파일을 복구할 수 있지만 새로운 내용을 덮어쓰기(overwrite) 하면 새로운 내용이 저장되므로 이전 파일을 복구할 수 없다. 와이핑(wiping)은 이러한 파일 덮어쓰기와 같은 개념이라고 볼 수 있다. 와이핑을 하는 가장 쉬운 방법은 스마트폰을 처음 구매한 초기 상태로 덮어쓰기 하는 것으로, 이것이 바로 공장 초기화이다.

공장 초기화 기능은 기기마다 설정 방법이 다른데 대표적인 기기 몇 가지를 예로 살펴보자.

기기	설정 방법
iOS	설정(Setting) → 일반(General) → 재설정(Reset) → 모든 콘텐츠 및 설정 지우기(Erase All Content and Setting)
안드로이드	설정(Setting) → 프라이버시(Privacy) → 공장 초기화(Factory Data Reset)
윈도폰	설정(Settings) → 어바웃(About) → 초기화(Reset Your Phone)
블랙베리	선택(Option) → 보안 선택(Security Option) → 보안 삭제(Security Wipe)

2.4 개인 정보 보호를 위한 스마트폰 실천 수칙 '5 Don't!'

스마트폰을 사용할 때 개인 정보를 보호하기 위해 하지 말아야 할 다섯 가지 수칙은 다음과 같다.

❶ 기본 운영체제 변경하지 않기

스마트폰의 플랫폼 구조를 변경하면 개인 정보 유출 문제가 발생할 수 있으므로 기본 운영체제는 함부로 변경하지 않는다(예 : iOS의 탈옥, 안드로이드의 루팅).

❷ 중요한 정보는 스마트폰에 저장하지 않기

인터넷 뱅킹을 사용하기 위한 보안 카드, 신분증 사본, 계좌 번호, 계좌 비밀번호 등의 금융 관련 정보를 스마트폰에 저장하지 않는다. 개인 정보를 노리는 악성 코드에 감염되어 해킹을 당할 수도 있고, 스마트폰을 분실하면 개인 정보 및 금융 정보가 유출될 염려가 있으므로 중요한 정보는 스마트폰에 저장하지 않는다.

❸ 전송된 링크는 함부로 클릭하지 않기

모르는 사람이 보낸 문자나 이메일을 통해 전달된 링크는 클릭하지 않는다. 인터넷 주소(URL) 링크를 통해 악성 코드를 유포할 수 있으므로 함부로 클릭하지 말고 바로 삭제한다. 또한 지인의 메시지라도 개인 정보나 금전을 요구할 때는 전화 통화 등을 통해 본인이 맞는지 확인하는 것이 좋다.

❹ 공공장소에서 와이파이 사용 시 주의하기

스마트폰으로 금융 정보 등 중요한 정보를 전송할 때는 가급적 와이파이 대신 LTE나 3G 등의 이동통신망을 사용하는 것이 안전하다. 보안 설정이 되어 있지 않은 와이파이는 사용하지 않는다.

❺ 블루투스와 와이파이는 사용할 때만 켜기

악성 코드로 인한 피해를 예방하기 위해서는 블루투스나 와이파이를 평상시에는 꺼두고 사용할 때만 켠다. 대부분의 스마트폰 악성 코드는 접근이 쉬운 블루투스나 와이파이와 같은 무선 기능을 통해 유포되기 때문이다.

3 인터넷에서의 개인 정보 관리

인터넷이 보급되면서 과거에는 큰 문제가 되지 않았던 개인 정보 보호의 중요성이 대두되기 시작했다. 또한 개인 정보가 저장된 데이터베이스 서버에 기술적으로 접근하여 불법으로 수집한 정보를 범죄에 악용하는 경우가 발생하여 사회적인 문제가 되고 있다. 과다한 인터넷 사용으로 개인 정보 노출이 염려되는 만큼 이에 대비하여 금융 사고 및 사이버 범죄에 휘말리는 일을 예방해야 한다.

3.1 인터넷 사용 시 주의 사항

인터넷을 사용할 때 개인 정보 유출을 예방하기 위해서는 다음과 같은 사항에 세심한 주의가 필요하다.

❶ 개인 정보 처리 방침 및 이용 약관 살피기

개인 정보 처리자는 회원 가입 등의 방법으로 개인 정보를 수집하고자 할 때 「개인 정보 보호법」에 따라 개인 정보 처리 목적, 처리 및 보유 기간, 제삼자 제공에 관한 사항, 정보 주체의 권리와 의무 및 행사 방법, 위탁 업무 내용 등의 개인 정보 취급 관련 내용을 개인 정보 처리 방침에 포함하여 공개해야 한다. 따라서 인터넷 사용자는 회원 가입을 하거나 개인 정보를 제공할 때 사업자의 개인 정보 처리 목적 등을 자세히 검토한 후 가입 및 제공해야 한다.

❷ 혼합 비밀번호 사용하기

비밀번호는 다른 사람이 쉽게 유추할 수 없는 것으로 설정해야 한다. 숫자, 문자, 특수문자를 조합하여 최소한 여덟 자 이상의 비밀번호를 사용한다. 복잡하더라도 해커가 비밀번호를 쉽게 알아내지 못하도록 설정해야 한다.

❸ 주기적으로 비밀번호 변경하기

비밀번호 변경의 권장 주기는 6개월이다. 비밀번호를 변경할 때는 이전에 사용하지 않은 새로운 것으로 설정하고, 이전 비밀번호와 새로운 비밀번호가 서로 연관성이 없어야 한다.

❹ 주민등록번호 대신 대체 수단으로 회원 가입하기

인터넷 사이트에 회원 가입을 할 때나 본인 신분 확인용으로 주민등록번호를 요구하는 경우에는 아이핀과 같은 대체 수단을 사용하여 본인 확인을 할 수 있다. 이는 온라인상에서 주민등록번호 남용을 막으면서 보다 안전하게 본인 확인을 할 수 있는 방법이다.

❺ 개인 정보 도용 확인을 위해 가입 정보 확인하기

개인 정보가 유출되어 나도 모르게 다른 사람이 내 명의로 인터넷 사이트에 회원 가입을 하는 경우가 있다. 자신의 정보가 도용되지 않았는지 확인하고자 할 때는 아이핀 도용 방지 서비스를 이용한다. 아이핀 도용 방지 서비스를 통해 인터넷 가입 정보 확인, 개인 정보 도용 차단, 실명 인증 기록 조회 등을 할 수 있다.

TIP 아이핀 도용 방지 서비스는 아이핀으로 접속한 사이트는 물론이고 타인이 인터넷상에서 아이핀 도용을 시도할 때 실시간으로 사용을 차단하고 도용 사실을 통보해준다. 또한 인증 내역과 이용 지역을 확인할 수 있으며 실명 확인 인증 기록을 실시간으로 알려준다. 사이렌24 사이트(http://www.siren24.com)에서 신청할 수 있으며 다음과 같은 서비스가 포함된다.

- 아이핀 인증 시 SMS 및 이메일을 통한 알림 서비스
- 아이핀 도용 차단
- 아이핀 도용 일시 해제
- 아이핀이 인증된 국내 및 해외 지역 정보 제공

❻ 지인에게 개인 정보 알려주지 않기

자신의 아이디와 비밀번호, 주민등록번호 등의 개인 정보가 공개되지 않도록 주의해서 관리해야 한다. 친구나 잘 아는 사이라 하더라도 개인 정보를 알려주지 않는다.

❼ P2P 서비스의 공유 폴더에 개인 정보 저장하지 않기

P2P는 인터넷에 연결된 개인 PC로부터 직접 자료를 제공받고 검색은 물론 다운로드까지 할 수 있는 서비스로, 웹사이트에 한정되던 정보 추출 경로가 개인이나 회사가 운영하는 데이터베이스로까지 확대될 수 있다. 따라서 자신이나 다른 사람의 개인 정보를 P2P 서비스의 공유 폴더에 올리면 개인 정보 노출 및 오남용의 위험에 처할 수 있다. 개인 정보가 포함된 문서 파일을 주고받을 때는 홈페이지나 공유 폴더에 게시하지 말고 이메일로 주고받거나 오프라인을 이용해야 한다.

❽ 공용 PC에서 금융 거래 하지 않기

신용카드 번호나 금융 정보 등의 중요한 개인 정보를 문서로 작성하여 저장할 때는 문서 프로그램(아래아한글, 마이크로소프트 오피스 등)에서 제공하는 암호화 기능을 사용해야 한다. 개인 정보가 담긴 문서를 출력하여 다른 사람들이 볼 수 있는 곳에 두거나, 문서 파일을 PC방 등 개방된 환경에서 사용 및 복사하는 것을 자제하고, 불가피한 경우에는 사용 후 즉시 삭제해야 한다.

❾ 공유 기능 끄기

모든 모바일 기기는 자동적으로 네트워크에 있는 다른 기기를 찾고 정보를 공유하도록 설정되어 있다. 집에서 안전한 개인 와이파이를 사용할 때는 괜찮지만 공공장소에서는 해커의 표적이 되기 쉬우므로 네트워크 설정에서 공유 기능을 꺼둔다.

여기서 잠깐 **개인정보침해신고센터 이용 방법**

① 일반적인 개인 정보 침해 신고

- 전화 : 118(ARS 내선 2번)
- 팩스 : 02-405-5619
- 이메일 : privacy@kisa.or.kr
- 우편 : 서울시 송파구 중대로 135 IT벤처타워 서관 9층 개인정보침해신고센터(또는 개인정보분쟁조정위원회)
- 인터넷 : 개인정보침해신고센터(http://privacy.kisa.or.kr)

②「개인 정보 보호법」 적용 대상이 아닌 사안별 신고 기관

한국인터넷진흥원의 개인정보침해신고센터는「개인 정보 보호법」 제62조, 동법 시행령 제59조, 또는「정보통신망 이용 촉진 및 정보 보호 등에 관한 법률」 제52조, 동법 시행령 제66조에 따라 개인 정보에 관한 권리, 이익 침해 사실 신고의 접수 · 처리 등에 관한 업무를 담당한다.

구분	기관	연락처	홈페이지 주소
해킹, 사기, 불법 사이트 등의 형사처분 사안	경찰청 사이버안전국	• 02-393-9112 • 182	http://www.netan.go.kr
소비자 피해, 불만 사항, 분쟁 조정	한국소비자원	• 043-880-5500 • 1372	http://www.kca.go.kr
「공정거래법」상의 불공정 거래 행위	한국공정거래조정원	• 02-3445-9898 • 158-1490	http://www.kofair.or.kr
금융 거래 관련 피해 및 분쟁 조정	금융감독원	• 02-3145-5114 • 1332	http://www.fss.or.kr
민형사 등 각종 소송 관련 상담	대한법률구조공단	• 02-532-0132 • 132	http://www.klac.or.kr

⑩ 개인정보침해신고센터 적극 활용하기

개인 정보가 유출되면 해당 사이트의 관리자에게 개인 정보 삭제를 요청하고, 그래도 처리되지 않을 때는 즉시 개인정보침해신고센터에 신고한다.

⑪ SNS에서 중요한 정보는 비공개나 친구 공개로 설정하기

페이스북, 트위터, 라인 등 다양한 SNS를 이용할 때 중요한 개인 정보는 비공개로 설정한다. 자신의 전화번호나 주소와 같은 개인 정보가 모두에게 드러나지 않도록 비공개나 친구 공개로 설정한다.

⑫ 회원 가입 양식에는 필수 입력 정보만 작성하기

각종 사이트나 동호회의 회원으로 가입할 때 가입 양식의 모든 항목에 작성할 필요는 없다. 약관을 꼼꼼히 읽은 후 필수 항목과 필요하다고 생각되는 항목에만 입력하고, 필수 동의가 필요하지 않은 부분에는 체크 표시를 하지 않는다.

⑬ 소프트웨어 다운로드를 요구하는 팝업창은 신뢰하지 않기

인터넷을 사용하다 보면 소프트웨어를 자동 설치하라는 팝업창이 뜨곤 한다. 잘 알려진, 신뢰할 수 있는 사이트가 아니라면 이런 소프트웨어를 함부로 설치하지 않는다.

⑭ 사이트별로 비밀번호를 다르게 설정하기

비밀번호 유출에 대비하여 자주 사용하는 사이트별로 비밀번호를 다르게 설정한다.

⑮ 공개된 장소의 와이파이는 사용하지 않기

카페나 지하철 등 공공장소의 무선 네트워크는 가급적 사용하지 않는다. 보안 조치가 안 된 공공장소에서는 악성 코드가 없어도 개인 정보가 유출될 수 있다. 만약 와이파이 접속을 위해 개인 정보를 입력하라고 요구한다면 해커에 의해 감시당하고 있을 확률이 높기 때문에 와이파이 사용을 바로 중지한다.

여기서 잠깐 **무선 핫스팟 안전하게 사용하기**

노트북을 사용할 때 굳이 인터넷 서비스에 가입하지 않아도 개인 암호를 생성하여 스마트폰의 LTE 셀룰러 테더링(tethering) 기능을 통해 안전하게 무선 인터넷을 이용할 수 있다. 테더링 기능은 스마트폰에서 지원하는 LTE나 3G와 같은 셀룰러 방식의 인터넷 통신을 USB 케이블이나 블루투스 무선 기술로 사용하는 것으로, 스마트폰이 무선 공유기 역할을 한다. 인터넷이 지원되지 않는 장소에서도 스마트폰만 있으면 테더링 기능으로 언제든지 안전하게 인터넷을 사용할 수 있다.

- **USB 케이블 테더링** : USB 케이블을 이용하여 연결하는 방식으로, 스마트폰이 무선 공유기 역할을 하여 노트북을 USB 케이블로 연결하면 간편하게 인터넷에 접속할 수 있다. 이 방식은 무선 방식 테더링보다 속도가 빠르다는 것이 장점이다.
- **무선 방식 테더링** : 블루투스와 같은 무선 기술을 이용하여 연결하는 방식이다. 별도의 케이블이 필요 없이 간단하게 연결할 수 있고, 좀 더 많은 기기를 네트워크에 연결하는 데 널리 이용된다. 그러나 네트워크망이 도용되어 해킹을 당할 수도 있으므로 반드시 이름과 비밀번호를 설정한 후 사용할 것을 권장한다.

요약

01 개인 정보는 살아 있는 사람에 관한 정보를 말하며, 이름 · 주민등록번호 · 영상 등과 같이 특정한 사람을 알아볼 수 있는 정보를 나타내기도 한다. 또한 어떤 사람을 나타내는 부호 · 문자 · 음성 · 음향 · 영상 등의 정보가 다른 정보와 결합하여 그 사람을 알아볼 수 있다면 이 또한 개인 정보로 분류한다.

02 개인 정보는 크게 인적 정보, 신체적 정보, 사회적 정보, 재산적 정보로 나눌 수 있다.

- **인적 정보** : 이름, 주민등록번호, 주소, 본적지, 생년월일, 출생지, 전화번호, 이메일 주소, 가족 관계 및 가족 구성원 정보, 소속된 단체 및 기관 정보
- **신체적 정보** : 홍채, 얼굴, 음성, 지문, 키, 몸무게, 건강 상태, 진료 기록, 신체장애, 장애 등급, 병력
- **사회적 정보** : 병역 의무 이행 여부, 군번, 계급, 근무 부대, 학력, 성적, 출결 상황, 자격증 보유 내역, 상벌, 생활기록부, 전과 기록, 범죄 경력 자료, 재판 기록, 과태료 납부 내역, 직장, 고용주, 근무처, 근로 경력, 직무 평가 기록
- **재산적 정보** : 소득, 신용카드 번호, 통장 계좌 번호, 동산 · 부동산 보유 내역, 저축 내역, 신용 평가 정보, 대출 또는 담보 설정 내역, 신용카드 사용 내역

03 인터넷으로 특정 웹사이트에 접속할 때 서버에서 요구하는 사용자 아이디와 비밀번호 등을 입력하게 된다. 이때 사용자가 입력한 로그 기록 정보가 컴퓨터에 저장되는데 이러한 기록 정보를 쿠키라고 한다. 쿠키는 접속한 사용자의 하드디스크 정보를 저장해두어 다음에 다시 접속하면 사용자를 식별할 수 있으므로 빠르게 접속하는 데 도움을 준다.

04 아이핀은 대면 확인이 불가능한 온라인상에서 주민등록번호를 대신하여 본인임을 확인받을 수 있는 신원 확인 대체 수단이다.

05 마이핀은 오프라인상에서 주민등록번호를 대체할 수 있는 본인 확인 수단으로, 개인을 식별할 수 있는 정보가 전혀 포함되지 않은 열세 자리 숫자를 무작위로 생성하여 제공한다.

06 멀웨어는 컴퓨터를 손상하여 피해를 줄 목적으로 개발된 악성 소프트웨어이다. 사용자 PC의 취약점을 찾아내어 몰래 멀웨어를 설치한 후, 해커가 사용자 PC에 접근하여 개인 정보와 같은 중요한 정보를 갈취하려는 목적으로 이용된다.

07 드라이브바이다운로드의 공격은 사람들이 많이 사용하는 인터넷 익스플로러, 크롬 등과 같은 브라우저를 통해 이뤄진다. 링크된 웹사이트에 단순히 접속만 해도 사용자 PC의 보안 취약점을 이용하여 악성 바이러스인 멀웨어로 감염시킨 후 사용자의 개인 정보를 빼낸다.

08 스위트오렌지 익스플로이트 키트는 중국의 해커 조직이 우리나라를 대상으로 파밍 및 원격 제어 악성 코드를 유포한 뒤 취약점을 이용하여 사용자의 PC를 악성 코드에 감염시키는 방식이다. 인터넷 익스플로러, 어도비 플래시 플레이어, 자바, 실버라이트의 취약점을 이용하여 감염시키는 것이 특징이다.

09 와이핑은 스마트폰의 정보를 복구할 수 없도록 덮어씌우는 기능으로, 와이핑을 하는 가장 쉬운 방법은 스마트폰을 처음 구매한 초기 상태로 덮어쓰기 하는 공장 초기화이다.

10 테더링 기능은 스마트폰에서 지원하는 LTE나 3G와 같은 셀룰러 방식의 인터넷 통신을 USB 케이블이나 블루투스 무선 기술로 사용하는 것으로, 스마트폰이 무선 공유기 역할을 한다. 인터넷이 지원되지 않는 장소에서도 스마트폰만 있으면 테더링 기능으로 언제든지 안전하게 인터넷을 사용할 수 있다.

연습문제

01 다음 중 개인 정보의 종류로 볼 수 없는 것은 무엇인가?

① 취미　② 주민등록번호
③ 영상　④ 이름

02 다음 중 정보화 사회에서 유용한 개인 정보에 포함되지 않는 것은 무엇인가?

① 체중　② 위치 · 생태 정보
③ RFID　④ 통신 자료

03 개인 정보 관리 담당자 중에서 정보통신 서비스 제공자의 사업장 내에서 이용자의 개인 정보 보호 업무를 총괄하거나 업무 처리를 최종 결정하는 사람은 누구인가?

① 개인 정보 관리 책임자　② 개인 정보 취급자
③ 개인 정보 처리자　④ 개인 정보 담당자

04 사용자가 입력한 로그 기록 정보를 컴퓨터에 저장해두었다가 다시 접속하면 빠르게 웹사이트로 이동시키는 기능은 무엇인가?

① 캐시　② 쿠키
③ 로그　④ 아이디

05 오프라인상에서 본인 확인을 할 때 주민등록번호 대신에 사용할 수 있는 대체 수단은 무엇인가?

① 아이핀　② 마이핀
③ 공인인증　④ 유심

06 다음 중 대체 수단 검증 방식에서 인증 수단으로 사용할 수 없는 것은 무엇인가?

① 홍채　② 신용카드 정보
③ 공인인증서　④ 휴대전화 인증

07 PC 환경에서 개인 정보를 안전하게 관리하기 위한 PC의 운용 및 보안 관리 방법으로 가장 거리가 먼 것은 무엇인가?

① 불법 소프트웨어 차단　② 주기적인 바이러스 검사
③ 유해 사이트 접속 금지 및 제한　④ 항상 최신 소프트웨어만 설치

08 다음 중 컴퓨터를 손상하여 피해를 줄 목적으로 개발된 악성 소프트웨어는 무엇인가?

① 멀웨어　② 스미싱
③ 크래킹　④ 피싱

09 다음 중 멀웨어가 유포되는 경로로 가장 거리가 먼 것은 무엇인가?

① 멀웨어에 감염된 웹사이트를 방문한 경우
② 가짜 오류 메시지 또는 팝업창을 클릭한 경우
③ 멀웨어가 포함된 이메일의 첨부 파일을 연 경우
④ 멀웨어가 몰래 포함된 무료 소프트웨어 설치 팝업창이 화면에 나타난 경우

10 스마트폰에서 생성된 디지털 정보인 모바일 아이디 중에서 스마트폰으로 온 · 오프라인 서비스를 이용할 때 구매 기록, 이동 기록, 출입 기록 등의 동태 기록이 생성된 정보는 무엇인가?

① 개인 신상 정보　② 동태 기록 정보
③ 위치 정보　④ 인사 기록

11 사용자의 평소 스마트폰 입력 습관으로 사용자를 식별하는 생체 정보 인증 방식은 무엇인가?

① 모션캡처　② 셰이딩액션
③ 비헤비오섹　④ 핑거프린트

12 모바일 환경에서 사람들이 많이 사용하는 인터넷 익스플로러, 구글 크롬 등과 같은 브라우저를 통해 감염되는 악성 바이러스는 무엇인가?

① 예루살렘　② 체르노빌
③ 스위트오렌지 익스플로이트 키트　④ 드라이브바이다운로드

13 스마트폰의 와이핑 기능에 대해 설명하시오.

14 무선 핫스팟을 안전하게 사용하는 방법에 대해 설명하시오.

토론과제

01 주위에서 개인 정보 침해로 불이익을 당한 사례를 조사해보고 토론하시오. 침해 사실을 알고 난 후의 조치와 대처 방법에 대해서도 토론하시오.

02 개인 정보를 안전하게 취급할 수 있는 보안 아이디어를 고민해보고 토론하시오.

Chapter 10

개인 정보 침해와 보호 조치

01 개인 정보 침해 및 대응

02 개인 정보 보호 조치

요약

연습문제

학습목표

- 개인 정보 침해 실태를 파악하고 대응 방안을 알아본다.
- 개인 영상 정보의 개념을 이해하고 침해 예방 및 대응 방안을 알아본다.
- 개인 정보 보호를 위한 법 제도적 · 관리적 · 기술적 · 물리적 보호 조치에 대해 살펴본다.

01 개인 정보 침해 및 대응

사례 | **잠시 자리를 비운 사이에 일어나는 개인 정보 유출**

D 물산의 근로자인 P 씨는 지방 노동청에 임금 체불 신고를 했는데, 얼마 지나지 않아 해당 지역에 있는 공인노무사 업체로부터 민원 대행을 해준다는 광고 메시지를 받았다. P 씨의 임금 체불 민원을 고용노동부로 우편 접수를 하던 담당자가 잠시 자리를 비웠는데, 그 사이에 공인노무사 사무소 소장이 민원인의 연락처를 무단으로 메모해 간 것이다. 지방 노동청의 담당자는 이 같은 사실을 발견하고 경찰청에 개인 정보 유출의 수사를 의뢰했다.

1 개인 정보 침해

인터넷의 발달로 PC와 스마트폰을 이용한 각종 웹사이트 접속이 증가하면서 자신도 모르게 누군가가 기술적인 방법으로 내 개인 정보를 수집해 가는 경우가 늘어나고 있다. 보통 당시에는 개인 정보가 유출되었다는 것을 모르고 있다가 매스컴 등에서 유출 사고를 접하고 나서야 자신의 정보가 침해당했다는 사실을 알게 되는 경우가 대부분이다.

이처럼 이용자의 동의 없이 개인 정보를 수집 및 이용하거나 제삼자에게 제공하여 마케팅 수단으로 활용하는 행위를 개인 정보 침해라고 한다. 전 세계적으로 개인 정보 침해에 대한 논란이 거세지고, 국내에서도 관련 민원이 증가하는 추세이다. 또한 침해의 유형과 수법도 갈수록 다양해지고 있다. 이렇게 불법적으로 수집한 개인 정보를 마케팅 기관에 판매하는 경우 주민등록번호 도용, 스팸 메일 발송, 보이스 피싱과 같은 다양한 형태의 이차 피해로 확산될 가능성이 높기 때문에 개인 정보 관리가 매우 중요하다.

1.1 개인 정보를 노리는 악성 코드

개인 정보는 PC나 모바일 기기가 악성 코드에 감염되어 유출되는 경우가 많다. 개인 정보를 노리는 악성 코드는 다음과 같은 여러 경로를 통해 사용자도 모르게 감염된다.

❶ 일반 사이트 방문 시 감염

웹 브라우저, 웹 애플리케이션, 보안 애플리케이션의 취약점을 악용하여 악성 코드를 감염시킨다. 악성 코드를 은닉한 사이트로 접속하도록 유도하기도 하고, 악성 ActiveX나 자바 애플릿의 설치를 유도하여 감염시키는 경우도 있다. 악성 파일의 확장자가 변조되어 안심하고 다운로드했는데 감염되는 경우도 있다.

❷ 파일 공유 프로그램에 의한 감염

파일 공유 프로그램 내에서 악성 파일의 다운로드 또는 다운로드 매니저의 교체를 유도하여 감염시키는 경우도 있다.

❸ 첨부 파일 또는 링크 클릭에 의한 감염

악성 사이트로의 접속을 유도하거나, 첨부 파일을 열어보기 위해 클릭하면 악성 파일을 실행하여 컴퓨터를 감염시킨다. 사회적 관심사에 대한 메일이나 소속 기관을 가장해서 보낸 피싱 메일에 악성 파일을 첨부하여 클릭하면 감염되는 경우도 있다.

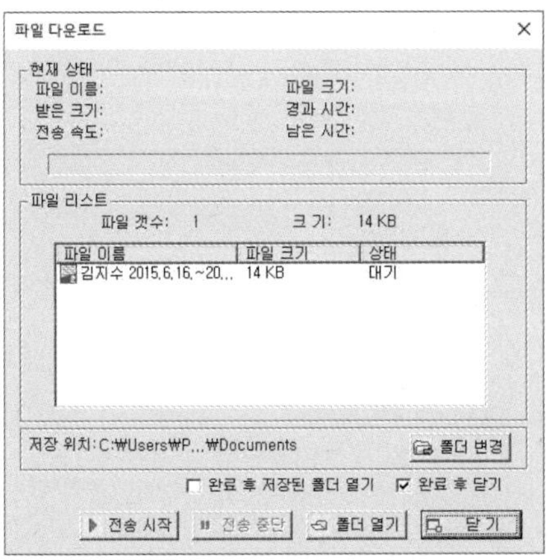

그림 10-1 악성 파일의 다운로드를 유도하는 경우

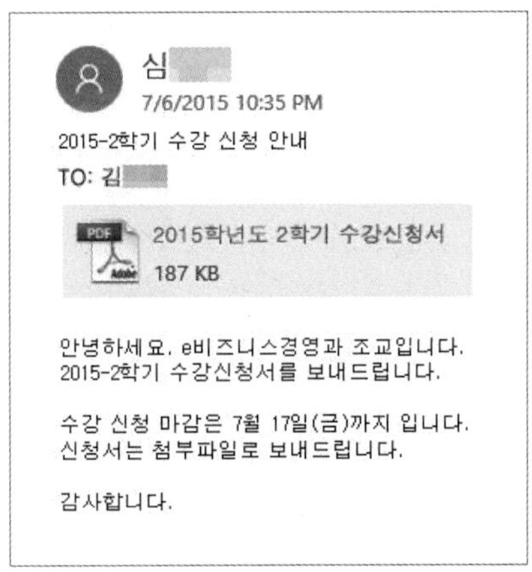

그림 10-2 소속 기관을 가장해서 보낸 피싱 메일

❹ 등록된 친구에게 악성 코드 전파

이메일 계정이나 스마트폰에 등록된 친구에게 악성 코드가 심어진 링크가 포함된 초대장, 청첩장, 알림 등을 전송한다. 링크를 클릭하기만 해도 악성 코드가 전파되어 자동으로 개인 정보를 탈취할 수 있다. 예를 들어 단축 URL(goo.gl, bitly, tynyURL, mcaf.ee)을 클릭하도록 유도하거나 사회적으로 이슈인 기사를 읽도록 유도하여 악성 코드에 감염시킨다.

❺ 소셜미디어에서 사용하는 단축 URL을 조작하는 경우

goo.gl, bitly, tynyURL, mcaf.ee 등과 같은 단축 URL을 조작하여 클릭을 유도하거나 그림 또는 문자를 누르면 감염된 사이트로 이동하여 감염되기도 한다.

❻ 정상 애플리케이션을 위장한 모바일 악성 코드에 의한 감염

이미 악성 코드에 감염된 애플리케이션을 정상 애플리케이션인 것처럼 위장하여 사용자가 애플리케이션을 설치하면 감염된다.

❼ USB와 같은 외부 저장장치에 의한 감염

내부 시스템을 감염시키는 데 사용하는 방법으로, 주변 동료나 친구의 외부 저장장치 또는 습득한 USB와 같은 외부 저장장치에 의해 감염되는 경우가 많다.

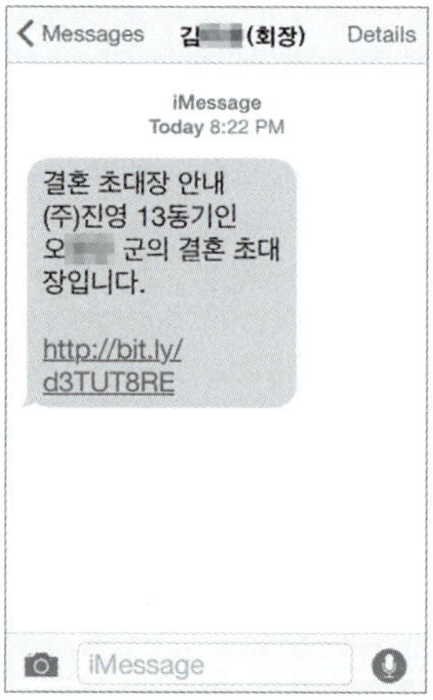

그림 10-3 악성 코드에 감염되는 링크에 의한 전파

그림 10-4 외부 저장장치에 의한 악성 코드 감염

여기서 잠깐 **바이러스에 감염된 USB 드라이버 치료하기**

휴대용 USB 드라이버나 외장 하드디스크에 공인인증서와 같은 중요한 문서를 저장했는데 바이러스에 감염되면 외부 저장장치를 인식하지 못하거나 자료가 삭제된 것처럼 보이지 않는 경우가 있다. 이때 V3나 알약 등의 백신 프로그램을 사용해도 치료되지 않는다면 USB 드라이버의 바이러스를 치료하는 프로그램을 실행하여 문제를 해결할 수 있다. 다양한 치료 프로그램이 있는데 그중 실행 파일로 이뤄져 간편하게 쓸 수 있는 cure.exe를 추천한다.

여기서 잠깐 웹 셸

웹 셸(web shell)은 악성 코드의 한 종류로, 스크립트(Java Script, VBScript, ASP, JSP, PHP, CGI) 파일의 서버 취약점 또는 웹 애플리케이션의 취약점을 이용하여 원격으로 웹 서버가 동적인 명령을 수행하도록 작성된 것을 말한다. 웹 서버에 악성 코드를 업로드하면 파일 열람, 프로세스 열람 및 종료, 파일 · 디렉터리 생성 및 삭제 등과 같은 서버의 모든 기능을 사용할 수 있으므로 정보 유출이 가능하다. 페이지 해킹 후 웹 셸 업로드 공격은 다음과 같은 순서로 진행된다.

① 공격에 사용할 웹 셸을 준비한다.
② 파일 첨부가 가능한 게시판의 업로드 취약점 등을 미리 확인한다.
③ 사이트에서 사용하는 언어와 일치하는 웹 셸을 업로드한다.
④ 웹 셸을 이용하여 시스템 명령어 수행, 파일 생성 및 삭제 등의 공격을 수행한다.

일반적인 해킹과 비교할 때 웹 셸은 시스템에 직간접적인 영향을 미치므로 위험성이 매우 높다. 특히 감염된 서버뿐만 아니라 같은 대역에 있는 다른 서버에도 악영향을 미칠 수 있어 더욱 위험하다.

시스템 파일 접근	• 시스템 정보 열람 • 시스템 셧다운 • 특정 프로그램(안티바이러스 프로그램 등) 정지, 삭제
데이터베이스 접근	• 데이터 유출, 변경, 삭제
네트워크 명령어	• 포트 스캐너 • TELNET, SSH, FTP 접속(내부 네트워크 시스템 접근 가능)
시스템 파일 공격	• 해킹 툴(키로그, 백도어 등) 업로드 • 파일 수정(악성 코드 삽입) • 시스템 파일 삭제 • 모든 시스템 디렉터리 열람

❽ 업데이트 서버를 통한 감염

의심받지 않고 기업 내부로 침투할 수 있는 가장 효과적인 방법으로 대량의 개인 정보 유출이나 기밀 유출 사고의 원인이 된다. 업데이트 서버의 설정을 조작하면 특정 기업만 침투할 수도 있다.

그림 10-5 업데이트 서버를 통한 감염

1.2 개인 정보 침해 실태

개인 정보 침해 사고가 꾸준히 증가하고 수법도 지능적으로 교묘해지고 있다. 피해 규모는 2009년부터 2013년까지 계속 증가하다가 2013년을 기점으로 최근 3년 동안은 감소 추세를 보이고 있다(2013년 177,736건, 2014년 158,900건, 2015년 152,151건). 이렇게 개인 정보 침해 건수가 줄어들기 시작한 것은 정부의 개인 정보 보호 정상화 대책 시행(2014년 7월), 주민등록번호 인터넷 사용 제한 정책 시행(2012년 8월)의 영향으로 파악된다.

2015년의 개인 정보 침해 건수 중에서 「정보통신망 이용 촉진 및 정보 보호 등에 관한 법률」 적용 범위 내에서는 주민등록번호 등 타인의 정보 훼손·침해·도용에 관한 신고가 77,598건(전체의 51.0%)으로 가장 많았다. 다음으로 기술적·관리적 조치 미비에 관한 신고가 4,006건으로 나타났다. 한편 주민등록번호 등 타인의 정보 훼손·침해·도용에 관한 신고는 감소 추세를 보이고 있다(2012년 139,724건, 2013년 129,103건, 2014년 83,126건, 2015년 77,598건).

1.3 유출 유형별 개인 정보 침해 사례

기업에서 관리 및 감독에 소홀하여 고객의 개인 정보가 유출되면 기업의 이미지가 떨어지고 매출이 감소하는 등 악영향을 미치므로 기업 내 개인 정보 책임자의 역할은 매우 막중하다. 이는 정부 기관의 경우도 마찬가지이다. 다음의 다양한 사례를 통해 개인 정보 유출의 유형을 살펴보자(출처 : 개인정보보호 종합포털).

❶ **내부 직원의 유출** : 개인 정보를 관리하는 담당자가 직책의 권한을 이용하여 개인 정보를 외부로 유출한 경우이다. 아는 사람의 요청으로 유출하는 경우도 있고, 중개인이나 마케팅 업체에 수수료를 받고 판매하는 경우도 있다.

- B 시 공무원이 시립 묘지 연고자 6,449명의 개인 정보를 장묘 업체 관계자에게 넘긴 사례
- 교육청 장학사가 교육의원에 출마한 후배를 위해 관내 교직원 3,000명의 이름과 전화번호 등의 개인 정보를 유출한 사례
- A 정유사의 회원 정보 관리를 담당하는 자회사 직원이 1,125만 건의 고객 정보를 유출하여 마케팅 업체에 판매한 사례
- 주민센터 직원이 동 주민의 개인 정보를 심부름센터에 건당 만 원씩 받고 판매한 사례
- C 택배 회사의 영업소장이 자사와 거래하던 홈쇼핑 업체의 고객 정보 200만 건을 빼돌려 텔레마케팅 업체에 판매한 사례

❷ **개인 정보 오·남용** : 업무상 입수한 고객의 개인 정보를 자신의 실적을 위해 오 · 남용한 경우이다.

- 통신사 대리점 직원이 몰래 빼돌린 가입자의 개인 정보를 자신이 별도로 관리하다 다른 통신사 대리점으로 옮길 때 실적을 올리기 위한 목적으로 사용한 사례
- 사이트 이용자의 개인 정보를 사전 동의 없이 제휴 업체나 텔레마케팅 업체에 무단으로 제공하여 자사의 홍보 수단으로 사용한 사례

❸ **약관 불이행** : 사이트 약관을 근거로 회원 탈퇴를 요청했는데도 받아들이지 않거나, 사이트 내의 잘못된 정보로 피해를 입어 약관을 근거로 콘텐츠 정정을 요구했으나 불이행한 경우이다.

- 자신의 개인 정보가 담긴 게시글이 기사화되어 해당 자료를 삭제해달라고 요청했으나 받아들이지 않은 사례
- 사이트 회원이 개인 정보 이용에 동의했더라도 탈퇴하면 동의를 철회해야 한다는 약관을 이행하지 않고 개인 정보를 계속 이용한 사례

❹ **허술한 개인 정보 관리 또는 방치** : 개인 정보 담당자의 관리 소홀 및 부주의로 고객의 개인 정보가 대량으로 유출된 경우이다.

- D 공단 직원이 고객의 개인 정보 10만 건이 기록된 서류를 파기하지 않고 차량에 방치했다가 도난을 당하여 유출된 사례
- E 은행 직원의 부주의로 개인 정보가 포함된 고객 리스트가 상품 안내 메일에 첨부 · 발송되어 유출된 사례

❺ **해킹에 의한 유출** : 외부 해킹으로 개인 정보가 유출되어 피해를 입은 경우이다.

- A 사의 TV 동영상 사이트에서 2002년 12월 17일 이전에 가입한 일부 회원의 아이디, 이름, 가입일, 암호화된 비밀번호, 생년월일, 이메일, 주소, 연락처 등의 개인 정보가 외부 해킹에 의해 대량으로 유출되어 피해를 입은 사례
- P 사 사이트의 고객 개인 정보 중에서 아이디, 암호화된 비밀번호, 이름, 생년월일, 주소, 연락처, 이메일 등이 외부 해킹으로 유출된 흔적이 발견된 사례

❻ **개인 정보 불법 거래** : 게임 업체와 마트 등에서 업무상 입수한 고객 정보를 불법으로 판매하여 부당 이익을 챙긴 경우이다.

- A 마트가 5년간 경품 행사에 응모한 고객들의 개인 정보를 B 보험 회사에 불법으로 판매한 사례
- C 마트가 2년간 매장에서 연 경품 행사로 수집한 고객의 개인 정보 311만 건을 D 생명에 불법으로 넘기고 경품 행사용 물품을 제공받은 사례
- 게임 아이템 중개 업체가 불법 개인 정보 판매상으로부터 매입한 개인 정보(주민등록번호 포함)를 이용하여 온라인 게임 아이템을 불법 생성 및 판매하고 수백억 원대의 부당 이득을 챙긴 사례

1.4 사건 유형별 개인 정보 침해 사례

개인 정보 침해는 금융, 통신, 의료, 제조, 교육 등 분야를 막론하고 피해가 급증하여 문제가 심각하다. 이러한 개인 정보 침해 사건의 주요 유형은 불법 거래, 명의 도용 등이다(출처 : 개인 정보 분쟁 조정 사례집).

❶ 제삼자에게 개인 정보를 제공한 대학교에 대한 손해배상 청구

신청인은 A 대학교의 졸업생으로 구직을 위해 대학교 진로 개발처에 구직표(이력서)를 접수했는데 A 대학교가 발송한 이메일을 통해 신청인의 구직표가 졸업 예정자 119명에게 제공되었다. 이에 신청인은 동의 없이 자신의 구직표를 제삼자에게 제공한 A 대학교에 정신적 손해배상을 요구하는 분쟁 조정을 신청했다.

❷ 동의 없이 고객의 개인 정보를 이용한 이동통신 사업자에 대한 손해배상 청구

B 이동통신사의 대리점 직원이 신청인의 동의 없이 고객 정보를 조회한 뒤 휴대전화 구매 등을 권유하는 마케팅 활동을 했다. 이에 신청인은 동의 없이 자신의 개인 정보를 영업 활동에 이용한 B 이동통신사에 손해배상을 요구하는 분쟁 조정을 신청했다.

❸ 법정 대리인의 동의 없이 아동의 개인 정보를 이용한 보험 회사에 대한 손해배상 청구

대리인(신청인의 어머니)은 C 보험 회사에 신청인(아동)과 관련된 상담조차 받아본 적이 없음에도 불구하고 C 보험 회사가 신청인에게 발송한 보험 상품 광고 우편물을 받았다. 이에 대리인은 아동의 개인 정보를 대리인의 동의 없이 마케팅에 활용한 C 보험 회사에 손해배상을 요구하는 분쟁 조정을 신청했다.

❹ 동의 없이 광고성 문자 메시지를 발송한 개인 정보 처리자에 대한 손해배상 청구

신청인은 치과 진료를 받기 위해 D 치과에 내원하여 자신의 개인 정보를 포함한 진료 기록부를 작성했고, D 치과는 이 개인 정보를 이용하여 신청인에게 광고성 문자 메시지를 발송했다. 이에 신청인은 동의 없이 광고성 문자 메시지를 발송한 D 치과에 손해배상을 요구하는 분쟁 조정을 신청했다.

❺ 동의 없이 제삼자에게 개인 정보를 제공한 보험 회사에 대한 손해배상 청구

신청인이 탑승한 차량과 가해 차량 사이에 접촉 사고가 발생했다. 사고 현장에서 신청인과 가해 운전자는 각각 손해배상 책임 업무를 대리하는 보험 회사를 통해 현장 수습 및 보험 접수를 진행했다. 이 과정에서 신청인은 가해 차량의 손해배상 책임 업무를 대리하는 E 해상 직원에게만 자신의 연락처를 알려주고 가해 운전자에게는 알려주지 않았다. 그런데 그날 저녁 가해 운전자에게 전화가 와서 연락처 수집 경로를 물어보니 E 해상 직원으로부터 제공받았음을 알게 되었다. 이에 신청인은 자신의 개인 정보를 동의 없이 제삼자에게 제공한 E 해상 직원에게 손해배상을 요구하는 분쟁 조정을 신청했다.

❻ 탈퇴 회원의 개인 정보를 검색 사이트에 노출한 정보통신 서비스 제공자에 대한 손해배상 청구

신청인은 피신청인의 홈페이지에 회원 가입을 하고 얼마 지나지 않아 탈퇴를 했다. 그러나 1년이 지난 후에도 신청인의 사진, 이름, 학교, 전공 등의 정보가 검색 사이트를 통해 노출되고 있음을 확인했다. 이에 신청인은 탈퇴한 회원의 개인 정보를 검색 사이트에 노출시킨 피신청인에게 정신적 손해배상을 요구하는 분쟁 조정을 신청했다.

❼ 탈퇴 회원의 개인 정보를 파기하지 않고 이메일을 발송한 온라인 쇼핑몰에 대한 손해배상 청구

신청인은 예전에 회원 탈퇴를 한 온라인 쇼핑몰로부터 이메일을 받았다. 이에 탈퇴 회원의 개인 정보를 파기하지 않고 이메일을 발송한 온라인 쇼핑몰에 손해배상 및 제도 개선을 요구하는 분쟁 조정을 신청했다.

❽ 수신을 거부한 회원에게 광고성 이메일을 발송한 정보통신 서비스 제공자에 대한 손해배상 청구

신청인은 피신청인의 홈페이지에 접속하여 광고성 이메일 수신을 모두 거부했음에도 광고성 이메일을 수신했다. 신청인은 피신청인의 고객 센터로 민원을 제기하고 재발 방지를 확인받았으나 다시 광고성 이메일을 받게 되었다. 이에 신청인은 회원의 개인 정보를 부실하게 관리하고 광고성 이메일 수신을 거부한 회원에게 이메일을 발송한 피신청인에게 정신적 손해배상을 요구하는 분쟁 조정을 신청했다.

❾ 치아 성형 전후 사진을 동의 없이 이용한 치과에 대한 손해배상 청구

신청인은 F 치과에서 치아 성형 시술을 받았는데 1년 후 자신의 치아 성형 전후 사진이 F 치과의 블로그에 게시되어 있는 것을 보았다. 이에 신청인은 자신의 동의 없이 치아 성형 사진을 영업 목적으로 활용한 F 치과에 손해배상을 요구하는 분쟁 조정을 신청했다.

❿ 개인 정보를 부가 서비스 가입에 이용한 이동통신 서비스 제공자에 대한 손해배상 청구

신청인은 G 대리점에서 휴대전화를 구매했다. 그 과정에서 담당 직원의 부가 서비스 가입 권유를 거절했는데 나중에 자신이 부가 서비스에 가입된 사실을 알게 되었다. 이에 신청인은 자신의 동의 없이 개인 정보를 부가 서비스 가입에 이용한 G 대리점에 정신적 손해배상을 요구하는 분쟁 조정을 신청했다.

2 개인 정보 침해 예방

개인 정보 침해로 인한 사회 문제를 줄이려면 침해 사고가 일어나기 전에 예방하는 전략이 최선이다. 개인 정보 침해 예방법을 일반 사용자와 사업자 측면으로 구분하여 살펴보자.

2.1 일반 사용자 측면의 개인 정보 침해 예방법

인터넷 사이트에 회원 가입을 하거나 개인 정보를 제공할 때는 개인 정보 취급 방침 및 약관을 꼼꼼히 살펴본다. 혹시나 개인 정보가 자기도 모르게 도용된 것은 아닌지 확인하고 싶다면 명의 도용 확인 사이트를 이용한다. 사이트 가입 정보를 확인할 수 있고 정보 도용을 차단할 수 있으며, 실명 인증 기록도 조회 가능하다.

- **NICE지키미(http://www.credit.co.kr)** : 신용 등급 조회, 신용 정보 변동 알림, 개인 신용 관리 서비스 제공
- **사이렌24(http://www.siren24.com)** : 신용 등급 및 평점 조회, 명의 도용 실시간 감시, 캐피탈업 · 대부업 · 렌탈업 등에 한해 신용 조회 시 차단 서비스 제공

2.2 사업자 측면의 개인 정보 침해 예방법

개인 정보를 수집하는 주체인 사업자의 경우에는 해커의 공격 대상이 될 수 있으며, 고객의 개인 정보는 매우 민감하고 소중한 자원이므로 불필요한 수집을 삼가야 한다. 수집한 개인 정보는 관리 수칙을 철저히 이행하도록 감독하고 제삼자에 의한 개인 정보 침해 피해가 발생하지 않게 주의해야 한다(출처 : 개인정보보호 종합포털).

- **필수 정보와 선택 정보** : 개인 정보를 수집할 때는 서비스 제공에 꼭 필요한 필수 정보와 선택 정보를 구분해야 한다. 서비스 제공과 관련이 없는 개인 정보(생일, 결혼기념일 등) 제공이나 제삼자 제공 동의 여부는 고객이 선택할 수 있도록 한다. 고객이 선택 정보를 입력하지 않았다고 해서 서비스 제공을 거부하면 3,000만 원의 과태료가 부과될 수 있다.
- **수집 금지 항목** : 주민등록번호와 같은 고유 식별 정보와 종교, 건강과 같은 민감한 정보는 원칙적으로 수집을 금한다.
- **개인 정보 처리 업무 위탁** : 개인 정보 처리 업무를 제삼자에게 위탁할 때는 그 사실을 고객에게 고지해야 한다. 위탁자에게는 수탁자를 관리 · 감독하는 책임이 부과되므로 수탁자 교육 등을 철저히 이행한다.
- **개인 정보 DB 보호 조치** : 개인 정보가 담긴 DB 파일은 암호화하여 보관한다. 이때 침입 차단 시스템을 설치하는 등 필요한 보호 조치를 취해야 한다.
- **개인 정보 보관 시 주의 사항** : 보관이 필요한 개인 정보나 개인 정보 관련 증빙 서류는 법령에서 지정한 보유 기간(「전자상거래법」의 거래 기록 보존 규정 참고)을 숙지하여 보관한다. 보유 기간이 지났거나 이용 목적을 달성한 개인 정보는 복원할 수 없는 방법으로 파기 처리해야 한다.
- **개인 정보 보호 지침 및 관련 문서 구비** : 개인 정보 보호에 관한 내부 관리 계획 지침을 마련하고 관련 문서를 반드시 구비해야 한다. 웹사이트의 경우에는 회원 정보 열람 정정 메뉴나 회원

탈퇴 메뉴를 쉽게 찾을 수 있도록 배치한다.

- **개인 정보 유출 시 필요한 초동 조치** : 개인 정보가 유출된 경우에는 즉시 정보 주체에게 그 사실을 알리고 유출 사실 확인, 웹사이트 차단, 비밀번호 변경 공지 등의 초동 조치를 신속히 이행해야 한다. 개인 정보 유출 통지, 집단 분쟁 조정, 단체 소송 등에 대해서도 미리 대비한다.

3 개인 정보 침해 대응

정부는 민간 분야의 개인 정보 침해에 대한 신고 및 분쟁을 조정하기 위해 한국인터넷진흥원 산하에 '개인정보침해신고센터'와 '개인정보분쟁조정위원회'를 공동으로 운영하고 있다.

3.1 개인 정보 침해 신고

개인 정보에 관한 권리나 이익이 침해당했을 때 개인정보침해신고센터를 이용할 수 있다. 개인정보침해신고센터에서는 침해 신고를 접수하고 처리하는 업무를 담당하며, 개인 정보와 관련한 일반 문의 사항부터 법령 질의까지 개인 정보와 관련된 것이라면 무엇이든 이곳에 문의할 수 있다.

개인정보침해신고센터에 민원이 접수되면 사실을 규명하기 위해 여러 과정을 거친다. 전문가 의견 청취, 관계 기관에 사실 확인 및 의견 조회, 현지 출장 조사 등을 의뢰하며, 피의자의 위반 사항에 대해서는 과태료를 부과하기도 하고 수사 기관에 수사를 요청할 수도 있다. 조사가 끝나면 민원인의 이메일 주소로 결과를 알려준다.

3.2 개인 정보 분쟁 조정

개인 정보 침해로 분쟁이 발생했을 때는 개인정보분쟁조정위원회를 통해 조정이 가능하다. 개인정보분쟁조정위원회는 개인 정보와 관련된 분쟁 사건을 접수하여 합리적이고 원만하게 조정 및 해결하는 업무를 담당하는 준사법적 기구이다. 개인 정보 분쟁 조정은 분쟁이 발생하면 제삼자가 관여하거나 또는 제삼자의 관여 없이 당사자 간의 자율적 의사 및 합의로 분쟁을 해결하는 방식이다.

법원에 소송을 제기하여 분쟁을 해결하려면 처리 기간이 길고 비용도 많이 드는데 개인 정보 분쟁 조정은 이러한 단점을 보완하는 데 의의가 있다. 따라서 개인 정보 분쟁 조정은 소송 제도의 대안으로 조정, 화해, 중재 등의 제도를 도입하게 되었다. 개인 정보 분쟁 조정에 대해 좀 더 자세히 살펴보자.

❶ 특징

개인 정보 분쟁 조정은 개인 정보 침해가 발생했을 때 신청인의 주장에 따라 사실을 조사하여 해결 방안을 권고하는 제도이다. 정해진 절차에 따라 피해 구제가 가능하며 소송보다 빠르고 간편한 것이 장점이다.

- 소송보다 시간과 비용이 절감된다.
- 개인 외에 집단도 신청할 수 있다(하나의 웹사이트에서 여러 명의 개인 정보가 유출된 경우).
- 손해배상 외에 피해 예방 활동, 법 제도 개선 건의, 기업의 잘못된 거래 행태에 대한 시정 권고 등을 통해 개인 정보를 보호해준다.
- 결정 전 합의를 권고하여 빠르게 종결된다.

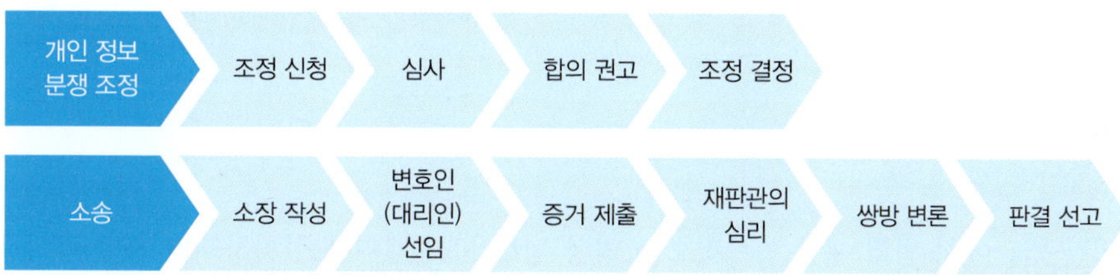

그림 10-6 개인 정보 분쟁 조정과 소송의 절차 비교

❷ 절차

개인 정보 분쟁 조정은 다음과 같은 절차에 따라 진행된다.

① **접수 및 통보** : 개인 정보 분쟁 조정은 인터넷, 우편, 팩스, 방문 등으로 신청인이 직접 또는 대리인이 신청할 수 있다. 신청이 접수되면 신청인과 상대방에게 접수 사실을 통보한다.

② **사실 확인 및 당사자 의견 청취** : 사건 담당자는 전화, 우편, 이메일, 팩스 등의 다양한 수단으로 자료를 수집하여 사건에 대한 사실 조사를 실시한다. 조사가 완료되면 사실 조사 보고서를 작성하여 사건을 위원회에 회부한다.

③ **조정 전 합의 권고** : 개인정보분쟁조정위원회는 조정에 들어가기 전에 당사자 간의 자율적인 합의를 권고할 수 있다. 합의가 성립되면 이 단계에서 사건이 종결된다.

④ **위원회의 조정 절차 개시** : 조정 전 합의가 이뤄지지 않으면 위원회를 통해 조정 절차가 개시된다. 조정 절차가 진행되면 당사자 간의 의견 청취, 증거 수집, 전문가 의견 청취 등 필요한 절차를 거쳐 쌍방에게 합당한 조정안을 제시하고 이를 받아들일 것을 권고한다. 사건의 신청인이나 상대방은 위원회의 회의에 참석하여 자신의 의견을 개진할 수 있다. 이 과정 중에 합의가 이뤄

지거나 다른 사유로 더 이상 조정을 원치 않으면 신청인은 조정 신청을 철회할 수 있다.

⑤ **조정의 성립** : 개인정보분쟁조정위원회의 조정으로 내려진 결정에 대해 조정 결정일로부터 15일 이내에 신청인과 상대방이 수락하면 조정이 성립된다. 위원회의 조정안을 수락하는 경우 위원회가 송부한 조정서에 기명날인하여 제출하면 되고, 쌍방이 모두 조정안을 수락하면 조정이 성립되어 조정 절차가 종료된다. 하지만 한쪽이 조정안을 수락하지 않으면 민사 소송을 제기하거나 조정을 포기할 수 있다.

⑥ **효력의 발생** : 개인정보분쟁조정위원회의 조정 결정에 대해 신청인과 상대방이 수락하여 조정이 성립되면 「개인 정보 보호법」 제47조 제5항의 규정에 따라 쌍방 간에 조정서와 동일한 내용의 합의(재판상의 화해)가 성립된 것으로 본다. 조정이 성립되었는데도 당사자가 결정 내용을 이행하지 않으면 법원으로부터 집행문을 부여받아 강제집행을 할 수 있는 등 강력한 효력이 발생한다.

4 개인 영상 정보 침해

공공 및 민간 기관에서 범죄 예방을 목적으로 영상 정보 처리 기기를 설치하려면 개인의 사생활을 침해하지 않도록 최소한으로 설치하고 주의해서 운영해야 한다. 설치된 영상 정보 처리 기기로 촬영된 일반인의 초상이나 행동 영상을 당사자의 허락 없이 제삼자에게 제공하거나 유출하여 피해가 발생한 경우에는 개인 영상 정보 침해로 볼 수 있다. 2014년 개인 정보 침해 중에서 가장 많은 위반 사항이 바로 CCTV closed circuit television 관리 위반에 해당하는 개인 영상 정보 침해였다.

4.1 개인 영상 정보의 개념

개인 정보의 중요성에 따라 영상 정보 처리 기기로 촬영된 영상 정보의 중요성도 커지고 있다. 개인 영상 정보는 영상 정보 처리 기기로 촬영된 영상 정보 중에서 개인의 행동과 모습을 담은 것으로 개인의 동일성 여부를 식별할 수 있는 정보를 말한다.

영상 정보 처리 기기는 일정한 공간에 설치하여 사람 또는 사물의 영상을 지속적으로 촬영하고 이를 유선망이나 무선망으로 전송하는 장치이다. 개인의 의사와 무관하게 초상 및 행동 정보가 수집되기 때문에 영상 정보 처리 기기가 설치되어 있음을 쉽게 인식할 수 있도록 눈에 잘 띄는 곳에 설치해야 한다. 이때 촬영된 영상 정보를 관리하는 기관과 담당자를 안내판에 표시해야 한다.

- **CCTV** : 일정한 공간에 카메라를 설치하여 지속적으로 촬영하는 장치로, 촬영한 영상 정보를 녹화 또는 기록할 수 있다. 촬영 및 녹화된 영상 정보를 폐쇄 회로 등의 전송로를 통해 특정 장소에 전송할 수도 있다.
- **네트워크 카메라** : IP 카메라라고도 하며 카메라와 컴퓨터가 하나의 장치로 결합된 형태이다. 네트워크 카메라는 일정한 관내에 설치한 감시 카메라로 지속적으로 촬영한 영상 정보를 유 · 무선 인터넷으로 어디로든 실시간으로 전송할 수 있다.

4.2 영상 정보 처리 기기의 설치 및 제한

영상 정보 처리 기기를 설치할 때는 누구나 쉽게 인식할 수 있는 위치에 설치 목적과 장소, 시간 등을 밝힌 안내 표지판을 설치해야 한다.

❶ 영상 정보 처리 기기의 설치 목적

「개인 정보 보호법」 제25조 제1항에 따라 영상 정보 처리 기기는 공개된 장소에 특정 목적으로만 설치하여 운영됨을 알려야 한다. 이를 위반하면 3,000만 원 이하의 과태료를 부과할 수 있다.

표 10-1 영상 정보 처리 기기의 설치 사항

<table>
<tr><th>목적</th><th>설치 및 운영 근거</th><th>설치 장소</th></tr>
<tr><td rowspan="3">공공 부문 영상 처리 기기 : 범국민적 범죄 예방 및 교통 정보 수집</td><td>• 법령에서 구체적으로 허용하는 경우
• 범죄 예방 및 수사를 위해 필요한 경우</td><td>주택가, 학교 주변, 도로 입구 등</td></tr>
<tr><td>• 시설 안전 및 화재 예방을 위해 필요한 경우</td><td>공공시설(주차장 포함), 공항 등</td></tr>
<tr><td>• 교통 단속을 위해 필요한 경우
• 교통 정보의 수집 및 분석을 위해 필요한 경우</td><td>주정차 금지 지역, 교통 밀집 지역, 주요 사거리 등</td></tr>
<tr><td rowspan="3">민간 부문 영상 처리 기기 : 범죄 예방 및 주민 안전</td><td>• 어린이를 비롯한 주민의 안전을 위해 필요한 경우
• 차량을 이용한 범죄 예방을 위해 필요한 경우
• 범죄 예방 및 수사에 필요한 경우</td><td>아파트, 상업용 건물의 엘리베이터, 계단, 주차장 등</td></tr>
<tr><td>• 시설 안전에 필요한 경우</td><td>아파트 놀이터, 상점 내 계산대 · 출입구 · 진열대 등</td></tr>
<tr><td>• 각종 범죄 예방 및 사건 해결을 위해 필요한 경우</td><td>은행, ATM 기기, 차량용 블랙박스의 음성 녹취 등</td></tr>
</table>

❷ 영상 정보 처리 기기의 설치 유형

공공 부문에서 영상 정보 처리 기기를 설치 및 운영하는 구체적인 예는 다음과 같다.

- 교통 법규 위반 단속용
- 교통 흐름 조사용
- 단순 방범용
- 세관의 밀수 감시용
- 산불 감시용
- 버스 전용 차선 위반 단속용
- 쓰레기 무단 투기 단속용
- 수배 차량 감지용
- 총기류 밀반입 감시용

민간 부문에서는 주로 범죄 예방 및 시설 안전을 목적으로 주택이나 사무실의 내·외부에 설치 및 운영한다. 회사에서 근로자의 근무 태만을 주시하기 위해 근무 모니터링용 영상 정보 처리 기기를 설치하는 경우도 있는데, 이는 근로 공간에 설치되는 것이므로 근로 관리 권한과 근로자의 사생활 보호가 상충될 우려가 있어 노사 협의에 따라 설치 및 운영해야 한다.

❸ 영상 정보 처리 기기의 설치 금지

「개인 정보 보호법」 제25조 제2항에 따라 목욕실, 화장실, 탈의실 등 개인의 사생활을 현저히 침해할 우려가 있는 장소에는 영상 정보 처리 기기의 설치 및 운영을 금지한다. 이를 위반하면 5,000만 원 이하의 과태료를 부과할 수 있다. 단, 교정 시설이나 정신 의료 기관은 영상 정보 처리 기기의 설치 및 운영을 허용할 수 있다.

「개인 정보 보호법」 제25조 제5항에 따라 설치 목적과 다르게 영상 정보 처리 기기를 임의로 조작할 수 없으며, 다른 곳을 비추거나 녹음 기능을 사용해서는 안 된다. 이를 위반하면 3년 이하의 징역 또는 3,000만 원 이하의 벌금에 처해진다.

❹ 영상 정보 처리 기기 설치 안내판

영상 정보 처리 기기가 설치되어 있다는 안내판을 정보 주체가 쉽게 인식할 수 있도록 설치해야 한다. 다음은 영상 정보 처리 기기 설치 안내판에 필수적으로 기재해야 할 사항이다.

- 설치 목적
- 설치 장소
- 촬영 범위
- 촬영 시간
- 관리 책임자 이름 및 연락처
- 위탁 관리자 이름 및 연락처

CCTV 설치 안내

❖ 설치 목적 : 범죄 예방 및 시설 안전
❖ 설치 장소 : 출입구의 벽면 · 천장, 엘리베이터 천장, 각 층 천장
❖ 촬영 범위 : 출입구, 엘리베이터, 각 층 복도(360° 회전)
❖ 촬영 시간 : 24시간 연속 촬영
❖ 관리 책임자 : ○○과 홍길동(02-123-4567)
(설치 · 운영을 위탁한 경우)
❖ 위탁 관리자 : ○○○○ 업체 김갑돌(02-456-7890)

그림 10-7 영상 정보 처리 기기 설치 안내

건물 앞에 다수의 영상 정보 처리 기기를 설치한 경우에는 해당 시설 및 장소 전체가 설치 지역임을 표시하는 안내판을 출입구 등 가장 잘 보이는 위치에 설치한다.

영상 정보 처리 기기가 설치 및 운영되고 있더라도 다음과 같은 경우에는 안내판을 설치하지 않아도 된다.

- 공공 기관이 원거리 촬영, 과속이나 신호 위반 단속 등의 목적으로 설치한 경우
- 장소의 특성상 안내판 설치가 불가능하거나 설치하더라도 정보 주체가 쉽게 알아볼 수 없는 경우

5 개인 영상 정보의 관리

영상 정보 처리 기기의 운영을 담당하는 각 기관에서는 원칙에 따라 관리 · 감독 · 운영을 철저히 해야 한다.

5.1 영상 정보 처리 기기 운영의 기본 원칙

영상 정보 처리 기기 운영의 기본 원칙은 다음과 같다.

- 영상 정보 처리 기기 촬영을 임의로 조작하거나 녹음하지 않는다.
- 영상 정보 처리 기기의 운영 및 관리 지침을 반드시 수립하여 공개하고 책임자와 담당자를 지정하여 표시한다.
- 수집된 영상 정보를 원래 목적 외에 이용하거나 제공하는 것을 제한한다.
- 영상 정보의 보관을 철저히 하고 관리 기한과 용도가 지난 영상 정보는 완전히 파기한다.
- 영상 정보 처리 기기의 설치 및 운영을 위탁할 때는 영상 정보 관리가 정상적으로 이뤄지도록 철저히 감독한다.
- 정보 주체가 요구할 때는 영상 정보 열람권을 보장한다.
- 개인 영상 정보의 안전성을 확보하고 영상 정보에 대한 관리 · 감독을 자체적으로 철저히 실시한다.

5.2 개인 영상 정보 열람 청구

영상 정보 처리 기기의 운영자는 민원인이 영상 정보를 열람하고자 하거나 삭제를 요청할 때 정보 주체에게 확인한 후 처리해야 한다.

여기서 잠깐 **영상 정보 처리 기기 운영 · 관리 방침의 서식 사례**

[별첨 1] 영상 정보 처리 기기 운영 · 관리 방침 예시

※ 회사 사정에 맞게 수정하여 사용 가능합니다.

【영상 정보 처리 기기 운영 · 관리 방침】

본 ____________(이하 본사라 함)는 영상 정보 처리 기기 운영 · 관리 방침을 통해 본사에서 처리하는 영상 정보가 어떠한 용도와 방식으로 이용 · 관리되고 있는지 알려드립니다.

1. 영상 정보 처리 기기의 설치 근거 및 설치 목적

본사는 「개인 정보 보호법」 제25조 제1항에 따라 다음과 같은 목적으로 영상 정보 처리 기기를 설치 · 운영합니다.

– 시설 안전 및 화재 예방

– 고객의 안전을 위한 범죄 예방

(주차장에 설치하는 경우)

– 차량 도난 및 파손 방지

※ 주차 대수 30대를 초과하는 규모의 경우 주차장법 시행 규칙 제6조 제1항을 근거로 설치 · 운영 가능

2. 설치 대수, 설치 위치 및 촬영 범위

설치 대수	설치 위치 및 촬영 범위
○○대	건물 로비, 주차장 입구

3. 관리 책임자 및 접근 권한자

귀하의 영상 정보를 보호하고 개인 영상 정보와 관련한 불만을 처리하기 위해 아래와 같이 개인 영상 정보 보호 책임자를 두고 있습니다.

	이름	직위	소속	연락처
관리 책임자	홍길동		○○○과	○○-○○○○-○○○○
접근 권한자				

4. 영상 정보의 촬영 시간, 보관 기간, 보관 장소 및 처리 방법

촬영 시간	보관 기간	보관 장소
24시간	촬영일로부터 30일	○○○실(보관 시설명)

처리 방법 : 개인 영상 정보의 목적 외 이용, 제삼자 제공, 파기, 열람 등 요구에 관한 사항을 기록 · 관리하고, 보관 기간 만료 시 복원이 불가능한 방법으로 영구 삭제(출력물의 경우 파쇄 또는 소각)합니다.

5. 영상 정보 처리 기기 설치 및 관리 등의 위탁에 관한 사항(해당하는 경우만)

본사는 아래와 같이 영상 정보 처리 기기 설치 및 관리 등을 위탁하고 있으며, 관계 법령에 따라 위탁 계약 시 개인 정보가 안전하게 관리될 수 있도록 필요한 사항을 규정하고 있습니다.

수탁 업체	담당자	연락처
○○시스템	홍길동	○○-○○○○-○○○○

- 정보 주체는 영상 정보 처리 기기의 운영자에게 개인 영상 정보의 열람 또는 존재 확인을 요구할 수 있으며, 운영자는 이에 대해 지체 없이 필요한 조치를 취해야 한다.
- 정보 주체가 열람 등을 요구할 수 있는 개인 영상 정보에는 정보 주체 자신이 촬영된 개인 영상 정보 또는 주소 불명 등으로 정보 주체의 동의를 받을 수 없으나 명백히 정보 주체 또는 제삼자의 생명, 신체, 재산의 이익을 위해 급박한 조치가 필요한 경우에 한한다.
- 영상 정보 처리 기기의 운영자는 열람 등을 요구한 사람이 정보 주체 본인이거나 정당한 절차를 거친 대리인인지 주민등록증, 운전면허증, 여권 등의 신분증명서를 통해 확인해야 한다.
- 열람 등의 조치를 취할 때 정보 주체 이외 사람을 명백히 알아볼 수 있거나 사생활 침해의 우려가 있는 경우에는 정보 주체 이외 사람의 개인 영상 정보를 알아볼 수 없도록 보호 조치를 취해야 한다.

다음과 같은 경우에는 정보 주체의 열람 요구를 거부할 수 있다.

- 개인 영상 정보의 보관 기간이 경과하여 파기한 경우
- 개인 영상 정보 열람으로 다른 사람의 사생활을 침해할 우려가 있는 등 정당한 사유가 존재하는 경우

5.3 개인 영상 정보 침해 사례

영상 정보 처리 기기를 설치 및 운영할 때 단순 영상 녹화 외에 음성 녹음도 하여 개인 영상 정보 관리 원칙을 위반하는 경우가 있다. 또한 개인 영상 정보를 수집 목적 외의 용도로 사용하여 권리를 침해하기도 하는데, 주요 사례는 다음과 같다(출처 : 개인정보보호 종합포털).

- A 아파트가 별도의 안내 표지판 없이 영상 정보 처리 기기를 단지 내에 무분별하게 설치한 경우
- B 택시 회사가 택시 내부에 블랙박스용 영상 정보 처리 기기를 설치하고 승객의 동의 없이 녹음 기능을 사용한 경우
- C 찜질방에서 도난 방지를 위해 목욕실과 탈의실 입구에 영상 정보 처리 기기를 설치하고 회전 기능을 사용한 경우
- D 마트가 보유 기간이 경과한 영상 정보를 파기하지 않은 경우
- E 은행이 ATM 기기에 설치된 영상 정보 처리 기기로 고객 정보를 과도하게 수집한 경우

한편 정보 주체의 동의 없이 개인 영상 정보를 제공할 수 있는 경우가 있다. 「개인 정보 보호법」 제18조 제2항 제3호 및 표준 개인 정보 보호 지침 제44조 제1항 제3호에 따라 정보 주체

나 제삼자의 생명, 신체, 재산상 이익을 위해 급박하게 필요한 경우 「형사소송법」 또는 「경찰관 직무 집행법」상 협조 요청만으로도 정보 주체의 동의 없이 개인 영상 정보 자료를 제공할 수 있다. 단, 영상 정보를 제공하더라도 수사에 필요한 최소한의 범위에서 제한적으로 제공해야 하며, 요청 기관에서도 관련 법령 및 요청 목적 등을 명확히 하고 최소한의 범위 내에서 자료를 요청해야 한다. 영상 정보 처리 기기의 특성상 일정 기간이 지나면 자료가 삭제되기 때문에 영상 정보 처리 기기의 자료는 그 자체로 급박성이 있다고 보아 이러한 예외 경우가 적용되는 것이다.

5.4 개인 사생활 침해 우려 사례

다음은 영상 정보 처리 기기에 의해 개인 사생활 침해가 우려되는 사례이다.

- **주차장에 설치된 영상 정보 처리 기기로 길거리까지 촬영하면 사생활 침해가 되는가?**
  주차장에 설치된 영상 정보 처리 기기가 길거리까지 촬영한다면 타인의 사생활을 침해할 우려가 크다. 길거리나 다른 집 대문 등을 비추지 않도록 촬영 각도를 조절해야 한다.
- **범죄 예방 목적으로 설치한 영상 정보 처리 기기의 자료를 민원인의 방문 여부를 확인하기 위해 열람하거나 제공할 수 있는가?**
  원칙적으로 수집 목적 외의 경우에 영상 정보를 이용하거나 제삼자에게 제공할 수 없다. 그러나 정보 주체의 동의가 있거나 다른 법률의 특별한 규정과 같은 예외 사유에 해당한다면 이용 또는 제공할 수 있다.
- **경찰이나 검찰에서 수사 목적으로 영상 정보 자료를 요청할 경우 본인의 동의 없이 제공해도 되는가?**
  범죄 수사나 공소 제기 유지를 위해 수사 기관에서 개인 정보가 포함된 자료의 제출을 요구하는 경우, 법관의 영장이나 법원의 제출 명령이 있는 때만 본인의 동의 없이 자료를 제공할 수 있다.
- **영상 정보의 보관 기간은 반드시 30일 이내로 해야 하는가?**
  영상 정보의 보관 기간을 반드시 30일 이내로 해야 하는 것은 아니다. 영상 정보 처리 기기의 설치 목적이나 해당 기관의 특성에 따라 보관 목적 달성을 위해 필요한 최소한의 기간인 30일을 초과하는 경우에는 이를 영상 정보 처리 기기의 운영 및 관리 방침에 반영하여 그 기간 동안 보관할 수 있다. 다른 법령에 보관 기간이 정해져 있다면 그에 따라야 한다.
- **자신의 영상 정보 자료 열람을 요청했는데 제삼자가 함께 찍힌 경우에도 열람이 가능한가?**
  영상 정보 자료에 다른 사람이 함께 찍힌 경우에는 그 사람을 식별할 수 없도록 모자이크 처리 등의 조치를 한 뒤 열람할 수 있다.

- **지갑을 두고 간 고객을 확인하기 위해 영상 정보 자료를 열람할 수 있는가?**

  자신의 영상 정보가 아니더라도 주소 불명 등의 이유로 정보 주체의 동의를 얻을 수 없는 데다 정보 주체의 생명, 신체, 재산상 이익을 위해 급박하게 필요한 경우에 한해 타인에 관한 영상 정보 자료를 열람할 수 있다. 단, 영상 정보 처리 기기의 운영자나 개인 정보 처리자가 관련 영상을 먼저 확인한 후 관련 부분만 열람하도록 하는 것이 바람직하다.

5.5 영상 정보 처리 기기 관리의 문제점

영상 정보 처리 기기에 「개인 정보 보호법」을 적용하여 관리하는 데는 여러 가지 어려움이 있는데 관리상 문제점과 보완점을 살펴보자.

❶ 문제점

- 「개인 정보 보호법」에는 영상 정보 처리 기기의 설치 및 운영 제한에 관한 규제만 있을 뿐 효용성에 관한 규정은 명시되어 있지 않아 집행에 어려움이 있다.
- 영상 정보 처리 기기의 음성 녹음 기능을 금지하고 있지만 불법 음성 녹음에 따른 사생활 침해가 발생할 수 있다.
- 영상 정보 처리 기기에 대한 안내판 설치 등의 의무 규정이 적용되지 않아 촬영 대상자들이 인지하지 못하는 상태에서 개인 영상 정보가 수집될 가능성이 있다.

❷ 보완점

- 영상 정보를 처리하기 위해서는 「위치 정보 보호법」까지 고려한 별도의 개인 영상 정보 보호법을 만들거나, 또는 「개인 정보 보호법」의 제25조에 추가하거나 시행령에서 문제가 되는 부분을 개정하는 방안이 필요하다.
- 개인 영상 정보 보호와 관련하여 표지판 식별, 실시간 추적에 영장 도입, 기록 의무화 등을 논의하여 명확한 기준을 마련해야 한다.
- 영상 정보를 공공의 목적으로 활용할 때 비식별화를 위한 지침이 필요하며, 영상 정보 처리 기기의 적절한 설치 유도를 위해 영향 평가, 절차 논의 등의 노력을 기울여야 한다.
- 개인 영상 정보 열람 요청과 삭제 요구에 대한 빈번한 민원을 처리할 수 있는 절차와 원칙을 마련해야 한다.
- 권한이 없는 사람의 영상 정보 오 · 남용을 막기 위해서는 실질적인 감독을 할 수 있는 독립적인 감독 기관과 그에 맞는 법적인 제도 및 규율이 필요하다.

02 개인 정보 보호 조치

사례 | 개인 정보가 유출되어 걸려오는 수많은 마케팅 전화

미혼인 S 씨는 결혼 정보 회사로부터 마케팅 관련 전화를 받았는데, 이때 현재 수입이 어느 정도인지, 여자 친구가 있는지와 같은 지극히 개인적인 질문을 받았다. 이에 매우 불쾌해진 S 씨는 자신의 연락처를 어떻게 알았는지 물었고, 결혼 정보 회사는 A 쇼핑몰의 이벤트를 통해 제공받았다고 했다. S 씨는 동의 없이 개인 정보를 수집하여 마케팅에 활용한 결혼 정보 회사가 「개인 정보 보호법」 제15조를 위반했다고 판단하여 법적 보호를 받기 위해 손해배상을 청구했다.

1 법 제도적 보호 조치

디지털 자료로 이뤄진 개인 정보는 한 번 유출되면 빠른 속도로 유포되어 다시 되돌리기가 거의 불가능하다. 국가는 고지, 동의 등의 제도를 통해 개인 정보 유출 사고를 사전에 예방하려고 하지만 협조 체계와 시행 부분이 현실적으로 충분치 않았다. 이에 따라 개인 정보 보호의 취약점을 보완하기 위해 마련된 법 제도와 법적 근거, 법적 규정, 행정 조치 등을 살펴보자. [표 10-2]에 개인 정보 보호와 관련된 주요 법률 및 고시를 정리했다.

1.1 법적 근거

우리는 다음 법률을 근거로 개인 정보를 보호받을 수 있다.

- **「인터넷 주소 자원에 관한 법률」**: 인터넷 주소 관리 기관 및 대행자가 인터넷 주소 사용자의 개인 정보를 보호하는 경우에는 「정보통신망 이용 촉진 및 정보 보호 등에 관한 법률」을 준용한다.
- **「장애인 차별 금지 및 권리 구제 등에 관한 법률」**: 장애인의 개인 정보를 수집 및 관리할 때는 「개인 정보 보호법」 및 「정보통신망 이용 촉진 및 정보 보호 등에 관한 법률」을 준용한다.
- **「전자문서 및 전자거래 기본법」**: 전자거래 사업자가 전자거래 이용자의 개인 정보를 수집 · 이용 · 관리하는 경우에는 「정보통신망 이용 촉진 및 정보 보호 등에 관한 법률」을 준수한다.

표 10-2 개인 정보 보호와 관련된 주요 법률 및 고시

법률	규정	내용
「개인 정보 보호법」	개인 정보 보호 원칙(제3조 제4항, 제6항), 국가 등의 책무(제5조 제1항)	개인 정보 처리자는 개인 정보의 처리 방법 및 종류에 따라 정보 주체의 권리가 침해받을 가능성과 그 위험 정도를 고려하여 개인 정보를 안전하게 관리하여야 한다.
	개인 정보 취급자에 대한 감독(제28조)	개인 정보가 안전하게 관리될 수 있도록 임직원, 파견 근로자, 시간제 근로자 등 개인 정보 처리자의 지휘, 감독을 받아 개인 정보를 처리하는 자에 대하여 적절한 관리 및 감독을 행하여야 한다.
	안전 조치 의무(제29조)	개인 정보가 분실, 도난, 유출, 변조 또는 훼손되지 않도록 내부의 관리 계획을 수립하고 접속 기록을 보관하는 등 대통령령으로 정한 바에 따라 안전성 확보에 필요한 기술적 · 관리적 · 물리적 조치를 하여야 한다.
「정보통신망 이용 촉진 및 정보 보호 등에 관한 법률」	개인 정보의 보호 조치(제28조 제1항)	개인 정보를 취급할 때에는 개인 정보의 분실, 도난, 유출, 변조 또는 훼손을 방지하기 위하여 기술적 · 관리적 조치를 하여야 한다.
	개인 정보의 보호 조치(시행 규칙 제9조)	개인 정보의 안전성 확보에 필요한 관리적 조치로 개인 정보 보호를 위한 정기적인 자체 감사를 실시하고 개인 정보의 안전성 확보에 필요한 기술적 보호 조치를 하여야 한다.
방송통신위원회 고시	개인 정보의 암호화(제2009-21)	개인 정보를 컴퓨터에 저장할 때에는 암호화를 해야 한다.

- **「전자상거래 등에서의 소비자 보호에 관한 법률」** : 사업자가 전자상거래 또는 통신판매를 위해 소비자의 정보를 수집하거나 이용하는 경우에는 「정보통신망 이용 촉진 및 정보 보호 등에 관한 법률」에 따라 공정하게 수집 및 이용해야 한다.
- **「방문판매 등에 관한 법률」** : 특수 판매업자가 소비자에 관한 정보를 수집 및 이용하는 경우에는 「정보통신망 이용 촉진 및 정보 보호 등에 관한 법률」에 따라 공정하게 수집 및 이용해야 한다.

1.2 취약점 점검을 위한 법률 및 제도

안전한 개인 정보 보호를 위해서는 관리 주체가 제대로 보호하고 있는지 점검하는 것이 중요하다. 다음과 같은 다양한 법률과 제도로 개인 정보 보호의 취약점을 정기적으로 점검해야 한다.

❶ 「정보통신 기반 보호법」 제9조(취약점의 분석 · 평가)

개인 정보를 관리하는 기관의 장은 대통령령이 정하는 바에 따라 주요 정보통신 기반 시설의 취약점을 정기적으로 분석 · 평가해야 한다.

표 10-3 취약점 점검 수행 주체 및 주기

구분	설명
주체	• 주요 정보통신 기반 시설을 관리하는 기관이 직접 수행할 경우 자체 전담반을 구성한다. • 운영 관리 기관이 외부 기관에 위탁할 경우 전문 기관이 위탁 · 수행하게 한다.
주기	• 주요 정보통신 기반 시설로 지정된 후 6개월 이내에 취약점의 분석 · 평가를 실시한다. • 6개월 이내에 취약점의 분석 · 평가를 수행하지 못하면 관할 중앙 행정 기관장의 승인을 얻어 3개월 연장이 가능하다(지정 후 총 9개월 이내). • 최초 지정일로부터 6개월 이전에 취약점의 분석 · 평가를 한 경우 수행한 것으로 간주한다. • 매년 정기적으로 취약점의 분석 · 평가를 실시한다.

❷ 「정보통신망 이용 촉진 및 정보 보호 등에 관한 법률」 제47조의 4(이용자의 정보 보호)

정부는 정보를 이용하는 자가 정보 보호를 하는 데 필요한 기준을 정하여 권고할 수 있다. 개인 정보 침해 사고를 예방하고 확산을 방지하기 위해 취약점을 점검하고 관련 기술을 지원하는 등 필요한 조치를 취할 수 있다.

❸ 전자 금융 감독 규정 제15조(해킹 등 방지 대책) 및 제17조(홈페이지 등 공개용 웹 서버 방지 대책)

금융 회사는 '금융 IT 부문 보호 업무 모범 규준'에 의거하여 주기적으로 취약점의 분석 · 평가를 실시하고 있다. 그런데 취약점 분석 · 평가의 범위가 확대되어, 금융 회사 등은 전자 금융 감독 규정 제37조의 2에 따라 전자 금융 기반 시설에 대한 취약점의 분석 · 평가를 실시할 때, 전자 금융 기반 시설에 포함되지 않는 비금융 전산 시스템에 대한 침해 사고가 전자 금융 기반 시설로 전파될 가능성이 있다면 해당 비금융 전산 시스템도 취약점을 분석 · 평가해야 한다.

❹ 정보보호관리체계

정보보호관리체계Information Security Management System, ISMS란 정보통신망의 안전성을 확보하기 위해 기업 및 조직이 보유하고 있는 기업 정보, 산업 기밀, 개인 정보 등의 중요한 정보 자산을 안전하고 신뢰성 있게 관리하고 있음을 국가가 인정하는 국가 공인인증 제도이다. 이 제도를 통해 관리적 · 기술적 · 물리적 보호 조치 등의 종합적인 관리 체계를 평가하여 해당 기준에 적합한지를 보증받게 된다. 정보보호관리체계 인증과 관련된 정책 기관은 미래창조과학부이고 인증 기관은 한국인터넷진흥원이며, 각자 관련 업무를 주관하고 있다.

정보보호관리체계는 다음과 같은 특징을 지니고 있다.

- 국내 실정에 맞는 정보 보호 관리 모델 제시

• 공신력 있는 정보 보호 전문 기관에 의한 심사 및 인증
• 분야별 국내 최고 전문가들에 의한 인증 심사
• 국내 정보 보호 관련 법 제도에 반영

❺ ISO27001

ISO27001은 국제 정보 보호 인증 제도로, 조직 내에서 사용하는 정보 시스템의 기술적 취약점 정보를 정확하고 신속하게 확보하고, 조직은 이러한 취약점에 노출된 사례에 대해 적절하게 평가하여 관련 위험을 해결할 수 있는 적절한 조치를 취하도록 하고 있다.

1.3 법 제도적 대책

개인 정보의 공동 활용에 대한 안전성과 신뢰성을 확보하기 위해 개인 정보 보호 대책은 법 또는 규정 제정 차원에서 대응해야 한다. 지금까지의 개인 정보 보호는 제도적인 대책이 기술적인 대책에 비해 상대적으로 미흡한 실정이었다. 개인 정보가 부당하게 유출되거나, 변조된 부정확한 정보로 개인의 사생활이 침해당하는 것을 예방하기 위해 법 제도적인 대책 마련이 필요하다. 법 제도를 통해 개인은 자신의 정보 열람을 청구할 수 있으며, 잘못된 정보에 대해서는 정보 처리 기관에 정정, 사용 중지 및 삭제를 요구할 수 있다. 이러한 요구가 받아들여지지 않으면 행정 심판을 청구할 수도 있다.

개인 정보를 보호하는 데 필요한 법 제도적인 대책은 다음과 같이 네 가지 항목으로 정리할 수 있다.

❶ 개인 정보 공동 활용에 적용 가능한 현행 법 제도

개인 정보를 활용할 때는 「정보통신망 이용 촉진 및 정보 보호 등에 관한 법률」, 「정보화 촉진 기본법」, 「공공 기관의 정보 공개에 관한 법률」 등을 파악하여 개인의 사생활을 보호하기 위한 대책에 적용해야 한다. 현행 법령에서 정보의 활용과 관련하여 정보의 오 · 남용 및 불법 유출에 대한 벌칙 조항을 강화하는 제도적 장치를 마련한다.

❷ 개인 정보를 이용한 국내외 컴퓨터 범죄에 적용 가능한 법 제도 분석

컴퓨터 시스템의 신뢰성과 정확성을 파괴하는 유형의 컴퓨터 범죄에 대해 법적으로 대응한다. 국내 컴퓨터 범죄와 관련하여 주요 법률과 법 제도를 파악하고 국외 컴퓨터 범죄에 대한 분석을 실시한다.

❸ 프라이버시 보호를 위한 법 제도적 대책

국내외의 프라이버시 보호법에 대해 분석하여 프라이버시 보호를 위한 법 제도적 측면의 대응 체계를 마련해야 한다. 현행 프라이버시 보호 대책의 문제점과 개선 방안에 대한 연구도 필요하다.

❹ 개인 정보 공동 활용 시 필요한 프라이버시 보호 대책

개인 정보의 공동 활용 시 프라이버시 보호를 위한 법 제도적 대책을 마련해야 한다. 개인 정보의 수집 · 처리 · 이용 · 유통 단계에서 프라이버시를 보호하기 위해 다음과 같은 대응 체계가 필요하다.

- 합법적이고 공정한 절차로 개인 정보를 수집하도록 제도화한다.
- 개인 정보를 수집할 때는 가능한 한 정보 주체에게 알리거나 동의를 얻어야 한다.
- 개인 정보가 불법으로 유출되거나 임의로 수정되지 않도록 한다.
- 개인 정보는 이용 목적에 부합하게 이용해야 하며 목적의 범위 내에서 정확하고 완전하며 최신의 정보를 이용한다.
- 개인 정보가 안전하게 유통될 수 있도록 보안을 강화한다.
- 개인 정보의 공동 활용과 관련하여 현행 프라이버시 보호를 위한 법률의 문제점과 개선 방안을 모색한다.
- 정부는 개인 정보의 전송과 통신에 대해 비밀을 보장할 의무가 있다.

2 관리적 보호 조치

예기치 않은 해킹이나 재난 사고가 발생했을 때 신속하게 대응하여 시설과 장비를 보호하고 피해를 최소화하도록 관리해야 한다. 이러한 빠른 대응으로 업무 수행에 중단이 생기지 않게 함으로써 개인 정보 처리 시스템에 대한 안전성을 확보할 수 있다.

2.1 개인 정보 관리 시 의무 사항

개인 정보는 침해 사고 후의 피해 구제도 중요하지만 사고가 발생하기 전 미연에 방지하는 예방책이 우선 필요하다. 또한 개인 정보 처리 목적, 위탁, 제공 현황, 정보 주체의 권리 등을 담은 '개인 정보 처리 방침'을 수립하여 정보 주체가 쉽게 확인할 수 있도록 공개해야 한다. 이를 위해 행정자치부 장관은 공공 기관이 개인 정보 처리 방침을 작성하도록 권고할 수 있다.

❶ 기술적 안전성 확보 조치

- 컴퓨터에 바이러스 침투 여부 점검
- 개인 정보를 네트워크상에서 안전하게 전송하도록 암호화 통신 구축
- 침입 차단 시스템과 같은 접근 통제 장치의 설치 및 운영
- 개인 정보를 전송할 때는 별도로 암호화하거나 잠금 기능 사용
- 시스템 내에서 개인 정보와 일반 정보는 별도로 보관 및 관리
- 내 · 외부적 노출, 훼손, 변조, 침입, 탐지 등을 대비한 기술적 보안 조치 마련

❷ 관리적 안전성 확보 조치

- 사용자별, 업무별로 시스템 접근 권한을 다르게 설정(업무상 개인 정보 취급이 불가피한 사람에 한해서만 접근 권한 부여)
- 로그 파일을 이용하여 개인 정보에 대한 접근 내역 관리(입출력 사항, 수정 사항, 파일별 · 담당자별 내역 관리)
- 로그 파일은 분기별로 1~2회 점검

2.2 개인 정보 관리 시 주의 사항

각 기관에서는 개인 정보의 접근 및 관리에 필요한 절차를 마련하여 소속 직원이 이를 숙지하고 준수하게 한다. 개인 정보를 취급하는 직원은 새로운 보안 기술을 습득하여 개인 정보 보호에 만전을 기해야 한다.

❶ 철저한 인수인계

개인 정보 취급자가 업무 교대를 할 때는 보안이 유지된 상태에서 철저하게 인수인계를 해야 한다. 이러한 과정을 통해 입사 및 퇴사 후 발생할지도 모를 개인 정보 사고에 대한 책임을 명확히 할 수 있다.

❷ 전산실 출입 통제

전산실과 자료 보관실은 특별 보호 구역으로 설정하여 출입을 통제해야 한다. 뿐만 아니라 개인 정보 접근 권한을 가진 담당자를 지정하여 식별 부호(아이디)와 비밀번호를 부여하고 비밀번호는 정기적으로 갱신하여 관리한다.

❸ 정보 보호 서약서 및 감사 절차

각 기관에서는 신규 직원을 채용할 때 정보 보호 서약서 또는 개인 정보 보호 서약서에 서명을 받아 직원에 의한 정보 유출을 방지해야 한다. 또한 직원들의 개인 정보 취급 방침 준수 여부를 감사하기 위한 내부 절차를 마련한다.

❹ 퇴직 시 비밀 누설 방지 서약

각 기관에서는 직원이 퇴직할 때 비밀 유지 서약서에 서명을 받아 업무상 알게 된 개인 정보의 훼손 · 침해 · 누설을 방지해야 한다.

❺ 사고 시 즉각적인 사실 통지

기관 내부 관리자의 실수나 기술 관리상의 사고로 개인 정보가 상실 · 유출 · 변조 · 훼손되었을 경우, 해당 기관은 즉시 정보 주체에게 이러한 사실을 알리고 적절한 대책과 보상을 강구해야 한다.

2.3 개인 정보 관리자의 역할과 책임

개인 정보 관리 책임자는 해당 기관의 개인 정보 처리 사항 전반을 지도 · 감독하며, 이를 위해 개인 정보의 수집 · 이용 · 제공에 대한 실질적인 권한과 책임을 행사해야 한다. 기관이나 사업자는 개인 정보 관리 책임자가 중심이 되어 내부 통제 시스템을 마련하도록 최선의 지원을 해야 한다.

❶ 개인 정보 유출 시 역할

개인 정보 관리자가 개인 정보 유출 사실을 인지한 경우, 지체 없이 해당 정보 주체에게 관련 사항을 통지하도록 의무화하고, 전문 기관에 신고하여 금융 사기 등의 추가 피해가 발생하지 않도록 긴급 조치를 취해야 한다. 유출 사실을 통보받은 전문 기관은 피해 확산 방지 및 피해 복구를 위한 기술적 지원을 해야 한다.

❷ 개인 정보 수집 금지

공공 기관이 보유하고 있는 개인 정보 파일은 보유 목적, 근거, 기간 등의 사항을 행정자치부 장관에게 등록하고 행정자치부 장관은 이를 공개해야 한다. 이러한 개인 정보 파일 등록제는 공공 기관이 국민의 개인 정보를 최소한으로 수집 · 관리하고 보유 목적이 경과하면 파기하도록 하는 데 그 목적이 있다. 공공 기관이 개인 정보 파일을 운용하여 정보 주체의 개인 정보 침해가 우려되는 경우에는 '개인 정보 영향 평가'를 의무적으로 수행하여 위험 요인을 사전에 차단하도록 제도화되어 있다.

❸ 고유 식별 정보 대체 노력

개인 정보 관리자는 주민등록번호와 같은 개인의 고유 식별 정보를 무분별하게 수집하는 관행을 없애고 대체 수단을 사용할 수 있도록 적극적으로 노력해야 한다. 본인 확인이 필요한 경우 주민등록번호 대신 전자 서명, 아이핀, 휴대전화 인증 등의 대체 수단을 구비하도록 권장한다. 아울러 주민등록번호, 계좌 번호 등의 주요 정보는 암호화 등 안전성 확보 조치를 취하도록 대통령령으로 정했으므로 주민등록번호 등을 활용하는 업무 방식이 크게 개선될 것으로 기대된다.

2.4 효율적인 관리 체계 구축

개인 정보 관리자는 해킹 탐지, 자료 유출 여부 판단, 보안 및 안전 관리상 문제점 발견, 네트워크 장애 및 피해 복구, 시스템 점검 및 피해 보고 등의 효율적인 관리 체계를 구축해야 한다.

❶ 탐지 활동 및 점검

- 웜 바이러스나 해킹 등에 의한 피해 가능성 탐지
- 해외에서 사이버 공격 피해가 확산될 경우 국내 유입 여부 주시
- 사이버 위협 징후를 탐지하기 위한 활동 강화
- 출처가 불분명한 이메일 삭제
- 보안 패치 설치 및 백신을 이용한 개인 컴퓨터 점검
- 라우터나 스위치와 같은 네트워크 장비에 차단 시스템을 적용할 때 필요한 규칙 점검
- 정보 시스템 유지 · 보수를 담당하는 업체와의 비상 연락 체계 점검

❷ 네트워크 침입·탐지·차단 관리 설정

- 피해 시스템 복구 및 피해 확산 차단 조치
- 서비스 거부 공격 발생 시 네트워크 장비(라우터, 스위치 등)에 적용된 침입 차단 규칙을 신속하게 재설정
- 웜 바이러스, 해킹 등의 악성 코드가 유입되는 예상 경로 차단
- 중요 자료는 백업하여 네트워크와 단절된 안전한 곳에 보관
- 라우터나 스위치와 같은 네트워크 장비가 악성 코드로 인해 피해를 입으면 차단 시스템의 차단

규칙을 추가로 설정하여 공격 대상 서비스 포트를 우선 차단

• 기관장 승인하에 물리적인 케이블을 분리하여 피해 네트워크 단절

❸ 신속한 보고

• 국가정보원의 국가사이버안전센터, 한국인터넷진흥원의 인터넷침해대응센터, 경찰청 사이버안전국의 신고센터를 통해 침해 상황을 보고하고 도움 요청

• 주무 부서 및 장비(소프트웨어 포함) 업체와 긴밀한 협조 체제 구축

2.5 안전한 데이터베이스 관리 시스템 구축

데이터베이스 시스템의 안전한 운영을 위해 물리적 보안 대책, 관리적 보안 대책과 같은 안전 및 보안 관리 대책을 강구해야 한다.

❶ 물리적 보안

데이터베이스 관리 시설은 중요도에 따라 제한 지역, 제한 구역, 통제 구역 등으로 구분 · 지정하여 인가받지 않은 사람이 임의로 출입하지 못하도록 보안 대책을 수립하여 시행한다. 중요 시설의 경우에는 CCTV, 적외선 감지기, 보안 카드, 지문 인식 시스템 등의 장비로 24시간 출입 통제 시스템을 설치 및 운용한다.

❷ 관리적 보안

핵심 시설은 출입 인가를 받은 사용자를 지정하고 그 외의 사람은 출입하지 못하도록 통제한다. 협력 업체 직원이나 시설 또는 장비 보수 등을 위해 정기적으로 출입하는 사용자의 경우에는 신원 확인에 필요한 서류를 사전에 확보해서 비치하고, 만일의 경우를 대비하여 보안 서약서를 받아둔다. 임시 출입자는 먼저 신분을 확인한 후 출입 대장에 인적 사항, 방문 목적 등을 기재하고 임시 출입증을 패용하게 하며 반드시 직원의 안내하에 출입시킨다.

3 기술적 보호 조치

기술적 보호 조치에는 컴퓨터나 통신망에서의 정보 보호를 위한 암호화 기술 사용, 통신망의 신뢰성을 높이기 위한 기술 사용, 컴퓨터 시스템 자체에 보안성이 강한 시스템 소프트웨어나 정보 보호를 위한 보안 제품 사용 등이 포함된다.

3.1 기술적 보안의 종류

개인 정보 유출을 예방할 수 있는 기술적 보안의 종류와 특징을 살펴보자.

❶ 주전산기 보안

주전산기는 다수의 단말기와 연결해서 사용하는 서버급 이상의 기기를 말한다. 주전산기 보안은 주전산기에 저장되어 있는 개인 정보를 조작하는 사용자에 대한 보안, 개인 정보를 활용하는 프로그램에 대한 보안, 조작 행위의 감사 및 추적으로 나눌 수 있다. 또한 주전산기에 보안 메일 전송 시스템을 도입하고 메신저 보안 모듈을 추가로 설치하여 주전산기 보안을 강화할 수 있다.

여기서 잠깐 **보안 메일 전송 시스템과 메신저 보안 모듈**

주전산기 보안을 강화할 수 있는 보안 메일 전송 시스템과 메신저 보안 모듈에 대해 자세히 살펴보자.

① 보안 메일 전송 시스템

주전산기 확장성을 고려한 보안 메일 전송 시스템을 도입한다. 보안 메일 시스템은 본문 및 첨부 파일이 모두 암호화되어야 하며 공개 키 기반 구조(PKI) 방식을 이용한 데이터 암호화가 이뤄져야 한다. 또한 국내 및 국제 표준인 128비트 이상의 대칭 키를 이용한 암호화 방식 및 다음과 같은 다양한 플랫폼을 지원해야 한다.

- 각종 대용량 메일 엔진 서버와 연동 가능
- 메일 복호화용 클라이언트 모듈로 크롬, 사파리, 파이어폭스, 인터넷 익스플로러, 오페라 등의 웹 브라우저 지원
- 메일 암호화용 소프트웨어의 설치
- 윈도, 맥, 리눅스 운영체제 지원
- 웹 메일, 아웃룩 등의 다양한 메일 프로그램 지원
- 자동 배포 및 설치, 업데이트 기능 제공
- 웹 보안 규칙을 적용하여 다양한 데이터 보호 기능 지원
- 대칭 키 사용 방식, 공개 키 전달 방식, 인증서 사용 방식 지원

② 메신저 보안 모듈

메신저 보안 모듈은 직원들 간의 긴급 정보 교환을 위한 메신저나 쪽지 알림 기능에 설치할 수 있는 보안 강화 모듈이다. 메신저는 쪽지 전송 API와 연동될 수 있도록 하며 다음과 같은 플랫폼을 지원해야 한다.

- 메신저 사진 조합 지원
- 경영 정보 시스템(management information system, MIS)의 인사 정보 사진과 URL 연동 지원

---

❷ 네트워크 보안

네트워크 보안은 불법적인 접근으로부터 정보, 하드웨어, 소프트웨어 등의 각종 자원을 안전하게 보호하는 기술을 말한다. 특히 개인 정보를 공동으로 활용하는 컴퓨터 네트워크상 임의의 사용자가 누구인지 확인 · 증명하는 사용자 식별 및 인증, 개인 정보를 활용하는 권한을 제한하는 접근 통제, 외부 망과 행정 전산망을 분리하는 방화벽 등으로 나눌 수 있다.

❸ 암호를 이용한 보안

개인 정보 자체의 기밀성, 안전성, 익명성을 확보하기 위한 유용한 메커니즘으로 암호를 활용한 방안을 고려할 수 있다.

❹ 물리적 보안

사고, 재해, 환경적 위험 요소로부터 개인 정보를 담고 있는 컴퓨터 및 관련 장치를 보호하는 것을 말한다. 물리적 보안은 보호 대책으로서의 백업, 재해 종류에 따른 보호 대책, 시설물의 물리적 보호로 나눌 수 있다.

❺ 보안 등급

공공 기관에서는 공동으로 활용하는 정보의 가치에 따라 등급을 나누는데, 관리자는 시스템을 어느 정도의 보안 등급으로 구축할 것인지를 결정해야 한다. 예를 들어 보안 등급을 D, C, B, A 등으로 나눈 뒤 다시 C1, C2, B1, B2, B3 등 세부적으로 나눈다. 보안 등급은 대부분 A 쪽으로 갈수록 강력하고, 같은 등급 내에서는 뒤에 붙는 숫자가 클수록 강력하다.

3.2 기술적 대책

각 기관은 고객의 개인 정보를 취급할 때 분실 · 도난 · 유출 · 변조 · 훼손되지 않고 안전성을 확보하도록 다음과 같은 기술적 대책을 강구해야 한다.

- 고객의 개인 정보는 비밀번호로 보호하고, 중요한 파일 및 전송 데이터는 암호화하거나 잠금 기능을 사용하는 등 별도의 보안 기능으로 보호한다.
- 백신 프로그램으로 컴퓨터 바이러스에 의한 피해를 예방하는 조치를 취한다. 백신 프로그램은 주기적으로 업데이트하고, 수시로 출현하는 새로운 바이러스에 대응하는 백신이 나오는 즉시 업데이트한다.
- 회사의 경우 암호 알고리즘을 이용하여 네트워크상의 개인 정보를 안전하게 전송할 수 있는 보

안 장치(SSL 또는 SET)를 채택한다.

- 해킹 등으로 고객의 개인 정보가 유출되는 것을 방지하기 위해 외부로부터의 침입을 차단하는 장치를 이용한다. 개인 정보가 저장되어 있는 서버에는 침입 탐지 시스템을 설치하여 24시간 감시한다.

4 물리적 보호 조치

개인 정보의 물리적 보호 조치는 개인 정보를 처리하는 구역(민원실 등)이나 개인 정보를 취급하는 정보 시스템 시설(전산실, 자료 보관실)을 보안 구역으로 지정하여 관리하는 것을 말한다.

4.1 보호 방법

개인 정보 처리자는 개인 정보를 대량으로 보관하는 전산실, 자료 보관실 등의 물리적 보관 장소를 관리하는 사람을 말한다. 이들은 해당 장소에 대한 출입 통제 절차를 수립 · 운영하고 접근 기록을 보관하여 개인 정보를 물리적으로 보호해야 한다. 이때 개인 정보가 저장된 물리적 저장 매체는 반드시 잠금 장치가 있는 안전한 장소에 보관하고 담당자가 철저히 관리해야 한다.

❶ 보호 구역 지정

개인 정보를 처리하는 방법에 따라 보호 구역을 지정한 뒤 적절한 보안 조치를 한다.

표 10-4 **보호 구역별로 필요한 보안**

보호 구역	보안 내용
개인 정보를 저장하여 보유하는 구역	• 시스템 및 네트워크 보안 등의 기술적 보안 • 전산 기기 보안 등의 물리적 보안 • 접근 권한 제한 및 기록 관리 등의 관리적 보안
개인 정보를 기록하고 수집하는 구역	• 개인 정보를 수집하는 사람과 담당자 외에는 접근할 수 없도록 하는 물리적 · 관리적 보안
개인 정보를 열람하는 구역	• 제삼자의 정보가 유출되지 않도록 하는 물리적 · 관리적 보안

❷ 보호 구역 관리

개인 정보 보호 구역에 대해서는 다음과 같은 적절한 관리 조치가 필요하다.

- 보호 구역에 대한 접근 권한을 부여하고 접근 상황을 정기적으로 검토한다.
- CCTV 등으로 보호 구역 출입을 모니터링 및 기록하여 관리한다.
- 시스템 유지 · 보수를 위한 외부 인력이 보호 구역에서 업무를 수행할 경우에는 보안 서약서를 받는 방법 등의 조치를 취한다.

표 10-5 보호 구역별로 필요한 관리

보호 구역	관리 내용
시스템 보안 구역	• 기술적 접근부터 사람의 접근까지 보호 필요 • 외부 인력의 출입에 주의 필요
개인 정보를 기록하고 수집하는 구역	• 컴퓨터 및 출력물의 관리 필요

❸ 전산 기기와 출력물 관리

개인 정보가 기록된 전산 기기(컴퓨터나 저장 매체)나 출력물을 안전하게 관리하기 위해서는 다음과 같은 관리 지침을 설정해야 한다.

- 개인 정보가 기록된 저장 매체나 출력물을 그대로 방치한 채 자리를 비우지 않는다.
- 컴퓨터에 비밀번호를 설정하고, 일정 시간 사용하지 않으면 자동으로 로그아웃이 되게 한다.
- 개인 정보를 처리하는 단말기는 기기별로 사용자를 지정하여 아이디와 비밀번호를 각각 부여하고 사용 내역 기록, 정기 점검 등의 방법으로 관리한다.
- 개인 정보가 기록된 출력물에는 작업자, 면수, 출력장치의 고유 번호를 표시하여 관리한다.
- 개인 정보가 기록된 저장 매체는 암호화 등의 조치를 취하여 관리한다.
- 개인 정보 취급 시스템에 대한 조작 매뉴얼이 문서 형태로 있다면 해당 문서를 철저히 관리한다.

❹ 저장 매체 보관 방법

개인 정보가 포함된 서류나 기록 저장물(USB, CD, DVD, 외장 하드디스크) 등의 저장 매체는 잠금 장치가 있는 금고나 캐비닛과 같은 안전한 장소에 보관해야 한다.

❺ 출입 통제 및 출입 대장 작성

개인 정보를 대량으로 보관하는 전산실이나 자료 보관실을 별도로 두는 경우에는 인가받지 않은 사람이 접근하여 개인 정보를 절도하거나 파괴하지 못하도록 출입 통제 절차를 수립해야 한다. 출입을 통제하는 방법으로는 비밀번호 기반의 출입 통제 장치, 스마트카드 기반의 출입 통제 장치, 지문 인식 등 바이오 정보 기반의 출입 통제 장치 등이 있다. 그리고 전자 매체 또는 출입 대장 수기 방법으로 출입 내역을 관리한다.

여기서 잠깐 **전산실과 자료 보관실**

개인 정보를 취급하는 정보 시스템 시설인 전산실과 자료 보관실에 대해 좀 더 자세히 살펴보자.

① 전산실

전산실은 네트워크 장비, 서버 전원 등 정보 시스템 장비를 보호하고 관리하기 위해 마련된 별도의 물리적인 공간을 말한다. 전산실에는 전기 시설(무정전 전원 장치, 자동 전압 조절 장치, 발전기 등), 공조 시설(항온 항습기 등), 소방 시설(화재 감지기, 소화 설비 등) 등을 갖추어야 한다.

- 무정전 전원 장치 : 무정전 전원 장치(uninterruptible power supply, UPS)는 전원 또는 발전기 전원을 완전히 충전된 축전지 상태로 유지하여 정전이 되어도 계속 전기를 공급하는 장치이다. 입력 전원의 전압이나 주파수 변동에도 항상 정전압, 정주파수의 전기를 공급한다.
- 자동 전압 조절 장치 : 자동 전압 조절 장치(automatic voltage regulator, AVR)는 불규칙한 전압 변동이나 노이즈에도 전압을 자동으로 조정하여 일정 전압을 공급하므로 전산 기기 및 주변 장치를 효율적으로 운영하도록 도와준다. 전압을 안정적으로 공급하기 때문에 장비의 수명을 극대화할 수 있다.
- 항온 항습기 : 전산 관련 장비는 온도와 습도에 민감하므로 항상 일정한 온도와 습도를 유지해야 오작동을 최소화할 수 있는데, 이렇게 전산실 내의 온도와 습도를 일정하게 유지해주는 장치가 항온 항습기이다. 전산망 기술 기준에 관한 규칙 제13조에 의하면 전산실의 온도는 16℃ 이상 28℃ 이하, 습도는 40% 이상 70% 이하를 유지하는 것이 좋다. 즉 적정 온도는 20±3℃, 적정 습도는 55±10%이다.

② 자료 보관실

자료 보관실은 회원 가입 신청서와 같은 문서나 디지털 오디오테이프, 개방 선형 테이프, 디지털 선형 테이프, CD, 이동식 하드디스크 등의 전자 기록 매체를 다량으로 보관하는 물리적 저장 장소를 말한다.

요약

01 개인 정보 침해란 이용자의 동의 없이 개인 정보를 수집 및 이용하거나 제삼자에게 제공하여 마케팅 수단으로 활용하는 행위를 말한다.

02 웹 셸은 악성 코드의 한 종류로, 스크립트(Java Script, VBScript, ASP, JSP, PHP, CGI) 파일의 서버 취약점 또는 웹 애플리케이션의 취약점을 이용하여 원격으로 웹 서버가 동적인 명령을 수행하도록 작성된 것을 말한다.

03 개인 정보 유출의 유형은 내부 직원의 유출, 개인 정보 오 · 남용, 약관 불이행, 허술한 개인 정보 관리 또는 방치, 해킹에 의한 유출, 개인 정보 불법 거래 등으로 구분할 수 있다.

04 공공 및 민간 기관에서 범죄 예방을 목적으로 영상 정보 처리 기기를 설치하려면 개인의 사생활을 침해하지 않도록 최소한으로 설치하고 주의해서 운영해야 한다. 설치된 영상 정보 처리 기기로 촬영된 일반인의 초상이나 행동 영상을 당사자의 허락 없이 제삼자에게 제공하거나 유출하여 피해가 발생한 경우에는 개인 영상 정보 침해로 볼 수 있다.

05 영상 정보 처리 기기는 개인의 의사와 무관하게 초상 및 행동 정보를 수집하기 때문에 영상 정보 처리 기기가 설치되어 있음을 쉽게 인식할 수 있도록 눈에 잘 띄는 곳에 설치해야 한다. 이때 촬영된 영상 정보를 관리하는 기관과 담당자를 안내판에 표시해야 한다.

06 개인 정보의 공동 활용에 대한 안전성과 신뢰성을 확보하기 위해 개인 정보 보호 대책은 법 또는 규정 제정 차원에서 대응해야 한다. 법 제도를 통해 개인은 자신의 정보 열람을 청구할 수 있으며, 잘못된 정보에 대해서는 정보 처리 기관에 정정, 사용 중지 및 삭제를 요구할 수 있다. 이러한 요구가 받아들여지지 않으면 행정 심판을 청구할 수도 있다.

07 관리적 보호 조치는 예기치 않은 해킹이나 재난 사고가 발생했을 때 신속하게 대응하여 시설과 장비를 보호하고 피해를 최소화하도록 관리하는 것을 말한다. 이러한 빠른 대응으로 업무 수행에 중단이 생기지 않게 함으로써 개인 정보 처리 시스템에 대한 안전성을 확보할 수 있다.

08 기술적 보호 조치에는 컴퓨터나 통신망에서의 정보 보호를 위한 암호화 기술 사용, 통신망의 신뢰성을 높이기 위한 기술 사용, 컴퓨터 시스템 자체에 보안성이 강한 시스템 소프트웨어나 정보 보호를 위한 보안 제품 사용 등이 포함된다.

연습문제

01 다음 중 개인 정보 유출을 노리는 악성 코드에 감염되는 경로가 아닌 것은 무엇인가?

① SMS 전송 ② 웹사이트 방문
③ 파일 공유 프로그램 사용 ④ 첨부 파일 또는 링크 클릭

02 다음 중 웹 셸과 관련이 없는 프로그램은 무엇인가?

① PHP ② VBScript
③ ASP ④ Basic

03 일정한 공간에 설치하여 사람 또는 사물의 영상을 지속적으로 촬영하고 이를 유선망이나 무선망으로 전송하는 장치는 무엇인가?

① 사물 인터넷 기기 ② 개인 영상 처리 기기
③ 자기공명 영상 촬영 장치 ④ 개인 정보 보호 장치

04 다음 중 개인 정보 관리 시 주의 사항에 속하지 않는 것은 무엇인가?

① 철저한 인수인계 ② 전산실 출입 통제
③ 사고 시 즉각적인 사실 통지 ④ 정보 보호 대책반 조직

05 다음 중 개인 정보의 물리적 보호 조치로 볼 수 없는 것은 무엇인가?

① CCTV ② 적외선 감지기
③ 출입 인가증 ④ 지문 인식 시스템

06 다음 중 일반적으로 가장 강력한 보안 등급은 무엇인가?

① A ② B ③ C ④ D

07 다음 중 잠금 장치가 있는 금고나 캐비닛 등에 보관하지 않아도 되는 매체는 무엇인가?

① 이동식 하드디스크 ② USB 메모리
③ CD ④ 기록 대장

08 다음 중 전산실의 적정 온도와 습도는 무엇인가?

① 온도 : 18±5℃, 습도 : 45±10% ② 온도 : 20±5℃, 습도 : 50±10%
③ 온도 : 20±3℃, 습도 : 55±10% ④ 온도 : 25±3℃, 습도 : 60±10%

토론과제

01 개인 정보 분쟁으로 일어난 소송이나 조정 사례를 찾아보고 주된 이슈에 대해 토론하시오.

02 모르는 사람에게 링크가 포함된 문자를 받았을 때 취해야 할 조치에 대해 토론하시오.

Part 04

인터넷 윤리와 보안

Chapter 11 보안 및 보안 솔루션

Chapter 12 사이버 범죄

Chapter 13 금융 보안

Chapter 11

보안 및 보안 솔루션

01 정보 보안과 웹 보안

02 웹 보안 솔루션

요약

연습문제

학습목표

- 정보 보안의 목표와 구성 요소를 파악한다.
- 개인 사용자 웹 보안과 기업 웹 보안에 대해 살펴본다.
- 안전한 PC 보안 솔루션의 개념을 이해하고 종류를 알아본다.
- 안전한 모바일 보안 솔루션의 종류를 알아본다.
- 클라우드의 보안 취약점과 안전한 클라우드 보안 솔루션에 대해 살펴본다.

01 정보 보안과 웹 보안

사례 | 허술한 정보 보안으로 인한 고객 정보 유출

정보 보안을 소홀히 한 H 캐피탈이 해킹을 당해 고객 정보가 유출되는 사건이 발생했다. 퇴직한 임직원의 아이디와 비밀번호를 습득한 해커가 보조 서버인 광고 메일 발송 서버, 정비 내역 조회 서버에 침입하여 화면을 복사하고 해킹 프로그램을 설치한 뒤 고객 정보를 다운로드한 것이다. 이 사건으로 데이터베이스에 저장된 가입자 약 175만 명의 개인 정보가 유출되었다.

1 정보 보안

정보 보안information security은 컴퓨터 시스템과 같은 정보통신망을 통해 정보를 수집 · 가공 · 저장 · 검색 · 송신 · 수신하는 과정에서 발생할 수 있는 정보의 유출 · 위조 · 변조 · 훼손 등을 방지하기 위한 위험 관리 및 정보 보호 활동을 의미한다. 전자 금융 거래에서 사이버 범죄가 증가함에 따라 정보 보안은 개인의 정보 보호 차원을 넘어서 사이버 보안을 포괄하는 '융합 보안'의 개념으로 확대 및 진화되고 있다. 정보 보안의 위협 요소와 정보 보안을 위한 3요소 및 구성 요소, 정보 보안의 목표에 대해 자세히 살펴보자.

1.1 정보 보안의 위협 요소

정보 자산을 안전하게 보호하려면 정보 보안을 위협하는 다음과 같은 요소를 제거해야 한다.

- **위조** : 사용자 C가 사용자 B에게 정보를 전송하는데 사용자 A가 전송한 것처럼 위조하여 보내는 경우
- **변조** : 사용자 A가 사용자 B에게 전송하려는 정보를 사용자 C가 중간에 가로챈 뒤 정보의 일부 또는 전부를 변경하여 잘못된 정보를 사용자 B에게 전송하는 경우
- **가로막기** : 사용자 A가 사용자 B에게 정보를 전송하려는데, 사용자 B와 연결할 수 없도록 사용자 C가 데이터 전송을 차단하는 경우
- **가로채기** : 사용자 A와 사용자 B가 정보를 주고받는 사이에 사용자 C가 이를 도청하여 가로채

는 경우

- **유출** : 허가받지 않은 사용자가 정보의 내용을 확인할 수 있거나 정보를 외부로 내보내어 보안 위협을 하는 경우
- **훼손** : 특정 정보나 소프트웨어를 변경하거나 파괴하여 사용하지 못하게 만드는 경우

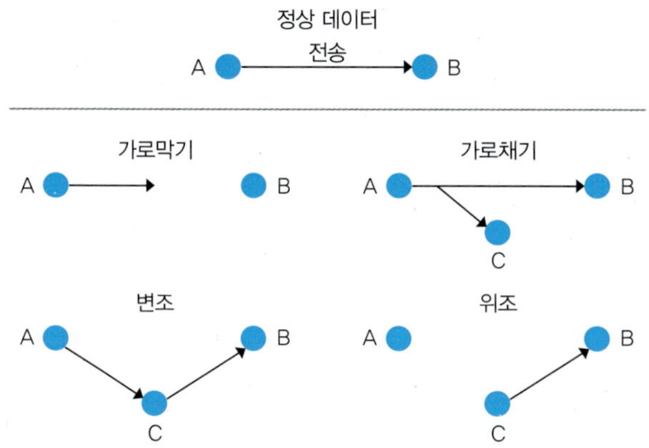

그림 11-1 정보 보안의 위협 요소

1.2 정보 보안의 3요소

정보 보안의 목표는 처리 대상인 정보의 속성에 따라 기밀성, 무결성, 가용성으로 구분할 수 있다. 이 세 가지 목표를 정보 보안의 3요소라고 부른다.

❶ 기밀성

기밀성confidentiality은 인가받은 대상에게만 정보에 대한 접근을 허용하고 인가받지 않은 대상은 정보의 내용을 알 수 없도록 접근을 막는 정보 보안을 말한다. 전달되는 정보를 보호하기 위해 그 내용을 알 수 없도록 메시지를 암호화한다. 접속 구간과 메시지 흐름 등에서도 암호 알고리즘을 사용하여 정보를 보호하고 통제한다.

❷ 무결성

무결성integrity은 인가받지 않은 대상이 정보를 변조 · 삭제할 수 없게 하거나, 원치 않는 방법으로 정보를 변조 · 삭제할 수 없게 하는 정보 보안을 말한다. 합법적인 실체만 정보를 수정할 수 있게 하여 네트워크에 접속된 서버나 단말기 등 물리적인 환경에서의 접근 통제로 무결성을 보장할 수 있다. 무결성이 구현된 정보 보안 서비스는 연결형과 비연결형으로 나눌 수 있다.

- **연결형 무결성 서비스** : 연결된 형식의 메시지 스트림을 대상으로 한다. 정보가 불법으로 변경되지 못하게 보호하고, 부인 방지 서비스를 제공한다.
- **비연결형 무결성 서비스** : 개인 메시지를 대상으로 하며, 정보가 불법으로 변경되지 못하게 보호한다.

❸ 가용성

가용성availability은 인가받은 대상이 정보를 필요로 하면 방해받지 않고 접근하여 정보를 제공받을 수 있게 하는 정보 보안을 말한다. 정보에 대한 접근과 사용을 적시에 확실하게 보장하는 상태로서, 정보 보안 시스템이 원하는 때 제대로 작동되는 것을 말한다.

여기서 잠깐 **정보 보안을 위협하는 공격 기법**

해킹 수법이 고도화되는 데다 다양한 공격 기법이 혼합된 해킹 사고가 증가하고 있다. 이처럼 정보 보안의 목표인 기밀성, 무결성, 가용성을 위협하는 공격 기법은 다음과 같다.

- **기밀성 위협 공격** : 개인 정보와 같이 민감한 정보를 중간에서 탈취하여 유포하거나 악의적인 목적으로 재사용하는 공격이다. 대표적인 예로 스니핑(sniffing)을 들 수 있다.
- **무결성 위협 공격** : 원본 프로그램을 변조하여 필요 이상의 권한을 획득하거나 시스템을 파괴하여 보안의 대상이 되는 자산을 공격한다. 대표적인 예로 바이러스를 들 수 있다.
- **가용성 위협 공격** : 시스템이 정상 작동하지 못하게 시스템 자원을 소모하는 공격이다. 대표적인 예로 웜(worm)과 DDos(distributed denial of service, 분산 서비스 거부 공격)를 들 수 있다.

TIP
- **DDos** : 해커에 의해 감염된 좀비 PC로 타깃 웹사이트를 집중 공격함으로써 트래픽을 증가시켜서 접속량을 늘려 서비스가 지연되거나 불능 상태에 빠지게 하는 사이버 공격이다.
- **좀비 PC** : 원격 제어가 가능한 봇(bot) 프로그램이 설치되어 해커가 마음대로 조종할 수 있도록 감염된 상태의 PC를 말한다. 좀비 PC는 아이디 절도나 대량 스팸 메일 전송 등 사이버 범죄의 수단으로 활용될 수 있다. PC가 갑자기 느려지거나, 자주 다운되거나, 특정 프로그램을 실행했을 때 자주 오류가 발생한다면 좀비 PC가 된 것은 아닌지 의심해봐야 한다.

1.3 정보 보안의 구성 요소

다음의 다섯 가지 구성 요소가 모두 체계적으로 구축 및 운영되어야 완전한 정보 보안이 가능하다.

- **감사 · 리포트** : 운영체제의 시스템 로그와 데이터베이스 로그를 취합하고 분석한 리포트를 통해 관리 상황을 신속하게 보고한다.
- **대응 · 개선** : 정보 보안 시스템을 분석하여 장애 및 침해 사고에 대응한 개선책을 마련한다.

- **모니터링 · 감지** : 지속적인 모니터링을 통해 침해 위협을 감지 및 식별하고 침해 징후를 발견하면 이메일 등으로 통보한다.
- **예방** : 보안 운영 관리 시스템을 설계하여 위험 및 취약점을 관리한다.
- **방지** : 보안 네트워크를 설치한 후 통합 보안 관리 시스템과 연동하여 비정상적으로 탐지되는 패킷을 감지 및 분석함으로써 데이터 유출을 방지한다.

1.4 정보 보안의 목표

정보 보안의 목표는 인가받지 않은 사용자의 위협 요인으로부터 정보 자산을 안전하게 보호하는 것이다. 앞에서 살펴본 정보 보안의 3요소와 구성 요소를 종합하여 정보 보안의 목표를 다음과 같이 정리할 수 있다.

- **기밀성 유지** : 정보 보호 메커니즘을 위해 인증된 사용자만 정보에 접근이 가능하고 인증받지 않은 제삼자에 대해서는 기밀성이 보장되어야 한다. 접근에 대한 기밀성을 위해 데이터 암호화, 논리 및 물리 접근 통제 등이 필요하다.
- **무결성 유지** : 무결성 제어 메커니즘를 위해 허가 없이 정보를 마음대로 변경하거나 삭제하는 것을 방지해야 한다. 이를 위해 해시 함수 알고리즘을 많이 사용한다.

TIP 해시 함수(hash function)는 임의 길이의 메시지를 입력받으면 고정된 길이의 해시 값을 출력하는 함수로, 데이터를 고정된 길이의 데이터로 매핑하는 알고리즘이다.

- **가용성 확보** : 정보의 가용성 확보는 승인받은 사용자가 요구하는 정보나 시스템 및 자원에 대한 접근이 적시에 이뤄지도록 하는 것이다. 이를 위한 수단으로 자료 백업, 이중화, 오류 수용성과 복구 등을 사용할 수 있다.
- **책임 추적성** : 보안 사고가 발생하면 누구에 의해 어떤 방법으로 발생한 것인지 추적할 수 있어야 한다. 사고 주체의 신원을 증명하고 그 활동을 추적할 수 있도록 사고 책임자 식별, 인증, 권한 부여, 접근 통제에 대한 감사 자료가 기본적으로 필요하다.
- **접근 제어** : 접근 제어는 시스템에서의 자원 사용 가능 여부를 결정하는 과정으로, 사용자와 시스템이 다른 시스템이나 자원과 통신하고 상호 작용하는 방법을 제어하는 보안 기능이다. 통신 시스템과 관련된 허가받지 않은 동작의 위협으로부터 자원을 보호하기 위해 식별→인증→승인 과정을 거친다.
- **인증** : 자신의 신분과 행위를 증명하는 것으로, 아이디와 비밀번호, 공개 키, 메모리 및 스마트 카드, 생체 인식 도구, 사용자 인증, 데이터 인증 등 다양한 방식이 가능하다.

- **부인 봉쇄** : 메시지의 송수신 부인 방지와 전자 서명, 공개 키 인증 기관의 인증서 발행 등으로 송수신에 대한 부인 문제가 발생하지 않는 완벽한 보안 기능을 제공한다.

2 웹 보안

사물 인터넷internet of things, IoT의 범위가 확장되고 스마트폰과 태블릿 PC 등의 사용이 급증하면서 모바일을 통한 웹 사용자가 날로 증가하여 웹 보안의 역할도 매우 중요해지고 있다. PC나 모바일 기기로 웹을 안전하게 사용할 수 있도록 하여 사용자의 업무 효율성을 높여주는 것이 웹 보안의 역할이라 할 수 있다.

최근에는 기업들이 사업 모델을 웹과 연결하는 경우가 많아 기업의 중요한 정보가 해커의 공격에 더 많이 노출되고 있으므로 웹 보안이 더욱 중요하다. 보도에 따르면 전체 해킹 시도 중 90% 이상이 웹을 통해 이뤄지고 있어 웹 보안은 이제 선택이 아닌 필수가 되었다. 하지만 현재 표준화된 웹 보안 대책 없이 기업마다 제각각 대처하는 실정이므로 효과적인 웹 보안이 쉽지만은 않다. 기업 웹 환경의 취약성이 심각한 문제로 부각되는 상황에서 신뢰성 있는 비즈니스를 해나가려면 웹 보안이 필수적으로 뒷받침되어야 한다.

2.1 개인 사용자 웹 보안

개인 사용자가 안정적으로 웹을 사용하기 위한 가장 기본적인 조치는 자신이 방문한 사이트의 흔적을 말끔하게 지우는 것이다. 또한 개인 정보와 같은 자료가 노출되지 않도록 PC를 깨끗한 상태로 유지하는 것도 중요하다.

인터넷 해킹은 대부분 웹 브라우저로 사이트를 방문했을 때 악성 코드에 감염되어 PC 내부에 있는 사용자 개인 정보(주민등록번호, 계정, 아이디, 비밀번호, 공인인증서 등)가 해커에게 전송되는 형태이다. 이를 예방하기 위해서는 실시간으로 PC 상태를 감시할 수 있는 백신 프로그램을 설치하고 항상 최신 버전으로 유지해야 한다. 또한 웹에서 프로그램 자동 설치를 요구하는 ActiveX의 경우 해커가 악성 코드를 퍼트리려는 것일 수도 있으므로 신뢰할 수 없는 사이트에서는 ActiveX를 다운로드하지 말아야 한다.

TIP **사회 공학적 해킹** : 시스템이 아닌 개인 정보를 공략하여 원하는 정보를 얻는 공격 기법으로, 인간관계의 신뢰를 악용하여 사람들을 속이고 정상적인 보안 절차를 무력화하여 원하는 정보를 탈취하는 형태이다. 최근 사회 공학적 해킹은 이메일, 메신저, 모바일 등 다양한 채널을 통해 이뤄지고 있다.

2.2 기업 사용자 웹 보안

기업의 입장에서는 고객이 웹 서비스를 안전하게 이용할 수 있도록 웹사이트를 구축하는 것이 중요하다. 안전한 웹 서비스를 제공하기 위해서는 설계 단계부터 보안을 고려해야 하며, 개발 단계에서는 출처 검증 도구 등을 이용하여 개발 소스를 지속적으로 검증할 필요가 있다. 또한 서비스 개발이 완료되면 오픈 전에 반드시 보안 전문가에게 서비스의 취약점을 점검받고 보완하는 절차를 거쳐야 한다.

하지만 대부분의 기업이 운영 중인 웹사이트는 보안을 적용하고는 있지만 그리 신뢰할 만한 수준이 아닌데, 이러한 보안상 취약점 때문에 기업의 웹사이트를 다시 개발한다는 것은 쉬운 일이 아니다. 따라서 보안 대책으로 웹 방화벽을 도입하여 웹사이트를 보호하고 안전한 고객 서비스를 제공하는 한편 기업의 운영 관리를 효율적으로 해야 한다.

TIP 웹 보안은 사용자의 관점에 따라 개인 시스템의 보안과 관련이 있는 클라이언트 보안과 기업 시스템의 보안과 관련이 있는 서버 보안으로 분류할 수 있다.

02 웹 보안 솔루션

사례 | 기업 운영 환경에 맞는 웹 보안 솔루션

A 기업은 대기업의 고객 정보 유출 사고를 뉴스에서 접한 후, 이러한 유출 사고로 기업의 이미지가 하락하는 것을 염려하여 만약의 경우에 대비하기 위해 I 사의 웹 보안 솔루션 제품을 도입했다. A 기업이 도입한 보안 솔루션은 네트워크 IP와 트래픽의 유해성 여부를 체크한 뒤 방화벽에 대한 침입을 탐지 및 방지하는 시스템이 강화된 것이 특징이다. A 기업은 보안 솔루션을 도입하고 나서 고객 정보 유출 사고가 한 번도 발생하지 않았으며, 악성 프로그램과 각종 온라인 위협에 잘 대응하여 조직의 시스템을 잘 보호하고 고객 정보 운영에 많은 도움을 얻었다.

1 PC 보안 솔루션

데이터베이스와 이메일에 대한 안전성과 신뢰성을 확보하여 기업 및 사용자가 웹과 PC를 안전하게 사용할 수 있는 보안 대책이 필요하다. 무엇보다 기존의 웹 서비스 환경을 초월하여 실시간으로 데이터베이스 자료를 암호화하고, 이메일의 보안을 유지하며, 정보 유출 위험 요소를 차단함과 동시에, 응용 소프트웨어와 웹사이트를 이용할 수 있게 하는 보안 정책을 마련해야 한다. PC와 웹을 동시에 사용하는 사용자에게는 PC에 저장되어 있는 각종 정보가 유출되지 않도록 안전하게 보호하고 관리할 수 있는 보안 솔루션 구축이 중요하다.

1.1 특징

PC 보안 솔루션을 이용하면 PC 암호 관리로 네트워크를 통한 사이버 테러와 같은 보안 사고를 미연에 방지하여 PC를 안전하게 통제할 수 있다. 운영체제 자동 배포, 각종 응용 프로그램 배포, 패치 관리, 중앙 통제 관리로 웹에서 발생 가능한 위험과 악성 코드로부터 PC를 안전하게 관리할 수 있다.

- **불법 소프트웨어 차단 및 배포 보안 솔루션** : 불법 소프트웨어의 설치를 차단한다.
- **업그레이드 방지 및 패치 보안 솔루션** : 원치 않는 자동 업그레이드와 불필요한 업데이트를 차단

한다.

- **저장 매체 통제 및 데이터 보호 보안 솔루션** : CD · DVD · USB · 이동식 하드디스크 사용 금지, 쓰기 금지, 읽기 전용, 접근 기록 등으로 접근을 통제한다.
- **하드웨어 자산 관리 보안 솔루션** : PC의 하드웨어나 시스템의 구성 정보를 마음대로 수집하는 것을 통제한다.
- **PC 원격 관리 보안 솔루션** : 관리자가 시스템의 문제점을 원격으로 진단하고 신속하게 해결하여 효율적으로 관리할 수 있다.
- **사이버 테러 대비 PC 보안 강화 솔루션** : 사이버 테러로부터 정보 자산을 지키고 고객 관리 자료를 보호하기 위한 보안 인프라를 구축한다.
- **물리적인 망 분리 솔루션** : 인터넷을 이용하는 PC를 통해 업무상 중요 정보를 유출하거나 삭제하는 해킹 또는 외부에서 내부 시스템에 악의적으로 접근하는 것을 원천적으로 차단하기 위해 내부 업무 망에 접속된 PC에서는 업무 관련 서비스만 처리할 수 있고 인터넷 서비스는 원천 차단하여 내부 정보의 유출 및 외부의 악성 코드와 바이러스 유입을 차단한다.

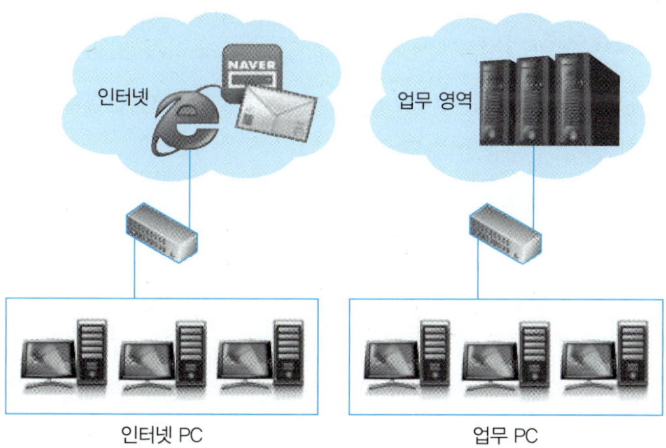

그림 11-2 물리적인 망 분리 솔루션

1.2 종류

앞에서 살펴본 특징이 구현된 보안 솔루션의 종류는 다음과 같다.

❶ 시큐어 코딩

시큐어 코딩secure coding은 개발 과정에서 개발자의 지식 부족이나 실수, 프로그래밍 언어의 고유한 약점과 같은 다양한 원인으로 발생하는 취약점을 최소화하기 위해 설계 단계부터 보안을 고려하여 코드를 작성하는 방식이다. 애플리케이션을 개발할 때는 빠른 구축도 중요하지만 무엇보다 안전하고 체계적으로 개발하는 것이 중요하다.

❷ 웹 스캐너

웹 스캐너web scanner는 웹 취약점을 점검하는 툴로 애플리케이션 외부에서 통신을 통해 잠재적인 취약점이나 설계상의 취약점을 분석하는 프로그램이다. 웹 스캐너를 통해 외부의 침입이나 공격을 막는 동시에 데이터 암호화를 통해 데이터 보호 조치를 할 수 있다. 만약 내부에 새로 유입된 위협이 있어서 그곳으로 데이터가 유출되더라도 암호화 효과를 통해 더 큰 이차 피해를 방지할 수 있다.

❸ 웹 서버 악성 코드 탐지 솔루션

웹 서버 악성 코드 탐지 솔루션은 애플리케이션 내부를 점검하는 솔루션이다. 일반적으로 웹 셸이라고 불리는 웹 서버 악성 코드는 애플리케이션 내부에서 동작하는데, 해커가 이 웹 셸을 통해 보안 시스템을 우회하여 별도의 인증 없이 시스템에 접속할 수 있으므로 서버가 위험에 빠지게 된다. 그러나 웹 서버 악성 코드 탐지 솔루션을 이용하면 웹 서버의 악성 코드를 실시간으로 탐지하여 웹 서버를 효과적으로 보호하고 해커가 웹 서버의 설정 파일을 변경하는 것을 알아낼 수 있으며, 악의적인 권한 변경에 대응할 수도 있다.

TIP 2014년에 발생한 배달 앱의 개인 정보 유출 사고는 웹 셸에 의한 해킹이 원인으로 밝혀졌다. 한국인터넷진흥원의 인터넷침해사고대응지원센터에 따르면 해킹을 당한 웹 서버 중 웹 셸이 발견된 것이 90% 이상이었다. 2014년 2월에는 A 의사협회 8만 명, B 의사협회 5만 6,000명, C 의사협회 2만 명 등 총 15만 6,000명의 개인 정보가 유출되었다. 이 세 의사협회 홈페이지는 공격자가 웹사이트에 악성 코드를 심어 관리자 권한을 획득한 후 웹 셸을 이용하여 개인 정보를 탈취한 것으로 밝혀졌다. 또한 소셜커머스 업체에서도 113만 명의 개인 정보가 유출되었는데, 이는 공격자가 홈페이지 게시판에 웹 셸을 심어 해킹한 경우였다.

❹ 웹 해킹 차단 시스템

웹 해킹 차단 시스템web application firewall은 웹을 통한 외부 침입이나 공격을 탐지하고 대응하는 역할을 한다. 특히 시큐어 코딩과 웹 스캐너가 담당하는 웹 보안 취약점이 외부에 노출되지 않도록 보완해주고 외부 침입 시스템으로부터의 악성 코드 및 바이러스 유입을 차단하여 악성 코드가 웹 서버로 업로드되는 것을 방지한다.

❺ 데이터 보안

웹 애플리케이션 환경에서 데이터베이스를 구축하여 데이터를 보관하고 관리하는 것을 데이터 보안data security이라고 한다. 데이터를 안전하게 관리하기 위해서는 데이터 보안과 관련된 보안 솔루션을 도입해야 하는데, 데이터를 암호화하여 해커가 노리는 데이터를 알아볼 수 없게 만드는 것이 데이터 암호화 솔루션이다. 하지만 암호화로 끝나는 것이 아니라 누가 언제 접근했는지를 확인하는 접근 제어와 감시 로그에도 많은 주의를 기울여야 한다. 데이터 암호화에서는 암호화된 데이터를 열어볼 수 있는 키key도 매우 중요하므로 각별히 주의해서 관리해야 한다.

표 11-1 데이터 보안 솔루션

종류	특징
파일 첨부 차단 솔루션	웹하드, 메신저, FTP, 메일 클라이언트, 클라우드 스토리지, 원격 제어, 웹 브라우저 등 80여 개의 데이터베이스로 소프트웨어 파일 첨부 차단
소프트웨어 차단 솔루션	웹하드, 메신저, FTP, 동영상 플레이어, 메일 클라이언트, 클라우드 스토리지, 원격 제어, 웹 브라우저 등 380여 개의 데이터베이스로 소프트웨어 실행 차단
인터넷 사이트 차단 솔루션	웹 메일, 쇼핑, 증권, 취업, 게임, 뉴스, 엔터테인먼트, SNS 등 2만 8,000여 개의 데이터베이스로 사이트 차단
저작권 소프트웨어 관리 솔루션	위원회에 등록된 저작권이 있는 소프트웨어를 오피스키퍼가 자체 수집하여 2,000여 개의 소프트웨어 탐지 가능

2 모바일 보안 솔루션

모바일을 활용하는 분야가 확대되면서 모바일 보안 솔루션에 대한 관심도 높아지고 있다. 모바일 보안 솔루션은 스마트폰, 태블릿 PC 및 앱의 위조 · 변조를 방지하기 위한 모바일 사용자 환경의 보안을 강화할 수 있고 사물 인터넷IoT 환경의 보안과도 밀접하게 연결되어 있다. 이처럼 모바일 위협에 대비하기 위해서는 모바일 보안 솔루션이 매우 중요하다고 할 수 있다.

모바일 보안 솔루션은 서버에서 생성되는 랜덤 값과 무결성 정책을 기반으로 애플리케이션의 위조 · 변조 여부를 판별하는 것으로, 모바일 환경에서 스마트폰 애플리케이션의 위조 · 변조 사고를 방지하는 역할을 한다. 모바일 보안 솔루션은 다음과 같은 기능을 지원해야 하며, 세부적인 관리 기능은 [표 11-2]와 같다.

- 통합 서비스 포털 지원
- 헬프 데스크 지원
- 암호 설정 강제
- 공장 초기화
- 원격 잠금
- 로그 감시
- 솔루션에 대한 신뢰도 제공
- 다양한 계열의 운영체제(안드로이드, iOS) 디바이스 지원

표 11-2 모바일 보안 솔루션의 세부적인 관리 기능

기능	특징
설정 관리	• 와이파이, VPN의 설정 및 배포 관리 • 이메일, 연락처, 주소록 동기화의 설정 및 관리 • 네트워크, 기업용 오피스 커뮤니케이션 서버(MS OCS)의 설정 및 관리
애플리케이션 관리	• 블랙리스트 및 화이트리스트 애플리케이션 제어 • 원격 설치 및 삭제 • 파일의 배포 및 관리
보안 관리	• 디바이스, 파일, 폴더의 선택적 암호화 관리 • 강력한 비밀번호 정책 집행 관리
자산 관리	• 사용자 및 그룹별 디바이스 관리 • 디바이스별 상세 정보를 모두 모니터링 • 소프트웨어와 하드웨어 내역 관리
자원 제한	• 카메라 블루투스, 적외선 빔 등의 사용 제한 • 와이파이 접속 제한
디바이스 분실 관리	• 원격 잠금 관리 • 원격 공장 초기화 관리

TIP 기업용 오피스 커뮤니케이션 서버(MS Office Communication Server, MS OCS)는 전화, 이메일, 온라인 · 영상 회의, 인스턴트 메시지 등의 다양한 커뮤니케이션에 사용되는 서버를 말한다.

모바일 보안은 단말기 보안, 애플리케이션 및 플랫폼 보안, 네트워크 보안, 데이터 보안, 통합 보안, 공인인증서 보안의 6개 영역으로 구분할 수 있으며, 이 모든 보안 영역의 핵심 기술은 바로 MDM^mobile device management^(모바일 단말기 관리)이다.

TIP MDM은 모바일 단말기를 관리하는 솔루션을 말한다. 이는 모바일 환경의 특성상 발생하는 보안 위협에 대한 감시, 통제, 제어 등의 중앙 집중적 관리가 가능한 솔루션이다.

2.1 단말기 보안

사용자의 부주의로 모바일 단말기를 분실할 경우 사생활 정보뿐만 아니라 금융 정보(신용카드 번호, 은행 계좌 번호), 이메일, 주소록 등이 유출되어 큰 손실을 입을 수 있다. 따라서 모바일 단말기에 원격 잠금 기능이나 원격 파일 삭제 기능과 같은 물리적 보안을 위한 MDM 솔루션을 설정하는 것이 중요하다.

최근에 사용되는 MDM 솔루션은 기본적으로 분실 · 도난 시 시스템 관리자가 원격으로 단말기를 제어할 수 있다. 예를 들어 회사에 들어오면 자동으로 카메라를 끄거나, 외부 장치 연결을 자동으로 차단하고 네트워크 모니터링 기능을 실행한다. 또한 단말기 가상화 솔루션으로 개인 영역과 업무 영역의 데이터 이동을 막아 사생활 침해, 개인 정보 유출과 같은 민감한 사건을 사전에 예방할 수 있다. 개인 영역에서는 출입 관리, 분실 관리, 기기 제어, 애플리케이션 관리와 같이 꼭 필요한 기능만 적용하여 사생활을 보호하고, 업무 영역에서는 보관된 데이터만 보안을 강화하는 방식이다.

TIP 최근에는 개인 모바일 기기를 직장에 가져와서 업무에 활용하는 BYOD(bring your own device)가 증가하는 추세이다. 이러한 경우에 단말기 가상화 솔루션을 사용하여 모바일 기기에 컨테이너라는 가상화 영역을 만들고 업무용 데이터를 안전하게 보관 및 활용할 수 있다.

단말기 보안에는 다음과 같은 물리적 보안책이 필요하다.

- **단말기 가상화 솔루션 적용** : 단말기 보안성을 강화하기 위해 하나의 단말기에 개인 영역과 업무 영역으로 구분된 별도의 플랫폼(OS)을 실행하는 단말기 가상화 솔루션을 적용한다.
- **모든 데이터 삭제** : 기본 값 데이터 재설정을 실행하여 경고 없이 휴대전화 데이터를 삭제한다.
- **화면 잠금 설정** : 화면 잠금 해제 비밀번호 변경, 비밀번호 만료일 설정, 비밀번호 길이 및 문자 제한 제어, 화면 잠금 방법 및 시간 제어 기능을 설정한다.
- **화면 잠금 해제 시도 감시** : 화면 잠금 해제 비밀번호 입력 횟수를 설정하여 잘못 입력한 횟수가 그것을 넘으면 단말기를 잠그거나 데이터를 모두 삭제한다.
- **저장소 암호화 설정** : 저장된 애플리케이션의 데이터를 암호화하도록 요청한다.

2.2 애플리케이션 및 플랫폼 보안

애플리케이션과 플랫폼을 안전하게 사용하려면 정보 보호 체계를 확립해야 한다. 각종 바이러스, 스파이웨어, 웜 등의 악성 코드에 의한 보안 위협에 대비하여 안티바이러스 솔루션을 도입하거나 한국인터넷진흥원에서 제공하는 안전한 플랫폼 보안 솔루션을 설치할 것을 권장한다.

2.3 네트워크 보안

모바일 네트워크 플랫폼은 상용 인터넷망을 경유하지 않고 이동통신망에서 전용 회선으로 직접 연결하여 종단 간 데이터 탈취 및 음성의 도청 · 감청을 방지할 수 있는 AES^advanced encryption standard^(고급 암호화 표준)를 암호화 기능에 적용할 것을 권장한다. 또는 고가의 기업용 전용 통신망을 구축하지 않고도 인터넷을 이용하여 가상 전용망을 구축하는 VPN(가상 사설망)을 이용하는 것도 좋은 방법이다. VPN은 인터넷망을 이용하여 고비용의 사설 전용선을 사용하는 효과를 얻을 수 있는 차세대 네트워크 서비스이다.

TIP 미국 정부가 채택한 암호화 표준인 AES는 전 세계적으로도 널리 사용되고 있다. AES는 2001년 미국표준기술연구소(NIST)가 제정한 암호화 방식으로 벨기에의 암호 학자 존 대먼과 빈센트 라이먼이 개발했다.

네트워크 보안을 위해서는 상용 인터넷망 대신 관문 장비에 직접 연결하여 해킹 위협을 최소화해야 한다. 모바일 플랫폼에 접속할 때는 이동통신망(CDMA, WCDMA, WiBro)을 통해서만 가능하도록 하고, 와이파이는 FMC^fixed mobile convergence^(유 · 무선 통합 서비스)에 한하여 접속하도록 한다.

TIP FMC는 유선과 무선으로 구분되어 있는 망, 기술, 사업, 서비스 등의 통합을 말한다. 무선 네트워크를 활용하여 스마트폰이나 태블릿 PC에서 인터넷 전화와 이동전화를 동시에 사용할 수 있는 서비스이다.

2.4 데이터 보안

모바일 보안의 핵심은 모바일 기기 내에 존재하는 데이터와 모바일로 접근이 가능한 기업 정보 시스템 내의 중요 데이터에 대한 보호이다. 이때 필요한 것이 바로 모바일 데이터 보안 시스템이다. 모바일 데이터 보안 시스템을 이용하면 모바일 기기로 다운로드되는 문서를 자동으로 암호화하여 모바일 기기의 분실 및 도난에도 데이터를 안전하게 보호할 수 있다. 스크린 워터마크와 화면 캡처 제어로 모바일 화면을 통한 정보 유출을 방지할 수 있고, 접속 권한이 없는 사용자가 사내 시스템에 접근하는 것도 통제하여 악의적인 데이터 유출을 원천적으로 봉쇄할 수 있다.

최근 개인 모바일 기기로 업무를 처리하기 위해 사내 시스템에 접속하는 경우가 잦아지면서 중요 데이터가 다양한 형태로 임직원의 개인 기기에 저장되고 있다. 따라서 모바일 데이터 보안 시스템으로 사내 시스템의 접근을 통제하여 데이터 유출 경로를 차단함으로써 안전한 업무 환경을 구축하는 것이 바람직하다.

2.5 통합 보안

모바일 환경에서 기업의 보안을 강화하고 개인 사생활을 보호하기 위해서는 다양한 모바일 보안 위협에 대비한 통합 보안 관리가 필요하다. 통합 보안 관리는 하나의 장비로 여러 보안 기능을 통합적으로 제공하여 다양하고 복잡한 보안 위협에 대응하는 통합 보안 솔루션으로 볼 수 있다. 통합 보안 솔루션을 이용하면 보안 시스템에 대한 실시간 중앙 모니터링과 보고서 생성 기능, 침입 행위에 대한 신속한 식별, 체계적인 대응이 가능하여 보안 업무의 질적 향상을 이룰 수 있다.

한 예로 K 사의 통합 보안 관리 시스템을 살펴보자. 통합 보안 관리 시스템은 보통 기업의 DMZ 영역에 구축되며 APP 서버, ONM 서버, DB 서버 등으로 구성되어 안정적인 플랫폼을 제공한다.

TIP DMZ 영역은 기업 내부에서 외부로 서비스를 제공할 때 발생하는, 보안 영역과 비보안 영역 사이의 중립 지역으로, 기업 내부 자원을 보호하기 위해 접근을 제한하는 역할을 한다.

여기서 잠깐 **통합 보안 관리 시스템의 구성 요소**

- **APP 서버(application server)** : 분산 네트워크 내의 컴퓨터에서 응용 프로그램의 비즈니스 로직을 제공하는 서버 프로그램으로, 웹 서버(HTTP 서버)와 결합된 서비스를 제공한다.
- **ONM 서버(object namespace server)** : DM, DL, 레거시 서버와 서로 연계해서 작동하여 비즈니스 로직을 구현한다. 운영자는 ONM 서버의 관리 페이지를 통해 관리 명령을 내리거나 관리 정보를 조회할 수 있다.
- **DM 서버(device management server)** : 유심을 장착하여 해당 사업자의 VoLTE에 맞게 값을 자동으로 변경해주고 펌웨어 소프트웨어 업데이트를 관할하는 제조사 또는 해당 통신사의 서버를 말한다. 단말 관리 명령을 통해 펌웨어(모뎀 펌웨어/운영체제) 업데이트 관리, 소프트웨어 관리, 진단 관리 등의 작업을 원격으로 처리하는 기능을 제공한다.
- **DL 서버(density line server)** : DL 클라이언트에게 파일을 전송하는 역할을 하며, DL 클라이언트는 DL 서버로 패키지 파일을 다운로드한다.
- **레거시 서버(lagacy server)** : ONM 서버와 연동되는 단말기 정보를 전달받는 서버와 사용자 정보를 전달받는 서버로 구분된다. 사용자 정보 또는 단말기 정보를 ONM 서버로 전달하여 비즈니스 로직을 구현하기 위한 정보를 제공한다.

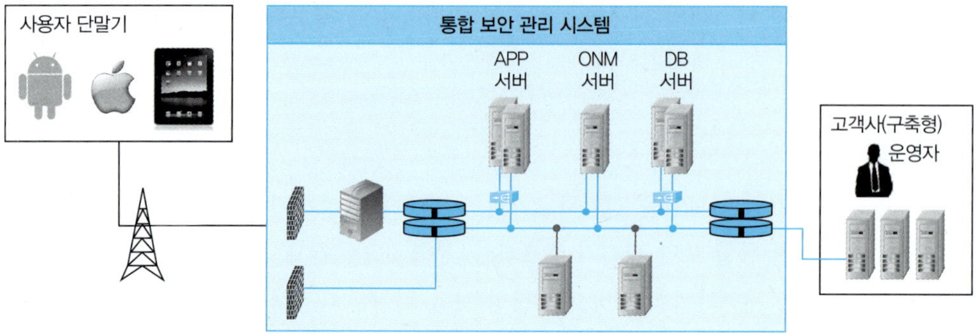

그림 11-3 통합 보안 관리 시스템의 예

2.6 공인인증서 보안

웹에서 금융 서비스를 이용할 때는 공인인증서를 보안 인증으로 사용한다. 정부에서 공인인증서를 안전한 보안 인증으로 적극 권장하여 사용자가 증가하고 있지만, 최근 공인인증서가 보안에 취약하다는 것이 드러나면서 안전성에 의문이 제기되고 있다.

❶ 공인인증서의 보안 취약점

공인인증서의 기반 기술인 공개 키 기반 구조PKI는 보안성이 높지만 ActiveX의 보안은 여전히 취약점이 많다. 이용자 PC에 저장된 인증서 유출 등의 보안 취약 요소에 대비하기 위해 주요 금융 회사에서는 인터넷 · 모바일 뱅킹 아이디로 대체하기도 하지만 비밀번호 유출에 의한 피해 가능성이 여전히 크다.

❷ 보안 대책

- 백신 프로그램을 실시간 업데이트하여 해킹을 감시하는 등 보안 수준을 높인다.
- 공인인증서의 비밀번호는 특수문자나 기호 등을 포함하여 복잡하게 설정하고 주기적으로 변경한다(6개월마다 변경 권장).
- 모바일 보안 토큰인 유심 칩을 공인인증서 대신 스마트 인증 서비스에 사용한다.

3 클라우드 보안 솔루션

인터넷이 가능하면 언제 어디서나 사용자가 자원에 접속할 수 있다는 장점 때문에 많은 기업에서 클라우드cloud 서비스를 활용하고 있다. 그러나 클라우드 서비스가 보편화되면서 기존 웹

여기서 잠깐 **보안 토큰과 유심**

- **보안 토큰** : 보안 토큰은 HSM(hardware security module)이라고도 부르며, 전자 서명 생성 키 등의 비밀 정보를 안전하게 저장하여 보관하는 저장 매체이다. 금융 거래 등에서 본인 인증이 필요할 때 언제 어디서나 사용할 수 있는 보안 토큰은 USB 메모리와 비슷한 형태이지만 암호 연산 기능을 가진 칩이 내장되어 있어서 해킹 방지 등의 보안성이 우수하다.
- **유심** : 모바일용 신분증이라고도 하는 유심(USIM)은 'universal subscriber identity module'의 약어로 보통 유심 칩이라고 일컫는다. 주소록 저장, 교통카드 · 신용카드 등의 부가 기능을 제공하고, 저장된 정보를 다른 단말기에 연결하여 사용할 수 있다. 타인이 분실한 단말기의 유심을 자신의 단말기에 꽂아서 사용하는 것은 불법이며(유심을 분실한 사람이 분실 신고를 했는데 습득한 사람이 사용할 경우 법적 제재를 받는다), 유심이나 유심이 포함된 단말기를 습득했을 때는 우체통에 넣거나 경찰서(우체국)에 습득 신고를 하는 것이 바람직하다. 유심은 용도에 따라 다음과 같이 구분할 수 있다.

종류	특징
통신용 유심	• 통화, 문자 메시지(SMS), 무선 데이터 등 통신 서비스 전용 유심이다.
금융용 유심	• 통신용 유심에 금융 기능이 추가된 것으로 대개 교통카드, 모바일 뱅킹, 신용카드 기능을 제공한다. • 단말기가 금융 기능을 지원해야 금융용 유심을 사용할 수 있다.
데이터 공유용 유심	• 하나의 데이터 요금제를 여러 단말기에서 공유할 때 사용한다. 즉 데이터 요금제에 가입하여 스마트폰을 사용하면서 태블릿 PC에 데이터 공유용 유심을 장착하면 스마트폰으로 가입한 데이터 요금제의 데이터 사용량을 공유할 수 있다.
근거리 통신용 유심	• 10cm 내외의 근거리에서 기기 간 데이터 전송이 가능하다. • 일반적인 금융 기능뿐만 아니라 사용자 간 데이터 교환 등 다양한 분야에 활용할 수 있다.

환경의 취약점이 클라우드 서비스에도 이어져 새로운 보안 위협이 발생하게 되었다. IT 인프라와 애플리케이션에 대한 보안 위협이 클라우드 서비스에서도 문제가 되므로 클라우드 구축 기업에서는 안전한 IT 환경에서 서비스가 이뤄질 수 있도록 전략적인 보안 솔루션 대응이 필요하다. 그렇다면 클라우드 보안이 필요한 이유를 개인 사용자와 기업 사용자의 관점에서 살펴보자.

❶ 개인 사용자의 관점

- 개인 정보 노출로 인한 사생활 침해 우려
- 개인 사생활 감시 우려
- 개인 자료를 상업적 마케팅에 활용할 우려

❷ 기업 사용자의 관점

- 서비스 중단 및 장애 우려
- 기업 정보의 훼손 및 유출 우려
- 고객 정보 유출 우려

3.1 클라우드 서비스의 보안 취약점

클라우드 서비스에 저장된 정보 역시 어딘가에 있는 물리적 서버에 저장 및 운용된다. 가상화와 분산 처리 기술 등으로 탄력적으로 처리 · 운영되므로 클라우드 서비스도 다음과 같이 웹 환경과 비슷한 보안 취약점을 가지고 있다.

- 클라우드 환경의 가상 머신은 이미지 파일 형태로 존재하여 생성, 이동, 삭제가 쉬워 자원 변동이 빈번하게 발생하므로 그에 따른 보안 정책의 적용이 어렵다.
- 자원의 생성, 이동, 삭제가 빈번하다는 특성 때문에 로그 관리가 어렵고, 보안 패치의 업데이트 적용이 제대로 되지 않고 방치된 가상 머신을 구동할 경우에는 보안상 문제가 발생할 수 있다.
- 같은 시스템에서 보안 상태가 서로 다른 가상 머신이 운영되므로 동일한 보안 상태를 유지하기가 어렵다.
- 서비스 사용을 중단한 후에도 데이터가 남아 유출될 우려가 있다.
- 클라우드 서비스의 투명성 부족으로 데이터의 손실이나 도난이 의심되며 보안 위험 평가 및 정량화 작업이 어렵다.

3.2 클라우드 보안 솔루션의 기능

클라우드 보안 솔루션을 도입하면 안전한 클라우드 인프라를 구축하여 중요한 데이터와 응용 프로그램 및 감사 · 결제 시스템과 같은 중요한 시스템을 보호할 수 있다. 한편 대용량 클라우드 서비스의 경우 악성 코드에 감염되어 좀비 PC를 양산하는 데 악용될 우려가 있는데, 클라우드 보안 솔루션을 통해 실시간으로 악성 코드를 감시하고 멀웨어와 바이러스를 탐지하여 클라우드 보안을 강화할 수 있다.

클라우드 서비스에서 가장 문제가 되는 것은 해킹으로 인한 기밀 자료의 유출이다. 클라우드 보안 솔루션을 통해 내부적인 보안 대책을 마련하고 네트워크 관리 정책으로 서버, 네트워크, 단말기 등 클라우드 컴퓨팅을 구성하는 요소 전체에 대한 보안성을 향상해야 한다.

여기서 잠깐 **클라우드 서비스**

클라우드 서비스는 사진, 동영상, 음악 등 각종 자료를 외부 클라우드 서버에 저장해두고 PC나 스마트폰으로 다운로드할 수 있는 서비스를 말한다.

① 특징

- 광대역 네트워크를 통해 단말 접속이 일어나야 한다.
- 사용자 요구를 기반으로 한 서비스를 제공할 수 있다.
- 사용량에 따라 자원의 양이 늘었다 줄었다 하는 신축성이 있다.
- 지금까지의 사용량을 항상 정량적으로 측정할 수 있다.

② 장점

- 초기 비용이 적게 들고 휴대성이 좋다.
- 데이터를 컴퓨터 내부 저장 공간이 아닌 외부 서버에 저장하므로 컴퓨터 가용률이 높다.
- 다양한 기기를 단말기로 사용할 수 있고 사용자의 환경을 일관성 있게 구현할 수 있다.
- 사용자의 데이터를 신뢰성 높은 서버에 안전하게 보관할 수 있다.
- 하드웨어에 대한 전문 지식이 없어도 컴퓨팅 자원을 쉽게 사용할 수 있다.

③ 단점

- 데이터가 저장된 서버가 공격을 당하면 데이터가 유출될 수 있다.
- 갑작스러운 공격의 위협이나 천재지변으로 인해 서버의 데이터가 손상되면 백업하지 않은 데이터의 복구가 불가능할 수 있다.
- 사용자가 원하는 애플리케이션을 설치하는 데 제약이 심하거나 새로운 애플리케이션을 아예 지원하지 않는다.
- 통신 환경이 열악하면 서비스를 원활하게 이용하기 어렵다.
- 개별 정보가 물리적으로 어디에 위치하는지 파악할 수 없다.

④ 서비스 유형

- SaaS(software as a service) : 웹 브라우저나 인터넷을 통해 다른 사용자가 소유 및 운영하는 클라우드 기반의 애플리케이션과 소프트웨어를 사용할 수 있는 서비스이다(예 : 오피스 365).
- PaaS(platform as a service) : 하드웨어, 소프트웨어, 프로비저닝(provisioning) 및 호스트를 구매하는 비용과 번거로운 관리 작업 없이 클라우드 기반의 웹 애플리케이션을 구축하고 실행하는 데 필요한 전반적인 환경을 제공해주는 서비스이다(예 : 미들웨어, 개발 지원 환경, API 서비스).
- IaaS(cloud infrastructure as a service) : 서버, 네트워킹, 스토리지, 데이터 센터 등과 같은 IT 인프라 자원을 원하는 만큼 사용하고 비용을 지불하는 서비스이다(예 : 하드웨어 인프라 지원 서비스).

요약

01 정보 보안을 위협하는 요소에는 위조, 변조, 가로막기, 가로채기, 유출, 훼손이 있다.

02 PC 보안 솔루션을 이용하면 PC 암호 관리로 네트워크를 통한 사이버 테러와 같은 보안 사고를 미연에 방지하여 PC를 안전하게 통제할 수 있다. 운영체제 자동 배포, 각종 응용 프로그램 배포, 패치 관리, 중앙 통제 관리로 웹에서 발생 가능한 위험과 악성 코드로부터 PC를 안전하게 관리할 수 있다.

03 웹 해킹 차단 시스템은 웹을 통한 외부 침입이나 공격을 탐지하고 대응하는 역할을 한다. 특히 시큐어 코딩과 웹 스캐너가 담당하는 웹 보안 취약점이 외부에 노출되지 않도록 보완해주고 외부 침입 시스템으로부터의 악성 코드 및 바이러스 유입을 차단하여 악성 코드가 웹 서버로 업로드되는 것을 차단한다.

04 MDM은 모바일 단말기를 관리하는 솔루션을 말한다. 이는 모바일 환경의 특성상 발생하는 보안 위협에 대한 감시, 통제, 제어 등의 중앙 집중적 관리가 가능한 솔루션이다.

05 모바일 네트워크 플랫폼은 상용 인터넷망을 경유하지 않고 이동통신망에서 전용 회선으로 직접 연결하여 종단 간 데이터 탈취 및 음성의 도청·감청을 방지할 수 있는 AES(고급 암호화 표준)를 암호화 기능에 적용할 것을 권장한다. 또는 고가의 기업용 전용 통신망을 구축하지 않고도 인터넷을 이용하여 가상 전용망을 구축하는 VPN(가상 사설망)을 이용하는 것도 좋은 방법이다. VPN은 인터넷망을 이용하여 고비용의 사설 전용선을 사용하는 효과를 얻는 차세대 네트워크 서비스이다.

06 FMC는 유선과 무선으로 구분되어 있는 망, 기술, 사업, 서비스 등의 통합을 말한다. 무선 네트워크를 활용하여 스마트폰이나 태블릿 PC에서 인터넷 전화와 이동전화를 동시에 사용할 수 있는 서비스이다.

07 통합 보안 관리는 하나의 장비로 여러 보안 기능을 통합적으로 제공하여 다양하고 복잡한 보안 위협에 대응하는 통합 보안 솔루션으로 볼 수 있다. 통합 보안 관리 시스템은 보통 기업의 DMZ 영역에 구축되며 APP 서버, ONM 서버, DB 서버 등으로 구성되어 안정적인 플랫폼을 제공한다.

08 보안 토큰은 HSM이라고도 부르며, 전자 서명 생성 키 등의 비밀 정보를 안전하게 저장하여 보관하는 저장 매체 서비스이다. 금융 거래 등에서 본인 인증이 필요할 때 언제 어디서나 사용할 수 있는 보안 토큰은 USB 메모리와 비슷한 형태이지만 암호 연산 기능을 가진 칩이 내장되어 있어서 해킹 방지 등의 보안성이 우수하다.

09 클라우드 서비스에 저장된 정보 역시 어딘가에 있는 물리적 서버에 저장 및 운용된다. 가상화와 분산 처리 기술 등으로 탄력적으로 처리 · 운영되므로 클라우드 서비스도 웹 환경과 비슷한 보안 취약점을 가지고 있다.

10 클라우드 서비스의 대표적인 유형은 다음과 같다.

- **SaaS** : 웹 브라우저나 인터넷을 통해 다른 사용자가 소유 및 운영하는 클라우드 기반의 애플리케이션과 소프트웨어를 사용할 수 있는 서비스이다(예 : 오피스 365).
- **PaaS** : 하드웨어, 소프트웨어, 프로비저닝 및 호스트를 구매하는 비용과 번거로운 관리 작업 없이 클라우드 기반의 웹 애플리케이션을 구축하고 실행하는 데 필요한 전반적인 환경을 제공해주는 서비스이다(예 : 미들웨어, 개발 지원 환경, API 서비스).
- **IaaS** : 서버, 네트워킹, 스토리지, 데이터 센터 등과 같은 IT 인프라 자원을 원하는 만큼 사용하고 비용을 지불하는 서비스이다(예 : 하드웨어 인프라 지원 서비스).

연습문제

01 다음 중 정보 보안의 3요소에 해당하지 않는 것은 무엇인가?

① 일관성 ② 기밀성 ③ 무결성 ④ 가용성

02 정보 보안을 위협하는 요소 중에서 사용자 A가 사용자 B에게 전송하려는 정보를 사용자 C가 중간에 가로챈 뒤 정보의 일부 또는 전부를 변경하여 전송하는 것은 무엇인가?

① 위조 ② 변조 ③ 가로막기 ④ 가로채기

03 다음 중 모바일 보안 솔루션이 지원해야 하는 기능이 아닌 것은 무엇인가?

① 통합 서비스 포털 지원 ② 암호 설정 강제
③ 로그 감시 ④ 파일 첨부 차단

04 유선과 무선 통신망을 끊김 없이 접속할 수 있는 서비스로, 무선 네트워크를 활용하여 스마트폰이나 태블릿 PC에서 인터넷 전화와 이동전화를 동시에 사용할 수 있는 서비스는 무엇인가?

① 유 · 무선 통합 서비스 ② 인터넷 전화 서비스
③ 무선전화 서비스 ④ 이동전화 서비스

05 모바일 기기로 다운로드되는 문서를 자동으로 암호화하여 모바일 기기의 분실 및 도난에도 데이터를 안전하게 보호할 수 있는 모바일 보안은 무엇인가?

① 데이터 보안 ② 네트워크 보안
③ 통합 보안 ④ 공인인증서 보안

06 다음 중 전자 서명 생성 키 등의 비밀 정보를 안전하게 저장하여 보관하는 차세대 저장 매체 서비스는 무엇인가?

① USB ② 공인인증서 ③ 클라우드 ④ 보안 토큰

07 다음 중 클라우드 서비스의 장점이 아닌 것은 무엇인가?

① 사용자가 원하는 애플리케이션을 마음대로 설치할 수 있다.
② 컴퓨터의 가용률이 높다.
③ 사용자의 데이터를 신뢰성 높은 서버에 안전하게 보관할 수 있다.
④ 하드웨어에 대한 전문적인 지식이 없어도 컴퓨팅 자원을 쉽게 사용할 수 있다.

08 웹 브라우저나 인터넷을 통해 다른 사용자가 소유 및 운영하는 클라우드 기반의 애플리케이션과 소프트웨어를 사용할 수 있는 클라우드 서비스는 무엇인가?

① SaaS ② Pass ③ Iass ④ Tass

토론과제

01 PC 보안 공격에 대한 대책으로 개인이 할 수 있는 안전한 PC 보안 솔루션에는 어떤 것이 있는지 토론하시오.

02 클라우드 서비스를 이용해본 경험을 바탕으로 클라우드 서비스를 이용할 때 가장 염려스러웠던 점이 무엇인지, 그리고 그것을 해결하기 위한 방안은 무엇인지 토론하시오.

Chapter 12

사이버 범죄

01 사이버 범죄

02 사이버 범죄의 예방

요약

연습문제

학습목표

- 사이버 범죄의 개념과 유형을 이해한다.
- 사이버 폭력 및 사기에 대해 살펴본다.
- 악성 코드의 종류와 유포 현황을 통해 악성 코드 사기에 대해 살펴본다.
- 국가, 기업, 개인 차원에서 가능한 사이버 범죄 예방 방안을 알아본다.

01 사이버 범죄

사례 | 이메일에 포함된 링크를 통해 발생한 사이버 범죄

K 씨는 자신이 타던 자동차를 온라인 경매 사이트를 통해 판매했다. 매매가 이뤄진 뒤 K 씨는 경매 사이트에 올린 글을 삭제했다. 며칠 후 그 경매 사이트에 다시 로그인 한 K 씨는 자신이 올린 글이 여전히 남아 있는 것을 발견했다. 게시글을 자세히 살펴보니 연락처 정보만 다르고 그 외 사항은 완전히 똑같았다. 이상하다는 생각에 그 사람에게 자동차를 사겠다는 메일을 보내자 당장 자동차 대금을 보내면 20%를 할인해주겠다는 답장이 왔다. K 씨는 경찰에 이 사실을 신고하여 사기범이 검거되었다. 알고 보니 사기범이 K 씨 계정에 보안 문제가 발생했다는 내용과 함께 링크가 포함된 피싱 이메일을 보냈는데 K 씨가 아무 의심 없이 링크를 눌렀고, 피싱 사이트를 통해 알게 된 K 씨의 개인 정보와 자동차를 판매하기 위한 글을 악용하여 중고 거래 사기를 벌인 것이었다.

1 사이버 범죄란?

컴퓨터와 인터넷이 널리 보급되면서 그에 따른 부작용으로 사이버상에서 벌어지는 범죄도 증가하고 있다. 이러한 사이버 범죄는 컴퓨터와 인터넷의 발달에 따라 변천해왔으며 그 종류도 다양하다.

1.1 유래

인터넷 사용이 보편화되기 전인 1990년 이전에는 컴퓨터 관련 범죄를 '컴퓨터 범죄'라고 지칭했다. 하지만 1990년대 중반 이후 초고속 통신망의 발달로 인터넷이 보급되고, 사람들의 관심이 컴퓨터 자체보다는 유 · 무선 네크워크로 연결된 정보통신망에서 정보를 주고받는 것으로 옮겨가자 '컴퓨터 범죄'보다는 '인터넷 범죄'라는 용어를 더 많이 사용하게 되었다. 그러다 최근에는 인터넷을 이용한 사이버 공간 활용이 중심이 되면서 사이버 공간에서 범죄가 벌어지고 있으며, 그에 따라 '사이버 범죄'란 용어를 사용하게 되었다.

사이버 범죄는 '정보통신망을 통해 전기 통신 설비와 컴퓨터 및 컴퓨터 이용 기술을 활용한 범죄'라고 정의할 수 있다. 사이버 범죄는 네트워크를 통한 해킹 사고에서 시작되었으나 지금은 개인 정보 침해, 전자상거래 사기, 온라인 콘텐츠의 저작권 침해, 사이버 스토킹 등으로 범위를 확대해서 다루고 있다.

사이버 공간에서 발생하는 모든 범죄 행위를 의미하는 사이버 범죄는 전통적인 형태의 범죄와 정보통신을 기반으로 하는 범죄로 나눌 수 있다.

- **전통적인 형태의 사이버 범죄** : 사이버 공간에서 이뤄지는 불법 사이트 운영, 도박, 스토킹, 성폭력, 명예훼손, 협박, 전자상거래 사기, 매매춘, 마약 밀매 등
- **정보통신 기반의 사이버 범죄** : 사이버 공간의 안전을 위협하는 해킹, 크래킹cracking, 바이러스 유포와 같은 공격 행위 등

여기서 잠깐 **해킹과 크래킹**

해킹과 크래킹은 사이버 공간에서 피해를 주는 행위라는 점은 같지만 피해 규모나 의미 면에서 차이가 있다.

- **해킹** : 뛰어난 프로그래밍 능력을 가진 해커가 타인의 컴퓨터 시스템에 무단으로 침입하여 데이터와 프로그램을 몰래 이용하거나 파괴하는 행위
- **크래킹** : 다양한 공격 방법을 활용하거나 새로운 공격 기법을 만들어내어 정보 시스템의 취약성을 공격하는 행위, 또는 접근 허가를 받지 않은 정보 시스템에 불법으로 침투하여 불법으로 취득한 권한으로 자신의 이익을 위해 타인이 만들어놓은 정보를 빼내거나 악성 코드 및 바이러스를 유포하여 파괴하는 행위

1.2 유형

사이버 범죄의 유형은 정보통신망 자체를 공격하는 해킹이나 바이러스 유포, 사이버 공간을 범죄의 수단으로 이용하는 사이버 테러, 전자상거래 사기, 불법 사이트 운영 등으로 구분할 수 있다.

❶ 바이러스 유포

바이러스는 스스로를 복제하는 능력이 있어 컴퓨터를 감염시킨 뒤 증식해서 또 다른 컴퓨터를 전염시키기도 한다. 인터넷이나 네트워크, 이동식 저장 매체(CD, DVD, USB, 외장 하드디스크 등)를 통해 한 컴퓨터에서 다른 컴퓨터로 확산될 수 있으므로 사용자는 바이러스 이동 경로에 대한 보안 의식을 가져야 한다. 바이러스는 네트워크 파일 시스템 또는 다른 컴퓨터로 접근하는 파일 시스템상의 파일을 감염시켜 확산될 가능성이 높기 때문에 백신 프로그램을 설치하여 주기적으로 업데이트를 하고 실시간 검사를 하도록 설정하는 것이 중요하다.

대부분의 바이러스는 다음과 같은 방식으로 유포 및 확산된다.

- 보안이 취약한 업데이트 서버나 웹사이트를 변조하여 악성 코드를 심어두고, 보안이 취약한 컴퓨터 사용자가 해당 사이트를 방문하면 악성 코드를 내려받게 하는 방식
- 포털 사이트 등에서 특정 제품으로 가장한 채 제품의 다운로드를 유도하고, 제품을 설치하면 업데이트를 통해 컴퓨터가 악성 코드를 추가로 내려받게 하는 방식

바이러스의 유형은 스파이웨어spyware와 랜섬웨어ransom ware로 구분할 수 있다. 스파이웨어는 사용자의 동의 없이 설치되어 컴퓨터 사용에 불편을 끼치거나 정보를 가로채는 악성 프로그램을 말한다. 이는 사용자의 이름, IP 주소, 방문한 웹사이트 목록, 클릭한 배너 광고 등의 정보를 미리 설정해놓은 특정 서버로 보내어 여러 가지 목적으로 악용함으로써 심각한 문제를 일으킬 수 있다.

랜섬웨어는 개인 정보나 중요 데이터를 담보로 하여 돈을 요구하는 사이버 범죄를 말한다. 사용자의 컴퓨터를 악성 코드인 랜섬웨어에 감염시킨 뒤 컴퓨터에 저장된 자료를 암호화하여 열지 못하도록 하고 암호 해독의 대가로 사용자에게 돈을 요구하는 것이다. 돈을 주면 해독용 키를 전송해준다고 하지만 실제로는 암호화된 파일이 복구되지 않는 경우가 허다하다. 랜섬웨어는 다음과 같이 세 가지 종류로 구분할 수 있다.

- **스케어웨어**scareware : 가장 단순한 형태의 악성 코드로, 안티바이러스 프로그램이나 바이러스 제거 툴로 위장하고 컴퓨터가 바이러스에 감염되었으니 고치려면 돈을 지불해야 한다고 경고하는 방식이다.
- **락스크린 바이러스**lock-screen virus : 이 바이러스에 감염되면 컴퓨터를 전혀 사용할 수 없다. 일반적으로 FBI나 사법부 로고가 그려진, 화면을 꽉 채우는 윈도 창을 여러 개 띄우고 불법 다운로드로 법을 어겼으니 벌금을 내야 한다며 으름장을 놓는 방식이다.
- **내스티 스터프**really nasty stuff : 컴퓨터 내의 자료를 암호화하여 사용할 수 없게 만드는 크립토락커Cryptolocker 악성 코드 중에서 가장 악질적인 것으로, 돈을 주면 파일을 열 수 있는 암호를 알려준다고 협박하는 방식이다.

TIP **크립토락커** : 사용자 PC의 파일을 암호화하고 비트코인이나 현금을 보내지 않으면 이를 풀어주지 않겠다고 협박하는 랜섬웨어 종류의 악성 코드이다. 크립토락커에 감염되면 PC에 저장되어 있는 파일이 복잡한 알고리즘으로 암호화되어 열리지 않는다. 국내 크립토락커 바이러스가 노리는 파일은 doc, xls, ppt, hwp 등의 문서 파일과 디지털카메라나 스마트폰으로 촬영한 JPG 등의 이미지 파일, ZIP, RAR와 같은 압축 파일 등으로 우리가 흔히 사용하는 대부분의 파일이 포함된다.

❷ 사이버 테러

테러를 목적으로 한 해킹이나 사람 또는 물건을 대상으로 폭력을 유발하거나 공포를 조장하여 피해를 주는 것을 사이버 테러라고 한다. 불법적인 방법으로 이익을 취하는 다른 종류의 범죄 행위와 비교했을 때 사이버 테러는 훨씬 심각한 것으로 여겨진다. 미국 조지타운대학교의 도러시 데닝Dorothy Denning 교수는 사람이나 재산에 대한 폭력, 또는 적어도 공포를 조장하여 해를 끼치기 위한 목적으로 컴퓨터 네트워크나 그 안에 저장된 정보를 겨냥하는 공격이라면 사이버 테러 공격으로 간주할 수 있다고 정의했다. 데닝 교수의 정의에 따르면 '중요하지 않은 서비스를 교란하는 공격이나 높은 비용이 따르지만 단순히 성가신 공격'은 사이버 테러 공격으로 분류되지 않는다.

❸ 전자상거래 사기

전자상거래는 인터넷을 통해 물건을 구매하므로 시간이 절약되고, 손쉬운 가격 비교로 물건을 저렴하게 구매할 수 있다는 것이 장점이다. 그러나 최근 웹사이트의 게시판을 통한 직거래 사기가 기승을 부리고 있어 주의가 필요하다. 스마트폰, 태블릿 PC, 노트북 등 고가의 기기나 백화점 상품권 등을 매우 저렴한 가격에 판매하는 경우는 돈만 가로채고 물건을 주지 않는 사기일 가능성이 높다.

❹ 불법 사이트 운영

불법으로 운영되는 도박이나 성매매 사이트는 회원의 신원을 확인하지 않기 때문에 청소년도 쉽게 회원 가입을 할 수 있다. 또한 불법 사이트가 운영되는 서버가 외국에 있는 경우가 많아서 국내 사이버 범죄 수사대가 단속하는 데 한계가 있다.

- **해외 도박 사이트** : 해외 서버를 사용하는 불법 도박 사이트를 수십 개 개설하고, 가입한 회원들이 축구, 야구, 경마, 경륜 등 국내외의 각종 경기에 돈을 걸게 하는 형태이다. 경기 결과를 맞힌 회원에게는 배당금을 주고 맞히지 못한 회원의 돈을 걷는 방식으로 운영된다.
- **불법 공유 사이트** : 사용자에게 돈을 받고 운영되는 유료 사이트일지라도 사용자가 정당한 저작권 사용료를 지불하지 않는다면 불법 공유 사이트라고 할 수 있다. 사이버머니를 지불하고 음악이나 영화를 다운로드하는 사이트, 저작권자의 허락 없이 저작물을 마음대로 올리는 사이트의 경우도 불법 공유 사이트에 해당한다.

❺ 저작권 침해

저작권 침해도 사이버 범죄로 볼 수 있다. 저작권 침해 행위 및 저작권을 침해하지 않으면서 올바르게 저작물을 이용하는 방법을 살펴보자.

- **저작권 침해 행위**

– 저작권자의 허락 없이 저작물을 인터넷에 올리는 것은 복제권과 공중 송신권 침해 행위이다.
– 저작물을 파일로 변환 · 변형하는 것은 동일성 유지권과 이차적 저작물 작성권 침해 행위이다.
– 미개봉 영화나 미발매 음악을 인터넷에 올리는 것은 저작권자의 복제권, 공중 송신권, 공표권 침해 행위 및 저작 인접권자의 복제권, 전송권 침해 행위이다.
– 사적인 용도가 아니라 이익을 취하기 위해 복제하는 것은 저작권자의 복제권, 배포권, 공중 송신권, 이차적 저작물 작성권 침해 행위 및 저작 인접권자의 복제권, 전송권 침해 행위이다.

- **저작물 올바르게 이용하기**

– 정당한 저작권료를 지불하는 사이트에서 저작물을 이용한다.
– 불법 복제물을 인터넷에 올리지 않는다.
– 사용료를 지불한 저작물이라도 사적인 범위 안에서만 복제하여 사용한다.
– 저작권자가 허락한 범위 안에서만 저작물을 이용한다.
– 웹사이트를 운영하는 경우, 저작물이 불법 복제되어 공유되지 않도록 관리한다.

❻ 게임 관련 범죄

게임 관련 범죄는 거래를 가장하여 불법으로 아이템을 가로채는 등 온라인 게임의 아이템 관련 범죄가 주를 이룬다. 아이템 사기 사건의 경우, 예전에는 피해액이 적었으나 최근에는 여러 사람이 조직적으로 범죄를 저질러 피해액이 수천만 원에 이른다. 또한 게임 계정을 해킹하여 아이템을 불법으로 획득하는 경우도 있는데, 이는 해킹 프로그램으로 사용자 계정을 공격하여 아이디와 아이템을 가져가거나 게임 중 채팅을 통해 상대방에게 해킹 프로그램을 보내고 그 프로그램을 이용하여 아이디와 아이템을 가져가는 방식이다. 스푸핑spoofing 공격을 이용하여 사용자 계정을 중간에서 가로채 불법으로 사용하거나 온라인 게임 회사의 서버를 직접 해킹하여 사용자 계정을 불법으로 취득하는 경우도 있다.

TIP 스푸핑은 자신을 감추고 신뢰성 있는 사람으로 변장하는 속임수를 말한다. 특히 ARP(address resolution protocol) 스푸핑 공격은 동일 네트워크에 존재하는 공격 대상 PC의 IP 주소를 공격자 자신의 맥(MAC) 주소와 연결하여 다른 PC로 전달되는 정보를 가로채는 것이다. 스푸핑 공격 유형으로는 온라인 게임의 계정 탈취 공격, 악성 코드 전파 공격, 인터넷 전화(VoIP) 도청 공격 등이 있다. 여기서 맥 주소란 랜카드, 모뎀, 스마트폰 등과 같은 네트워크 장비에 존재하는 고유 번호를 말한다.

게임 관련 범죄의 또 다른 형태는 온라인 게임 중독의 부작용이 범죄 수준에 이른 경우로, 폭력이나 협박으로 아이템을 빼앗거나 아이템 구입 대금을 마련하려는 절도 행위를 예로 들 수 있다. 또한 게임에 중독되어 게임 속 상황을 현실에서도 구현하기 위해 충동적으로 폭력이나 살인을 하는 행위 등도 여기에 포함된다.

2 사이버 폭력

사이버 범죄의 일종인 사이버 폭력이 최근 심각한 사회 문제로 대두되고 있다. 사이버 폭력은 정보통신망을 이용하는 사이버 공간에서 부호, 음향, 영상 등으로 타인에게 폭력적인 표현이나 행위 등을 고의적으로 반복하거나 또는 적대적인 태도로 피해를 입히는 것으로, 다음과 같은 특징을 지니고 있다.

- 피해의 확산이 빠르고 회복이 어렵다.
- 익명으로 가해진 사이버 폭력은 가해자를 찾기가 어렵다.
- 익명으로 이뤄지므로 자신도 모르게 사이버 폭력에 가담하는 경우도 있다.
- 일일이 규율을 적용하여 처벌하기가 어렵다.
- 사이버 폭력이 현실 생활로 이어져 이차 피해가 발생할 수 있다.

2.1 유형

사이버 폭력은 다음과 같이 다양한 유형으로 분류할 수 있다.

- **언어폭력** : 인터넷에서 타인에게 욕설을 하거나 언어로 감정을 상하게 하는 행위
- **명예훼손** : 인터넷에서 타인에 대한 거짓 이야기나 잘못된 정보를 퍼뜨리는 행위
- **스토킹** : 상대방이 싫어하는데도 이메일, 쪽지 등을 계속 보내거나 블로그 또는 SNS를 계속 방문하여 글, 사진을 남기는 행위
- **성폭력** : 상대방이 싫어할 줄 알면서도 이메일, 쪽지 등으로 음란한 글이나 사진, 동영상을 보내는 행위
- **신상 정보 유출** : 타인의 신상 정보(이름, 사는 곳, 학교, 사진 등)를 퍼뜨리는 행위
- **사이버 불링** : SNS나 메신저의 그룹 채팅 방에서 어떤 사람을 놀리거나 욕을 하거나 대화에 참여하지 못하게 괴롭히는 행위

여기서 잠깐 사이버 명예훼손과 사이버 명예훼손죄

- **사이버 명예훼손** : 사이버 명예훼손이란 타인을 비방할 목적으로 정보통신망을 이용하여 사실이나 거짓 정보를 공공연하게 드러내어 타인의 명예를 훼손하는 행위를 말한다.
- **사이버 명예훼손죄** : 「형법」 제307조는 명예훼손에 대한 일반 규정으로서 '공연히 사실이나 허위 사실을 적시(摘示)하여 사람의 명예를 훼손함으로써 성립하는 범죄'라고 규정하고 있다. 「정보통신망 이용 촉진 및 정보 보호 등에 관한 법률」 제70조에 「형법」상 명예훼손죄에 대한 특칙으로 정보통신망에서의 명예훼손 관련 규정을 두고 있다. 「형법」이나 「정보통신망 이용 촉진 및 정보 보호 등에 관한 법률」 모두 피해자의 명시적인 의사에 반하여 공소를 제기할 수 없으며, 관련 법률에 따라 해당 내용의 삭제를 요청할 수 있다.

(출처 : 방송통신심의위원회 사이버 권리 침해 대응 안내서)

2.2 가해 대상

한국정보화진흥원이 실시한 2014년 사이버 폭력 실태 조사를 통해 청소년과 성인이 누구에게 사이버 폭력을 가했는지 알 수 있다. 청소년과 성인 모두 모르는 사람에게 사이버 폭력을 가한 경우가 가장 많았다.

- **청소년** : 모르는 사람>평소에 알던 사람>같은 학교 친구나 선후배>누구나 아는 유명인
- **성인** : 모르는 사람>온라인에서 알게 된 사람>누구나 아는 유명인>친구나 선후배

한편 성인 남성은 모르는 사람에 대한 사이버 폭력 경험이 많았고, 성인 여성은 누구나 아는 유명인을 대상으로 한 경우가 많았다.

2.3 가해 수단

사이버 폭력의 가해 수단을 청소년과 성인으로 나누어 살펴보면, 청소년은 온라인 게임을 하다 사이버 폭력을 가하는 경우가 가장 많았다. 온라인 게임을 통한 사이버 폭력 가해 경험은 고등학생>중학생>초등학생의 순으로 나타났으며, 그중에서 남학생의 비율이 여학생보다 월등히 높았다. 또한 채팅과 메신저를 통한 사이버 폭력 가해 경험은 초등학생>중학생>고등학생의 순으로 나타났다.

성인은 청소년과 달리 커뮤니티에서 사이버 폭력을 가하는 경우가 가장 많았다. 커뮤니티를 통한 사이버 폭력 가해 경험은 30대>20대>40대>50대의 순으로 나타났으며, 여성의 비율이 남성보다 더 높았다. 또한 SNS를 통한 사이버 폭력 가해 경험은 40대>30대>50대>20

대의 순으로 나타났으며, 이 경우는 남성의 비율이 여성보다 더 높았다.

- **청소년** : 온라인 게임>채팅, 메신저>SNS>이메일, 문자 메시지>커뮤니티
- **성인** : 커뮤니티>SNS>채팅, 메신저>개인 홈페이지>온라인 게임

2.4 가해 이유

사이버 폭력을 행사한 이유를 살펴보면, 청소년은 상대방이 먼저 그런 행동을 해서 보복하기 위해 저지른 비율이 높았다. 초등학생과 남학생은 상대방이 먼저 그런 행동을 해서 보복하기 위해 사이버 폭력을 가했다는 응답이 많았고, 중학생과 여학생은 상대방이 싫어서, 상급 학교로 올라갈수록 재미 또는 장난으로 사이버 폭력을 가한 경우가 많았다.

성인의 경우에도 상대방이 먼저 그런 행동을 해서 보복하기 위해 사이버 폭력을 저지른 비율이 가장 높았다. 남성은 상대방의 행동에 보복하기 위해, 여성은 상대방이 싫어서 사이버 폭력을 가하는 것으로 나타났다. 연령별로 살펴보면, 20대는 상대방의 행동에 보복하기 위해, 30대는 상대방이 싫어서, 40대와 50대는 내 의견과 달라서라는 응답이 높게 나타났다.

- **청소년** : 상대방이 먼저 그런 행동을 해서 보복하기 위해>상대방이 싫어서>재미 또는 장난으로>내 의견과 달라서>특별한 이유 없이
- **성인** : 상대방이 먼저 그런 행동을 해서 보복하기 위해>상대방이 싫어서>내 의견과 달라서>주변에서 하므로 함께 어울리기 위해

2.5 피해 경험

사이버 폭력의 유형은 사이버 언어폭력, 사이버 명예훼손, 사이버 스토킹, 사이버 따돌림, 신상 정보 유출, 사이버 성폭력 등이 있다. 이러한 사이버 폭력의 피해 경험은 다음과 같이 조사되었다.

- **청소년** : 초 · 중 · 고등학교 학생의 19.0%가 최근 1년간 다른 사람으로부터 한 번이라도 사이버 폭력을 당한 경험이 있다고 답했다. 또한 남학생>여학생, 고등학생>중학생>초등학생의 순으로 피해 경험이 많은 것으로 나타났다.
- **성인** : 성인의 30.5%가 최근 1년간 타인으로부터 사이버 폭력을 한 번이라도 당한 경험이 있는 것으로 조사되었다. 남성이 여성보다 많았고, 20대>30대>40대>50대의 순으로 피해 경험이 많은 것으로 나타났다.

3 사이버 사기

컴퓨터와 초고속 통신망이 발달하여 일상생활에서 인터넷을 사용하는 사람이 급증하자 사이버 사기 사건도 그만큼 증가했다. 사이버 사기는 인터넷을 통해 금융 기관 등에서 불법으로 알아낸 개인 정보를 사기에 이용하거나, 금융 기관에서 보낸 것처럼 위장한 메일로 개인 인증 번호, 신용카드 번호, 계좌 정보 등을 빼내어 불법으로 이용하는 수법을 말한다.

인터넷을 이용한 사이버 사기는 일반적인 사기 사건과 달리 기존에 없던 새로운 법익 침해 행위이므로 법 제도가 마련되지 않아 처벌이 어려운 경우가 발생할 수 있다. 사이버 사기는 잘 알려진 피싱을 비롯해 최근에는 지능적으로 발전한 변종 사기가 등장하고 있어 더욱 세심한 주의가 필요하다.

3.1 피싱

피싱phishing은 'private data(개인 정보)'와 'fishing(낚시)'의 합성어로, 금융 기관이나 공공 기관을 사칭한 전화, 이메일 등으로 개인 정보와 금융 정보(보안 카드의 일련번호, 코드 번호 등)를 알아내어 돈을 갈취하는 사기 수법을 말한다. 최근의 피싱 사기는 전화를 이용한 보이스 피싱voice phishing뿐만 아니라 문자, 메신저 등 다양한 수단을 통해 이뤄지고 있다.

- **보이스 피싱** : 수사 기관이나 정부 기관, 금융 기관 등으로 가장하고 전화를 걸어 돈을 송금하게 하거나 개인 정보, 금융 정보 등을 알아내어 피해를 입히는 수법이다. 전화기 발신 번호를 수사 기관 등으로 조작하여 해당 기관을 사칭하고 자녀 납치, 가족의 사고 등 상대방의 약점을 노려 돈을 편취한다.
- **문자 피싱** : 일반인에게 신뢰가 높은 공공 기관이나 금융 회사의 전화번호로 발신 번호를 위장하고 해당 기관의 홈페이지와 유사한 주소로 접속하도록 유도하여 개인 정보나 금융 정보를 빼돌리는 수법이다.
- **메신저 피싱** : 해킹이나 불법 경로를 통해 얻은 개인 정보로 카카오톡, 라인 등의 메신저에 접속하여 친구(지인)인 것처럼 속여서 돈을 빌리는 사기 수법이다.

3.2 스미싱

스미싱smishing은 'SMS(문자 메시지)'와 'fishing(낚시)'의 합성어로, 무료 쿠폰 제공, 돌잔치 초대장, 모바일 청첩장 등의 문자 메시지에 포함된 링크를 클릭하면 악성 프로그램을 스마트폰에 강제로 설치하여 피해자도 모르는 사이에 소액 결제가 이뤄지는 금융 사기 수법이다. 최근에는 스마트폰에 저장된 주소록, 사진(주민등록증, 보안 카드 사본), 공인인증서, 개인 정보까지 탈취하여 더 큰 금융 범죄에 이용하고 있다.

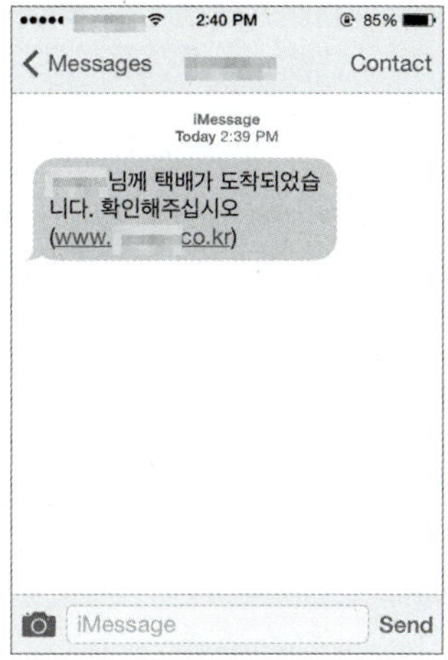

그림 12-1 스미싱 문자의 예

3.3 파밍

파밍pharming은 'farming(조작)'과 'fishing(낚시)'의 합성어로, 컴퓨터를 악성 코드에 감염시켜 정상적인 사이트로 가장한 가짜 사이트로의 접속을 유도하고, 보안 카드 번호와 같은 금융 정보를 입력하도록 하여 돈을 갈취하는 사기 수법이다. 파밍 수법에 사용하는 도메인은 정상 사이트의 도메인과 거의 유사한 데다 웹 페이지 구성이나 배너 등도 동일하여 유심히 보지 않으면 진짜와 가짜를 구분하기가 어렵다.

❶ 파밍 수법의 예

- **가짜 은행 사이트** : 피해자의 컴퓨터가 악성 프로그램에 감염되어 가짜 은행 사이트로 접속하면 보안 승급이 필요하다며 보안 카드 번호 전체를 입력하도록 유도한다.
- **가짜 대법원 사이트** : 피해자의 컴퓨터가 악성 프로그램에 감염되어 가짜 대법원 사이트로 접속하면 계좌 번호와 보안 카드 번호 전체를 입력하라고 요구하거나 계좌 이체 방식으로 벌금 등을 납부하라며 납부 화면을 보여준다.
- **가짜 쇼핑몰 사이트** : 피해자의 컴퓨터가 악성 프로그램에 감염되어 가짜 쇼핑몰 사이트에서 상품을 구매하기 위해 실시간 계좌 이체를 선택하면 피싱 사이트로 접속되어 보안 카드 번호 전체와 계좌 비밀번호 등을 입력하도록 유도한다.
- **팝업창** : 피해자의 컴퓨터가 악성 프로그램에 감염되어 가짜 사이트에 접속하면 팝업창을 통해 계좌 번호와 보안 카드 번호 전체를 입력하라고 요구한다.
- **첨부 파일** : 신용카드 회사에서 보낸 것처럼 위장된 이메일에 첨부된 명세서 파일을 열면 악성 프로그램에 감염되어 주민등록 번호, 보안 카드 번호 전체를 입력하도록 유도한다.

그림 12-2 파밍된 가짜 사이트

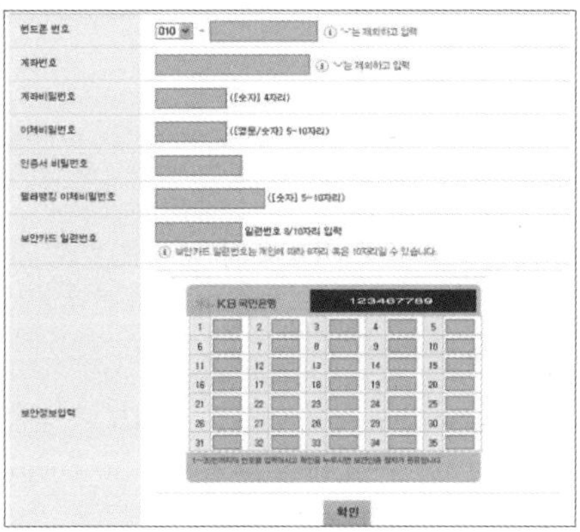

그림 12-3 개인 정보를 요구하는 파밍 사이트의 팝업창

파밍 사기를 예방하려면 다음과 같이 대처해야 한다.

❷ 예방법

- 보안성이 높은 OTP(일회성 비밀번호 생성기), 보안 토큰(비밀 정보 복사 방지)을 사용한다.
- 컴퓨터나 이메일에는 공인인증서, 보안 카드 사진, 비밀번호를 저장하지 않는다.
- 어떠한 경우에도 보안 카드 번호 전체를 입력하지 않는다.
- 금융 사이트의 경우 사이트 초기 화면에서 정상 사이트를 확인하는 방법을 알려주는데, 그 방법을 이용하여 정상 사이트인지를 항상 확인한다.
- 윈도와 백신 프로그램은 자주 업데이트하여 항상 최신 상태로 유지하고 실시간 감시로 설정한다.

- 출처가 불분명한 이메일이나 첨부 파일은 열어보지 말고 삭제하며 무료 다운로드 사이트는 가급적 이용하지 않는다.

❸ 피해 대처 요령

- 파밍 사기로 금전 피해를 당한 경우에는 신속히 112나 금융 기관 콜센터로 지급 정지를 요청하고, 경찰이 발급한 '사건 사고 사실 확인원'을 해당 은행에 제출하여 피해금 환급을 신청한다.
- 피해금 환급 과정은 「전기통신 금융 사기 피해금 환급에 관한 특별법」을 참고한다.

3.4 기타 사이버 사기

❶ 카드론 사기

피싱, 파밍과 연결되는 금융 사기 수법으로, 피해자가 가짜 사이트에서 통장 및 카드 비밀번호, 개인 정보 등을 입력하면 사기범이 이 자료를 가지고 신용카드사에서 대출(카드론 등)을 받는다.

❷ 메모리 해킹

메모리에 상주하는 데이터를 위조 · 변조하는 해킹으로, 피해자 컴퓨터의 메모리에 상주하는 악성 코드로 계좌 정보와 잔고 금액까지 변경하는 신종 해킹 사기 수법이다. 메모리 해킹 피해를 막으려면 파밍 사기 예방법을 참고한다.

❸ 휴대전화 명의 도용

피해자의 명의로 휴대전화를 개통하고 기기 할부금, 소액 결제 등을 피해자에게 청구하는 사기 수법이다. 휴대전화 명의 도용을 예방하기 위해서는 다음과 같이 대처한다.

- 신규 가입자의 경우 가입 신청서에 대리인 개통을 허용할지, 여러 회선 개통을 허용할지 등을 설정하여 차단할 수 있다. 보안 등급에서 '온라인 개통 허용 안 함, 대리인 개통 허용 안 함, 2회선 초과 개통 허용 안 함, 3회선 초과 개통 허용 안 함' 등을 선택할 수 있다.
- 기존 가입자의 경우 새로운 서비스를 추가할 때마다 본인 명의의 휴대전화로 문자가 오도록 '명의 도용 방지 서비스'를 신청하는 것이 안전하다. 이 서비스는 명의 도용 방지 서비스 홈페이지(http://www.msafer.or.kr)나 통신사 지점에서 신청할 수 있다.
- 돈을 받고 타인에게 자기 명의의 휴대전화를 개통해줄 경우, 대포폰으로 범죄에 악용될 수도 있고 무분별한 소액 결제나 국제전화 사용으로 엄청난 요금이 청구되는 피해가 발생할 수 있으니

가까운 사이라도 명의 대여는 절대 하지 말아야 한다.

- 공식 통신 사업자 사이트가 아닌 곳에서 온라인 가입 신청서를 작성하면 브로커가 가입 정보를 이용하여 명의를 도용할 수도 있으니 공식 사이트를 이용한다.
- 카드사와 연계된 명의 도용 차단 서비스를 저렴한 비용으로 이용할 수 있다.

❹ SNS 사기

SNS 이용자가 증가하면서 SNS를 악용한 사기 수법이 유행하고 있다. 페이스북, 트위터, 인스타그램과 같은 SNS 이용자에게 메시지를 보내어 관심을 끌 만한 주제로 불법 · 허위 광고에 태그를 걸어두면 SNS 이용자의 친구들에게 해당 광고 글이 무작위로 노출되어 상품 구매를 유도한다. 이러한 광고는 SNS 태그를 통해 순식간에 파급되어 피해도 급속히 발생한다.

4 악성 코드 사기

'멀웨어malware(악성 코드)'는 'malicious(악의적인)'와 'software(소프트웨어)'의 합성어로, 악의적인 목적으로 작성된 실행 가능한 코드를 의미한다. 실행 가능한 코드에는 프로그램, 매크로, 스크립트를 비롯해 취약점을 이용한 데이터 형태도 포함된다. 악성 코드는 주로 보안이 취약한 사이트, 이메일, 메신저와 같이 네트워크를 이용하는 서비스를 통해 전파된다. 최근 유포되는 대부분의 악성 코드는 시스템을 파괴할 뿐만 아니라 사용자가 의도하지 않은 스팸 메일 발송, 원격 제어, 팝업 광고 노출, 정보 유출 등의 피해를 주고 있다.

4.1 악성 코드의 종류

악성 코드는 자기 복제 능력과 감염 방법, 증상에 따라 컴퓨터 바이러스, 웜, 트로이 목마 등으로 분류할 수 있다.

❶ 컴퓨터 바이러스

컴퓨터 바이러스는 시스템에 침투하여 숙주 컴퓨터의 프로그램이나 파일을 변형하고, 자기 자신 또는 자신의 변형을 복사하여 또 다른 대상을 감염시킴으로써 컴퓨터 시스템과 파일을 파괴하는 프로그램이다. 주로 이메일, 매크로, 인터넷 페이지, USB와 같은 저장 매체를 통해 감염된다. 컴퓨터 바이러스는 자기 복제를 통해 다른 프로그램에 감염 및 전파되고, 비정상적인 동작을 유발하여 시스템의 성능을 저하한다. 대표적인 예로 브레인 바이러스brain virus, 미켈란젤로 바이러스michelangelo virus 등이 있다.

❷ 웜

웜은 프로그램 코드 자체를 스스로 복제하는 컴퓨터 프로그램이다. 자기 복제가 가능하다는 점에서는 컴퓨터 바이러스와 비슷하지만, 바이러스가 다른 파일을 공격하여 거기에 붙어 다니는 데 비해 웜은 파일과 독립적으로 실행되어 다른 프로그램이 필요하지 않다는 것이 다르다. 웜은 사용자와의 상호 작용 없이도 컴퓨터 시스템의 취약점을 공격하여 그 자체만으로도 네트워크를 통해 전파될 수 있으므로 거의 30분 내에 전 세계 컴퓨터를 감염시킬 수도 있다. 웜은 컴퓨터 바이러스와 마찬가지로 컴퓨터 자체의 성능에도 영향을 미치지만 네트워크까지 손상하여 심각한 피해를 일으킬 수 있다. 대표적인 예로 모리스 웜morris worm, 코드레드 웜code red worm, 슬래머 웜slammer worm 등이 있다.

❸ 트로이 목마

그리스 신화의 트로이 전쟁에서 사용된 목마에서 이름을 따온 트로이 목마는 겉보기에는 유용한 프로그램 같지만 실제로는 해킹 기능을 가진 악성 프로그램이다. 트로이 목마는 사용자 몰래 컴퓨터의 정보를 외부로 유출하거나 원격 제어가 가능하도록 만든다. 웜 바이러스와 달리 복사 기능이 없어서 다른 파일이나 컴퓨터를 스스로 감염시키지는 못하며, 주로 사용자가 인터넷에서 다운로드한 파일을 실행하도록 유도하여 전파된다. 트로이 목마는 사용자의 개인 정보가 유출되는 피해를 줄 뿐 아니라 시스템 파일을 변경하거나 파괴할 수 있어 심각한 경우에는 시스템이 마비되기도 한다.

표 12-1 트로이 목마의 종류

종류	특징
트로이 목마(trojan)	자체적인 확산 기능 없이 사용자 몰래 악의적인 기능 수행
트로이 목마-드로퍼(trojan-dropper)	악성 코드에 포함된 악성 코드를 추가로 설치
트로이 목마-익스플로잇(trojan-exploit)	운영체제나 특정 프로그램의 취약점 공격
트로이 목마-다운로더(trojan-downloader)	추가 악성 코드를 인터넷이나 네트워크에서 다운로드하여 설치
트로이 목마-패스워드스틸러(trojan-pws)	감염된 시스템에서 암호 정보를 유출하기 위해 제작된 악성 코드
트로이 목마-프록시(trojan-proxy)	프록시 설정을 이용하여 악의적인 기능 수행
트로이 목마-클리커(trojan-clicker)	사용자 클릭을 유도하기 위해 제작된 악성 코드
트로이 목마-스파이(trojan-spy)	감염된 시스템에서 다양한 정보를 유출하기 위해 제작된 악성 코드

❹ 백도어

백도어backdoor는 원래 시스템의 유지 · 보수나 유사시 문제 해결을 위해 시스템 관리자가 보안 설정을 우회하여 시스템에 접근하도록 만든 도구이다. 하지만 최근에는 악의적인 목적을 가진 공격자가 시스템에 재침입할 때 이용하는 도구를 의미한다. 백도어는 인가받지 않은 접근을 허용하는 프로그램으로, 공격자가 사용자 인증 과정 등의 정상 절차를 거치지 않고 프로그램이나 시스템에 다시 접근할 수 있도록 지원한다. 또한 공격자는 시스템에 침입한 이후 재접속을 위해 백도어 프로그램을 설치하기도 하지만, 프로그래머가 관리 목적으로 만들었다가 제거하지 않은 백도어 프로그램을 찾아 악용하기도 한다. 백도어는 백그라운드로 실행되고 공격자가 침입할 수 있도록 특정 포트를 오픈한다. 트로이 목마와 같은 악성 코드를 통해 감염될 수 있으며, 백 오리피스back orifice가 대표적인 예이다.

❺ 악성 봇

악성 봇은 감염된 컴퓨터에서 일반 프로세스처럼 존재하다가 공격자가 감염된 시스템을 원격으로 조정할 수 있게 만드는 악성 코드이다. 악성 봇에 감염되면 온라인 게임 계정 유출, 특정 홈페이지 공격, 스팸 메일 발송 등 공격자의 명령에 따라 악용될 수 있으며, 대표적인 예로 베이글Bagle, 마이둠Mydoom, 넷스카이Netsky 등이 있다.

TIP 봇(bot)은 로봇(robot)의 줄임말로, 특정 작업을 반복해서 수행하기 위해 만들어진 프로그램을 일컫는다. 수행하는 역할에 따라 사용자의 질문에 답변을 하도록 만들어진 착한 봇도 있지만, 해커의 명령을 받아 시스템의 정보를 유출하거나 특정 사이트를 공격하는 악성 봇도 있다.

❻ 루트킷

루트킷rootkit은 공격자가 컴퓨터의 관리자 계정인 루트root의 권한을 획득하기 위해 몰래 설치해두는 것으로, 작은 프로그램들로 이뤄져서 킷이라고 일컫는다. 공격자는 대상 시스템의 관리자 권한을 획득한 후 루트킷을 설치하여 악성 코드가 시스템의 관리자 권한을 유지할 수 있도록 만든다. 루트킷의 핵심은 사용자에게 들키지 않는 것으로, 한 번 설치되면 경로를 바꾸고 명령어를 은폐하는 등 철저히 자신을 숨기므로 사용자는 루트킷에 감염된 것을 알아차리기가 어렵다.

❼ 크라임웨어

크라임웨어crimeware는 온라인상의 불법 사이버 범죄를 목적으로 만들어진 악성 코드로, 사용자의 금융 정보를 유출하여 계좌 현금 인출, 계좌 이체 등을 수행하거나 사용자의 메신저로 피싱 행위를 한다.

TIP 다양한 기능을 지닌 악성 코드는 분석가의 재량에 따라 이름이 정해진다. 백신 업체마다 고유의 명명 원칙이 있는데, 대부분 악성 코드의 기능과 증상을 알 수 있는 직관적인 단어(dropper, downloader, agent 등)를 사용한다. 악성 코드의 행위 정보, 특정 문자열 등을 확인하여 명명하기도 한다.

4.2 악성 코드 유포 현황

2000년 초반 윈도 98/NT의 등장으로 바이러스가 급증하기 시작했는데, 이메일로 단기간에 확산된 러브레터 바이러스가 대표적이다. 2001년에는 네트워크 패킷 형태로 전파되는 코드 레드 웜이 발견되었고, 2003년에는 취약점을 이용하여 네트워크로 전파되는 악성 코드인 슬래머 웜, 인터넷에 연결된 컴퓨터를 켜두기만 하면 감염되는 블래스터 웜 등 다양한 악성 코드가 유포되기 시작했다.

2000년대 초 · 중반에는 메신저, 이메일, 네트워크로 전파되는 봇과 웜이 급증하여 윈도 계열 운영체제의 보안 취약점을 공격했다. 이때 생긴 것이 마이둠, IRC 봇, 웰치아Welchia 등이다. 2000년대 중 · 후반에는 금전적 이익을 목적으로 하는 애드웨어와 스파이웨어가 급증했다. 또한 네트워크 공격형 웜이 DDoS(분산 서비스 거부 공격)를 위한 봇의 형태로 발전하여 사용자 정보를 수집하면서 특정 타깃을 노리는 DDoS 공격이 나타났다. 이때 트로이 목마도 급증했다.

2007년 이후에는 악성 코드의 유포와 피해가 폭발적으로 증가했다. 특히 2010년 이후 스마트폰이 보편화되면서 애플리케이션 시장이 활성화되자 모바일 환경의 취약점을 악용한 모바일 악성 코드가 등장했다.

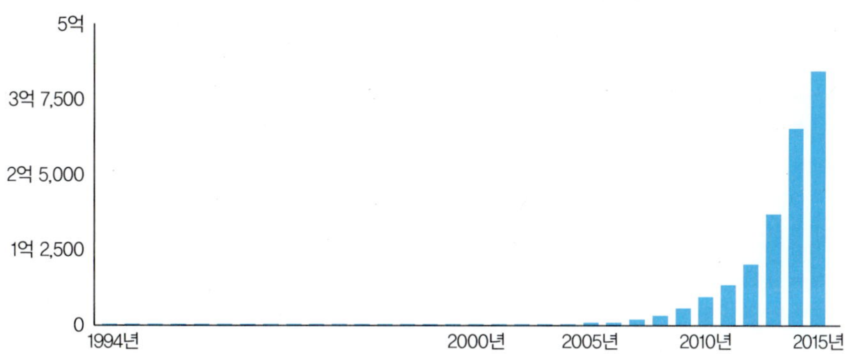

그림 12-4 연도별 총 악성 코드 수

❶ 악성 코드 분포 현황

2016년 6월을 기준으로 악성 코드 중에서 트로이 목마와 애드웨어가 각각 50%와 39%로 가장 많은 비중을 차지하고, 바이러스가 7%, 트로이 목마-클리커와 웜이 각각 2%로 나타났다.

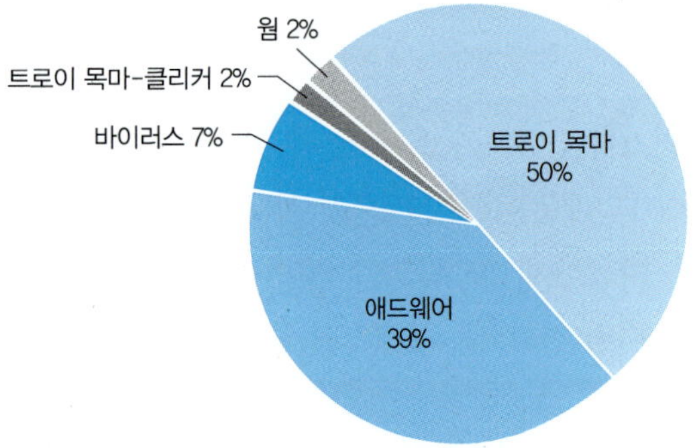

그림 12-5 악성 코드 분포 현황(2016년 6월 기준)

❷ 악성 코드 피해 현황

악성 코드로 인한 피해는 기업, 공공 기관, 민간 기관을 막론하고 날로 증가하고 있다. 인터넷 포털 사이트의 피해 현황을 살펴보면 제휴 업체나 배너 광고, 개인 블로그, 카페 게시판 등에 악성 코드를 유포하여 피해를 주는 경우가 많았다. 상대적으로 보안이 약한 오피스망을 경유하거나 IDC 게임 서버로 우회 접근하여 공격했다.

대기업이나 금융 기관의 경우에는 정보 획득을 위한 공격이 많았다. 폐쇄적인 네트워크 구조로 인해 비교적 단순한 공격이 시행되었고 사회적 이슈를 노린 DDoS 공격 시도도 많았다. 한편 공공 기관은 악성 코드를 유포할 목적으로 웹 취약점을 공격하는 경우가 많았으며, 사회적 이슈를 노린 DDoS 공격 시도 역시 많았다.

TIP 악성 코드의 유포가 의심되는 웹사이트를 발견하면 한국인터넷진흥원(118)에 신고한다. 악성 코드로 불법 이체 등의 피해를 당한 경우에는 경찰청(112), 금융감독원(1332), 금융 회사의 콜센터에 즉시 신고하여 지급 정지를 요청해야 한다. 휴대전화 소액 결제로 인한 피해나 자료 유출 등의 스미싱 피해를 입었다면 사이버안전국(182)으로 신고하여 관련 안내를 받는다.

02 사이버 범죄의 예방

사례 | 보이스 피싱 대처법 교육을 통한 사이버 범죄 예방

경북의 시골 마을에 사는 K 할아버지(73세)는 모 대학병원 원무과로부터 전화를 받았다. 인천에 사는 손자가 교통사고를 당해 입원했는데 입원 및 수술 수속비로 50만 원을 급히 입금해 달라는 내용이었다. K 할아버지는 순간 당황했지만 얼마 전 주민센터에서 교육받은 보이스 피싱 대처법이 생각났다. 농촌 어르신을 상대로 전화국, 국민건강보험공단, 병원, 경찰서 등을 사칭하여 벌금이나 연체료, 입원비를 입금하라는 식으로 사기 행각을 벌인다는 내용이었다. 일단 전화를 끊은 K 할아버지는 아들에게 전화를 걸어 손자가 무사하다는 사실을 확인한 뒤 경찰에 신고했다.

1 사이버 범죄 예방 방안

인터넷과 모바일 문화의 확산으로 금융 및 전자상거래 질서를 위협하는 사이버 범죄가 기승을 부리고 있다. 악성 코드 유포로 금융 정보를 빼내어 돈을 갈취하거나 비대면 채널인 텔레뱅킹으로 대포 통장을 개설하는 등 신종 사이버 범죄가 끊이지 않고 있다. 사이버 범죄는 한 번 발생하면 용의자를 찾기도 어렵고 잡기까지 많은 시간이 걸릴 뿐만 아니라 유출된 정보로 인해 피해자의 금전적 · 정신적 피해가 지속되는 경향이 크기 때문에 강력한 단속과 함께 예방이 무엇보다 중요하다.

1.1 국가 차원의 예방

사이버 범죄에 대한 국가 차원의 예방 연구가 필요하다. 학계나 민간에서 관련 연구를 수행하고 있지만 범죄 행태와 수사 기법을 잘 아는 경찰의 자주적인 연구와 투자가 선행되어야 한다. 사이버 범죄의 경우 기존 범죄와 전혀 다른 형태로 수사가 이뤄져야 하고 고도의 IT 분석 기술 등이 필요하기 때문이다.

사이버 범죄 수사대에서는 사이버 범죄를 예방할 수 있는 선제적인 연구를 강화해야 한다. 최신 기술 동향을 분석하고 수사 기법을 연구 · 개발하여 신종 범죄에 대응하고, 나아가 유관 기관을 비롯해 보안 업체, 포털 업체 등과의 실질적인 치안 협력 체계를 구축해야 한다. 또한 사이버 범죄에 대한 국제 공조 확대 방안을 마련해야 한다. 대부분의 사이버 범죄가 범죄 사실을 은폐하기 위해 외국의 서버나 IP를 통해 이뤄지고, 이를 전문적으로 중계하는 범죄 집단까지 있는 실정이다. 이러한 사이버 범죄에 대응하기 위해서는 국경을 초월한 범국가적인 공조 체계의 수사가 이뤄져야 할 것이다.

1.2 기업 차원의 예방

특정 사이트에서 악성 코드를 탐지하고 삭제 조치 및 재발 방지를 요청했음에도 불구하고 특별한 대응이 없거나 악성 코드 유포가 계속 재발되는 사례가 있다. 기업은 운영 중인 사이트에서 악성 코드가 탐지되면 신속하게 대응할 수 있도록 지원해주고, 재발 방지를 위해 해킹 사고 분석, 웹 보안 조치 등을 시행해야 한다.

사이트를 대상으로 하는 악성 코드가 점차 지능화되고 있으므로 사이트 운영자는 정기적으로 웹 취약점을 점검하여 해커에 의한 공격을 사전에 막아야 한다. 웹 방화벽과 같은 보안 도구를 설치하여 악성 코드의 유포를 정기적으로 점검하고, 만약 사이트 운영 기관에 보안 인력이 없다면 외부 보안 전문 업체의 힘을 빌려서라도 반드시 정기적인 점검 및 지속적인 피드백을 받아야 한다.

해커에 의해 웹 서버가 장악된 사이트의 운영자는 피해자이기도 하지만, 방문하는 이용자에게 악성 코드를 유포하는 가해자가 되기도 한다. 따라서 사이트에 접속하는 이용자를 보호하기 위한 기본적인 보안 패치, 백신 등의 보호 조치 의무를 지켜야 한다. 또한 사이트 개발 단계에서부터 웹 취약점을 제거하기 위해 노력해야 하며, 웹 보안에 들어가는 비용을 최소한의 투자로 생각하는 인식 전환이 필요하다.

1.3 개인 차원의 예방

웹상에서 이용자들이 인적 네트워크를 형성할 수 있게 해주는 소셜 네트워크 서비스SNS는 초기에는 친목 도모의 성격이 강했으나 최근에는 정보 공유, 비즈니스 차원으로 용도를 넓혀가는 추세이다. 그러나 스마트폰의 등장과 함께 SNS를 이용할 수 있는 범위가 확대되면서 사용자가 증가하여 범죄의 표적이 되고 있다.

SNS를 이용할 때는 자신의 신상 정보를 자세히 밝히지 않도록 주의한다. 또한 주소, 전화번호, 생년월일과 같은 개인 정보를 너무 많이 요구하는 경우에는 정보 사용 범위를 미리 확인한 후 기재 여부를 결정한다. 또한 이메일이나 SNS 계정의 비밀번호를 자주 바꾸고, 백신 프로그램을 최신 상태로 유지하여 악성 코드의 감염을 예방해야 한다.

악성 코드가 숨겨진 사이트에 접속했더라도 보안 패치, 백신 프로그램 등으로 보안 조치를 하면 악성 코드에 감염되지 않을 수 있다. 웹하드나 쇼핑몰처럼 사용자의 접속이 많은 사이트를 통한 악성 코드 감염이 생각보다 심각한 상황이므로 이용자 스스로 최소한의 보호 조치를 취해야 한다.

여기서 잠깐 **사이버 범죄 예방법**

경찰청 사이버안전국에서는 다음과 같은 사이버 범죄 예방법을 권고하고 있다.

- 출처가 불분명한 이메일이나 첨부 파일은 열지 말고 삭제한다.
- 첨부 파일을 열거나 저장하기 전에 반드시 백신으로 검사한다.
- 금융 기관 사이트는 즐겨찾기를 이용하거나 정확한 주소를 직접 입력한다.
- 공인인증서는 반드시 USB 등의 이동식 저장장치에 보관한다.
- 금융 기관 사이트의 비밀번호는 다른 사이트의 비밀번호와 다르게 설정한다.
- 백신 프로그램은 항상 최신으로 업데이트하고 정기적으로 검사한다.
- 다양한 감염 경로를 막기 위해 백신과 방화벽을 동시에 사용한다.
- 중요한 데이터는 정기적으로 백업을 해둔다.
- 자신의 아이디와 비밀번호를 다른 사람에게 알려주지 않는다.
- 탈퇴가 어렵거나 탈퇴 절차에 대한 설명이 없는 사이트에는 회원 가입을 하지 않는다.

요약

01 사이버 공간에서 발생하는 모든 범죄 행위를 의미하는 사이버 범죄는 다음과 같이 크게 두 가지 형태로 나눌 수 있다.

- **전통적인 형태의 사이버 범죄** : 사이버 공간에서 이뤄지는 불법 사이트 운영, 도박, 스토킹, 성폭력, 명예훼손, 협박, 전자상거래 사기, 매매춘, 마약 밀매 등
- **정보통신 기반의 사이버 범죄** : 사이버 공간의 안전을 위협하는 해킹, 크래킹, 바이러스 유포와 같은 공격 행위 등

02 보이스 피싱은 수사 기관이나 정부 기관, 금융 기관 등으로 가장하고 전화를 걸어 돈을 송금하게 하거나 개인 정보, 금융 정보 등을 알아내어 피해를 입히는 수법이다.

03 스미싱smishing은 'SMS(문자 메시지)'와 'fishing(낚시)'의 합성어로, 무료 쿠폰 제공, 돌잔치 초대장, 모바일 청첩장 등의 문자 메시지에 포함된 링크를 클릭하면 악성 프로그램을 스마트폰에 강제로 설치하여 피해자도 모르는 사이에 소액 결제가 이뤄지는 금융 사기 수법이다.

04 파밍pharming은 'farming(조작)'과 'fishing(낚시)'의 합성어로, 컴퓨터를 악성 코드에 감염시켜 정상적인 사이트로 가장한 가짜 사이트로의 접속을 유도하고, 보안 카드 번호와 같은 금융 정보를 입력하도록 하여 돈을 갈취하는 사기 수법이다.

05 메모리 해킹은 메모리에 상주하는 데이터를 위조 · 변조하는 해킹으로, 피해자 컴퓨터의 메모리에 상주하는 악성 코드로 계좌 정보와 잔고 금액까지 변경하는 신종 해킹 사기 수법이다.

06 '멀웨어malware(악성 코드)'는 'malicious(악의적인)'와 'software(소프트웨어)'의 합성어로, 악의적인 목적으로 작성된 실행 가능한 코드를 의미한다. 실행 가능한 코드에는 프로그램, 매크로, 스크립트를 비롯해 취약점을 이용한 데이터 형태도 포함된다.

07 봇은 특정 작업을 반복해서 수행하기 위해 만들어진 프로그램을 일컫는다. 수행하는 역할에 따라 사용자의 질문에 답변을 하도록 만들어진 착한 봇도 있지만, 해커의 명령을 받아 시스템의 정보를 유출하거나 특정 사이트를 공격하는 악성 봇도 있다.

08 루트킷은 공격자가 컴퓨터의 관리자 계정인 루트의 권한을 획득하기 위해 몰래 설치해두는 것으로, 작은 프로그램들로 이뤄져서 킷이라고 일컫는다. 공격자는 대상 시스템의 관리자 권한을 획득한 후 루트킷을 설치하여 악성 코드가 시스템의 관리자 권한을 유지할 수 있도록 만든다.

연습문제

01 다음 중 정보통신 기반의 사이버 범죄에 속하지 않는 것은 무엇인가?

① 해킹 ② 크래킹

③ 바이러스 유포 ④ 불법 사이트 운영

02 다음 중 불법 공유 사이트에 해당되지 않는 것은 무엇인가?

① 저작권 사용료를 지불하지 않는 유료 사이트

② 사이버머니를 지불하고 음악이나 영화를 다운로드하는 사이트

③ 저작권자의 허락 없이 저작물을 마음대로 인터넷에 올리는 사이트

④ 저작권료를 지불한 MP3 파일을 유료로 다운로드하는 사이트

03 미개봉 영화나 미발매 음악을 업로드할 때 침해하는 저작권에 속하지 않는 것은 무엇인가?

① 동일성 유지권 ② 저작권자의 복제권

③ 공중 송신권 ④ 저작 인접권자의 복제권

04 다음 중 사이버 폭력의 유형으로 볼 수 없는 것은 무엇인가?

① 전자상거래 사기 ② 스토킹

③ 신상 정보 유출 ④ 사이버 불링

05 문자 메시지에 '무료 쿠폰 제공', '모바일 청첩장'과 같은 링크를 포함하여 링크를 클릭하면 악성 프로그램을 강제로 설치하고 소액 결제가 이뤄지는 사기 수법은 무엇인가?

① 피싱 ② 스미싱 ③ 파밍 ④ 보이스 피싱

06 다음 중 파밍 사기를 예방하는 방법으로 관련이 적은 것은 무엇인가?

① OTP(일회성 비밀번호 생성기) 사용

② 컴퓨터나 이메일에 공인인증서, 보안 카드 사진, 비밀번호 저장 금지

③ 보안 카드 번호의 일부 입력 금지

④ 금융 사이트의 경우 사이트 주소 확인

07 특정 작업을 반복해서 수행하기 위해 만들어진 프로그램으로, 해커의 명령을 받아 시스템의 정보를 유출하거나 특정 사이트를 공격하는 악성 코드는 무엇인가?

① 봇 ② 바이러스 ③ 스파이웨어 ④ 백도어

08 온라인상에서 사용자의 금융 정보를 유출하여 계좌 현금 인출, 계좌 이체 등을 수행하는 악성 코드는 무엇인가?

① 크라임웨어 ② 루트킷 ③ 웰치아 ④ 슬래머 웜

09 다음 중 사이버 범죄에 대한 개인 차원의 예방법과 가장 거리가 먼 것은 무엇인가?

① SNS를 이용할 때는 자신의 신상 정보를 자세히 밝히지 않는다.
② 회원 가입 시 주소, 전화번호, 생년월일과 같은 개인 정보는 사용 범위를 미리 확인한 후 기재 여부를 결정한다.
③ SNS 계정의 아이디와 비밀번호를 자주 바꾼다.
④ 백신 프로그램은 항상 최신 상태로 유지하여 악성 코드의 감염을 예방한다.

토론과제

01 DDoS 공격은 2009년에 이어 2011년 3월에도 주요 정부 기관, 포털 사이트, 은행 사이트 등을 공격하여 마비시켰다. DDoS와 같은 사이버 테러에 대비하기 위한 아이디어가 있다면 제시하고 토론하시오.

02 SNS 메신저로 갑자기 지인이 급히 쓸 데가 있다면서 소액의 송금을 요구하거나 친구가 병원에 입원했는데 급히 수술비를 송금해 달라는 메시지를 보냈을 때, 이러한 사이버 범죄에는 어떻게 대처하고 조치를 취해야 할지 토론하시오.

Chapter 13

금융 보안

01 안전한 금융 거래

02 금융 사고 예방 대책

요약

연습문제

학습목표

- 안전한 금융 거래를 위한 금융 보안의 개념을 이해하고 위험 탐지 모델을 파악한다.
- 안전한 금융 거래를 위한 금융 거래 및 금융 보안 애플리케이션을 알아본다.
- 금융 정보를 노리는 모바일 악성 코드에 대해 살펴본다.
- 금융 사고를 예방하기 위한 대책을 알아본다.

01 안전한 금융 거래

사례 | 안전한 모바일 금융 거래를 위한 모바일 보안 솔루션

모바일 뱅킹을 자주 이용하는 K 씨가 어느 날 자금 이체를 하려는데, 갑자기 보안 업데이트를 위한 인증 팝업창이 뜨면서 계좌번호와 비밀번호를 입력하라는 요구를 받았다. K 씨는 의심 없이 입력했는데 이후 추가 인증으로 보안 카드 번호를 입력하라고 다시 요구했다. 평소에 모바일 뱅킹을 이용할 때는 없었던 일이라 입력을 멈추고 해당 금융 기관에 확인해봤다. 그 결과, 국내 무선 공유기의 보안이 허술한 틈을 타서 금융감독원과 금융 기관을 사칭한 팝업창으로 사용자를 속여 개인 정보를 탈취하려는 중국 해커에 의한 소행이었다. K 씨는 올바른 판단으로 금융 사고를 방지할 수 있었지만 만일의 경우를 대비하여 모바일 보안 솔루션을 설치하기로 결심했다.

1 금융 보안이란?

금융 보안은 정보통신망을 통해 금융 정보가 수집 · 가공 · 저장 · 검색 · 송신 · 수신되는 과정에서 발생할 수 있는 훼손 · 파괴 · 변조 · 유출을 방지하기 위한 모든 정보 보호 활동을 의미한다. 이는 금융 사고의 위험을 최소화하고 고객의 금융 재산을 안전하게 보호하는 데 필수적인 요소이다.

1.1 금융 보안의 중요성

금융 보안은 전자 금융 거래의 사이버 범죄가 증가하자 개인의 정보 보호 차원을 넘어 사이버 보안까지 포괄하는 융합 보안의 개념으로 확대 및 진화하고 있다. 이에 금융 보안은 '총체적 위험 관리 도구'이자 '기업 경영의 성패를 좌우하는 핵심 요소'로 인식되고 있다. 고객의 소중한 자산을 금융 사고로부터 지키기 위한 기술적인 대책으로서 금융 보안의 역할이 매우 중요하다.

최근 발생한 국내외 금융 회사의 보안 사고를 살펴보면, 해외의 경우에는 해킹과 같이 시스템 외부에서 발생하는 악성 공격이 많지만 국내의 경우에는 회사 내부 직원 또는 관련 업무자에 의한 고객 정보 유출 사고가 다수를 차지한다. 또한 해외 금융 사고는 은행 자체를 해킹하여 현금을 인출하는 경우가 많고, 국내 금융 사고는 고객의 개인 정보 유출에 집중되어 있다는 것이 큰 차이이다.

1.2 위험 탐지 모델

비정상적인 금융 거래 위험을 탐지하여 사고를 대비하기 위해 미국에서는 금융 탐지 모델을 도입하고 있다. 이는 룰 기반의 비정상적인 금융 거래 행위를 찾아내는 탐지 모델로서 다음과 같은 기능적 특징을 가지고 있다.

- **크로스 채널 탐지** : 인터넷 연결뿐만 아니라 자동화 기기ATM처럼 사용자 거래 트랜잭션이 발생하는 모든 채널을 탐지하고 디바이스 정보를 활용한다.
- **위치 정보 이용** : 물리적 · 논리적 위치 정보에 대한 이상 유무를 탐지할 수 있다.
- **디바이스 정보 이용** : 디바이스 쿠키, 브라우저 언어 및 버전, 운영체제 버전 등의 정보를 통해 사용자 디바이스 프로파일까지 활용할 수 있다.
- **웹 기반 모니터링 및 감사** : 관리자, 상담사, 사기 조사관 등이 각자의 역할에 따라 실시간으로 룰을 등록하고 이상 거래 상황을 관리하여 각종 통계 및 모니터링 작업을 할 수 있다.

2 안전한 금융 거래를 위한 정보

안전한 금융 거래를 위해서는 네트워크 보안을 강화한 금융 보안 정책으로 고객의 소중한 금융 재산 및 정보를 보호해야 한다.

2.1 안전한 금융 거래 수칙

온라인에서 안전하게 금융 거래를 하는 데 가장 중요한 것은 고객의 예금 잔고, 대금 지불, 송금, 쇼핑, 판매 진행 시 위험을 최소화하는 것이다. 안전한 금융 거래를 위해서는 다음과 같은 수칙을 준수해야 한다.

- 방화벽, 백신 프로그램, 스파이웨어 방지 소프트웨어를 사용하여 온라인 거래를 보호한다.
- 가정에서 무선 네트워크를 사용할 때는 연결 암호를 설정한다.
- 웹 브라우저를 포함한 금융 관련 소프트웨어는 자동 업데이트 기능을 설정하여 항상 최신 상태의 보안을 유지한다.
- 일반 사이트에서 사용하는 비밀번호와 금융 관련 비밀번호는 별도로 관리한다.

• 도용될 우려가 있는 개인 정보(이메일, 인스턴트 메시지, 전화번호)는 타인과 공유하지 않는다.
• 악성 코드에 노출되지 않도록 웹사이트를 방문할 때는 타인이 작성한 링크를 이용하지 말고, 자신이 저장해둔 즐겨찾기를 이용하거나 주소를 직접 입력한다.
• 공용 컴퓨터나 공유된 컴퓨터, 공용 무선 네트워크상에 있는 모바일 기기보다는 가정에 있는 자신의 컴퓨터로 금융 거래를 하는 것이 안전하다.
• 은행 사이트에서 온 경고 메일이나 문자 메시지, 경품이나 복권에 당첨되었다는 안내 메일이나 문자 메시지는 대부분 사기이니 현혹되지 않도록 주의한다.

2.2 안전한 금융 거래 10계명

다음은 앞서 살펴본 안전한 금융 거래 수칙과 함께 지켜야 할 안전한 금융 거래 10계명이다.

① 제삼자가 쉽게 추측할 수 있는 비밀번호는 사용하지 않는다(예 : 주민등록번호, 생일, 전화번호, 차량 번호, 연속 숫자 등).
② 금융 거래에 사용하는 비밀번호와 계좌 비밀번호는 반드시 다르게 설정한다.
③ 공인인증서 비밀번호는 정기적으로 변경한다.
④ 공인인증서는 하드디스크에 저장하지 않는다.
⑤ 전자 금융 거래에 필요한 정보를 수첩이나 지갑 등에 기록해두지 않는다.
⑥ 전자 금융 거래를 타인에게 위탁하거나 관련 정보를 알려주지 않는다.
⑦ 전자 금융 거래 내역을 곧바로 문자 메시지로 알려주는 서비스를 이용한다.
⑧ 여러 사람이 사용하는 컴퓨터로는 되도록 전자 금융 거래를 하지 말고, 만약 전자 금융 거래를 한 경우에는 관련 정보를 모두 삭제한다.
⑨ 전자 금융 거래의 1회 이체 한도와 1일 이체 한도를 적절히 설정한다.
⑩ 전자 금융 거래에 사용하는 컴퓨터에는 금융 기관에서 추천하는 보안 프로그램을 설치하여 해킹 등의 보안 사고를 대비한다.

TIP 인터넷을 이용할 때 데이터를 보호하는 암호화가 되어 있다고 표시된 사이트는 신뢰가 가게 마련이다. 인터넷 익스플로러의 경우, 주소 표시 줄의 바탕색이 녹색이면 신뢰할 수 있는 사이트이다. 또한 주소가 https('s'는 보안을 의미)로 시작하고 그 옆에 잠긴 자물쇠 표시가 있는 경우도 신뢰할 수 있는 사이트이다.

3 금융 애플리케이션

금융 관련 애플리케이션은 다양한 금융 정보를 얻고 금융 거래를 직접 할 수 있는 금융 거래 애플리케이션과 안전한 금융 거래에 필요한 금융 보안 애플리케이션으로 나눌 수 있다.

3.1 금융 거래 애플리케이션

스마트폰 사용자들이 금융 거래 애플리케이션에서 많이 이용하는 기능은 계좌 이체, 잔고 조회이며, 이어서 카드 사용액 조회, 주식 거래 및 시세 확인, 금융 상품 가입, 스마트 금융 순으로 활용하고 있다. 금융 거래 애플리케이션을 선택할 때 중요하게 여기는 요소가 보안성, 서비스 속도, 부가 서비스, 정보의 다양성, 디자인 순으로 조사되었듯이, 무엇보다도 강력한 보안을 유지하는 애플리케이션을 선택하여 설치하는 것이 바람직하다.

다음은 유용한 금융 거래 애플리케이션으로, 강력한 보안 기능을 유지하므로 안전하게 사용할 수 있다.

- **증권통** : 실시간 주식 시세 현황 및 증권가 소식을 종합해서 알려주는 애플리케이션으로 주식 매수 · 매도도 가능하다.
- **스마트 금융 계산기** : 환율, 중개 수수료, 대출 이자 등 어렵고 복잡한 계산을 해결해주는 애플리케이션이다.
- **페이팔** : 이메일 주소와 비밀번호만 있으면 지갑을 꺼내는 시간보다 빠르게 스마트폰으로 결제가 가능한 애플리케이션이다. 신용카드 결제뿐만 아니라 페이팔 계좌끼리도 송금, 입금, 청구가 가능하다.
- **카카오페이** : 카카오톡에서 제공하는 모바일 간편 결제 서비스로, 신용카드나 체크카드로 결제가 가능하고 다양한 정보 서비스를 받을 수 있는 애플리케이션이다.
- **기타 금융권의 애플리케이션** : 은행 사이트에서 직접 다운로드하여 설치하거나 구글 플레이스토어, 애플 앱스토어 등에서 금융 회사별로 안전하게 다운로드하여 이용할 수 있다. 이때 푸시 알림을 설정해두면 입출금 거래 내역을 문자 메시지 등의 알림으로 받을 수 있다.

3.2 금융 보안 애플리케이션

금융 보안 애플리케이션은 안전한 금융 거래를 위해 위조 · 변조된 애플리케이션을 검사하고 악성 애플리케이션의 접근을 차단하는 중요한 역할을 한다. 금융 거래 도중에 허가받지 않은 제삼자의 접근도 차단하므로 안심하고 금융 거래를 할 수 있다.

TIP 금융 보안 애플리케이션을 설치하는 것도 중요하지만 무엇보다도 사용자 스스로 모바일 보안 수칙을 잘 지키는 것이 금융 사고 예방에 도움이 된다. 또한 플랫폼 탈옥을 자제하고, 공식 마켓일지라도 평판을 먼저 확인한 뒤 애플리케이션을 설치한다.

다음은 금융 거래 시 유해 요소의 접근을 차단할 수 있는 애플리케이션으로, 보안 기능이 탑재되어 안심하고 사용할 수 있다.

❶ V3 모바일 시큐리티

대표적인 보안 소프트웨어 업체인 안랩에서 제공하는 모바일 보안 애플리케이션이다. 최근 스마트폰, 태블릿 PC 등과 같은 모바일 기기 사용자가 증가하면서 모바일 뱅킹으로 금융 거래를 하는 경우도 많아졌는데, 모바일 뱅킹을 이용할 때 필수적으로 입력하는 개인 정보와 계좌 정보를 노리는 악성 코드와 유해 애플리케이션의 접근을 차단한다. 실시간 프로세스 검사로 악성 코드를 진단하고, 탐지되면 삭제한다. 배경 화면 변경, 동영상 플레이어, 유명 게임 등과 같이 사람들이 선호하는 애플리케이션으로 위장한 악성 코드를 비롯해 모바일 뱅킹을 노리는 악성 코드를 대비하여 다음과 같은 기능을 제공한다.

- 보안 강도 선택이 가능한 실시간 검사
- 설치된 애플리케이션을 검사하는 빠른 검사
- 접근 권한이 허락된 전체 파일을 검사하는 정밀 검사
- 외장 메모리 삽입 시 검사
- 검사 및 업데이트 예약
- 로그 관리

❷ 폰키퍼

폰키퍼Phone Keeper는 한국인터넷진흥원이 제공하는 모바일 자가진단 애플리케이션으로, 악성 코드로 인한 피해를 막기 위해 모바일 기기의 보안 설정, 알려진 악성 애플리케이션, 개인 정보 저장 애플리케이션이 설치되어 있는지 점검한다. 보안 점검으로 취약점이 발견되면 사용자가 바로 조치할 수 있도록 가이드를 제시하고, 악성 코드가 감지된 애플리케이션 정보를 보고한다.

❸ 에버세이프

에버세이프Eversafe는 코스콤이 주관한 2015년 핀테크 코리아 공모전에서 핀테크 기술 부문 대

상을 받은, 보안 스타트업 업체 에버스핀에서 개발한 애플리케이션이다. 금융보안원으로부터 금융 보안 적합성 심사에서 합격 판정을 받은 에버세이프는 애플리케이션을 실행할 때마다 별도의 서버를 통해 서로 다른 소스코드를 내려받아 실행하는 알고리즘이 적용되었다. 해커가 공격하려면 애플리케이션 내부의 소스코드에 대한 분석이 필요한데, 에버세이프는 애플리케이션이 실행될 때마다 내부 소스코드 자체를 바꿔서 실행하므로 사실상 해커의 공격이 불가능하다. 금융 보안 모듈이 한정된 시간마다 동적으로 생성 및 할당되므로 일정 시간이 지나면 사용된 인증 모듈이 폐기되어 매우 안전하다. 인증 모듈을 내려주는 서버는 공공 기관인 코스콤의 클라우드 서버에서 안전하게 보호되므로 신뢰할 수 있다.

TIP **금융보안원 :** 2011년과 2014년 두 차례의 금융 대란 이후 금융 이용자의 편의 증진과 금융 산업의 발전에 기여할 목적으로 2015년 4월 금융보안원이 출범했다. 금융보안원은 금융 보안 전담 기관으로서 금융 부문 통합 보안 관제, 침해 대응 및 정보 공유, 취약점 분석 평가, 금융 보안 정책 및 기술 연구, 금융 보안 교육, 금융 보안 인증, 신규 기술과 서비스에 대한 보안 평가 등을 통해 종합적인 금융 보안 서비스를 제공한다.

4 금융 정보를 노리는 악성 코드

금융 악성 코드는 금융 정보를 노리는 신종 사기 수법이다. 모바일 뱅킹 사용자가 증가함에 따라 QR 코드 등을 통해 악성 애플리케이션을 설치하는 새로운 악성 코드가 발견되기도 하여 주의가 필요하다. 새로운 악성 코드는 기존의 PC 기반 인터넷 뱅킹에서 스마트폰으로 이동하는 새로운 금융권을 대상으로 진화하고 있다.

4.1 악성 코드의 종류

모바일 뱅킹 및 기타 금융 거래를 이용할 때 주의해야 할 악성 코드의 종류는 다음과 같다.

- **POS 메모리 스크래핑** : 보안이 취약한 POS point of sales(판매 시점 정보 관리) 단말기를 공격하여 사용자의 금융 정보를 탈취하는 악성 코드이다. POS 시스템에는 고객의 신용카드 번호 등 민감한 정보가 저장된다. 보안이 취약한 POS 단말기에서 악성 파일이 실행되면 메모리 스크래핑 memory scraping(프로세스의 메모리에 있는 데이터를 탈취하는 공격 방식) 악성 코드에 감염되어 정보가 유출될 수 있다.
- **큐싱** : 큐싱 Qshing은 'QR 코드 quick response code'와 'fishing(낚시)'의 합성어로 QR 코드로 개인 및 금융 정보를 낚는다는 의미이다. QR 코드를 이용하여 악성 링크로의 접속을 유도하거나 직접 악성 코드를 심는 방법으로 악성 코드를 유포한다.

- **스피어 피싱**spear phishing : 공신력 있는 기관이나 지인을 사칭한 이메일을 특정 개인이나 기업에 보내어 악성 코드를 심고 중요한 정보를 탈취한다.
- **현금인출기**ATM **해킹** : USB 드라이브나 부팅이 가능한 CD를 활용하여 현금인출기를 악성 코드에 감염시키면 비밀번호를 입력하지 않아도 신용카드로 현금인출기에서 몰래 돈을 뽑을 수 있다. 이는 보안 프로그램을 무력화하고 악성 코드를 현금인출기 내부에 탑재하여 거래 고객의 정보를 탈취하는 수법이다.

TIP 물리적 ATM 해킹은 현금인출기에 카드 복제기와 소형 카메라를 설치하여 거래 고객의 개인 정보를 탈취하는 사기 수법이다.

- **APT 공격** : APTadvanced persistent threats(지능형 지속 위협) 공격은 상대에게 노출되지 않은 상태에서 지속적으로 공격하여 정보를 수집하고 악의적인 행위를 하는 것으로, 불특정 다수가 아닌 특정 대상을 정치적 · 금전적 목적으로 공격한다. 금융 기관이나 국가 주요 시설의 파괴를 목적으로 하며, 기업을 타깃으로 하는 경우에는 가능한 모든 경로를 동원하여 지속적으로 공격함으로써 목적을 달성한다.

그림 13-1 APT 공격 단계

- **모바일 해킹** : 모바일 기기의 운영체제나 애플리케이션의 보안 취약점을 공격하여 개인 정보를 탈취한다. 공인인증서를 복제하여 전자 금융 사기에 악용하는 수법을 사용한다.
- **메모리 해킹** : 컴퓨터의 메모리에 있는 계좌 번호 및 송금액을 변조하거나 보안 카드 비밀번호를 절취하여 돈을 빼돌리는 수법으로, 정상적인 인터넷 뱅킹 사이트에 접속하더라도 이체 과정에서 금융 거래 정보를 실시간으로 위조 · 변조한다. 특히 메모리 해킹은 금융 분야에서 금융 정보를 노리는 위협적인 요소로 여겨지고 있다.

4.2 악성 코드 감염 경로

악성 코드에 감염된 모바일 기기는 가짜 사이트로 파밍될 수 있으며, 사용자가 불법 스팸 메시지에 링크된 가짜 사이트에 접속하여 감염과 피해가 발생한다. 다음은 가짜 은행 사이트로 접속을 유도한 파밍 수법의 예이다.

① 국민은행을 사칭한 불법 스팸 메시지를 전송하여 피싱 사이트로 유도한다. 링크를 자세히 보면 국민은행 사이트의 도메인(www.kbstar.com)과 유사한 피싱 사이트(www.kbstras.com)이다.

② 국민은행 사이트를 사칭하여 보안 승급을 이유로 주민등록번호를 입력하라고 하며, 이어서 보안 카드 번호 전체를 입력할 것을 요구한다.

그림 13-2 피싱 사이트로 유도하는 불법 스팸 메시지

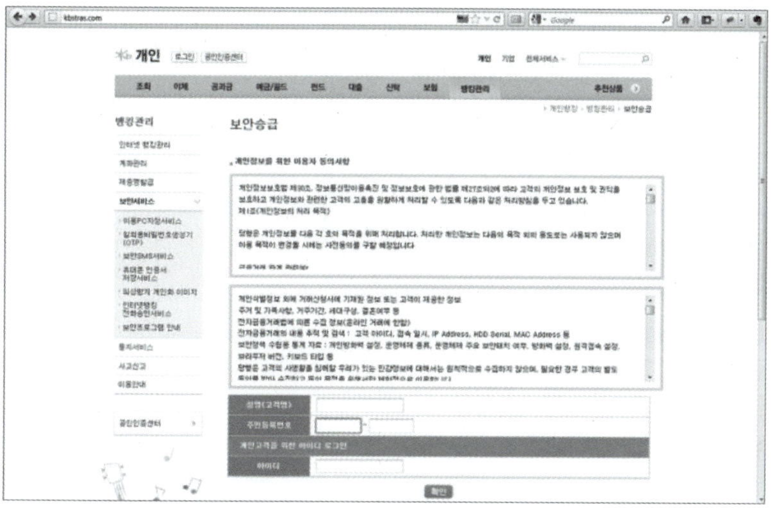

그림 13-3 주민등록번호를 입력하도록 요구하는 피싱 사이트

여기서 잠깐 **악성 코드 감염에 의한 이차 피해 방지**

악성 코드에 감염되었다면 이차 피해를 방지하기 위해 공인인증서 비밀번호, 계좌 비밀번호 등을 즉시 바꾸고 기기에 백신을 가동하여 악성 코드를 삭제한다. 이후로 악성 코드 감염을 예방하기 위해 다음 사항을 준수한다.

- 업데이트로 윈도 및 백신 프로그램을 최신 버전으로 유지한다.
- P2P 공유 사이트에서 출처가 불분명한 파일을 다운로드하지 않는다.
- 악성 코드 유포가 의심되는 사이트에는 접근하지 않는다.
- 의심스러운 메일은 열어보지 않는다.

그림 13-4 보안 카드 번호 전체를 입력하도록 요구하는 피싱 사이트

02 금융 사고 예방 대책

사례 | 금융 대란을 막는 철저한 금융 보안 체계의 필요성

2011년 금융권 해킹 사고, 2014년 카드사 개인 정보 유출 사고는 메인 서버와 각 기관별 PC에 설치된 금융 보안 체계의 관리 소홀로 빚어진 사건이다. 이 두 사고에 대해 IT 보안 업체들은 중앙 서버가 아닌 금융 기관의 내부 네트워크에 연결된 업체의 PC가 공격을 받아 내부 업데이트 서버의 관리자 권한이 탈취되어 발생한 것이라고 진단했다. 이러한 금융 사고가 발생할 경우, 사고 대책 방안을 신속히 수행하여 피해가 더 이상 확산되지 않도록 수습하는 금융 보안 체계가 무엇보다도 중요하다.

1 금융 보안 체계 점검

전자 금융 거래 관련 법규에는 최소한의 정보 보안 수준이 규정되어 있으므로 평준화된 보안 수준을 금융 회사별로 차별화하고 상향할 필요가 있다. 따라서 금융권의 정보 보안 및 전자 금융 거래 업무의 특성을 반영한 금융 보안 관리 체계에 대한 인증 제도의 도입이 필요하다. 국제표준화기구[ISO] 역시 산업 분야별 정보 보호 관리 체계 가이드라인 도입이 시급하다.

금융 보안 체계를 점검하고 보안을 강화할 수 있는 사항을 살펴보자.

❶ 전자 금융 기반 시설의 보안 강화

IT 보안 조직의 내부 통제 실행력을 강화하기 위해 정보 보안 규정을 위반한 경우의 제재 근거를 내규로 마련하여 시행해야 한다. 또한 전산 시스템 운영자가 모든 전산 시스템에 접근할 때 추가 인증(IC 카드, 지문 인식, OTP 등)을 의무화하고, 전산 시스템 접근 기록은 상시로 모니터링하고 분석하여 보안 위험을 통제해야 한다. 조직 내 비금융 시스템까지 취약점 점검을 확대하고, 점검 결과에 대한 이행 절차를 마련하여 이행 여부를 보고한다.

사이버 공격이나 지진, 테러 등에 의한 전산 센터 파괴에 대비하여 중요 금융 정보를 저장하고 보호하는 ICT 금융백업센터를 설립하고 금융보안원의 금융 보안 대책 마련이 지속적으로 이뤄져야 한다.

❷ 보안 조직 및 인력의 역량 강화

수많은 기업에서 최고 정보 경영자chief information officer, CIO가 최고 정보 보호 책임자chief information security officer, CISO를 겸직하는 경우가 많다. 따라서 업무상 경계가 모호하고, 이해가 상충할 때 보안보다 효율성을 우선할 수 있어 보안의 약화가 우려된다. 일정 규모 이상의 금융 회사라면 최고 정보 보호 책임자 전임 제도를 도입하되, 부당한 인사상의 불이익을 금하고 책임에 따른 문책 부담을 해소하기 위해 최소한의 임기를 보장해야 한다.

해킹이나 정보 유출 등 금융 사고가 발생했을 때 금융 회사의 책임이 강화되면서 보안 담당자의 고충이 가중되고 직무 만족도 저하되고 있다. 그러므로 최고 경영자chief executive officer, CEO의 책임하에 보안 인력의 사기 진작 방안을 마련하고 시행하도록 권고해야 한다. 책임과 의무를 다한 정보 보안 담당 임직원에 대해서는 금융 당국 제재와 금융 회사 자체 내규에 의한 제재에 대비한 면책 근거를 마련해야 한다.

❸ 금융 이용자 보호 및 감독 강화

카드 승인 시 부정 사용이 의심되는 거래를 실시간으로 분석하여 탐지하는 이상 금융 거래 탐지 시스템FDS을 전자 금융 거래를 취급하는 모든 은행과 증권으로 확대 구축하고, 자체적으로 탐지한 이상 금융 거래 정보를 전 금융권과 공유하는 체계를 구축해야 한다. 금융 사기를 예방하기 위한 이상 금융 거래 탐지 시스템은 부정 사용 방지 시스템이라고도 불린다. 최근 인터넷을 이용한 온라인 금융 거래와 쇼핑이 보편화되면서 이와 관련한 사이버 범죄도 크게 증가하고 있다. 이러한 사이버 범죄를 비롯한 사기 거래를 막기 위해 도입한 이상 금융 거래 탐지 시스템은 전자 금융 거래 시 단말기 정보와 접속 정보, 거래 정보 등을 수집하고 분석하여 사기로 의심되는 거래 행위를 탐지하고 차단하는 시스템이다.

❹ 불법 사이트 접속 차단 및 이용자 교육 강화

인터넷 사업자의 불법 · 유해 사이트 차단 시스템을 활용하여 국내 금융 회사를 사칭한 해외 불법 사이트로의 접속을 차단해야 한다. 이러한 내용에 대해 금융 회사의 각 영업점에서 주의 사항을 교육하고 인터넷 뱅킹과 스마트폰 뱅킹의 보안 사고를 예방하는 홍보 자료를 배포하는 등 이용자 교육을 강화해야 한다.

2 금융 취약성 분석

전자 금융 거래를 할 때 주로 이용하는 인터넷 뱅킹, 신용 정보 조회, 거래 내역 조회 등의 금융 취약성을 분석하고 중점 점검 사항을 지킨다면 금융 사고를 예방할 수 있다. 전자 금융 거래 시 발생할 수 있는 사고를 예방하기 위해 다음 사항을 반드시 유념한다.

❶ IT 보안 실태 테마 검사

전자 금융 거래 이용 현황, 본인 확인 절차의 적정성 여부 등을 포함하는 '전자 금융 거래 서비스 운영 실태'에 대한 테마 검사를 실시한다.

❷ 전자 금융 거래 상시 감시

IT감독국 검사지원팀의 상시 감시 활동 강화로 IT 위험 요인을 사전에 점검하여 적기에 대응해야 한다. 전자 금융 업자의 결제 불이행 예방을 위해 재무 건전성, 영업 실적 등의 경영 건전성도 감시한다.

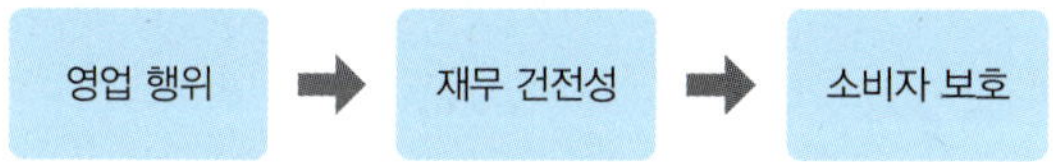

그림 13-5 소비자 보호를 목표로 한 금융 거래 감시 단계

❸ 검사 역량 강화

정보 보안 신기술에 대한 외부 전문 기관 연수를 실시하여 검사 인력의 전문성을 강화해야 한다. IT 보안 실태를 점검할 때 전문 소프트웨어 및 외부 전문 인력을 활용하여 IT 검사 효율성을 확보한다.

❹ 자회사 연계 검사 실시

금융 지주사에 소속된 주력 금융 회사를 검사할 때는 지주사에 소속된 자회사도 연계 검사를 실시해야 한다.

❺ 금융업 종사자의 윤리 의식 고취

금융업 종사자 중에서 금융 사고를 일으킨 많은 사람이 주식 투자나 사업 실패로 인해 채무 과다 또는 신용 불량자 상태였다. 금융업 종사자에 의한 사고를 줄이기 위해 꾸준한 창구 지도 및 현장 점검으로 근무 윤리 의식을 고취해야 한다.

❻ 분야별 중점 점검

각 분야별 관리 대상에 대해 다음 표와 같은 중점 점검 사항을 철저히 점검해야 한다.

표 13-1 분야별 중점 검검 사항 및 점검 방법(출처 : 금융보안원)

분야	중점 점검 사항	방법
정보 보호 관리 체계	정보 보호 관리 체계의 적정성	점검 리스트, 인터뷰
서버	운영체제의 취약점, 사용자 계정과 비밀번호 정책의 적정성	자동화 도구, 수작업 점검, 점검 리스트
네트워크	네트워크 적정성, 네트워크 장비 보안 설정의 적정성	수작업 점검, 네트워크 장비의 보안 설정 리스트
정보 보호 시스템	정보 보호 정책의 적정성	수작업 점검, 방화벽 정책 설정 리스트
사용자 구간	PC 보안 프로그램의 정상 작동 여부	해킹 도구, 점검 리스트
웹 애플리케이션	기밀성, 무결성, 신원 확인, 부인 방지 기능 점검	해킹 도구, 수작업 점검
모바일 뱅킹	모바일 뱅킹 서버 및 애플리케이션의 취약점	해킹 도구, 점검 리스트
모의 해킹	시스템, 웹 애플리케이션 등 각 분야별 취약점을 이용한 침입 가능성 확인	수작업 점검

3 금융 거래 주체별 실천 방안

금융 거래의 위험 요소를 최소화하기 위한 금융 거래 주체별 실천 방안은 다음과 같다.

❶ 금융 당국

- 보안 컨트롤타워 역할을 강화한다.
- 금융권 전체의 보안 체계를 확립한다.
- 금융 회사의 IT 보안 역량을 강화하고 보안 취약 요소를 개선하도록 조치한다.
- 현행 전자 금융 거래 인증 체계에 대한 개선 방안을 연구한다.

❷ 금융 회사

- 보안 투자 및 인력 확보 등으로 자체 보안 체계를 확립한다.
- IT 내부 통제를 확립하고 보안 아웃소싱의 경우 관리 방안을 개선한다.
- 보안 시스템을 설계하고 기술적 보호 조치를 강화한다.
- 최신 보안 위협에 대한 적극적 대응이 필요하다.

❸ 금융 소비자

- 개인 정보는 스스로 보호한다는 인식의 전환이 필요하다.
- 보안 강화에 따른 약간의 불편을 감내한다.

❹ IT 산업계

- 새로운 보안 위협에 대한 대응 솔루션을 발 빠르게 개발한다.
- IT 전문 인력을 집중 양성하고 보안 기술 개발을 위한 투자를 강화한다.

요약

01 금융 보안은 정보통신망을 통해 금융 정보가 수집 · 가공 · 저장 · 검색 · 송신 · 수신되는 과정에서 발생할 수 있는 훼손 · 파괴 · 변조 · 유출을 방지하기 위한 모든 정보 보호 활동을 의미한다.

02 페이팔은 이메일 주소와 비밀번호만 있으면 지갑을 꺼내는 시간보다 빠르게 스마트폰으로 결제가 가능한 애플리케이션이다. 신용카드 결제뿐만 아니라 페이팔 계좌끼리도 송금, 입금, 청구가 가능하다.

03 카카오페이는 카카오톡에서 제공하는 모바일 간편 결제 서비스로, 신용카드나 체크카드로 결제가 가능하고 다양한 정보 서비스를 받을 수 있는 애플리케이션이다.

04 금융 보안 애플리케이션은 안전한 금융 거래를 위해 위조 · 변조된 애플리케이션을 검사하고 악성 애플리케이션의 접근을 차단하는 중요한 역할을 한다. 금융 거래 도중에 허가받지 않은 제삼자의 접근도 차단하므로 안심하고 금융 거래를 할 수 있다.

05 V3 모바일 시큐리티는 모바일 보안 애플리케이션으로, 모바일 뱅킹을 이용할 때 필수적으로 입력하는 개인 정보와 계좌 정보를 노리는 악성 코드 및 유해 애플리케이션의 접근을 차단한다. 실시간 프로세스 검사로 악성 코드를 진단하고, 탐지되면 삭제한다.

06 폰키퍼는 모바일 자가진단 애플리케이션으로, 악성 코드로 인한 피해를 막기 위해 모바일 기기의 보안 설정, 알려진 악성 애플리케이션, 개인 정보 저장 애플리케이션이 설치되어 있는지 점검한다.

07 큐싱은 QR 코드를 이용하여 악성 링크로의 접속을 유도하거나 직접 악성 코드를 심는 방법으로 악성 코드를 유포한다.

08 현금인출기ATM 해킹은 보안 프로그램을 무력화하고 악성 코드를 현금인출기 내부에 탑재하여 거래 고객의 정보를 탈취하는 수법이다. USB 드라이브나 부팅이 가능한 CD를 활용하여 현금인출기를 악성 코드에 감염시키면 비밀번호를 입력하지 않아도 신용카드로 현금인출기에서 몰래 돈을 뽑을 수 있다.

09 금융 사고를 예방하기 위해 금융 보안 체계를 점검하고 보안을 강화할 수 있는 사항은 다음과 같다.

- 전자 금융 기반 시설의 보안 강화
- 보안 조직 및 인력의 역량 강화
- 금융 이용자 보호 및 감독 강화
- 불법 사이트 접속 차단 및 이용자 교육 강화

10 이상 금융 거래 탐지 시스템FDS은 부정 사용 방지 시스템이라고도 불리며, 전자 금융 거래 시 단말기 정보와 접속 정보, 거래 정보 등을 수집하고 분석하여 사기로 의심되는 거래 행위를 탐지하고 차단하는 시스템이다.

연습문제

01 다음 중 안전한 금융 거래 수칙으로 가장 거리가 먼 것은 무엇인가?

① 가정에서 사용하는 무선 네트워크는 항상 안전하다.
② 웹사이트를 방문할 때는 자신이 저장해둔 즐겨찾기를 이용하거나 주소를 직접 입력한다.
③ 방화벽, 백신 프로그램을 설치하여 온라인 거래를 보호한다.
④ 백신 프로그램은 업데이트를 하여 항상 최신 상태의 보안을 유지한다.

02 금융 거래 애플리케이션을 선택할 때 가장 중요하게 여겨야 할 요소는 무엇인가?

① 보안성　　② 서비스 속도
③ 부가 서비스　　④ 다양한 정보

03 다음 중 V3 모바일 시큐리티의 기능이 아닌 것은 무엇인가?

① 보안 강도 선택이 가능한 실시간 검사
② 설치된 애플리케이션을 검사하는 빠른 검사
③ 접근 권한이 허락된 전체 파일을 검사하는 정밀 검사
④ 악성 코드를 감지한 전체 애플리케이션 정보를 사용자에게 보고

04 공신력 있는 기관이나 지인을 사칭한 이메일을 특정 개인이나 기업에 보내어 악성 코드를 심고 중요한 정보를 탈취하는 것을 무엇이라고 하는가?

① 스피어 피싱　　② 현금인출기(ATM) 해킹
③ 큐싱　　④ 메모리 해킹

05 다음 중 메모리 해킹의 수법으로 볼 수 없는 것은 무엇인가?

① 계좌 번호 및 송금액을 변조하는 수법
② 보안 카드 비밀번호를 절취하여 돈을 빼돌리는 수법
③ 공인인증서를 복제하여 전자 금융 사기에 악용하는 수법
④ 정상적인 인터넷 뱅킹 사이트에 접속하더라도 이체 과정에서 금융 거래 정보를 실시간으로 위조 · 변조하는 수법

06 악성 코드 감염에 의한 이차 피해를 방지하는 방법으로 거리가 먼 것은 무엇인가?

① 업데이트로 윈도 및 백신 프로그램을 최신 버전으로 유지하기
② 의심스러운 메일은 확인 후 삭제하기
③ P2P 공유 사이트에서 출처가 불분명한 파일은 다운로드하지 않기
④ 악성 코드 유포가 의심되는 사이트에는 접근하지 않기

07 금융 취약성 분석을 위한 분야별 중점 점검 사항 중 서버에 대한 점검 사항이 아닌 것은 무엇인가?

① 운영체제의 취약점
② 사용자 계정의 적정성
③ PC 보안 프로그램의 정상 작동 여부
④ 비밀번호 정책의 적정성

토론과제

01 금융 사고를 방지하여 고객의 금융 재산을 보호하기 위해 금융 기관에서 마련해야 할 대책에 대해 고객의 입장에서 의견을 제시하고 토론하시오.

02 상호저축은행, 상호금융과 같이 서민을 대상으로 하는 중소 제2금융권의 금융 사고가 빈번하게 발생하는데, 이러한 금융 사고를 방지하기 위한 금융 정책의 최우선 과제에 대해 토론하시오.

A~C

APP 서버 345
APT 공격 386
ARP 360
BYOD 343
CCL 152
CCTV 305
Copyleft 156
Copyright 156

D~I

DDos 334
DL 서버 345
DM 서버 345
FDS 225
FMC 344
HSM 347
IaaS 349
ICT 23
IoT 336
i-PIN 266

M~R

MS OCS 342
My-PIN 267
NFC 275
nomophobia 199
NPAPI 236
ONM 서버 345
P2P 69
PaaS 349
PKI 224
RF 162

S~W

SaaS 349
SET 222
S-HTTP 221
SSL 222
TRS 62
UCC 151, 166
UPS 325
USIM 347
validator 88
VPN 344
W3C 85
WA 107
WAI 91
WAP 232

ㄱ~ㄴ

가로막기 332
가로채기 332
가상 사설망 344
가용성 220, 334
개인 영상 정보 침해 304
개인 정보 침해 292
개인정보침해신고센터 284
거북목 증후군 203
검사기 88
검색 연산자 69
게임 중독을 위한 예방 수칙 197
결제 대금 예치 제도 217
고급 암호화 표준 344
고대비 103
공개 키 암호 228
공연권 149
공인인증서 71
공장 초기화 280
공중 송신권 149
공표권 148
관계 격차 76
광과민성 발작 99
국가 정보화 기본법 113
권리 침해 정보 121
금단 181
금융보안원 385
금융 애플리케이션 383
기간제 라이선스 162
기밀성 220, 333
기본 사용자 인터페이스 컴포넌트 104
기회 격차 58
내성 180
내스티 스터프 358
내용 선별 소프트웨어 132
네트워크 카메라 305
노모포비아 199
누리캅스 138

ㄷ~ㄹ

대여권 150
대칭 키 228
동보 전송 70
동일성 유지권 148
드라이브바이다운로드 278
디자인권 144
디지털 리터러시 75
디지털 저작권 관리 153
디지털 활용 능력 56
라우터 219
락스크린 바이러스 358
랜섬웨어 358
루트킷 370
레거시 서버 345
로열티 프리 162
루팅 236
링스 89

ㅁ~ㅂ

마이핀 267
맥(MAC) 주소 360
멀웨어 274, 368
멀티미디어 활용 능력 56
메모리 해킹 367, 386
메신저 피싱 364
명예훼손 361

모바일 격차 지수 74
모바일 단말기 관리 342
모바일 뱅킹 232
모바일 아이디 275
모바일 역량 격차 75
모바일 접근 격차 74
모바일 해킹 386
모바일 활용 격차 75
몬덱스 카드 228
몽유 문자병 203
무결성 220, 333
무방식 주의 151
무선 방식 테더링 285
무암호 228
무정전 전원 장치 325
무체재산권 144
문자 피싱 364
미들웨어 349
미디어 활용 능력 56
바이러스 274, 334, 357
방화벽 221
배포권 150
백도어 370
백 오리피스 370
베르테르 효과 125
변조 332
보안 등급 322
보안 토큰 347
보안 프로토콜 220
보이스 피싱 364
보호받지 못하는 저작물 158
복제권 149
부인 방지 220
분산 서비스 거부 공격 334
블랙마켓 129
블루투스 76
비밀 키 암호 228
비헤비오섹 275

ㅅ~ㅇ

사물 인터넷 336
사설망 219
사용자 인증 220
사이렌24 301
사이버 매매춘 125
사이버 명예 경찰 138
사이버 명예훼손 362
사이버 불링 361
사이버 사기 364
사이버 성폭력(성희롱) 124
사이버 중독 예방 지침 174
사이버 테러 359
사이버 폭력 361
사행성 조장 사이트 125
사회 공학적 해킹 336
사회적 장애 92
산업재산권 145
산업저작권 146
상표권 144
서울시전자상거래센터 217
성명 표시권 148
세계무역기구 163
세계 저작권 협약 151
소셜미디어 네티켓 체크리스트 46
소셜미디어의 역기능 47
쇼핑 중독 180
수용 격차 58
스니핑 334
스마트폰 뱅킹 233
스마트폰 중독 대응 방안 206
스마트폰 중독 예방 지침 205
스미싱 364
스위트오렌지 익스플로이트 키트 278
스케어웨어 358
스크린리더 89
스토킹 361
스파이웨어 274, 358
스푸핑 360
스피어 피싱 386
시큐어 코딩 339
신지식재산권 145
실용신안권 144
아이핀 266
아이핀 도용 방지 서비스 283
악성 봇 370
악성 코드 368
안전한 전자 금융 거래 10계명 237
애드웨어 274
앱플래닛 129
약관 166
언어폭력 361
에버세이프 384
에스크로 217
엑스키퍼 135
역량 격차 65
오브젝트 VR 166
오픈 마켓 214
온라인 도박 중독 179
온라인 뱅킹 231
와이핑 280
워터마크 165
월드와이드웹 컨소시엄 85
웜 274, 334, 369
웹 보안 336
웹 브로슈어 166
웹 서버 악성 코드 탐지 솔루션 340
웹 셸 295
웹 스캐너 340
웹 접근성 지표 97
웹 콘텐츠 165
웹 해킹 차단 시스템 340
위조 332
위택스 243
유령 진동 증후군 204
유심 347
유해정보신고센터 138
유해 정보 차단 소프트웨어 132

음란물 중독 179
이모티콘 40
이상 금융 거래 탐지 시스템 225
이용 격차 57
이차적 저작물 157
이차적 저작물 작성권 150
인터넷 내용 등급 서비스 135
인터넷 뱅킹 231
인터넷 범죄 356
인터넷 오픈 뱅킹 23
인터넷 윤리 심의 기관 26
인터넷 윤리학 029
인터넷 중독 공존 병리 척도 185
인터넷 중독 관찰자 진단 척도 184
인터넷 중독 대응 방안 193
인터넷 중독 예방 지침 192
인터넷 중독 자가진단 척도 182
인터넷 중독 질환 177
인터넷 표준 권고안 85
인터넷 활용 능력 68

ㅈ~ㅊ

자살 사이트 125
자살 신고 센터 126
자유 이용 라이선스 152
자율 등급 표시 서비스 135
잔영 현상 증후군 181
장애인 차별 금지법 113
저작권 관리 권한 162
저작권 단속 단체 154
저작권자 155
저작권 침해 159, 360
저작물 155
저작인격권 148
저작인접권 150
저작자 155
저작재산권 148
전산실 325
전시권 149
전자 결제 230
전자상거래 71, 212
전자정부 72, 238
전자 지불 시스템 226
전자 청구 230
전자화폐 226
정보 검색 중독 179
정보격차 해소 종합 계획 62
정보 리터러시 55
정보 보안의 3요소 333
정보보호관리체계 314
정보 윤리학 29
정보재산권 146
정보통신 기술 23
정보통신 활용 능력 56
정보화 혁명 54
정보 활용 능력 55
제삼자 등급 서비스 135
좀비 PC 334
주전산기 321
지불 브로커 방식 229
지식 격차 76
지식재산권 144
참여 격차 76
창의 격차 76
채팅 중독 179
첨단산업재산권 146
청소년 자살 예방 지원 기관 126

ㅋ~ㅎ

카드론 사기 367
컴퓨터 범죄 356
컴퓨터 윤리학 29
컴퓨터 프로그램 저작물 156
컴퓨터 활용 능력 56, 66
쿠키 264
큐싱 385
크라임웨어 370
크래킹 357
크립토락커 358
클라우드 보안 솔루션 348
클라우드 서비스 346
테더링 285
탈옥 236
테크노스트레스 24
텔레뱅킹 232
통신 중계 서비스 62
트로이 목마 274, 369
특허권 144
파노라마 VR 166
파밍 365
퍼블리시티권 161
폰키퍼 384
표절 159
품질 격차 57
프라이버시 257
프로비저닝 349
피싱 364
핀테크 234
학교 증명 발급 서비스 243
항온 항습기 325
해시 함수 335
해킹 357
행위 중독 장애 177
행정 발급 서비스 241
현금인출기(ATM) 해킹 386
홈뱅킹 232
홈택스 244
화면 불면증 203
확장적 활용 능력 75
활용 격차 58
후불형 전자화폐 227
휴대전화 명의 도용 367
휴대전화 중독 179
휴면 사이트 129